"경비지도사 전문 강사가 집필한 필독수험서"

최신 경 호 학

한국경비교육협회
지도교수 위원회 편저

사단법인 한국경비교육협회
KOREA SECURITY EDUCATION CENTER

수험서를 내면서,

국민의 생명과 재산의 보호를 위해 근무하는 경비원을 지도·감독 및 교육의 임무를 수행하는 경비지도사는 어느 직업보다도 그 의무와 책임이 막중하다 할 것입니다.

본 편저자는 경비지도사 전문학원에서 다년간 강의 및 많은 합격자를 배출한 경험을 바탕으로 **무엇을 어떻게 공부해야 한다는 방법과 핵심**을 잘 알고 있습니다. 따라서 효율적인 시험 준비를 할 수 있도록 저의 Know-how를 여러분과 공유하고자 본 수험서를 발간하게 되었습니다.

<u>본 수험서의 특징으로는,</u>

1. 2022년도 출제기준 변경에 따른 내용을 추가·포함 시켰으며,
2. 수년간의 출제경향을 심층 분석·반영하였으며,
3. 최근에 개정된 법령을 모두 반영하였으며,
4. 본문을 이해 및 알기 쉽게 구성하였으며,
5. 폭넓고, 깊이 있는 예상문제 및 해설로 실전에서 바로 응용할 수 있도록 다량 수록하였습니다.

수험생 여러분 합격의 영광이 본 수험서와 함께 하시길 기원합니다.
본 수험서 발간을 위해 조언해 주신 모든 분께 깊은 감사의 인사를 드립니다.

2023년 2월

장 두 현 편저자 대표

경비지도사 시험정보

1 경비지도사란?

경비업법에서 정한 경비원(시설, 호송, 신변보호, 기계, 특수경비)을 지도 · 감독 및 교육하는 자를 말하며 일반경비지도사와 기계경비지도사로 구분한다. 경비지도사는 국가자격증으로서 경비업법에 근거하여 경비지도사 시험에 합격하고 행정안전부령이 정한 기본교육을 이수한 후 경비업법에 의하여 허가를 받은 경비회사에서 직무를 수행한다.

- 자격명 : 경비지도사
- 구분 및 업무의 범위
  - 일반경비지도사 : 시설경비, 호송경비, 신변보호경비, 특수경비
  - 기계경비지도사 : 기계경비
- 관련부처 : 대한민국 경찰청
- 시험시행기관 : 한국산업인력공단

2 경비지도사의 직무

- 경비원의 지도 · 감독 및 교육에 관한 계획의 수립실시 및 그 기록의 유지
- 경비현장에 배치된 경비원에 대한 순회점검 및 감독
- 경찰기관 및 소방기관과의 연락방법에 대한 지도
- 집단민원 현장에 배치된 경비원에 대한 지도 · 감독
- 기계경비 업무를 위한 기계장치의 운용 · 감독(기계경비지도사)
- 오경보 방지 등을 위한 기기관리의 감독(기계경비지도사)

❸ 경비지도사 선임규정(경비업법 제12조 등)

구 분	내 용
경비지도사 선임	지방경찰청관할구역별로 경비원 200인까지 경비지도사 1인 선임
	경비원 200인 초과 시는 100인 마다 경비지도사 1인 추가 선임
	경비업의 허가 신청 시 1인 선임
경비지도사 결원 시	15일 이내 충원
경비지도사 선임 위반 시	• 경비업의 영업정지 및 허가취소 • 최고 400만 원의 과태료 부과

❹ 응시자격

연령은 만 18세 이상의 자로서 학력, 경력, 성별 등 시험응시자격요건에 대한 제한을 두고 있지 않음.

그러나 경비업법 제10조 1항에 의한 결격사유에 해당하는 자는 시험합격의 여부와 관계없이 시험을 무효 처리함.

❺ 자격증 취득

■ 시험실시 방법

- 1차 및 2차 시험으로 구분하되 동일 날짜에 동시 시험실시
- 1차 및 2차 시험의 과목별 각 40문항으로서 객관식 4지 선택형으로 시행 (단, 2차는 경비업법에 의거 단답형을 출제할 수 있음)
- 전년도 1차 시험 합격자는 당해 연도 시험에 1차 시험을 면제 함.

■ 시험과목

<table>
<tr><td rowspan="2">구분</td><td>1차 시험(절대평가)</td><td>2차 시험(상대평가)</td></tr>
<tr><td>선택형</td><td>선택형 또는 단답형</td></tr>
<tr><td>일반경비지도사</td><td rowspan="2">법학개론
민간경비론</td><td>• 경비업법(청원경찰법 포함) : 필수
• 경호학, 소방학, 범죄학 중 택일</td></tr>
<tr><td>기계경비지도사</td><td>• 경비업법(청원경찰법 포함) : 필수
• 기계경비개론, 기계경비기획 및 설계 중 택일</td></tr>
</table>

*1차 시험 불합격자는 2차 시험결과를 무효로 함

■ 합격자 결정

2차 시험의 결과에 따라 선발예정인원의 범위 안에서 고득점자 순으로 합격자 결정(동점자는 합격자로 결정)

■ 자격증 교부

시험에 합격한 자는 경찰청장이 지정한 전문교육기관에서 실시하는 44시간의 기본교육을 이수한 자에 한하여 경찰청장 명의의 국가자격증을 교부 함.

경비지도사 윤리강령

법과 윤리에 따라 범죄로부터 고객의 생명과 재산을 보호하고 각종 규정을 준수하고 투철한 직업의식으로 경비원으로써의 직업능력을 함양하며 신의·성실과 책임을 신념으로 직업윤리를 이행할 것을 다음과 같이 다짐한다.

01. 법과 원칙을 준수하고 범죄와 사고로부터 고객을 보호하는데 최선을 다한다.
02. 직무를 수행함에 있어 고객의 보호와 편의에 대해 확실하게 인식하고 그 책임을 다한다.
03. 민간경비의 발전과 효율성 제고를 위하여 교육과 훈련을 통해 직무능력을 함양하는데 부단한 노력을 경주한다.
04. 어떠한 경우에도 전문인으로서 긍지와 책임감을 잊지 않고 주어진 업무 이외의 행위를 하지 않는다.
05. 언제나 회사를 대표한다는 신념으로 고객으로부터 신뢰감을 얻고, 범죄 및 사고예방에 최선을 다한다.
06. 예방수칙을 숙지하고 고객의 위험상황 및 재상산 손해가 예상되는 순간에 투철한 사명감으로 피해를 최소화 한다.
07. 복장과 장비는 규정에 따라 단정하게 착용하고 근무지를 이탈하지 않으며 근무지 청결을 유지한다.
08. 근무수칙을 준수하고 소속 상사의 명령에 복종하며 동료와 친화관계를 유지한다.
09. 업무상 지득한 고객의 정보를 소중하게 여기고 철저하게 보호한다.
10. 민간경비의 최 일선을 담당한다는 자부심으로 공경비와 협조하며 고객 안전과 나아가 지역사회 안정을 도모한다.

목 차

제8장 경호의전과 응급처치

제1장

경호와 경호학

1. 경호
2. 경호학
3. 경호의 법원
4. 경호의 발달과정

■ 기출 및 예상 문제

제1장 경호와 경호학

제1절 경호(警護)

1 경호의 개념

경호는 공경호와 사경호로 구분 할 수 있으며, 공경호는 법집행과 관련한 강제권을 갖는 국가기관인 대통령 경호처, 경찰, 군인, 검찰, 법무, 국정원, 산림청 등에 의해 사람의 생명과 재산을 보호하고 국가체제유지와 관련된 업무를 수행하는 제반활동을 말한다.

따라서 "특정인을 대상으로 하여 강제권을 수반하지 않는 수단과 방법을 통해 각종 위해로부터 특정인의 생명, 신체, 재산 등 관련 이익을 보호하는 제반 활동"을 하는 사경호인 민간경비와는 구별된다 할 것이다.

*사전적 의미(警護, Guard)

위험한 일이 일어나지 않도록 미리 조심하고 보호함.

가. 공경호

공경호가 수행하는 제반활동을 경호업무, 경호 관련 근무자를 경호원이라 하며 관련 법률로서는 "대통령 등의 경호에 관한 법률" 제2조(정의)에 법원(法源)을 두고 있다.

"경호"란 경호 대상자의 생명과 재산을 보호하기 위하여 신체에 가하여지는 위해(危害)를 방지하거나 제거하고, 특정 지역을 경계·순찰 및 방비하는 등의 모든 안전 활동을 말한다.로 정의하고 있다.

나. 사경호

특정한 민간인을 대상으로 하는 민간경비 분야의 한 업무로서 신변보호경비 업무, 신변보호경비 회사, 그 근무자를 신변보호 경비원이라 칭하여야 옳을 것이나 통상적으로 경호회사, 근무자를 경호원이라 부르고 있는 것이 실상이다.

이는 엄격히 공경호의 경호 개념과는 구별되어야 할 것이다.

따라서 관련 법률로서는 "경비업법" 제2조(정의)에 법원(法源)을 두고 있다.

"사람의 생명이나 신체에 대한 위해의 발생을 방지하고 그 신변을 보호하는 업무"로 정하고 있다.

2 경호의 중요성

최근 북한은 평창동계올림픽 이후 판문점선언, 평양선언, 미국 트럼프 대통령과 싱가폴회담 등으로 비핵화를 위한 평화 분위기가 진행되고 있지만, 과거 천안함 폭침사건, 연평도 포격사건, 청와대 불바다 발언, 핵실험, 미사일 발사 등과 같은 도발과 위협을 서슴지 않고 자행하였다.

또한 IS(이슬람수니파급진무장세력)에 의한 테러가 빈번히 발생하고 있음으로 우리나라도 절대로 예외가 될 수 없을 것이다.

국내적으로는 각종 범죄의 증가, 조직화, 대형화, 흉포화, 신속화, 연소화, 지능화, 광역화하고 있는 등 범죄의 수법이 다양화, 국제화되는 양상을 띠고 있다.

따라서 적대국들에 의한 암살, 테러 등이 예상되고, 각종 범죄로 인한 경호환경이 점차 어려워지고 있다.

국가원수에 대한 경호업무는 지상의 대명제로서 단순히 치안 상의 문제가 아닌 국가와 민족을 보위하는 국가안보적 차원에서 완벽한 경호가 이루어져야 한다.

③ 경호원과 근무자세

가. 경호원

경호원이란 경호목적 달성을 위하여 업무수행 및 안전을 유지할 수 있도록 하기 위한 제반 능력을 갖추고 성실하게 업무를 수행하는 자를 말한다.

(1) 대통령 등의 경호에 관한 법률 제2조(정의)에서 소속공무원이란?
경호처 직원과 경호처에 파견된 자를 말한다.
따라서 경호처 직원과 경호처에 파견된 경찰·군인 등을 포괄적으로 소속공무원이라 한다.

(2) 경비업법 제2조(정의)에서 신변보호 경비원이란?
사람의 생명이나 신체에 대한 위해의 발생을 방지하고 그 신변을 보호하는 업무를 수행하는 자를 말한다.

나. 경호원의 임무와 자세

(1) 완벽한 임무수행을 위해서는 경호대상자의 행사일정, 업무 내용 등을 사전에 파악한다.

(2) 전체적인 행사계획을 숙지하고 자신의 업무에 대하여는 면밀한 검토로 사전에 철저한 준비를 한다.

(3) 임무수행에 필요한 제반 지식과 기술을 습득하여 어떠한 상황 하에서도 임무를 완벽하게 수행할 수 있는 자신감을 갖는다.

(4) 제반 경호기법을 숙달하여 어떤 악 조건하에서도 적응할 수 있는 강인한 체력과 훈련이 요구된다.

(5) 예의바른 자세와 보고 들은 것을 말하지 않는 자세, 항상 긴장상태의 근무자세, 과학 장비와 오관을 활용한 보호관찰 자세 등 어떠한 임무도 수행할 수 있는 초인적인 정신 상태와 침착하고 책임감이 강한 자가 될 수 있도록 하는 자기계발이 요구된다.

(6) 항상 긍정적인 사고를 가져야 하며, 대민관계 등 친절하고 겸손한 자세로 임무에 임한다.

(7) 완벽한 임무수행을 위하여 경호원 간 합심·단결된 조직으로 일사불란한 업무 수행을 하여야 한다.

제2절 경호학(警護學)

1 경호학의 필요성

가. 최근 우리 사회는 급속한 산업발전으로 인한 사회 병리 현상의 증가, 과학기술의 발전에 따른 범죄의 다양화 그리고 안전에 대한 국민적 욕구의 향상 등으로 국가기관 및 민간경비의 활동에 의한 국민의 생명과 재산에 대한 안전서비스의 필요성이 증대되고 있다.

나. 따라서 이를 체계적으로 연구하고 우수한 인력의 양성을 통한 각종 범죄 예방에 기여할 수 있는 학문이 바로 경호학인 것이다.

다. 우리나라의 경호업무수행능력은 세계적으로 인정받고 있어, 외국의 많은 경호기관에 그 경호기법 등을 수출하고 있을 뿐만 아니라, 국내 약 70여 개 이상의 대학 및 연구기관, 관련 단체에서 지속적인 학문적 연구와 경호기법의 개발이 이루어져 실무에 적용되고 있다.

2 경호학의 대상

경호학은 일반적으로 사회의 어느 한 부분이나 관계에 국한되지 않으며 대체적으로 경호의식, 경호제도, 경호 관계 등 사회관계 전체를 그 대상으로 하고 있다.

가. 경호의식에는 경호에 대한 국민적 감정, 경호에 대한 지식, 체계적인 경호

학설, 경호의식 분석, 경호경험의 가치관을 객관적으로 파악하는 것이다.

나. 경호제도에는 경호규범을 구현하기 위한 대통령, 정부, 국회, 헌법재판소, 법원(法源) 등 경호대상, 경호기관 및 제도가 연구대상이 된다.

다. 경호 관계는 경호규범, 경호의식, 경호제도, 경호인의 양성 등에 의하여 직접·간접적으로 규정되고 있는 구체적인 경호현상을 조성하는 관계이다.

라. 따라서 경호학은 경호 관계와 사회관계 등 자연과학 및 사회과학을 포함하는 제 관계의 현상과 이론을 대상으로 연구하는 종합과학 학문이다.

- 경호의 개념, 분류, 이론
- 경호의 조직
- 경호무기 및 장비
- 경호인의 양성 등
- 한국 및 외국의 경호제도와 역사
- 신변보호 및 시설경비의 경호작용
- 암살 및 테러 등 경호환경

제3절 경호의 법원(法源)

경호법의 존재형식 또는 법적 근거를 경호의 법원(法源)이라 한다.

경호의 법원도 다른 행정의 법원과 같이 성문의 형식으로 된 성문법과 불문의 형식으로 된 불문법으로 구분할 수 있다.

경호의 성문법원으로 헌법, 법률, 조약, 명령 등과 불문법으로는 경호관습법, 판례법, 조리법 등이 있다.

1 헌법

가. 헌법은 기본적으로 경호의 법원이며, 경호법원 중 최상위의 법원이다.

어느 국가든지 국가의 기본적인 헌법은 행정조직에 대한 기본적인 사항, 중요한 행정작용 및 행정권과 국민과의 관계에 관한 사항 등을 규정하고 있다.

그 뿐만 아니라 입법 및 사법조직에 대해서도 규정하고 있다.

나. 대통령의 지위는 각 정부형태에 따라 일정하지 않으나 우리나라에서는 헌법에 의거,

- 국가원수로서의 지위(헌법 제66조)
- 대외적으로 국가를 대표하는 지위(헌법 제73조)
- 행정부 수반으로서의 지위(헌법 제66조 4항)
- 국군통수권자로서의 지위(헌법 제74조 1항)
- 국정의 통합 · 조정권자로서의 지위(헌법 제72조)

다. 입법권은 국회에 속한다.(헌법 제40조)

라. 사법권은 법관으로 구성된 법원에 속한다.(헌법 제101조)

마. 헌법재판소, 선거관리, 지방자치, 경제 등에 관한 기본적인 규정의 근본이 된다.

2 법률

가. 대통령 등의 경호에 관한 법률(약칭 : 대통령경호법)

(1) 제정 : 1963. 12. 14. 법률 제1507호로 제정되어 2017. 7. 26 일부 개정.

(2) 목적 : 대통령 등에 대한 경호를 효율적으로 수행하기 위하여 경호의 조직, 직무범위와 그 밖에 필요한 사항을 규정함을 목적으로 한다.

(3) 임무 : 대통령 등에 대한 경호의 범위를 규정하고 있다.

(4) 협조의무 부과 : 처장은 직무상 필요하다고 인정할 때에는 국가기관, 지방자치단체, 그 밖의 공공단체의 장에게 그 공무원 또는 직원의 파견이나 그 밖에 필요한 협조를 요청할 수 있다.

나. 전직 대통령 예우에 관한 법률(약칭 : 전직대통령법)

(1) 제정 : 1969. 1. 22. 법률 제2086호로 제정되어 2017. 9. 22 일부개정.

(2) 목적 : 전직 대통령의 예우에 관한 사항을 규정함을 목적으로 하고 있다.

(3) 내용 : 적용범위, 연금 및 유족에 대한 연금의 지급, 기념사업의 지원, 기타 예우 등의 내용이다.

다. 경찰관직무집행법

(1) 제정 : 1953. 12. 14. 법률 제299호로 제정되어 2019. 6. 25 일부 개정.

(2) 목적 : 국민의 자유와 권리의 보호 및 사회공공의 질서유지를 위한 국가경찰관의 직무수행에 필요한 사항을 규정함을 목적으로 하고 있다.

(3) 직무의 범위(제2조)

① 국민의 생명·신체 및 재산의 보호

② 범죄의 예방·진압 및 수사(2의 2, 범죄피해자 보호)

③ 경비, 주요 인사(人士) 경호 및 대간첩·대테러 작전수행

④ 치안정보의 수집·작성 및 배포

⑤ 교통 단속과 교통 위해(危害)의 방지

⑥ 외국 정부기관 및 국제기구와의 국제협력

⑦ 그 밖에 공공의 안녕과 질서 유지

라. 경비업법

(1) 제정 : 1976. 12. 31. 법률 제2946호로 제정되어 2019. 6. 25 일부개정.

(2) 목적 : 경비업의 육성 및 발전과 그 체계적 관리에 관하여 필요한 사항을 정함으로서 경비업의 건전한 운영에 이바지함을 목적으로 하고 있다.

(3) 정의 : 시설, 호송, 신변보호, 기계, 특수경비 업무의 전부 또는 일부를 도급받아 행하는 영업을 말한다.

마. 청원경찰법

(1) 제정 : 1962. 4. 3. 법률 제1049호로 제정되어 2018. 9. 18 일부개정.

(2) 목적 : 청원경찰의 직무·임용·배치·보수·사회보장 기타 필요한 사항을 규정함으로서 청원경찰의 원활한 운영을 기함을 목적으로 하고 있다.

(3) 정의 : 국가기관 또는 공공단체와 그 관리 하에 있는 중요 시설 또는 사업장, 국내주재 외국기관 기타 행정안전부령으로 정하는 중요시설·사업장 또는 장소에 대해 그 기관의 장이나 경영자가 소요경비를 부담할 것

을 조건으로 경찰의 배치를 신청하는 경우에 그 기관·시설 또는 사업장 등이 경비를 담당하게 하기 위하여 배치하는 경찰을 말한다.

3 법규명령과 행정규칙

가. 대통령령(시행령)

법률의 시행을 위하여 발하는 집행명령과 법률이 특히 위임한 위임명령을 포함하며 이는 대통령의 명령을 말한다.
대통령 등의 경호에 관한 법률 시행령, 전직대통령 예우에 관한 법률 시행령, 경찰관직무집행법 시행령, 경비업법 시행령, 청원경찰법 시행령 등이 이에 속한다.

* 대통령경호안전대책위원회 규정

(1) 제정 : 1981년 대통령령 제10233호로 제정되어 2020. 4. 21 일부개정.
(2) 목적 : 대통령 등의 경호에 관한 법률에 의한 대통령경호안전대책위원회의 구성 및 운영에 관하여 필요한 사항을 규정함을 목적으로 한다.

나. 부령(시행규칙)

법령을 시행함에 있어 필요한 세부적 규정을 담은 법규명령으로서 대통령령의 시행에 관하여 필요한 사항을 규정한 부령(部令)을 말한다.

다. 행정규칙(훈령, 고시, 예규 등), 규정

부령(部令)을 시행함에 있어서 조직내부관계에서 필요한 세부사항을 규정한 기관장의 규정 및 규칙이므로 일반국민의 권리, 의무에 관한 것을 정한 것은 아니다.

(1) 경호규정

대통령 등의 경호에 관한 법률 시행령 제36조(위임사항)에 근거하여 이 영(令)의 시행에 관하여 필요한 사항은 대통령경호처장이 정하도록 위임하고 있다.

(2) 경호규칙

경찰청 훈령으로 포괄적이고 일반적인 규정을 두고 있다.
다만, 그 부칙에서 경호처 지침과 경호규칙이 상이한 경우는 경호처 지침이 우선한다고 규정하고 있다.

4 조약 및 국제법규

우리나라는 헌법(제6조)에 의하여 체결 · 공포된 조약과 일반적으로 승인된 국제법규는 국내법과 같은 효력을 가진다. 라고 규정하고 있어 조약과 국제법규는 당연히 법원이 된다.

(1) **조약** : 국가 간의 문서에 의한 합의사항을 말하며 그 형식이 조약 · 협정 · 의정서 또한 각서의 어느 것인지를 가리지 않는다.

(2) **국제법규** : 승인된 국제법규나 국제사회에서 일반적으로 그 규범성이 인정되고 있는 법규를 말하며 국제관습법 등이 있다.

(3) SOFA(Status of Forces Agreement)(한미행정협정, 한미주둔군 지위협정)
'한국군과 주한미군 간의 대통령 경호에 관한 합의각서' 등이 있다.

제4절 경호의 발달과정

1. 고대국가 경호제도

가. 삼국 시대

(1) 고구려

- 대모달(大摸達) : 최고의 무관직으로 왕권을 강화하기 위하여 수도의 방위와 중앙군을 지휘하였다.
- 말객 : 각 지방의 성(城)을 중심으로 군단이 편성되어 무관이 배치되어 있었는데 대모달 다음가는 직책이었다.

(2) 백제

- 위사평(衛士平) : 중앙의 군편제로 5부를 두고 각부에 500명씩을 배정하여 치안 및 경비를 실시하였다.

  * 5부 : 수도를 상 · 하 · 중 · 전 · 후로 나누어 경비임무를 수행하던 부대
- 방령 · 군장 : 방과 군은 행정구역으로 방령과 군장은 행정구역내에서 평시에는 경비업무, 전시에는 군사적인 임무를 띠고 있는 지휘관이었다.

(3) 신라

- 시위부(侍衛府) : 궁성의 호위와 경비임무를 담당한 무관부, 지휘관으로 대감과 장군이 있었음.
- 금군 : 시위부 소속으로 모반(반역)을 평정
- 서당(誓幢) : 국도의 숙위, 경비업무를 담당한 국왕 직속의 특수부대, 통일신라기에 9서당(九誓幢)으로 완성됨.

나. 고려 시대

(1) 고려 초기

- 중군 : 건국 초에는 5군으로 조직하여 국방을 담당하다가 후에 3군으로 개편하여 삼군도 총제부(三軍都摠制符)를 두었다.
- 금군 : 왕궁을 수비하고 왕을 호위하던 왕 직속의 군대조직으로 금려(禁旅) 또는 금병(禁兵)이라고도 하였다.

(2) 고려 중기

- 중방 : 2군(二軍), 6위(六衛)의 상장군(上將軍)과 대장군(大將軍)으로 구성된 회의기관

  * 최충헌 집권 이후에는 교정도감이 중방의 역할을 대신하였다.

(3) 무신집권기

- 교정도감(敎定都監) : 최충헌 이래 무신정권의 최고 정치기관으로 최고 집권자가 겸임하는 교정별감을 두어 국정을 운영하였다.
- 도방(都房) : 경대승이 정중부의 일당을 제거하고 자신의 신변보호를 위하여 조직된 사병집단(私兵集團)인 결사대 조직이다.
- 내외도방 : 최우가 설치한 내도방과 최충헌의 육번도방 곧 외도방을 발전시킨 최씨 집안의 권력유지를 위한 사병집단이다.
- 마별초 : 도방과 함께 최씨 가문을 지킨 가병(사병)
- 삼별초(三別抄) : 무신정권의 특수군대로서 치안유지를 위한 야별초(夜別抄)로 시작하여 좌별초, 우별초로 확대되어 사병적인 요소도 있었으나 항몽전(抗蒙戰)에서는 군인으로 활약하였다.
- 서방(書房) : 최우가 자기 집에 설치한 것으로 문신 및 유학자들로 구성하여 교대로 서방에서 숙직을 하며 국정 자문과 왕권보호역할을 수행하였다.

  * 고려시대 최씨 무신정권의 대표적인 무신숙위기관은 도방, 문신숙위기관은 서방이다.

(4) 고려 후기

- 순마소 : 무신정권 후 도적을 잡고 금란(禁亂) 등에 관한 일을 맡아 보던 관청. 순마소(巡馬所)에는 도적을 잡기 위한 군졸이 배치되어 있어서 이들을 순마군, 또는 순군이라 일컬었다.
- 순군만호부 : 순마소의 후신으로 일반적으로 치안업무와 금란(禁亂)의 일을 맡아 봄.
- 성중애마(成衆愛馬) : 왕에 대한 숙위기관으로 왕의 측근인 내시, 다방 등 근시임무를 띤 자들로 구성된 특수한 친위부대

다. 조선 시대

(1) 조선 전기

- 오위(五衛) : 조선 전기의 중앙군제로서 수도경비임무와 함께 중추적인 국방의 역할을 한 조직체
- 의흥친군위 : 궁성의 시위와 왕의 시종임무를 수행하던 친 위군
- 의흥삼군부 : 의흥친군위의 후신임
- 10사 : 궁궐시위 및 한성의 순찰과 경비임무를 띠고 있었음
- 별시위 · 내금위 · 내시위 : 왕의 근시위(近侍衛) 임무
- 겸사복(兼司僕) : 조선초기의 병제로 왕의 신변보호 및 왕궁 호위병 양성을 맡은 기병중심의 정예 친위병이다.
- 충의위 : 사회특수층으로 이루어진 특수부대로 시위 임무 수행
- 갑사 : 중앙군의 기간병종으로 5위의 의흥위에 소속되어 왕의 호위 임무 수행
- 중추원 : 세종 14년(1433)에 독립적인 숙위와 경비만을 관장한 중앙 관청

(2) 조선 후기

- 호위청 : 조선 후기의 인조반정후 원년에 설립한 가장 대표적인 경호기관으로 공적인 녹을 받는 왕의 호위를 담당하던 기관
- 어영군 : 인조반정 후에 설립된 왕의 호위군대

- 어영청 : 효종조에 어영군을 확대하여 한성의 수비까지 담당함.
- 금위영·훈련도감 중부별대 : 숙종 8년에 당시 정사청을 개편하여 설치된 기병부대로 훈련도감의 중부별대와 함께 궁중수비를 담당함.
- 금군 : 왕을 호위하고 왕궁을 수비하던 기마군대를 말하며 금려(禁旅) 또는 금병(禁兵)이라고도 하였음.
- 용호영 : 영조대에 당시 금군인 내삼청을 개편하여 설립한 친위군.
- 장용위 : 정조 6년 숙위소를 폐지하고 장용위를 설치하여 조직을 확대시켜 신변보호는 물론 부왕의 묘(릉)까지 호 위함.
- 숙위소 : 정조기에 단기간 동안 존속하였던 궁궐 숙위기관

라. 구한말

(1) 갑오경장 이전

- 시위대 : 왕의 호위 군대로서 군부대신의 감독하에 궁내의 시위를 담당하였음.
- 무위소(武衛所) : 고종의 친정 후 설립된 궁궐수비를 담당 한 왕의 친위군
- 무위영(武衛營) : 무위소가 발전하여 된 것으로 대장밑에 중군, 그 아래 좌, 우별군을 두었다.
- 친위대(親衛隊) : 시위대와 유사한 성격의 부대로 궁궐과 왕의 시위 임무를 띤 부대로 신식군대였음.

(나) 갑오경장 이후~정부수립 이전

- 경위원(警衛院) : 최초 경무청 산하의 궁내경찰로 출발 후에 그 소속이 궁내부로 바뀌었으며, 주로 궁궐의 내외곽 경비와 궁내사법업무를 수행함.
- 경무청(警務廳) : 갑오개혁이후 포도청을 폐지하고 내무아문 산하에 일본경찰제도인 경무청이 설치되어 한성부의 경찰, 감옥, 출판물 허가, 호구조사, 전염병예방, 분뇨수거, 광견단속 등의 일을 수행함.
- 경무사(警務使) : 경무청의 장으로 내무대신의 지휘 아래 한성부의 경찰사무를 총괄함.

2. 정부수립 이후 경호제도

■ **창덕궁경찰서**

황궁경위국을 통합하여 이후 당시 왕이 거처하던 창덕궁과 덕수궁 지역의 경호임무를 수행함.

■ **경무대경찰서**

1949년 2월 창덕궁경찰서가 폐지되고 중앙청 및 경무대 구내를 관할로 하는 경무대경찰서가 신설되어 내무부 훈령 제 25호에 의거 '경호규정'이 제정됨과 동시에 법적으로 '경호'라는 용어를 최초로 사용함. 대통령, 부통령, 외국원수, 국회의장, 대법원장, 국무총리 및 각부장관, 외국의 사절, 기타 내무부장관 및 도지사가 필요하다고 인정하는 인사의 경호 실시

■ **서울시경찰국 경비과(청와대 경찰관 파견대)**

1960년 4. 19혁명이후 3차 개헌(1960년 6월 15일)을 통해 대통령중심제에서 내각책임제로 정부형태가 변화되면서 당시 경무대경찰서가 폐지되고 민주당 정권(윤보선 대통령)이 들어서면서 청와대로 개칭하여 서울시경찰국 경비과에서 청와대 경찰관 파견대를 설치, 대통령의 경호 및 관저 경비를 실시함.

■ **국가재건최고회의 의장경호대**

1961년 5. 16이후 국가재건최고회의 의장을 경호할 목적으로 임시로 국가재건최고회의 의장경호대가 편성됨.

■ **중앙정보부경호대**

이후 중앙정보부 창설과 동시에 1961년 9월 중앙정보부 내훈으로 경호규정이 제정되어 정식으로 중앙정보부경호대로 출범함.

■ **대통령경호실**

1963년 12월 17일 박정희 대통령의 취임으로 대통령 경호를 전담하는 경호실 창설

- **대통령실 경호처**

  2008년 2월 이명박 대통령의 취임으로 대통령실 경호처로 전환

- **대통령경호실**

  2013년 2월 25일 박근혜 대통령의 취임으로 대통령 경호실로 직제 개편

- **대통령 경호처**

  2017년 5월 문재인 대통령의 취임으로 대통령 경호처로 직제 개편

기출 및 예상문제

01 **경호대상자인 대통령의 법적 지위에 해당되지 않은 내용은?**

① 국군통수권자
② 대외적으로 국가를 대표하는 지위
③ 국무회의 부의장으로서의 지위
④ 국정의 통합, 조정권자로서의 지위

해설 ③ 국무회의 의장으로서의 지위 및 ① ② ④ 와 행정부수반으로서의 지위를 가진다.

02 **다음 중 경호의 개념에 관한 내용으로 적절치 못한 것은?**

① 인위적 위해나 자연발생적인 위해로부터 경호대상자의 신변을 지키고 안전을 확보하는 작용
② 경호대상자의 신변에 대하여 직·간접으로 가해지는 위해를 미연에 방지하고 제거하여 안전을 도모하는 활동
③ 경호는 실제적으로 주도면밀한 위해의 성공기회를 최대화하기 위한 작용
④ 경호대상자의 생명과 재산을 보호하고 기타 공공의 안녕질서를 유지하기 위한 업무

해설 ③항은 위해자 즉 범인의 입장에서 기술한 것으로 경호의 개념과는 반대의 내용임.

03 **다음 중 우리나라 경호제도 중 최초 전문경호 기관이 출현한 시기는?**

① 삼국 시대 ② 통일 신라 시대
③ 고려 시대 ④ 조선 시대

해설 삼국시대 및 통일 신라 시대의 모든 지방 성주들은 사병을 가지고 있었다. 고려시대에 와서 국가를 위한 군대와 왕궁을 수비하고 왕을 호위, 경비하는 직속의 군대를 운영한 것으로 보아 고려시대에 전문 경호 기관이 출현하였다고 본다.

04 다음 중 적절치 않은 내용은?

① 세월호 특별법은 경호의 법원(法源)으로서 경호활동 시 적극 활용하여야 한다.

② 경호학은 경호관계와 사회관계 등 자연과학 및 사회과학을 포함하는 제 관계의 현상과 이론을 대상으로 연구하는 종합과학학문이다.

③ 민간경비의 발전배경이론 중 경제환원론적 이론은 그 현상이 경제와 직접적으로는 무관한 성격을 갖는 것임에도 불구하고, 원인을 경제문제에서 찾으려고 하는 입장이다.

④ 성중애마(成衆愛馬)는 고려후기의 경호기관으로서 왕의 측근인 내시 등에 대한 근시임무를 띤 자들로 구성된 특수한 친위부대이다.

05 경호학에 대한 설명 중 타당하지 못한 것은?

① 경찰학은 경찰의 과학적 법칙과 논리를 정립하는 학문이므로 경호학의 연구대상으로 포함 시킬 수 없다.

② 경호학은 경호에 관한 여러 현상을 연구하는 학문이다.

③ 경호학의 대상은 경호의식, 경호제도, 경호관계 등으로 구성 된다고 볼 수 있다.

④ 경호학은 경호의 일반원칙과 원리를 연구하는 종합 과학적 학문이다.

06 대한민국 근대 이후 경호제도에 관한 설명으로 옳은 것은?

① 창덕궁 경찰서가 폐지되고 경무대 경찰서가 신설되면서 대통령과 가족, 대통령 당선이 확정된 자, 전직대통령 및 가족의 경호를 담당하였다.

② 대통령중심제에서 내각책임제로 변화되면서 대통령 경호 및 관저 경비는 대통령경호실에서 담당하였다.
③ 대통령경호실이 출범되면서 최초로 경호라는 용어 사용과 경호업무의 체제가 정비되었다.
④ 군사혁명위원회가 국가재건최고회의로 발족되면서 국가재건최고회의 의장 경호대가 임시로 편성된 후 중앙정보부로 예속되었다.

해설
- 경무대 경찰서 : 1949년 창덕궁 경찰서가 폐지되면서 신설되어 구내의 경호, 경비를 수행하였고
- 청와대 경찰관 파견대 : 1960년 4. 19혁명 이후 경무대 경찰서의 경비임무를 수행하였다.
- 국가재건회의 경호대는 1961년 중앙정보부 창설과 동시에 박정희 의장 신변보호를 위하여 창설
- 대통령경호실은 1963년 12월 대통령 경호를 위해 창설
- 2008년 2월 대통령실 경호처로 전환
- 2013년 2월 대통령경호실로 직제개편
- 2017년 5월 대통령경호처로 직제개편

07 다음 중 경호경비 관련 법적근거에 관한 내용으로 적합한 것은?

① 대간첩 작전 수행, 요인경호 등의 규정으로 포괄적 임무를 근거한 것은 "대통령 등의 경호에 관 법률 시행령"이다.
② 대통령경호처 경호규정과 경찰청의 경호규칙이 상이할 경우 대통령경호처 규정이 우선한다고 규정한 것은 '안전대책법'이다.
③ 대통령과 그 가족, 대통령으로 당선된 자와 그 가족에 대한 경호는 '경호규칙'에 근거한다.
④ 한국군과 주한 미군간의대통령 경호에 대한 합의각서에 대한 법적근거는 "SOFA조약"이다.

해설
- ①은 경찰관직무집행법 ②는 경호규칙 ③은 대통령 등의 경호에 관한 법률
대통령 등의 경호에 관한 법률 시행령 제36조(위임사항)
"이 영의 시행에 관하여 필요한 사항은 처장"이 정한다. 에 의거 경호처에서는 여러 개의 경호규정을 제정 · 시행하고 있으며, 경찰청장(1991년 7월 31일 훈령 제12호)은 경호규칙을 제정하여 경호업무에 관하여 경찰관이 수행하여야할 지침서로

활용하고 있으며, 그 부칙에서 대통령경호처의 규정과 경호규칙이 상이할 경우는 경호처 규정이 우선한다고 규정하고 있다.

08 민간경호업무의 목표로 거리가 먼 것은?

① 돌발적 사태로부터 보호할 수 있는 대책을 강구하고, 유사시 공정한 법집행을 주목표로 한다.
② 암살, 납치, 신체적 상해 등 생명범죄의 예방을 주목표로 한다.
③ 절도 등의 재산죄는 우발적인 긴급상황으로 발전할 수 있기 때문에 그 방지 또한 경호업무의 목표가 되어야 한다.
④ 모든 물리적 범죄행위에 대한 성공기회를 최소화하기 위한 범죄 예방을 목표로 해야 한다.

해설 ①의 법집행은 국가경찰의 업무이다.

09 각 경호기관의 경호개념에 관한 설명으로 틀린 것은?

① 한국경찰기관에서의 경호·경비는 정부요인, 국내외 주요인사 등 경호대상자의 신변에 대하여 직·간접으로 가해지려는 위해를 방지하기 위하여 위험요소를 사전에 제거하고 경호대상자의 안전을 도모하는 경찰작용을 말한다.
② 일본 요인경호부대의 경호정의는 신변에 위해가 있을 경우 국가 공공 안녕질서에 영향을 줄 우려가 있는 자에 대해 신변 안전확보를 위한 경찰활동이다.
③ 미국 비밀경호국의 경호정의는 실제적이고 주도면밀한 범행의 성공기회를 최소화 하는 것이다.
④ 한국 대통령경호처 경호의 정의는 경호대상자의 생명과 재산을 보호하기 위하여 신체에 가해지는 위해를 방지 또는 제거하는 안전활동에 국한한다.

해설 ④ 특정지역을 경계·순찰 및 방비하는 등의 모든 안전활동을 포함한다.

10 경호학의 개념으로 가장 거리가 먼 것은?

① 경호학은 자연과학 분야를 제외한 일반법칙과 원리를 규명하고 합리적인 수단과 과학적인 기술 및 그 적용을 탐구하는 사회과학이다.
② 경호학은 종합 과학적 성격을 갖고 있기 때문에 종합 예술이라고도 한다.
③ 경호학은 경호에 관한 여러 현상을 연구하는 학문이다.
④ 경호학에는 법학, 행정학, 사회학, 심리학, 물리학, 화학, 수학 등의 모든 분야가 포함된다.

해설 경호학은 자연과학 분야를 포함한 사회과학 분야 등 전 분야가 포함된다할 것이다.

11 다음 중 경호학의 필요성으로 부적절 한 것은?

① 국민생활안전에 대한 각종 사회 불안심리가 급증하고 있어 국민개개인의 생명 · 신체 및 재산에 대한 안전욕구 증가에 부응하기 위하여,
② 경호 · 경비회사의 영업이익을 창출하여 사회에 봉사하기 위하여,
③ 사회과학적, 자연과학적 응용을 탐구하는 학문으로 발전시켜 경호인력과 기술의 우수화를 위하여,
④ 경호 · 경비를 위하여 우수한 인력을 배출하고 기술을 개발하여 새로운 경호시장 수요를 창출하기 위하여,

해설 ② 경비회사는 이익창출이 주 목적이며, 경호는 국민의 생명과 재산을 보호하는 사회공공의 안녕 질서를 유지하는데 있다.

12 다음 중 경호학의 연구방법으로 불합리하다고 판단되는 것은?

① 실질적 경호규범이 가지는 객관적 내용을 명백히 하는 경호 관련법의 해석학적 연구방법을 기본으로 한다.
② 그 외에 경호 현상의 역사적 연구가 동시에 행하여져야 한다.
③ 특정국가의 경호현상은 그 국가만의 경호현상이기 때문에 그 국가의 경호현상만을 과학적으로 비교, 분석하여야 한다.

④ 경호기법은 일정한 목적을 달성하고 실현하기 위한 수단이면서 기능적인 과정이다.

해설 경호학의 연구는 각국의 경호환경, 형태, 성격, 기능, 특징 등의 다양한 현상들을 규명, 인식하여 자국의 경호현상과 비교, 분석, 검토함으로서 경호의 발전을 기할 수 있다.

13 **고구려 시대에 수도의 방위와 중앙군을 지휘한 직위로서 옳은 것은?**

① 대모달 ② 9서당
③ 중방 ④ 겸사복

해설 대모달은 고구려 무관 관직 중 최고의 직위로 왕권을 강화하기 위하여 수도의 방위와 중앙군을 지휘하였다.

14 **다음 중 신라시대에 왕궁을 호위한 무관청으로 옳은 것은?**

① 병부 ② 위화부
③ 시위부 ④ 순군만호부

해설 군인 3,000명이 왕성을 호위하는 시위부가 있었음.

15 **고려시대 무신집권시의 경호기관으로 볼 수 없는 것은?**

① 교정도감 ② 호위청
③ 도방 ④ 삼별초

해설
- 교정도감은 최고 정치기관이며, 내 · 외도방은 사병집단으로 경대승이 자신의 신변보호를 위하여 설치하였다. 도방은 권신들에게 충성을 다하는 문객들로 구성된 것을 말하며, 삼별초는 특수군대를 말한다.
- 호위청은 조선후기 대표적인 경호기관으로 공적인 녹을 받는 왕의 호위를 담당하던 기관임.

16 조선 성종 때 포도청 내에 여자도둑을 잡기위하여 조직된 최초 여자 직원들의 명칭으로 옳은 것은?

① 다모(茶母) ② 식모(食母)
③ 병모(兵母) ④ 경모(警母)

해설 포도청은 성종 12년부터 고종 31년 까지 지속되었고 포도청에는 다모라는 관비가 있어 여자도둑을 잡는 역할을 하였다. 양반집 수색에도 이용되었음. 현재 여자경찰의 선구라 할 수 있다.

17 다음 중 경호의 의의를 설명한 것으로 거리가 먼 것은?

① 피 경호자의 신변에 대하여 직접 또는 간접으로 가해지는 위해를 미연에 방지하고 제거하여 그 안전을 도모하는 활동을 말한다.
② 가용 전 인력과 장비를 투입하여 최선의 노력과 세심한 주의로서 경호를 실시하여야 하나 완전무결한 만점 경호는 수행할 수 없다.
③ 국내·외 중요요인을 암살 및 테러행위로부터 안전하게 보호하기 위하여는 국가안보적 차원에서 전력을 집중하여야 한다.
④ 경호근무 중 사고로 인하여 상사에 누를 미치게 하거나 국가체면을 손상시키는 일이 없도록 하여야 한다.

해설 경호는 국가를 수호하는 업무로 안보적 차원에서 완전무결한 안전활동이 되도록 하여야 한다.

18 다음 중 경호의 법원으로 볼 수 있는 것은?

① 헌법 ② 경찰공무원법
③ 형법 ④ 환경관리법

해설
- 성문법으로는
  - 법률 : 헌법, 대통령 등의 경호에 관한 법률, 전직대통령 예우에 관한 법률, 경찰관 직무집행법, 대통령 경호안전 대책위원회 규정, 조약 및 법규, 경비업법, 청원경찰법 등
  - 법규명령 : 경호관련 법률에 따른 시행령, 시행규칙, 경호업무규정 등
- 불문법으로는 경호관습법, 판례법, 조리 등이 있음.

19 다음 중 "SOFA"에 대한 설명으로 올바른 것은?

① 한국과 미국의 대통령 경호에 대한 합의 각서이다.
② 한국군과 미국군과의 대통령 경호에 대한 합의각서이다.
③ 한국에 주둔하고 있는 미국군인의 법적인 지위에 관한 규정이다.
④ 한국에 주둔하고 있는 미군에 대한 범죄자 인도 조약이다.

해설 Status of Forces Agreement로서 한국과 미국 간에 주한미군에 대한 법적인 지위를 규정한 협정이다.

20 경호원의 활동수칙에 관한 설명으로 틀린 것은?

① 위해기도자의 입장에서 경호 상 취약성을 분석하여 사전에 차단할 수 있는 예방경호에 총력을 기울여야 한다.
② 경호대상자를 안전하게 보호해야 하며 위해기도자와 타협적인 행동은 하지 말아야 한다.
③ 가능하면 경호대상자의 사생활을 침해하지 않도록 하는 것이 좋다.
④ 경호원은 친절한 경호서비스를 제공해야 하며, 권위주의적인 자세를 취하여 완벽한 경호활동을 할 수 있다.

해설 경호원은 의전과 예절에 입각한 친절하고도 겸손한 자세를 견지하여야 하며, 권위주의적 요소를 배제하여야 한다.

정답

01.③ 02.③ 03.③ 04.① 05.① 06.④ 07.④ 08.① 09.④ 10.①
11.② 12.③ 13.① 14.③ 15.② 16.① 17.② 18.① 19.③ 20.④

제2장

경호관련 법률(요약)

1. 대통령 등의 경호에 관한 법률
2. 전직 대통령 예우에 관한 법률
3. 대통령경호안전대책위원회규정

■ 기출 및 예상 문제

제2장 경호관련 법률(요약)

제1절 대통령 등의 경호에 관한 법률(약칭:대통령경호법)

① 목적(제1조)

대통령 등에 대한 경호를 효율적으로 수행하기 위하여 경호의 조직·직무범위와 그 밖에 필요한 사항을 규정함을 목적으로 한다.

② 정의(제2조)

가. "**경호**"란 경호대상자의 생명과 재산을 보호하기 위하여 신체에 가하여지는 위해(危害)를 방지하거나 제거하고, 특정 지역을 경계·순찰 및 방비하는 등의 모든 안전 활동을 말한다.

나. "**경호구역**"이란 소속공무원과 관계기관의 공무원으로서 경호업무를 지원하는 사람이 경호활동을 할 수 있는 구역을 말한다.

다. "**소속공무원**"이란 대통령경호처 직원과 경호처에 파견된 사람을 말한다.

라. "**관계기관**"이란 경호처가 경호업무를 수행함에 있어 필요한 지원과 협조를 요청하는 국가기관, 지방자치단체 등을 말한다.

③ 대통령경호처장 등(제3조)

가. 대통령경호처장은 대통령이 임명하고, 경호처의 업무를 총괄하며 소속공

무원을 지휘 · 감독한다.

나. 경호처에 차장 1명을 둔다.

다. 차장은 1급 경호공무원 또는 고위공무원단에 속하는 별정직 국가공무원으로 보하며, 처장을 보좌한다.

4 경호대상(제4조)

1. 대통령과 그 가족
   가족은 대통령 및 대통령당선인의 배우자와 직계존비속을 말한다.(동법 시행령 제2조 가족의 범위)
2. 대통령 당선인과 그 가족
3. 본인의 의사에 반하지 아니하는 경우에 한정하여 퇴임 후 10년 이내의 전직 대통령과 그의 배우자.
   다만, 대통령이 임기 만료 전에 퇴임한 경우와 재직 중 사망한 경우의 경호 기간은 그로부터 5년으로 하고, 퇴임 후 사망한 경우의 경호 기간은 퇴임일부터 기산(起算)하여 10년을 넘지 아니 하는 범위에서 사망 후 5년으로 한다.
   *본 호에도 불구하고 전직 대통령 또는 그 배우자의 요청에 따라 처장이 고령 등의 사유로 필요하다고 인정하는 경우에는 5년의 범위에서 같은 호에 규정된 기간을 넘어 경호할 수 있다.
4. 대통령권한대행과 그 배우자
5. 대한민국을 방문하는 외국의 국가 원수 또는 행정수반(行政首班) 과 그 배우자
6. 그 밖에 처장이 경호가 필요하다고 인정하는 국내외 요인(要人)

5 경호등급(시행령 제3조의2)

가. 처장은 제4조1항5호 및 6호에 따른 경호대상자의 경호임무를 수행하기

위하여 해당 경호대상자의 지위와 경호위해요소, 해당 국가의 정치상황, 국제적 상징성, 상호주의 측면, 적대 국가유무 등 국제적 관계를 고려하여 경호등급을 구분하여 운영할 수 있다.

나. 경호등급을 구분하여 운영하는 경우에는 외교부장관, 국가정보원장 및 경찰청장과 미리 협의하여야 한다.

다. 상기 "가"항의 경호등급과 관련하여 필요한 사항은 처장이 따로 정한다.

⑥ 경호업무 수행관련 간의 협조 등(시행령 제3조의3)

가. 처장은 법 제4조(경호대상)에 규정된 경호대상에 대한 경호를 위하여 필요한 경우 대통령비서실, 국가안보실 및 경호 · 안전관리 업무를 지원하는 관계기관에 근무할 예정인 사람에게 신원진술서 및 「가족관계의 등록 등에 관한 법률」에서 정하는 증명서와 그 밖에 필요한 자료의 제출을 요구할 수 있다.

나. 처장은 안전 활동 등 경호업무를 효율적으로 수행하기 위하여필요한 경우에는 관계기관에 대하여 경호구역에 출입하려는 사람의 범죄경력 조회 또는 사실 증명 등 필요한 협조를 요청할 수 있다.

⑦ 경호구역의 지정 등(제5조)

가. 처장은 경호업무의 수행에 필요하다고 판단되는 경우 경호구역을 지정할 수 있다.

나. 경호구역의 지정은 경호 목적 달성을 위한 최소한의 범위로 한정되어야 한다.

다. 소속공무원과 관계기관의 공무원으로서 경호업무를 지원하는사람은 경호 목적상 불가피하다고 인정되는 상당한 이유가 있는 경우에만 경호구역에서 질서유지, 교통관리, 검문 · 검색, 출입통제, 위험물 탐지 및 안전조치 등 위해 방지에 필요한 안전활동을 할 수 있다.

라. 경호구역을 지정할 때에는 경호업무 수행에 대한 위해요소와 구역이나 시설의 지리적·물리적 특성 등을 고려해 지정한다.

8 직원(제6, 7, 8조)

가. 직원 및 임용권자

(1) 경호처에 특정직 국가공무원인 1급부터 9급까지의 경호공무원과 일반직 국가공무원을 둔다.
다만, 필요하다고 인정할 때에는 경호공무원의 정원 중 일부를 일반직 국가공무원 또는 별정직 국가공무원으로 보할 수 있다.

(2) 5급 이상 경호공무원과 5급 상당 이상 별정직 국가공무원은 처장의 제청으로 대통령이 임용한다.
다만, 전보·휴직·겸임·파견·직위해제·정직(停職) 및 복직에 관한 사항은 처장이 행한다.

(3) 처장은 경호공무원 및 별정직 국가공무원에 대하여 상기 2항외의 모든 임용권을 가진다.

나. 직원의 임용 자격 및 결격사유(제8조)

경호처 직원은 신체 건강하고 사상이 건전하며 품행이 바른 사람 중에서 임용한다.

다음 중 어느 하나에 해당하는 사람은 직원으로 임용될 수 없다.

(1) 대한민국 국적을 가지지 아니한 자

(2) "국가공무원법" 제33조 각호의 어느 하나에 해당하는 사람

(3) 제2항 각 호(「국가공무원법」 제33조 제5호는 제외 한다)의 어느 하나에 해당하는 직원은 당연히 퇴직한다.

① 피성년후견인

② 파산선고를 받고 복권되지 아니한 자

③ 금고 이상의 실형을 선고받고 그 집행이 종료되거나 집행을 받지 아니하기로 확정된 후 5년이 지나지 아니한 자
④ 금고 이상의 형을 선고받고 그 집행유예 기간이 끝난 날부터 2년이 지나지 아니한 자
⑤ 금고 이상의 형의 선고유예를 받은 경우에 그 선고유예 기간 중에 있는 자
⑥ 법원의 판결 또는 다른 법률에 따라 자격이 상실되거나 정지된 자
- 6의 2. 공무원으로 재직기간 중 직무와 관련하여「형법」제355조 및 제356조에 규정된 죄를 범한 자로서 300만 원 이상의 벌금형을 선고받고 그 형이 확정된 후 2년이 지나지 아니한 자

  *형법 제355조(횡령, 배임), 제356조(업무상의 횡령과 배임)
- 6의 3.「성폭력범죄의 처벌 등에 관한 특례법」제2조에 규정된 죄를 범한 사람으로서 100만 원 이상의 벌금형을 선고받고 그 형이 확정된 후 3년이 지나지 아니한 사람
- 6의 4. 미성년자에 대한 다음 각목의 하나에 해당하는 죄를 저질러 파면·해임되거나 형 또는 치료감호를 선고받아 그 형 또는 치료감호가 확정된 사람(집행유예를 선고받은 후 그 집행유예기간이 경과한 사람을 포함한다.)

  가.「성폭력범죄의 처벌 등에 관한 특례법」제2조에 따른 성폭력범죄

  나.「아동·청소년의 성보호에 관한 법률」제2조 제2호에 따른 아동·청소년 대상 성범죄

⑦ 징계로 파면처분을 받은 때부터 5년이 지나지 아니한 자
⑧ 징계로 해임처분을 받은 때부터 3년이 지나지 아니한 자

9 직권면직(제10조)

임용권자는 직원(별정직 국가공무원은 제외)은 다음 어느 하나에 해당하면

직권으로 면직할 수 있다.

① 신체적 · 정신적 이상으로 6개월 이상 직무를 수행하지 못할 만한 지장이 있을 때

② 직무 수행 능력이 현저하게 부족하거나 근무태도가 극히 불량하여 직원으로서 부적합하다고 인정될 때(면직하는 경우에는 대통령령으로 정하는 바에 따라 고등징계위원회의 동의)

* 직위 해제된 사람에게 3개월의 범위에서 대기를 명해야 한다.

③ 직제와 정원의 개폐(改廢) 또는 예산의 감소 등에 의하여 폐직(廢職) 또는 과원(過員)이 된 때(면직하는 경우에는 임용 형태, 업무실적, 직무 수행 능력, 징계처분 사실 등을 고려하여 면직기준을 정하여야 한다. 이 경우 면직된 직원은 결원이 생기면우선하여 재임용할 수 있다) – 면직 기준을 정하거나, 면직 대상자를 결정할 때에는 대통령령으로 정하는 바에 따라 인사위원회의 심의 · 의결을 거쳐야 함.

④ 휴직 기간이 끝나거나 휴직 사유가 소멸된 후에도 정당한 이유없이 직무에 복귀하지 아니하거나 직무를 수행할 수 없을 때

⑤ 직무 수행 능력이 부족하거나 근무성적이 극히 불량하여 대통령령으로 정하는 바에 따라 대기 명령을 받은 사람이 그 기간 중 능력 또는 근무성적의 향상을 기대하기 어렵다고 인정될 때(면직하는 경우에는 대통령령으로 정하는 바에 따라 고등징계위원 회의 동의)

⑥ 해당 직급에서 직무를 수행하는 데에 필요한 자격증의 효력이 상실되거나 면허가 취소되어 담당 직무를 수행할 수 없게 되었을 때.

10 정년(제11조)

가. 경호공무원의 정년

① 연령정년

- 5급 이상 : 58세
- 6급 이하 : 55세

② **계급정년**

- 2급 : 4년 ■ 3급 : 7년 ■ 4급 : 12년 ■ 5급 : 16년

나. 경호공무원이 강임(降任)된 경우에는 계급정년의 경력을 산정할 때에 강임되기 전의 상위계급으로 근무한 경력은 강임된 계급으로 근무한 경력에 포함한다.

11 징계(제12조, 시행령29조)

① 직원의 징계에 관한 사항을 심사·의결하기 위하여 경호처에 고등징계위원회와 보통징계위원회를 둔다.

- 고등징계위원회위원장은 차장이 되고, 위원은 3급 이상의 직원(고위공무원단에 속하는 직원 포함) 중에서 처장이 임명 또는 위촉한다.
- 보통징계위원회위원장은 경호지원단장이 되고, 위원은 4급 이상의 직원(고위공무원단에 속하는 직원 포함)이 되고 해당하는 사람 중에서 성별을 고려하여 처장이 임명 또는 위촉한다.

② 각 징계위원회는 위원장 1명과 4명 이상 6명 이하의 위원으로 구성한다.

③ 직원의 징계는 징계위원회의 의결을 거쳐 처장이 한다.
다만, 5급 이상 직원의 파면 및 해임은 고등징계위원회의 의결을 거쳐 처장의 제청으로 대통령이 한다.

12 보상(제13조)

경호대상에 대한 경호업무 수행 또는 그와 관련하여 상이(傷痍)를 입고 퇴직한 사람과 그 가족 및 사망(상이로 인하여 사망한 경우를 포함한다)한 사람의 유족에 대하여는 대통령령으로 정하는 바에 따라 「국가유공자 등 예우 및 지원에 관한 법률」 또는 「보훈보상 대상자 지원에 관한 법률」에 따른 보상을 한다.

13 국가기관 등에 대한 협조 요청(제15조)

처장은 직무상 필요하다고 인정할 때에는 국가기관, 지방자치단체, 그 밖의 공공단체의 장에게 그 공무원 또는 직원의 파견이나 그 밖에 필요한 협조를 요청할 수 있다.

14 경호공무원의 사법경찰권(제17조)

① 경호공무원(처장의 제청으로 서울중앙지방검찰청 검사장이 지명한 경호공무원을 말한다. 이하 이 조에서 같다)은 제4조제1항 각 호의 경호대상에 대한 경호업무 수행 중 인지한 그 소관에 속하는 범죄에 대하여 직무상 또는 수사상 긴급을 요하는 한도 내에서 사법경찰관리(司法警察官吏)의 직무를 수행할 수 있다.

② 7급 이상 경호공무원은 사법경찰관의 직무를 수행하고, 8급 이하 경호공무원은 사법경찰리(司法警察吏)의 직무를 수행한다.

15 비밀의 엄수(제9조)

① 소속공무원[퇴직한 사람과 원(原) 소속 기관에 복귀한 사람을 포함한다.]은 직무상 알게 된 비밀을 누설하여서는 아니 된다.

***벌칙** : 5년 이하의 징역이나 금고 또는 1천만 원 이하의 벌금에 처한다.

② 소속공무원은 경호처의 직무와 관련된 사항을 발간하거나 그 밖의 방법으로 공표하려면 미리 처장의 허가를 받아야 한다.

***벌칙** : 2년 이하의 징역이나 금고 또는 500만 원 이하의 벌금에 처한다.

16 직권 남용 금지 등(제18조)

① 소속공무원은 직권을 남용하여서는 아니 된다.

② 경호처에 파견된 경찰공무원은 이 법에 규정된 임무 외의 경찰공무원의 직무를 수행할 수 없다.

***벌칙** : 5년 이하의 징역이나 금고 또는 1천만 원 이하의 벌금에 처한다.

17 무기의 휴대 및 사용(제19조)

가. 처장은 직무를 수행하기 위하여 필요하다고 인정할 때에는 소속공무원에게 무기를 휴대하게 할 수 있다.

나. 제1항에 따라 무기를 휴대하는 사람은 그 직무를 수행할 때 필요하다고 인정하는 상당한 이유가 있을 경우 그 사태에 대응하여 부득이하다고 판단되는 한도 내에서 무기를 사용할 수 있다. 다만, 다음 각 호의 어느 하나에 해당할 때를 제외하고는 사람에게 위해를 끼쳐서는 아니 된다.

(1) 「형법」 제21조 및 제22조에 따른 정당방위와 긴급피난에 해당할 때.

(2) 경호대상에 대한 경호업무 수행 중 인지한 그 소관에 속하는 범죄로 사형, 무기 또는 장기 3년 이상의 징역 또는 금고에 해당하는 죄를 범하거나 범하였다고 의심할 만한 충분한 이유가 있는 사람이 소속공무원의 직무집행에 대하여 항거하거나 도피하려고 할 때 또는 제3자가 그를 도피시키려고 소속공무원에게 항거할 때에 이를 방지하거나 체포하기 위하여 무기를 사용하지 아니하고는 다른 수단이 없다고 인정되는 상당한 이유가 있을 때.

(3) 야간이나 집단을 이루거나 흉기나 그 밖의 위험한 물건을 휴대하여 경호업무를 방해하기 위하여 소속공무원에게 항거할 경우에 이를 방지하거나 체포하기 위하여 무기를 사용하지 아니하고는 다른 수단이 없다고 인정되는 상당한 이유가 있을 때.

***벌칙** : 5년 이하의 징역이나 금고 또는 1천만 원 이하의 벌금에 처한다.

18 다자간 정상회의의 경호 및 안전관리(제5조의2)

① 대한민국에서 개최되는 다자간 정상회의에 참석하는 외국의 국가원수 또는 행정수반과 국제기구 대표의 신변(身邊)보호 및 행사장의 안전관리 등을 효율적으로 수행하기 위하여 대통령 소속으로 경호·안전 대책기구를 둘 수 있다.

법 제5조의2제1항에 따른 경호·안전 대책기구(이하 "경호·안전 대책기구"라 한다)의 구성시기 및 운영기간은 다자간 정상회의의 규모·성격, 경호 환경 등을 고려하여 처장이 정한다.

② 경호·안전 대책기구의 장은 처장이 된다.

③ 경호·안전대책기구의 장은 다자간 정상회의의 경호 및 안전관리 활동에 관한 업무를 총괄한다.

④ 경호·안전 대책기구는 소속공무원 및 관계기관의 공무원으로 구성한다.

⑤ 경호·안전 대책기구의 운영기간은 다자간 정상회의별로 1년 6개월을 초과할 수 없다.

⑥ 인력배치 및 장비운용기간은 다자간 정상회의별로 6개월을 초과할 수 없다.

* 다자간 정상회의의 경호 및 안전관리 업무에 관한 규정(대통령 훈령 제331호, 2014년 7월 4일) 제2조(경호·안전대책기구의 명칭 및 기능)에서 경호·안전대책기구의 명칭은 '경호안전통제단'이라 한다.

19 복제(동법 시행령 제34조)

① 처장은 필요하다고 인정하는 경우 직원에게 제복을 지급할 수 있다.

② 직원의 복제에 관하여 필요한 사항은 처장이 정한다.

제2절 전직 대통령 예우에 관한 법률(약칭: 전직대통령법)

❶ 목적(제1조)

이 법은 전직대통령(前職大統領)의 예우에 관한 사항을 규정함을 목적으로 한다.

❷ 적용 범위(제3조)

이 법은 전직대통령 또는 그 유족에 대하여 적용한다.

❸ 연금(제4조)

① 전직대통령에게는 연금을 지급한다.

② 제1항에 따른 연금 지급액은 지급 당시의 대통령 보수연액(報酬年額)의 100분의 95에 상당하는 금액으로 한다.

❹ 유족에 대한 연금(제5조)

① 전직대통령의 유족 중 배우자에게는 유족연금을 지급하며, 그 연금액은 지급 당시의 대통령 보수연액의 100분의 70에 상당하는 금액으로 한다.

② 전직대통령의 유족 중 배우자가 없거나 제1항에 따라 유족연금을 받던 배우자가 사망한 경우에는 그 연금을 전직대통령의 30세 미만인 유자녀(遺子女)와 30세 이상인 유자녀로서 생계능력이 없는 사람에게 지급하되, 지급 대상자가 여러 명인 경우에는 그 연금을 균등하게 나누어 지급한다.

*권리의 정지 및 제외 등(제7조)

이 법의 적용 대상자가 공무원에 취임한 경우에는 그 기간 동안 제4조 및 제5조에 따른 연금의 지급을 정지한다.

*연금의 중복 지급 금지(제8조)

이 법에 따라 연금을 지급받는 사람에게는 다른 법률에 따른 연금을 지급하지 아니한다.

5 기념사업의 지원(동법 시행령 제6조의2)

전직대통령을 위한 기념사업의 지원내용

① 문서 · 도화 등 전시물의 대여

② 사업경비의 일부보조

③ 기타 사업추진을 위하여 필요하다고 인정되는 지원

*지원의 대상과 규모는 국무회의의 심의를 거쳐 결정한다.

6 그 밖의 예우(제6조)

① 전직대통령은 비서관 3명과 운전기사 1명을 둘 수 있고, 전직대통령이 서거한 경우 그 배우자는 비서관 1명과 운전기사 1명을 둘 수 있다.

② 제1항에 따라 전직대통령이 둘 수 있는 비서관과 운전기사는 전직대통령이 추천하는 사람 중에서 임명하며, 비서관은 고위공무원단에 속하는 별정직공무원으로 하고, 운전기사는 별정직공무원으로 한다.

③ 제1항에 따라 전직대통령이 서거한 경우 그 배우자가 둘 수 있는 비서관과 운전기사는 전직대통령의 배우자가 추천하는 사람 중에서 임명하며, 비서관과 운전기사의 신분은 대통령령으로 정한다.

④ 전직대통령 또는 그 유족에게는 관계 법령에서 정하는 바에 따라 다음 각 호의 예우를 할 수 있다.

- 필요한 기간의 경호 및 경비(警備)
- 교통 · 통신 및 사무실 제공 등의 지원
  - 사무실 및 차량의 제공과 기타 운영경비의 지급
  - 공무여행 시 여비 등의 지급
- 본인 및 그 가족에 대한 치료
- 그 밖에 전직대통령으로서 필요한 예우

7 권리의 정지 및 제외 등(제7조)

다음의 경우 필요한 경호 · 경비를 제외하고는 전직대통령으로서의 예우를 하지 아니한다.

① 재직 중 탄핵결정을 받아 퇴임한 경우
② 금고 이상의 형이 확정된 경우
③ 형사처분을 회피할 목적으로 외국정부에 도피처 또는 보호를 요청한 경우
④ 대한민국의 국적을 상실한 경우

8 전직대통령 등의 경호(대통령 등의 경호에 관한 법률 시행령 제3조)

전직대통령과 그 배우자의 경호에는 다음 각 호의 조치를 포함한다.

① 경호안전상 별도주거지 제공(별도주거지는 본인이 마련할 수 있다.)
② 현거주지 및 별도주거지에 경호를 위한 인원의 배치, 필요한 경호의 담당
③ 요청이 있는 경우 대통령전용기, 헬리콥터 및 차량 등 기동수단의 지원
④ 그 밖에 대통령경호처장이 관계기관과 협의하여 정한 사항

9 제5조의2(묘지관리의 지원)

전직 대통령이 사망하여 국립묘지에 안장되지 아니한 경우에는 대통령령으로 정하는 바에 따라 묘지관리에 드는 인력 및 비용을 지원할 수 있다.

제3절 대통령경호안전대책위원회규정

1 목적(제1조)

대통령 등의 경호에 관한 법률에 의한 대통령경호안전대책위원회의 구성 및 운영에 관하여 필요한 사항을 규정함을 목적으로 한다.

2 대통령경호안전대책위원회(대통령 등의 경호에 관한 법률 제16조)

① 경호대상에 대한 경호업무를 수행할 때에는 관계기관의 책임을 명확하게 하고, 협조를 원활하게 하기 위하여 경호처에 대통령경호안전대책위원회를 둔다.

② 위원회는 위원장과 부위원장 각 1명을 포함한 20명 이내의 위원으로 구성한다.

③ 위원장은 처장이 되고, 부위원장은 차장이 되며, 위원은 대통령령으로 정하는 관계기관의 공무원이 된다.

④ 위원회는 다음 각 호의 사항을 관장한다.

- 대통령 경호에 필요한 안전대책과 관련된 업무의 협의
- 대통령 경호와 관련된 첩보 · 정보의 교환 및 분석
- 대통령 등 경호대상에 대한 경호에 필요하다고 인정되는 업무

3 책임(제4조)

대통령경호안전대책활동에 관하여는 위원회 구성원 전원과 그 구성원이 속하는 기관의 장이 공동으로 책임을 지며, 각 구성원은 위원회의 결정사항 기타 안전대책활동을 위하여 부여된 임무에 관하여 상호간 최대한의 협조를 하여야 한다.

4 구성(제2조)

- 국가정보원 테러정보통합센터장
- 법무부 출입국·외국인정책본부장
- 국토교통부 항공안전정책관
- 관세청 조사감시국장
- 경찰청 경비국장
- 외교부 의전기획관
- 과학기술정보통신부 통신정책관
- 식품의약품안전처 식품안전정책국장
- 대검찰청 공공수사정책관
- 해양경찰청 경비국장
- 소방청 119구조구급국장
- 합동참모본부 작전본부 소속 장성급 장교 중 위원장이 지명하는 1명
- 국군방첩사령부 소속 장성급 장교 또는 2급 이상의 군무원 중 위원장이 지명하는 1명
- 수도방위사령부 참모장
- 위원장이 임명 또는 위촉하는 자로 구성한다.

*각 구성원에 대한 분장 책임은 규정 제4조(책임) (부록참조)

기출 및 예상문제

01 경호대상자의 생명과 재산을 보호하기 위하여 신체에 가하여지는 위해를 방지하거나 제거하고, 특정한 지역을 (　) (　) 및 (　) 하는 등의 모든 (　)을 말한다.

① 경계, 순찰, 방비, 안전활동　　② 경비, 순찰, 호위, 경계활동
③ 경비, 경호, 방어, 경호활동　　④ 경계, 경호, 호위, 경비활동

02 다음 내용의 뜻은 무엇인가?

대통령 등에 대한 경호를 효율적으로 수행하기 위하여 경호의 조직·직무범위와 그 밖에 필요한 사항을 규정함을 목적으로 한다.

① 대통령안전대책위원회규정　　② 대통령 등의 경호에 관한 법률
③ 전직대통령 예우에 관한 법률　　④ 국민보호와 공공안전을 위한 테러방지법

03 다음 내용의 뜻은 무엇인가?

경호대상에 대한 경호업무를 수행할 때에는 관계기관의 책임을 명확하게 하고, 협조를 원활하게 하기 위하여~

① 대통령안전대책위원회규정　　② 대통령 등의 경호에 관한 법률
③ 전직대통령 예우에 관한 법　　④ 국민보호와 공공안전을 위한 테러방지법

04 대통령 등의 경호에 관한 법률에 규정되어 있는 내용 중에서 대통령 경호처 소속 공무원이 지켜야 할 내용으로 맞는 것은?

① 영리 및 겸직금지 ② 직권남용금지
③ 직장 이탈금지 ④ 정치 운동금지

해설 대통령 등의 경호에 관한 법률에서는 비밀의 엄수, 직권남용금지 등의 규정이 있고 국가공무원법에는 성실의무, 복종의무, 직장이탈금지 의무, 친절공정의무, 청렴의무, 품위유지 의무, 영리업무 및 겸업금지의무, 정치운동 금지의무, 집단행위 금지의무 등이 있다.

05 대통령 경호원이 그 임무 수행 상 총기를 부득이한 경우라도 사용하여서는 아니 되는 것은?

① 정당방위 ② 긴급피난 ③ 자구행위
④ 장기 3년 이상의 징역에 해당하는 소관범죄를 범한 자가 도주하려고 할 때

해설 대통령 등의 경호에 관한 법률 제19조(무기의 휴대 및 사용)에 의거 ①, ②, ④의 행위는 할 수 있으나, ③은 청구권을 보전하기 위한 행위로 무기를 사용하여야 하는 요건에 해당되지 않는다.

06 다음의 내용 중 대통령 경호처 직원의 임용자격 및 결격사유에 해당하는 자는?

① 파산선고를 받고 복권된 자
② 벌금형의 선고를 받은 사실이 있는 자
③ 징계에 의하여 파면 처분을 받은 때부터 5년이 지나지 아니한 자
④ 구류의 선고를 받은 사실이 있는 자

해설 ①은 파산선고를 받고 복권되지 아니한 자임.

07 경호공무원의 무기사용 및 사용방법으로 틀린 내용은?

① 경호공무원의 무기사용은 최소한에 그쳐야 한다.
② 경호공무원은 직무의 특성상 모든 인원이 항상 무기를 휴대하고 사용한다.

③ 무기사용은 형법에 규정한 정당방위와 긴급피난에 해당하는 경우에 사용할 수 있다.

④ 경호처장은 직무를 수행하기 위하여 필요하다고 인정할 때에는 소속공무원에게 무기를 휴대하게 할 수 있다.

해설 대통령 등의 경호에 관한 법률에서 ④외 무기를 휴대하는 사람은 그 직무를 수행할 때 필요하다고 인정하는 상당한이유가 있을 경우 그 사태에 대응하여 부득이하다고 판단되는 한도 내에서 무기를 사용할 수 있다. 라고 규정하고 있으므로 모든 인원이 항상 휴대하는 것은 아님.

08 대통령 경호공무원에 대한 설명 중 틀린 내용은?

① 대통령경호처 직원 중 경호처장의 제청에 의해 서울중앙지방검찰청 검사장이 지명한 경호공무원만이 사법경찰권을 가진다.

② 사법경찰권이 없는 경호공무원이 현행범을 체포하였을 경우 즉시 사법경찰관리에게 인도하여야 한다.

③ 경호공무원이 직무와 관련하여 직·간접적으로 사례·증여 또는 향응을 받을 수 없도록 규정한 것은 일반 공무원에게는 해당되지 않는 엄격한 청렴의무를 부과한 것이다.

④ 경호공무원이 직무수행 중 부상 또는 사망하였을 경우 "국가유공자 등 예우 및 지원에 관한 법률"과 '보훈보상대상자 지원에 관한 법률'에 의거 보상을 받을 수 있다.

해설 청렴의무는 경호공무원에게도 국가공무원법을 준용하고 있으며, 일반공무원 전체에 적용된다.

09 경호공무원이 퇴임 후에도 준수해야 하는 의무는?

① 명령복종의 의무
② 비밀엄수의 의무
③ 직권남용금지의 의무
④ 정치운동 금지의 의무

해설 업무상 지득한 비밀은 퇴직 후에도 누설하여서는 아니 된다.

10 대통령경호처 공무원의 의무에 대한 내용으로 틀린 것은?

① 퇴직한 자와 원 소속으로 복귀한 소속 공무원은 직무상 알게 된 비밀을 누설하여서는 아니 된다.
② 경호처에 파견된 국가경찰관은 당연히 일반경찰행위는 할 수 있다.
③ 경호처 소속공무원은 직권을 남용하여서는 아니 된다.
④ 경호처의 직무와 관련된 사항을 발간, 공표하고자 하는 때에는 미리 경호처장의 허가를 받아야 한다.

해설 경호처에 파견된 경찰관은 일반경찰행위를 할 수 없다.

11 다음 중 우리나라 대통령경호처의 임무로 볼 수 없는 내용은?

① 현직 대통령과 그 가족
② 대통령권한대행과 그 배우자
③ 본인의 의사에 반하지 아니하는 경우 퇴임 후 10년 이내의 전직 대통령과 그의 배우자 및 자녀
④ 대통령경호처장이 경호가 필요하다고 인정하는 국내 · 외 주요요인

해설 ③의 내용 중 자녀에 대한 경호는 '13. 8. 13 법률 개정으로 삭제됨.

12 대통령 등의 경호에 관한 법률에 의한 경호구역 지정에 대하여 적절치 못한 내용은?

① 경호처장은 경호업무의 수행에 필요하다고 판단되는 경우 경호구역을 지정할 수 있다.
② 경호구역 중 대통령집무실 · 대통령관저 등은 내곽과 외곽으로 나눈다.
③ 경호구역의 지정은 경호목적 달성을 위해 최대한의 범위로 정하여 대통령 경호에 만전을 기하여야 한다.
④ 경호구역 안에서 질서유지, 교통관리, 검문 · 검색, 출입통제, 위험물의 탐지 및 안전조치등 위해방지에 필요한 안전활동을 할 수 있다.

해설 대통령의 경호에 관 법률 제5조(경호구역의 지정 등)에 의거 ③은 최소한의 범위로 한정되어야 한다.

13 전직대통령 예우에 관한 법률 중 필요한 경호 · 경비를 제외하고는 전직대통령으로서의 예우를 하지 아니 한다. 다음 중 해당되지 않은 내용은?

① 공무원에 취임한 경우에는 그 기간 동안의 연금을 지급한다.
② 재직 중 탄핵을 받아 퇴임한 경우
③ 금고 이상의 형이 확정된 경우
④ 대한민국의 국적을 상실한 경우

해설 ①의 공무원에 취임 한 경우에는 그 기간 동안 연금 지급을 정지한다. ②, ③, ④외 형사처분을 회피할 목적으로 외국정부에 도피처 또는 보호를 요청한 경우.

14 직무상 알게 된 비밀을 누설한 경호공무원에 대한 처벌은?

① 5년 이하의 징역이나 금고 또는 1천만 원 이하의 벌금
② 2년 이하의 징역이나 금고 또는 5백만 원 이하의 벌금
③ 3년 이하의 징역이나 금고 또는 3천만 원 이하의 벌금
④ 5년 이하의 징역이나 금고 또는 2천만 원 이하의 벌금

해설 ①은 대통령 등의 경호에 관한 법률 제9조(비밀의 엄수) 및 제18조 (직권남용의 금지 등) 적용

15 대통령경호안전대책위원회의 설명으로 맞지 않은 내용은?

① 대통령에 대한 경호와 관련된 첩보 및 정보의 교환과 분석
② 위원장은 경호처장이 되고, 부위원장은 경호차장이 되며, 위원은 대통령령이 정하는 관계부처의 공무원이 된다.
③ 위원회는 위원장과 부위원장 각 1인을 포함한 20인 이내의 위원으로 구성
④ 위원회의 구성 및 운영에 관하여 필요한 사항은 대통령이 정한다.

해설 위원회는 ①외 대통령에 대한 경호에 필요한 안전대책과 관련된 업무의 협의, 그 밖에 대통령 등 제4조 제1항의 규정에 따른 경호대상에 대한 경호 상 필요하다고 인정되는 업무를 수행하며, ④항은 대통령령으로 정하는 것임.

16 대통령경호안전대책위원회의 업무가 아닌 것은?

① 대통령 경호에 필요한 안전대책과 관련된 업무의 협의
② 대통령 경호와 관련된 첩보·정보의 교환 및 분석
③ 대통령 등 경호대상에 대한 경호에 필요하다고 인정되는 업무
④ 그 밖에 경호에 동원된 경력에 대한 총괄 지휘

해설 위원회는 대통령 등의 경호에 관한 법률 제16조에 의거, 설문① ② ③의 업무를 수행하며 ④는 경호지휘소(CP)의 임무임.

17 ( )의 제청에 의하여 ( )이 지명한 경호공무원은 수사상 긴급을 요할 때에는 ( )의 직무를 수행할 수 있다.

① 처장, 서울중앙지방검찰청검사장, 사법경찰관리
② 실장, 지방검찰청검사장, 사법경찰관
③ 처장, 서울지방검찰청검사장, 사법경찰관
④ 차장, 서울중앙검찰청검사장, 사법경찰관리

18 전직대통령에 대한 예우로 볼 수 없는 내용은?

① 필요한 기간의 경호·경비
② 교통·통신 및 사무실의 제공 등의 지원
③ 본인 및 그 가족에 대한 치료
④ 비서관 2인과 운전기사 1명 지원

해설 ④의 비서관 3인과 운전기사 1명을 지원함.

19 **다음 중 대통령 등의 경호에 관한 법률에서 경호공무원이 지켜야 할 내용은?**

① 신의성실, 청렴의무
② 비밀의 엄수, 직권남용금지
③ 정치운동금지, 직장이탈금지
④ 영리 및 겸직금지, 품위유지의무

해설 ②만 대통령 등의 경호에 관한 법률에서 정하고 있으며 ①, ③, ④는 국가공무원법을 준용함.

20 **경호구역을 지정할 때에는 경호업무 수행에 대한 위해요소와 구역이나 ( )·( ) 특성 등을 고려해 지정한다.**

① 시설의 지리적, 물리적
② 규모, 장소
③ 인적구성요소, 행사장
④ 환경적 요소, 직접적인 위협

해설 대통령 등의 경호에 관한 법률 시행령 제4조(경호구역의 지정)에 의거 ①번이 정답임

21 **경호처장은 경호등급을 구분하여 운영하는 경우에는 ( ), ( ), ( )과 미리 협의하여야 한다.**

① 외교부장관, 국가정보원장, 경찰청장
② 국방부장관, 외교부장관, 법무부장관
③ 국방부장관, 행정안전부장관, 검찰총장
④ 행전안전부장관, 검찰총장, 경찰청장

해설 대통령 등의 경호에 관 법률 시행령 제3조의2(경호 등급)에 의거 ①번이 정답임

22 다음 중 적절치 못한 내용은?

① 소속공무원이란? 경호처 직원과 경호처에 파견된 사람을 말한다.
② 경호구역이란? 경호처 소속공무원과 관계기관의 공무원으로서 경호업무를 지원하는 사람이 경호활동을 할 수 있는 구역을 말한다.
③ 경호처에 처장, 차장 각1명을 두며 차장은 1급 경호공무원 또는 고위공무원단에 속하는 특수직 국가공무원으로 보한다.
④ 직무상 알게 된 비밀을 누설한 경호공무원에 대한 벌칙은 5년 이하의 징역, 금고 또는 1,000만 원 이하의 벌금에 처한다.

해설 ③의 차장은 법률 제3조에 의거,
1급 경호공무원 또는 고위공무원단에 속하는 별정직국가공무원으로 보한다.

23 경호공무원의 직권면직 사안이 아닌 내용은?

① 신체, 정신상의 이상으로 6월 이상 직무수행이 곤란할 때
② 자격증의 효력 상실 또는 면허가 취소되어 담당직무를 수행할 수 없을 때
③ 직제와 정원의 개폐, 예산의 감소, 폐직, 과원이 된 때
④ 임용권자는 별정직을 포함한 국가공무원에게도 직권면직할 수 있다.

해설 설문 ④에 대하여는 법률 제10조에 의거,
임용권자는 별정직 국가공무원에 대한 직권면직은 제외되어 있음.

24 5급 이상 직원의 파면, 해임은 (   )의 의결을 거쳐 (   )의 제청으로 (   )이 행한다.

① 고등징계위원회, 처장, 대통령　　② 보통징계위원회, 처장, 실장
③ 징계위원회, 처장, 대통령　　④ 특별징계위원회, 차장, 처장

해설 법률 제12조(징계)에 의거 직원의 징계에 관한 사항을 심사·의결하기 위하여 경호처에 고등징계위원회와 보통징계위원회를 둔다.

25 **경호란 경호 대상자의 생명과 재산을 보호하기 위하여 신체에 가하여지는 위해를 방지하거나 제거하고, 특정 지역을 경계·순찰 및 방비하는 등의 모든 안전 활동을 말한다. 에서 특정 지역은 무엇을 말하는가?**

① 안전구역 ② 경호구역
③ 경비구역 ④ 통제구역

26 **위 25항에서 특정지역에서 이루어지는 내용이 아닌 것은?**

① 경호목적상 불가피 하다고 인정되는 일반적인 이유가 있을 때 경호활동을 할 수 있다.
② 출입통제, 위험물 탐지 및 안전조치 등의 활동을 할 수 있다
③ 처장은 경호업무의 수행에 필요하다고 판단되는 경우 경호구역을 지정할 수 있다.
④ 질서유지, 교통관리, 검문·검색 등 위해 방지에 필요한 안전 활동을 할 수 있다.

해설 ①은 법률 제5조(경호구역의 지정 등)에 의거 경호목적상 불가피 하다고 인정되는 상당한 이유가 있을 때에만 경호구역에서 경호활동을 할 수 있다.

27 **다자간 정상회의의 경호 및 안전관리를 위한 기구의 장은 ( )이 되고 대책기구의 구성시기 및 운용기간은 ( )을 초과할 수 없으며, 인력의 배치와 장비운용기간은 다자간 정상회의별로 ( )을 초과할 수 없다.**

① 처장, 1년, 6개월 ② 처장, 1년 6개월, 6개월
③ 국무총리, 1년 6개월, 1년 ④ 국방부장관, 1년, 1년

해설 법률 제5조의2(다자간 정상회의의 경호 및 안전관리)에 의거 ②번이 정답임.

28 대통령경호안전대책위원회의 구성원 중 다음의 임무를 수행하는 기관은?

안전대책활동에 대한 육 · 해 · 공군업무의 총괄 및 협조

① 국가정보원 테러정보통합센터장
② 수도방위사령부 참모장
③ 합동참모본부 작전본부 소속 장성급 장교 중 위원장이 지명하는 1명
④ 국군방첩사령부 소속 장성급 장교 또는 2급 이상의 군무원 중 위원장이 지명하는 1명

해설 대통령안전대책위원회규정 제4조(책임)에 의거 ③의 책임임.

29 다음 중 경호공무원의 임용권자에 대한 설명으로 적절치 못한 내용은?

① 5급 이상 경호공무원 및 5급 상당 이상 별정직 경호공무원은 처장의 제청으로 대통령이 임용.
② 5급 이상의 전보, 휴직, 겸임, 파견, 직위해제, 정직 및 복직은 처장이 행한다.
③ 처장은 6급 이하의 경호공무원 및 별정직 공무원에 대하여 일체의 임용권을 갖는다.
④ 처장은 대통령령으로 정하는 바에 따라 임용권을 차장에게 위임할 수 있다.

해설 법률 제7조(임용권자)에 의거 설문의 ①②③이 정답임.

30 우리나라 경호공무원에 관한 설명으로 옳은 내용은?

① 경호공무원이 신체, 정신상의 이상으로 인하여 6개월 이상 직무를 감당하지 못할만한 지장이 있을 때에는 직권면직의 대상이 된다.
② 소속공무원이 경호처의 직무와 관련된 사항을 발간 기타의 방법으로 공표하고자 하는 때에는 미리 대통령비서실장의 허가를 받아야 한다.
③ 경호공무원의 유족은 국가유공자등 예우 및 지원에 관한 법률에 의한 보상이 되지 아니한다.

④ 경호처장의 제청에 의하여 검찰총장이 지명한 경호공무원은 일정 범위 내에서 사법경찰관리의 직무를 행할 수 있다.

해설 대통령 등의 경호에 관한 법률에 의거,

② 동법 제9조(비밀의 엄수) 2항에 의거 "소속 공무원이 경호처의 직무와 관련된 사항을 발간 기타의 방법으로 공표하고자 하는 때에는 미리 처장의 허가를 받아야 한다."

③ 동법 제13조(보상)에 의거 경호공무원의 유족에 대하여는 대통령령이 정하는 바에 따라 국가유공자등예우 및 지원에 관한법률 또는 보훈보상대상자 지원에 관한 법률에 의한 보상이 실시됨.

④ 동법 제17조(경호공무원의 사법경찰권) 1항에 의거 "처장의 제청에 의하여 서울중앙지방검찰청검사장이 지명한 경호공무원은 제4조의직무수행 중 인지하는 그 소관에 속하는 범죄에 관하여 직무상 또는 수사상 긴급을 요하는 한도 내에서 사법경찰관리의 직무를 행할 수 있다."

31 대통령경호안전대책위원회에 관한 설명으로 옳지 않은 내용은?

① 대통령 등 경호대상에 대한 경호업무를 수행함에 있어 관계부처의 책임을 명확하게 하고, 협조를 원활하게 하기 위하여 경호처에 둔다.

② 위원회는 위원장과 부위원장 각 1인을 포함한 20인 이내의 위원으로 구성한다.

③ 위원장은 대통령비서실장, 위원은 대통령령이 정하는 관계기관의 공무원이 된다.

④ 위원회의 구성 및 운영에 관하여 필요한 사항은 대통령령으로 정한다.

해설 ③은 대통령 등의 경호에 관한법률 제16조(대통령경호안전대책위원회) 3항에 의거 "위원장은 처장이 되고, 부위원장은 차장이 되며, 위원은 대통령령이 정하는 관계기관의 공무원이 된다."

32 대통령경호안전대책위원회 위원의 임무에 관한 내용으로 옳지 않은 내용은?

① 법무부 출입국·외국인정책본부장 - 출입국자에 대한 검색 및 검사
② 대검찰청 공공수사정책관 - 위해가능인물의 관리 및 자료수집
③ 관세청 조사감시국장 - 휴대품·소포·화물에 대한 검색
④ 국군방첩사령부 소속 장성급 장교 또는 2급 이상의 군무원 중 위원장이 지명하는 1명 - 행사참석자 및 종사자의 신원조사

해설 ① 법무부 출입국, 외국인정책본부장의 책임
- 입수된 경호 관련 첩보 및 정보의 신속한 전파·보고
- 위해용의자에 대한 출입국 및 체류관련 동향의 즉각적인 전파·보고
- 그 밖의 국내·외 경호행사의 지원

①의 출입국자에 대한 검색 및 검사는 관세청 조사감시국장의 책임임.

정답

01.①	02.②	03.①	04.②	05.③	06.③	07.②	08.③	09.②	10.②
11.③	12.③	13.①	14.①	15.④	16.④	17.①	18.④	19.②	20.①
21.①	22.③	23.④	24.①	25.②	26.①	27.②	28.③	29.④	30.①
31.③	32.①								

제3장

경호의 이론

1. 경호의 이론적 배경
2. 경호의 목적과 원칙
3. 경호의 분류

■ 기출 및 예상 문제

제3장 경호의 이론

제1절 경호의 이론적 배경

1 형식적 의미의 경호

가. 경호 조직을 중심으로 파악한 개념으로서 현실적인 다양한 경호기관에 의하여 행하여지는 모든 작용을 말한다.
즉, 대통령경호처와 경찰기관의 모든 활동은 성질 여하를 불문하고 형식적 의미의 경호에 해당된다.

나. 실정법상(관계법령) 일반 경호기관의 권한에 속하는 일체의 경호작용을 말하며 그 작용의 실질적 여하를 불문한다.

2 실질적 의미의 경호

가. 경호의 개념을 본질적 · 이론적 · 학문적인 입장에서 이해한 것이다.

나. 경호대상자의 신변에 대한 돌발적인 행위, 불법행위, 테러행위, 화재, 건축물 붕괴 등의 인위적인 위해와 태풍, 홍수, 폭설, 지진 등의 자연발생적인 위해로부터 신변을 보호하고 안전을 확보하기 위한 제반작용이다.

다. 즉, 경호대상자의 신변에 대하여 직접 또는 간접으로 가해지는 위해를 미연에 방지하고 제거하여 그의 안전을 실질적으로 도모하는 제반활동이다.

제2절 경호의 목적과 원칙

1 경호의 목적

가. 신변보호

경호대상자의 생명·신체에 대한 절대적인 안전의 확보와 재산을 보호하는 데 있다.
따라서 경호대상자를 안전하게 보호하기 위해서는 경호원은 자신을 희생할 각오가 되어 있어야 한다.

나. 혼잡방지와 질서유지

계획된 행사진행을 위하여 참석하는 군중 및 관람객 등에 의해서 혼잡하거나 혼잡할 우려가 있을 때, 분산을 유도하거나 저지하는 등 적절한 조치를 취하여 혼란과 혼잡을 예방하고 질서를 유지하여야 한다.

다. 국제지위향상(국위선양)

국제화 시대를 맞아 유명인, 외국인에 대한 완벽한 신변보호는 민간외교의 큰 부분을 차지하고 있으며, 문화·경제·정치 등전반적인 교류활동에 크게 기여한다.
따라서 국가의 의전적인 차원에서 자국의 국위를 선양하는데 중요한 역할을 한다.

라. 권위유지

국가원수는 물론 외국의 요인 등의 권위와 품위를 유지시키는 일도 경호의 중요한 임무이기도 하지만, 권위의 과시는 결코 경호의 목적이 될 수 없을 것이다.

마. 친화도모

친절하고 겸손한 태도의 경호행사로 경호대상자와 환영인·환송자 간에 친화를 도모할 수 있다.
따라서 군중에 대하여 위압적인 행동이나 언어로 군중과 경호대상자 친화를 해치는 일이 발생하지 않도록 주의하여야 한다.

2 경호의 원칙

경호는 사전 철저한 계획에 의거 실시되어야 하고 경호대상자와 경호원의 행동이나 기동은 최대한 보장되어야 하며, 우발상황발생 시 경호원은 신속·정확하게 대응할 수 있는 행동절차 등에 대한 교육훈련을 평소에 지속적으로 실시하여야 한다.

가. 경호의 기본원칙(기본원리)

(1) 예방활동

대통령 등의 경호에 관한 법률(제2조)에 의거 '경호란 경호 대상자의 생명과 재산을 보호하기 위하여 신체에 가하여지는 위해(危害)를 방지하거나 제거하고, 특정 지역을 경계·순찰 및 방비하는 등의 모든 안전활동을 말한다.'에서 경호활동은 예방경호에 중점을 두고 있다.

(2) 보안유지

위해기도자로부터 위해의 기회를 최소화·무력화하기 위해서는 경호활동과 관련된 모든 내용들에 대해서는 철저한 보안이 유지가 되어야 한다.
이는 예방경호의 가장 효과적인 방책이 된다.

(3) 총력대응

국가안보차원에서 각 경호실시기관은 부여된 권한과 책임 하에 가용인력과 장비를 동원하여 국민에게 불편을 최소화하는 범위 내에서 총력적으로 대응하여야 한다.

(4) 즉각조치

경호 행사 중 사전예측하지 못한 우발상황이 발생했을 경우 얼마나 기민하게 대처하느냐에 따라 경호의 성패가 좌우된다.
따라서 평소에 연마한 교육훈련에 의거 신속하고 정확하게 대처해야 한다. 이는 경호원의 철저한 사명감에 입각한 즉각 조치는 성공적인 경호의 기본이 된다.

나. 경호의 일반원칙

(1) 3중 경호의 원칙(중첩경호)

(가) 최초 영국 런던 경시청에서 창안되어 미국 비밀경호국에서 정립한 개념으로 경호대상자가 위치한 지역에서 행동반경을 거리개념으로 설정되어 있으며, 그에 따른 인력의 배치와 임무가 각각 부여된다.

(나) 경호대상자의 위치로부터

- 제1선 : 안전구역, 내부경비, 근접경호
  → 경호대상에 대한 실제적인 경호, 숙소경호 등
- 제2선 : 경비구역, 내곽경비, 중간경호
  → 정복경찰의 일상적 경찰활동, 교통관리, 질서유지, 관찰활동 등
- 제3선 : 경계구역, 외곽경비, 외곽경호
  → 정보수집 및 분석, 공항 및 항만관리, 위험인물에 대한 동향파악 등

(2) 두뇌 경호의 원칙

경호 실시 중 우발상황발생 시는 근접경호원의 순발력이나 임기응변적 대처 등으로 사태에 대응하기 보다는 사전에 치밀한 경호계획을 수립하고, 이에 의거 사태를 사전에 방지하는 경호활동에 중점을 두어야 한다.

(3) 방어 경호의 원칙

경호란 경호대상자의 안전을 위한 사전 예방하는 안전활동을 기본으로 공격행위와는 엄격히 구분된다.

따라서 우발상황발생 시는 경호대상자를 우선 방호하여 안전한 곳으로 대피시켜야 하며, 무기를 사용하여 위해기도자를 제압하는 공격적인 행동보다는 방어위주의 엄호행동이 우선 요구된다.

(4) 은밀 경호의 원칙

위해기도자의 접근을 예방하기 위해서는 은밀하고 침묵 속에서 보안을 유지하며 경호를 실시하는 것이 일반적인 원칙이다.

경호원이나 경호를 위한 설비의 이동·배치는 가능한 눈에 띄지 않도록 하여야 하고, 경호인원이나 규모와 행사일정 등은 공개되지 않아야 한다.

나. 경호의 특별원칙

(1) 자기희생의 원칙

'경호대상자는 어떠한 상황 속에서도 절대적으로 보호되어야 한다'는 원칙이다.

경호대상자가 위기에 처했을 때 육탄방어의 정신으로 경호원 자신을 희생하는 일이 있더라도 경호대상자의 신변을 절대적으로 보호하여야 한다는 원칙이다.

(2) 자기담당구역책임의 원칙

경호원은 자신이 맡은 자기담당구역 내에서 발생하는 어떠한 사태에 대해서도 자신만이 책임을 지고 해결하여야 한다는 원칙이다.

따라서 인접 경호구역에 긴급한 상황이 발생하여도 별도 지시 없이 자기담당구역을 일탈해서는 아니 된다.

(3) 목표물 보존의 원칙(분리의 원칙)

(가) 경호대상자(목표물)와 위해기도자가 근접되지 않도록 떼어 놓는다는 원칙으로 목표물과 위해기도자 간 분리(격리)되어야 한다.

(나) 경호대상자가 안전하게 보호되기 위해서는,

① 행차코스, 행차예정장소 등은 원칙적으로 비공개되어야 한다.

② 동일한 장소에 수차 행차하였던 곳은 가급적 변경되어야 한다.

③ 대중에게 노출되는 보행행차는 가급적 제한되어야 한다.

(4) 하나의 통제된 지점을 통한 접근의 원칙

(가) 경호대상자와 접근할 수 있는 출입구 또는 통로는 하나만 필요하다는 원칙이다.

(나) 여러 개의 출입구와 통로는 위해기도자의 접근을 용이하게 하는 취약성을 가지고 있기 때문이다.

제3절 경호의 분류

1 대상에 따른 분류

경호대상이 누구인가를 기준으로 구분하는 방법이며, 경호대상자의 신분 즉 지위, 국가적 중요성 등에 따라 구분한다.

가. 국내요인

근거 : 대통령 등의 경호에 관한 법률, 경찰청 경호규칙

(1) "갑"호(경호처 책임)

① 대통령과 그 가족

② 대통령 당선인과 그 가족
③ 대통령 권한대행과 그 배우자
④ 퇴임 후 10년 이내의 전직대통령과 그 배우자
⑤ 대한민국을 방문하는 외국의 국가원수 또는 행정수반과 그 배우자
⑥ 그 밖에 처장이 경호가 필요하다고 인정하는 국내외 요인

(2) "을"호(경찰책임)

① 퇴임 후 10년이 경과한 전직대통령
② 국회의장, 대법원장, 국무총리, 헌법재판소장
③ 대통령선거 입후보자

(3) "병"호

경찰청장 또는 경호기관의 장이 필요하다고 인정하는 주요요인

나. 외국요인

(1) 대통령 등의 경호에 관한 법률 제4조(경호대상)에 1항(A, B, C, D등급)

- 5호 : 대한민국을 방문하는 외국의 국가원수 또는 행정수반과 그 배우자
- 6호 : 그 밖에 처장이 경호가 필요하다고 인정하는 국내외 요인

(가) 처장은 해당 경호대상자의 지위와 경호위해요소, 해당 국가의 정치상황, 국제적 상징성, 상호주의 측면, 적대국가 유무 등 국제적 관계를 고려하여 경호등급을 구분하여 운영할 수 있다.
(나) 경호등급을 구분하여 운영하는 경우에는 외교부장관, 국가정보원장 및 경찰청장과 미리 협의하여야 한다.
(다) 상기 "(가)"항의 경호등급과 관련하여 필요한 사항은 처장이 따로 정한다.

(2) E, F등급(경찰책임 : 경호규칙 제6조)

(가) A, B, C, D등급 이외의 외국요인
(나) 기타 장관급 이상으로 경찰청장이 경호가 필요하다고 인정하는 자

2 경호수준에 따른 분류(경호강도)

경호보안의 수준이 어느 정도인가를 기준으로 분류하는 방식이다.

가. 1급(A급)

- 행차보안이 사전에 노출되어 경호의 위해가 증대된 상황하의 각종 행사시 경호
- 대통령 등 국가원수급 경호대상으로 결정된 국빈행사 시 경호

나. 2급(B급)

- 행사준비 등의 시간적 여유 없이 갑자기 결정된 각종 행사시 경호
- 수상급 경호대상으로 결정된 국빈행사의 경호

다. 3급(C급)

- 사전에 행사준비 등 경호조치가 거의 없는 상황 하에서 이루어지는 경호
- 장관급 경호대상자로 결정된 국빈행사의 경호

3 성격에 따른 분류

행사의 성격이 어떠한가, 즉 공식적인 행사인가, 아니면 비공식적인 행사인가, 일상적인 일정인가 등에 따라 구분한다.

가. 공식 경호(1호, A호)

- 경호관계자의 사전 통보에 의하여 계획되고 준비하여 실시하는 공식 행사시 경호
- 국경일, 기념일, 기공식 및 준공식 등

나. 비공식 경호(2호, B호)

- 사전 통보나 절차 없이 이루어지는 비공식 행사시 실시되는 경호
- 예정에 없던 수해지역 방문이나 고아원 방문 등

다. 약식 경호(3호, C호)

- 일정한 규격적인 방식에 의하지 않는 경호
- 출, 퇴근 시 행하는 일상적 경호

4 장소에 따른 분류

행사가 이루어지는 장소에 따라 행사장경호, 숙소경호, 연도경호 등으로 구분

5 이동수단에 따른 분류

이동수단과 방법에 의한 구분으로 보행경호, 차량경호, 열차경호, 선박경호, 항공기경호 등으로 구분

6 직·간접 여부에 따른 경호

- 직접경호 : 행사장에 인원과 장비를 배치하여 물적·인적·자연적 위해요소를 배제하기 위한 직접적인 경호작용
- 간접경호 : 평상시의 치안 상 안전활동이나 대공활동만으로 자연스럽게 이루어지는 경호

7 직종에 따른 경호

경호대상자의 직업에 따른 분류로서 경제인경호, 정치인경호, 연예인경호 등으로 구분

8 주체에 따른 경호

- 공경호 : 국가기관에 의해 실시되는 경호
- 사경호 : 경비업법에 의한 용역을 의뢰 받아 실시하는 신변보호경비

9 객체에 따른 경호

경호대상자에 따른 경호분류

기출 및 예상문제

01 **다음 내용 중에서 경호의 실질적 의미의 개념이 아닌 것은?**

① 경호대상자의 신변안전을 보호하기 위한 것
② 본질적 이론적인 입장의 개념이다
③ 위해요인을 사전에 방지 및 제거하기 위한 작용이다
④ 경호관계법에 규정된 경호기관을 기준으로 한 개념이다

해설 ④항은 형식적 의미의 경호개념이다

02 **다음 중 경호의 형식적 개념에 해당하는 것은?**

① 실정법에 의해 인정된 기관이나 조직이 수행하는 경호활동이면 모두 포함된다.
② 활동의 본질이 경호에 해당되느냐에 관한 논의가 중점이 된다.
③ 경호주체에 대한 제약이 없다.
④ 실질적, 이론적인 측면에서의 개념이다.

해설 ② ③ ④는 실질적 의미의 경호개념임.

03 **다음 중 형식적 의미의 경호개념으로 볼 수 없는 것은?**

① 여러 경호기관에 의하여 행하여지는 모든 경호작용을 말한다.
② 현실적인 경호기관을 중심으로 정립된 개념이다.
③ 실정법에 의하여 인정된 기관이나 조직이 수행하는 경호활동이면 모두 포함된다.
④ 활동의 본질이 경호에 해당하느냐에 관한 논의가 중점이 된다.

해설 ④는 실질적 의미의 경호개념임.

04 다음 중 실질적 의미의 경호개념으로 볼 수 없는 것은?

① 경호대상자의 절대적 신변안전을 보호하기 위하여 모든 사용가능한 수단과 방법을 동원하여 위해요인을 사전에 방지 및 제거하기 위한 제반작용을 말한다.
② 경호의 개념을 그의 본질적 이론적 입장에서 이해한 것이다.
③ 실정법상 일반 경호기관의 권한에 속하는 일체의 경호작용이다.
④ 학문적 측면에서 고찰된 개념으로 경호작용 전체 중에서 공통적인 특성을 추상한 것이다.

해설 ③은 형식적 의미의 경호개념으로 본다.

05 다음 중 목표물 보존의 원칙에 해당하는 내용이 아닌 것은?

① 행차코스는 원칙적으로 공개하여 대중과 친화를 도모하여야 한다.
② 경호대상자가 행차하기로 예정된 장소는 일반대중에게 알려지지 않아야 한다.
③ 동일한 장소에 수차 행차하였던 곳은 가급적 변경되어야 한다.
④ 대중에게 노출되는 보행행차는 가급적 제한되어야 한다.

해설 ① 행차코스는 원칙적으로 비공개되어야 한다.

06 다음 중 어떠한 상황 하에서도 경호대상자를 보호해야 한다는 원칙은?

① 자기희생의 원칙
② 자기담당구역 책임의 원칙
③ 목표물보존의 원칙
④ 하나의 통제된 지점을 통한 접근의 원칙

해설 ③ 경호대상자는 어떠한 경우, 어떠한 상황 하에서도 절대적으로 보호되어야 하는 원칙으로 경호원은 육탄방어의 정신과 행동으로 자신을 희생하여서라도 경호대상자 보호해야 한다는 원칙

07 경호를 실시함에 있어 신체적인 조건도 중요하지만 신체를 움직이는 예리하고 순간적인 판단력에 중점을 두는 경호의 일반원칙은?

① 3중경호의 원칙
② 보안경호의 원칙
③ 은밀경호의 원칙
④ 두뇌경호의 원칙

08 다음 중 경호원의 임무 수행 중 인근지역에서 비록 위급한 상황이 발생된다고 해서 자기의 책임구역을 이탈해서는 안 된다는 내용의 경호의 원칙은?

① 목표물 보존의 원칙
② 하나의 통제된 지점을 통한 접근의 원칙
③ 자기 담당구역 책임의 원칙
④ 자기희생의 원칙

해설 ③ 자기담당구역 내에서 발생하는 어떠한 사태에 대해서도 자신만이 책임을 지고 해결해야 한다는 원칙

09 다음 중 경호행사를 위한 사전 통보나 절차 없이 이루어지는 경호는?

① 비공식 경호
② 약식 경호
③ 공식 경호
④ 은밀 경호

해설 경호의 성격에 따른 분류로 비공식 경호를 설명한 것임

10 보행, 차량, 열차, 선박, 항공기 경호는 무엇에 의한 분류로 볼 수 있는가?

① 성격에 따른 분류
② 대상에 따른 분류
③ 이동수단에 따른 분류
④ 장소에 따른 분류

해설 장소에 따라 행사장, 연도, 선박, 항공기, 등으로 분류할 수도 있으나, 설문에서는 이동수단에 따른 분류로 본다.

11 경호를 실시하는 목적으로 볼 수 없는 것은?

① 혼잡방지 및 질서유지 ② 국제지위향상
③ 권위 있는 의전행사 ④ 총력대응

해설 경호의 목적은 신변보호, 혼잡방지 및 질서유지, 국제지위향상, 권위유지, 친화도모를 위해 실시한다.

12 다음 경호의 특별원칙에 대한 설명으로 적절한 것은?

① 경호원은 자신을 희생하는 일이 있더라도 경호대상자의 신변안전을 유지하여야 한다.
② 경호대상자에게 접근할 수 있는 통로는 가급적 여러 개가 필요하다.
③ 경호 근무 중 자기담당구역이 아닌 타 지역에 상황이 발생 시는 상황 발생 지역으로 신속하게 이동하여 지원하여야 한다.
④ 경호대상자를 위해하려는 자는 가급적 경호대상자 근처로 유인하여 체포하도록 노력하여야 한다.

해설 경호대상자는 어떠한 경우, 어떠한 상황 하에서도 절대적으로 보호되어야 한다.

13 다음 중 공식, 비공식, 약식경호 등으로 분류하는 것은 어떠한 분류에 의한 것인가?

① 성격에 의한 분류 ② 대상에 의한 분류
③ 주체에 의한 분류 ④ 방법에 의한 분류

해설 경호의 유형 중 성격에 의한 분류임.

14 경호의 수준에 의한 분류로서 가장 적절하지 못한 것은?

① 1급 경호는 행차보안이 사전에 노출되어 경호위해가 증대된 상황하의 각종 행사와 국가 원수급 경호대상자에 대한 국빈행사의경호이다.

② 2급 경호란 후진국 또는 우리나라와 우호관계가 미흡한 국가의 원수에 대한 국빈행사의 경호이다.
③ 3급 경호란 사전에 행사준비 등 경호조치가 거의 전무한 상황 하에서 이루어지는 것으로 장관급의 경호대상자에 대한 국빈행사의 경호를 말한다.
④ 2급 경호란 행사준비 등의 시간적 여유 없이 갑자기 결정된 상황하의 각종 행사와 수상급 경호대상자에 대한 국빈행사의 경호를 말한다.

해설 법 제4조1항 5, 6호에 의거
• 5호 : 대한민국을 방문하는 외국의 국가원수 또는 행정수반과 그 배우자
• 6호 : 그 밖에 처장이 경호가 필요하다고 인정하는 국내외 요인
처장은 해당 경호대상자의 지위와 경호위해요소, 해당 국가의 정치상황, 국제적 상징성, 상호주의 측면, 적대국가 유무 등 국제적 관계를 고려하여 경호등급을 구분하여 운영할 수 있다.
경호등급을 구분하여 운영하는 경우에는 외교부장관, 국가정보원장 및 경찰청장과 미리 협의하여야 한다.

15 **경호대상자가 위치한 행사장이나 시설로부터 근접, 내곽, 외곽으로 나누어 중첩된 형태로 전개되는 경호의 원칙은?**

① 예방 경호의 원칙 ② 두뇌 경호의 원칙
③ 3중 경호의 원칙 ④ 은밀 경호의 원칙

16 **경호의 특별원칙 중 목표물 보존의 원칙에 대한 내용의 설명으로 맞는 것은?**

① 대중에게 노출되는 보행행차는 가능한 지양하도록 한다.
② 피 경호인에게 접근하는 통로를 최소화 또는 단일화한다.
③ 긴급 상황 발생 시 공격적 행동보다 방어위주의 엄호행동이 요구된다.
④ 경호대상자가 위기에 처했을 때는 육탄방어로 보호해야 한다.

해설 ②는 하나의 통제된 지점을 통한 접근의 원칙, ③은 일반원칙으로 방어경호의 원칙, ④는 자기희생의 원칙

17 경호성격에 의한 분류로서 "비공식경호(2호)"에 해당되는 내용은?

① 행사준비 등의 시간적 여유 없이 갑자기 결정된 각종행사와 수상급 경호대상으로 결정된 국빈행사의 경호
② 경호관계자의 사전 통보에 의해 계획, 준비된 공식행사 때 실시하는 경호
③ 경호관계자 간 사전 통보나 협의 절차 없이 이루어지는 비공식행사의 경호
④ 행사보안이 노출되어 경호 위해가 증대된 상황하의 국가 원수급 국빈행사의 경호

해설 ①은 경호수준에 따른 분류로서 2급(B급)경호, ②는 성격에 따른 분류로서 공식경호, ④는 경호수준에 따른 분류로서 1급(A급)경호.

18 다음 중 경호의 분류에 대한 설명으로 맞는 내용은?

① 행사장경호는 성격에 의한 분류이고, 차량경호는 이동수단에 의한 분류이다.
② 보행경호는 이동수단에 의한 분류이고, 공식경호는 대상에 의한 분류이다.
③ 선박경호는 장소에 의한 분류이고, 보행경호는 이동수단에 의한 분류이다.
④ 항공기경호는 이동수단에 의한 분류이고, 노상경호는 장소에 의한 분류이다.

해설 행사장경호는 장소, 공식경호는 성격, 선박경호는 행사장도 되지만 통상 이동수단으로 분류되고 있음.

19 경호의 원칙에 대한 설명으로 맞는 것은?

① 경호원이 배치된 자기담당구역 내에서 일어나는 사태에 대해서는 자신만이 책임을 지고 해결해야 한다는 원칙은 목표물 보존의 원칙이다.
② 방어경호의 원칙이란 중심부를 안전구역으로, 내곽구역을 경비구역으로, 외곽을 경계구역으로 설정하여 경호를 실시하는 원칙이다.
③ 경호대상자를 암살자 또는 위해를 가할 가능성이 있는 자로부터 떼어 놓는 원칙은 자기희생의 원칙이다.
④ 경호임무 수행 중 긴급하고 위험한 상황이 발생하였을 때는 고도의 예리하고 순간적인 판단력이 중요시 되는 원칙은 두뇌경호의 원칙이다.

해설 ①은 자기담당구역책임의 원칙, ②는 중첩경호의 원칙, ③은 목표물보존의 원칙

20 경호의 분류에서 분야별 경호임무의 설명으로 틀린 내용은?

① 열차경호는 경호대상자가 열차를 이용하는 경우 열차 내에서 이루어지는 경호를 말하며, 통상 열차 내에서의 경호책임은 출발지역으로부터 도착지역까지로 도착지역 관할 지방경찰청에서 담당한다.
② 숙소경호는 경호대상자가 평소 거처하는 관저나 임시로 머무는 장소로 체류기간이 장기화되고 야간근무가 이루어진다는 점이 고려되어야 한다.
③ 선박경호 시 선박을 선택할 때에는 기후와 파도에 견딜 수 있는 형태와 크기를 갖춘 것이어야 하며, 선박 안에 인명구조 및 비상시설이 충분한지에 대한 확인과 여행 중 불편이 없도록 제반시설을 점검하여야 한다.
④ 동승차량경호는 경호대상자의 자동차 등에 동승하여 차내 및 행선지에서의 보호임무를 수행하며, 경호대상자가 승·하차 시 경호원으로 하여금 방벽을 구축하여 근접경호를 한다.

해설 열차내의 경호책임은 출발지 지방경찰청장의 책임으로 한다. 설문의 ②와 같이 숙소경호의 개념을 평상시 거처하는 관저와 임시로 머무는 장소까지 포함하는 이론적 이견이 있음.

21 다음 중 경호의 기본원칙과 가장 거리가 먼 것은?

① 예방 ② 사명감
③ 보안유지 ④ 총력대응

해설 경찰 경호규칙에는 경호의 기본원칙으로 예방, 보안유지, 즉각조치, 총력대응으로 구분하고 있다.

22 다음 중 경호의 목적과 가장 거리가 먼 것은?

① 경호대상자와 환·송영자간을 엄격히 구분하여 군중을 정리·경계하여야 한다.

② 경호의 우수성을 대내·외에 과시하고 국가의 의전적인 차원에서 국위를 선양하고 국제적인 지위를 향상시키는데 중요한 역할을 하기도 한다.
③ 경호요원은 유사시에 자기 생명을 희생할 각오가 되어 있어야 한다.
④ 관계기관과 긴밀히 협조하여 혼잡방지에 만전을 기하고 혼잡할 우려가 있을 때에는 분산, 유도하거나 사전에 운집을 저지하는 등 적절한 조치를 취하여 질서를 유지하여야 한다.

해설 경호대상자와 환송·영자 간에 친화를 도모할 수 있도록 질서 정연하고 의연하며 겸손한 태도로 군중을 정리하여야 한다.

23 경호의 목적으로 피 경호자의 신변안전도모의 내용으로 부적절한 것은?

① 궁극적인 목적은 피 경호자의 생명과 신체를 안전하게 보호하는 것이다.
② 사전에 치밀한 계획을 수립하고 시행하여야 한다.
③ 우발상황 발생 시 자신과 똑 같이 피경호자를 보호하여야 한다.
④ 모든 관계기관과 긴밀한 협조로 체계적인 업무를 수행하여야 한다.

해설 우발상황발생 시는 자기 몸을 희생해서라도 경호대상자를 보호해야 하는 희생정신이 요구된다.

24 다음 경호경비의 개념 설명 중 바르지 못한 것은?

① 경호근무는 0.01%의 실수도 있어서는 아니 된다.
② 피 경호자의 신변에 대하여 간접적으로 가해지는 위해를 미연에 방지 및 제거하는 활동이다.
③ 경호근무는 경찰의 지상근무로 국가를 수호하는 길이다.
④ 경호경비 활동은 안보적 차원에서 완벽하게 수행되어야 한다.

해설 경호경비는 피 경호자의 신변에 대해 직접 또는 간접으로 가해지는 위해를 미연에 방지하고 제거하여 그의 안전을 도모하는 활동을 말한다.

25 처장은 외국의 국가원수 등에 대한 경호등급을 구분하여 운영하는 경우에는 ( ), ( ) 및 ( )과 미리 협의 하여야 한다. ( )에 맞는 것은?

① 외교부장관, 국가정보원장, 경찰청장
② 국방부장관, 대통령실장, 지방경찰청장
③ 국방부장관, 국가정보원장, 경찰청장
④ 외교부장관, 국가정보원장, 대통령실장

26 3중경호의 원칙과 가장 거리가 먼 것은?

① 근접경호, 중간경호, 외곽경호를 거시적이고 철학적인 이론을 창안한 나라는 미국의 비밀경호국이다.
② 경호대상자가 위치한 곳에서부터 안전구역, 경비구역, 경계구역으로 구분한다.
③ 근접경호는 요인의 신변보호, 숙소경비이며, 외곽경호는 정보분석, 항만관리 등을 통한 활동을 의미한다.
④ 경계구역에서는 인적, 물적, 자연적인 취약요소에 대한 첩보수집 및 경계를 실시하는 지역이다.

해설 3중경호의 이론정립은 영국 런던 경시청이며, 이를 실제 운용면에서 완성시킨 곳은 미국의 비밀경호국이다.

27 다음 중 방어경호의 원칙을 가장 잘 설명 한 것은?

① 경호대상자가 위험한 상황에 처하였을 경우에 즉각 용의자를 체포하여야 한다.
② 긴급상황발생 시는 경호대상자를 우선 안전한 곳으로 대피시키는 것이 가장 바람직하다.
③ 경호대상자에게 위험한 상황이 발생하였을 경우 즉각 무기사용 등의 공격적 행동으로 위해요소를 제거하여야 한다.
④ 위기상황발생 시 자기 자신과 경호대상자를 동시에 안전하게 보호해야 하므로 주변 군중들은 성의의 피해를 감수해야 한다.

해설 우발상황발생 시는 경호대상자를 우선 방호한 후 안전한 곳으로 대피시켜야 한다. 무기를 사용하여 위해기도자를 제압하는 공격적인 행동보다는 방어위주의 엄호행동이 우선 요구된다.

28 다음 중 피 경호자의 신변보호를 위한 경호의 특별원칙의 내용으로 볼 수 없는 것은?

① 자기담당책임구역 내에서 일어나는 어떠한 사태에 대해서도 오직 자신만이 해결해야 한다는 원칙

② 경호원의 행동은 은밀하고 침묵 속에서 행동하며, 그의 행동반경은 언제든지 피 경호자의 신변을 엄호할 수 있는 곳에 한정 시킨다는 원칙

③ 경호원은 자신을 희생해서라도 피 경호자의 신변안전을 절대적으로 유지하여야 한다는 원칙

④ 피경호자를 암살자, 위해를 가할 가능성이 있는 자들로부터 격리되어야 한다는 원칙

해설 ①은 자기담당구역 책임의 원칙 ②는 일반원칙 중 은밀경호의 원칙 ③은 자기희생의 원칙 ④는 목표물보존의 원칙

29 다음 중 하나의 통제된 지점을 통한 접근의 원칙을 설명한 내용은?

① 경호대상자와 접근할 수 있는 출입구 또는 통로는 여러 개로 구분하여 철저히 통제하여야 한다.

② 하나의 통제된 출입구나 통로가 정하여지면 별도의 허가 절차는 필요치 않다.

③ 경호대상자와 접근할 수 있는 출입구 또는 통로는 하나만이 필요하다.

④ 여러 개의 통제된 출입구나 통로라 하더라도 접근자는 경호원에 의해 인지되고 확인되어야 한다.

30 경호의 유형 중 수준에 의한 분류를 설명한 것은?

① A급, B급, C급, D급, E급, F급 등

② 공식경호, 비공식경호, 약식경호 등

③ 경제인경호, 정치인경호, 연예인경호 등
④ 보행경호, 차량경호, 열차경호, 항공기경호 등

해설 경찰 경호규칙에 의하면 방한하는 외국요인에 대한 경호강도(수준)에 따라 A, B, C, D, E, F급으로 분류하고 있다.

31 경호의 분류에 관한 설명으로 옳지 않은 것은?

① 현충일, 광복절 행사 등 국경일 행사에 참석하는 대통령에 대한경호 수준은 1(A)급 경호에 해당한다.
② 공식경호행사를 마치고 귀가 중 환차코스를 변경하여 예정에 없던 행사장에 방문할 때의 경호는 비공식경호이다.
③ 행사장 주변에 경호장비 등을 배치하여 인적 · 물적 · 자연적 위해요소를 통제하는 활동은 간접경호에 해당된다.
④ 행사준비 등의 시간적 여유 없이 갑자기 결정된 상황하의 경호수준은 2(B)급 경호라고 할 수 있다.

해설
- 직접경호 : 행사장에 인원과 장비를 배치하여 물적 · 인적 · 자연적 위해요소를 배제하기 위한 직접적인 경호작용
- 간접경호 : 평상시의 치안 상 안전활동이나 대공활동만으로 자연스럽게 이루어지는 경호

32 다음 경호의 주체 중 신분이 다른 것은?

① 정부종합청사 전투경찰순경
② 인천공항 특수경비원
③ 공군부대 군무원
④ 경찰청 소속공무원

해설 ②의 인천공항 특수경비원은 사경비로서 공경비와는 구분 된다.

33 경호공무원이 무기를 사용할 때 사람에게 위해를 끼치지 않아야 하는 경우는?

① 형법상 정당방위에 해당할 때
② 형법상 정당행위에 해당할 때
③ 형법상 긴급피난에 해당할 때
④ 야간이나 집단을 이루거나 흉기 등을 휴대하여 경호업무를 방해하기 위하여 경호공무원에게 항거할 때 이를 방지하거나 체포하기 위하여 다른 수단이 없다고 인정되는 상당한 이유가 있을 때

해설 ①③④외 대통령 등의 경호에 관한 법률 제19조(무기의 휴대 및 사용) 2항에 의거, 경호업무 수행 중 인지한 그 소관에 속하는 범죄로 사형, 무기 또는 장기 3년 이상의 징역 또는 금고에 해당하는 죄를 범하거나 범하였다고 의심할 만한 충분한 이유가 있는 사람이 소속공무원의 직무집행에 대하여 항거하거나 도피하려고할 때 또는 제3자가 그를 도피시키려고 소속공무원에게 항거할 때에 이를 방지하거나 체포하기 위하여 무기를 사용하지 아니하고는 다른 수단이 없다고 인정되는 상당한 이유가 있을 때.

34 근접경호원의 복장으로 적합한 내용은?

① 행사의 성격과 관계없이 경호원의 품위가 느껴지는 검정색 계통의 정장
② 보호색원리에 의한 경호현장의 주변 환경과 조화되는 복장
③ 위해기도자에게 강한 인상을 줄 수 있는 색상과 장비착용에 편한 기능성 복장
④ 경호대상자와 구분되는 색상이나 스타일의 복장

해설 경호원은 항상 복장과 용모를 단정히 하여 국민과 의뢰인의 품위를 손상시키지 않도록 노력해야 하고 보호색 원리로 주변과 어울리는 일반인과 같은 복장을 하여 신분 노출을 감추는 은밀 경호를 실시하여야 한다.

35 경호 · 경비의 분류에 관한 설명으로 옳지 않은 내용은?

① 간접경호는 행사장에 인원과 장비를 배치하여 인적 · 물적 · 지리적위험요소를 예방하기 위한 경호이다.
② 약식경호는 출 · 퇴근 시 일상적으로 실시하는 경호와 같이 일정한 방식에

의하지 않고 실시하는 경호이다.

③ 준(準)비상경계는 비상사태 발생의 징후는 희박하나 불안전한 사태가 계속되는 경우에 집중적인 경계가 요구될 때 실시하는 경계이다.

④ 1급(A)급 경호는 행사보안이 사전에 노출되어 경호위해가 증대된 상황하의 각종 행사와 국왕 및 대통령 등 국가원수급의 경호이다.

해설 ①번은 직접경호를 설명한 것으로서,
경호의 유형을 광의적으로 분류하면 직접경호와 간접경호로 나눌 수 있다.
간접경호는 사전준비와 관련된 각종 지원에 관한 활동과 현장활동 등 사후 안전대책 수립에 관한 활동을 말한다.

36 경호의 목적에 관한 설명으로 옳지 않은 내용은?

① 국내외 요인에 대한 완벽한 경호는 국제적인 지위향상과 국위선양에 기여한다.

② 주요 요인과 정치지도자나 사회저명인사 등의 체면 또는 기품 등을 유지시켜 준다.

③ 안전을 위하여 경호대상자와 환송자·환영자 간에 친화도모를 위한 활동은 배제하여야 한다.

④ 경호대상자에 대한 직접적인 위해를 방지 및 제거함으로써 신변안전을 도모한다.

해설 경호의 목적에는 ①의 국제 지위 향상(국위선양), ②의 권위있는 의전행사(권위유지), ④의 신변보호, 그리고 혼잡방지 및 질서유지를 위함이며, ③은 친화도모를 설명한 내용으로서 환영자, 환송자간에 친화를 도모하여야 한다.

37 신변보호의 일반적 원칙 중 신변보호대상자를 효과적으로 보호하고 공격자의 직·간접적인 공격행위를 사전에 봉쇄하기 위한 원칙은?

① 고도의 경계력 유지 원칙 ② 지휘통일의 원칙
③ 합리적 지역방어 원칙 ④ 과학적 두뇌작용 원칙

해설 경호의 일반 원칙으로는 3중 경호의 원칙, 방어 경호의 원칙, 두뇌 경호의 원칙, 은밀 경호의 원칙이 있음.

38 다음 (   )안에 알맞은 것은?

> 경호의 분류 중 공식경호(1호, A호), 비공식경호(2호, B호), 약식경호(3호, C호) 등으로 구분한 것은 (   )에 의한 분류에 해당한다.

① 대상　　② 장소
③ 성격　　④ 경호수준

해설
- 공식경호 : 경호관계자의 사전 통보에 의하여 계획되고 준비하여 실시하는 공식행사시의 경호.
- 비공식경호 : 사전통보나 절차 없이 이루어지는 비공식 행사시 실시되는 경호.
- 약식경호 : 출 · 퇴근시의 경호행사.

39 중첩경호에 관한 설명으로 옳지 않은 내용은?

① 경호대상자에 대한 위해요소를 최소화하기 위하여 행사장을 중심으로 일정 간격을 유지하여 중첩보호막 또는 경계선을 설치 · 운용하는 것이다.
② 행사장에 참석하는 경호대상자를 중심으로 위해요소의 중복차단과 조기경보를 목적으로 한 지역방어 개념이다.
③ 중첩경호는 행사장을 중심으로 경호의 행동반경을 거리와 지역을 고려하여 설정한 것이다.
④ 미국 비밀경호국의 중첩경호는 근접과 중간경호보다 외곽경호에 더 비중을 두고 있다.

해설 3중 경호(중첩 경호)는 최초 영국 경시청에서 시작하여 미국 비밀경호국에서 정립한 것으로 경호대상자가 위치한 지역에서의 거리 개념으로 구분한 것으로 그에 따른 배치와 임무가 부여되며, 근접, 중간, 외곽경호 중 어느 하나 소홀히 할 수 없겠지만, 경호대상자가 위치하고 있는 근접, 중간경호에 더 큰 비중을 가지고 활동하고 있음.

정답

01.④	02.①	03.④	04.③	05.①	06.①	07.④	08.③	09.①	10.③
11.④	12.①	13.①	14.②	15.③	16.①	17.③	18.④	19.④	20.①
21.②	22.①	23.③	24.②	25.①	26.①	27.②	28.②	29.③	30.①
31.③	32.②	33.②	34.②	35.①	36.③	37.③	38.③	39.④	

제4장

경호의 조직

제4장 경호의 조직

제1절 경호조직의 의의

1 경호조직의 목표

가. 자연적이거나 인위적인 위해요소를 사전에 예방 또는 제거하고 경호대상자의 신변안전을 절대적으로 보호하기 위한 것으로

나. 구성원간의 협력을 바탕으로 이루어진 경호임무수행을 위한 조직이다.

2 경호조직의 특성

가. 기동성

(1) 현대사회는 자동차의 증가 및 인구집중현상으로 고도의 유동성을 띄게 되어 그에 대응한 경호조직도 높은 기동성을 띤 조직으로 변해가고 있다.

(2) 또한 지상·해상·공중을 가리지 않는 입체적인 경호업무를 실시하여야 하는 등 경호환경의 변화는 경호장비의 첨단화, 경호기법의 고도화 등의 변화를 가져왔다.

따라서 경호 인원 및 장비를 신속하게 기동하여 대처해야 하는 필요성에 따라 경호조직은 높은 기동성을 띄게 되었다.

나. 전문성

각종 위해수법이 다양화, 지능화, 고도화함에 따라 경호조직도이에 대응하기 위해서는 권력에 의한 권위적인 경호활동 보다는 전문성에 기초를 둔 직업공무원화 또는 직업경호원화가 되어야 한다.

다. 폐쇄성

완전무결한 경호업무수행을 위해서는 각종 위해요인을 사전 예방, 제거하기 위한 경호조직의 비공개, 경호기법의 비노출, 경호 행사의 비공개 등 폐쇄성이 유지되어야 한다.

라. 대규모성

과학기술의 발달, 복잡한 정치상황 및 사회구조로 인해 경호활동을 위한 인원 및 기구 등 제반 조직이 대규모화되어 가는 양상을 보이고 있다.

마. 통합성과 계층성

(1) 경호조직은 피라미드형을 구성하면서 그 속에 상하의 계층을 이루고 있으며, 이는 지휘·감독 등의 방법에 의해서 경호 목적을 실현하고 있다.

(2) 따라서 계층을 이루는 각 기구단위별로 권한과 책임 등이 경호업무의 목적달성에 기여할 수 있도록 분화되어야 한다.
이러한 분화된 노력을 상호 조정·통제함으로서 경호에 만전을 기할 수 있도록 통합 활동을 하여야 한다.

3 경호조직의 구성 원칙

가. 경호지휘단일성의 원칙

경호업무를 위한 지휘체계는 반드시 하나의 계통으로 구성해야 하며, 지휘 및 통제의 이원화로 인해 파생되는 문제들인 상호모순, 중복, 혼란 등이 초래되지 않도록 경호지휘는 반드시 한사람의 지휘자에 의해서만 이루어져야 한다.

나. 경호체계통일성의 원칙

경호기관의 모든 단위나 체계는 당해 경호조직이 추구하는 목적을 위해 일관되게 작용하여야 한다.

즉, 조직구조의 정점으로부터 말단에 이르는 상하계급 간에 일정한 관계가 이루어져 책임과 업무의 분담(분업)이 이루어진 가운데 명령과 복종의 지위와 역할체계가 통일되어야 한다.

다. 경호기관단위작용의 원칙

경호업무는 성격상 개인적인 작용으로 이루어지는 활동이 아니라, 경호조직의 차원에서 여러 기관단위작용으로 이루어진다.

따라서 경호업무를 위한 신속하고 원활한 명령, 지휘권행사, 장비, 보급지원체계의 확립 등을 위해서는 경호기관단위가 확립되어야 한다.

라. 경호협력성의 원칙

협력성은 경호조직과 일반국민과의 관계에서 요구되는 원리로 경호조직이 아무리 완벽하게 경호활동을 수행하더라도 각종 위해요소들을 직접 인지할 수 없고, 모든 사태에 세밀히 대처할 수 없기 때문에 일반국민의 협력이 없으면 성공할 수 없으므로 국민들과의 협력을 필수요소로 하여야 한다.

제2절 세계 각국의 경호조직

1 미국

가. 경호기관 : 국토안보부 비밀경호국(Secret Service)

나. 정의

경호는 실제적이고 주도면밀한 범행의 성공기회를 최소화 하는데 있다.

다. 임무 및 권한

(1) 경호임무

- 대통령 및 대통령당선자와 그 가족
- 부통령과 그 가족
- 부통령 당선자
- 전직대통령과 그 부인 및 16세 이하의 자녀(퇴직한 날부터6개월 간)
- 미국을 방문 중인 외국의 원수·정부의 장
- 백악관 및 외국대사관의 경비
- 대통령 및 부통령 선거에서 대통령 및 부통령 후보자 및 그 배우자(선거기간 120일 이내)
- 기타 대통령이 지시하는 사람

(2) 통화위조 수사
(3) 금융범죄(재정범죄) 수사
(4) 재정범죄 대응팀, 자산몰수 및 과료 관련 업무
(5) 감식관련 업무

라. 유관기관 : 국가정보국(DNI), 중앙정보국(CIA), 연방수사국(FBI), 이민국(INS), 안전국, 국방부 육군성

❷ 영국

가. 경호기관

(1) 여왕, 왕실의 경호 : 수도경찰청 작전부 왕실 및 외교관 경호대

- 여왕 및 4촌 이내 직계가족 경호와 왕궁경호
- 외국공관 경비 및 외교관 경호
- 국빈의 숙소 및 행사장 경비
- 국빈의 차량경호

(2) 수상의 경호 : 수도경찰청 특수부 VIP경호대

- 수상과 장관 등 요인경호
- 국빈에 대한 전반적인 경호업무수행

(3) 경호활동의 특징

(가) 3중 경호개념의 적용

근접경호, 중간경호, 외곽경호의 구분에 의한 3선경호의 실시

(나) 사전예방경호의 중시

위험요소의 사전예방에 경호의 중점을 두고 실시

(다) 분권화 및 책임제 경호

런던지역내의 경호 시 특수부 VIP경호과, 지방방문 시 지역경찰국 특수부에서 담당

(라) 비노출경호 중시

(마) 신속한 대피중심 경호

나. 유관기관 : 보안국(S.S), 비밀정보부(SIS), 정보통신본부(GCHQ), 국방정보참모부(DIS), 런던경찰청특별국

3 독일

가. 경호기관 : 연방범죄수사국 경호안전과

나. 대상

연방내무부 소속(연방경찰)으로 대통령과 수상 · 장관, 외국원수, 국빈, 외교사절을 경호

다. 유관기관 : 연방헌법보호청(BVS), 연방정보부(BND), 국방보안국(MAD)

4 프랑스

가. 경호기관

(1) **대통령, 외국요인 :** 경찰청 경호국(Voyae Official)

(2) **대통령궁 및 별장 등 중요시설 경비와 의전행사 :** 공화국경비 대(국가헌병경찰 : 국방부 소속)

나. 유관기관 : 해외안전총국(DGSE), 국토감시국(DST)

5 러시아

가. 경호기관

러시아연방경호총국(FSO) : 대통령 경호와 주요인사 경호 담당
연방붕괴 후 1996년 대통령 직속기관인 러시아연방경호총국 창설

나. 대상 : 대통령, 입법, 사법, 행정부의 주요인사 경호

6 중국

가. 경호기관

당 중앙경위국, 공안부

나. 대상

(1) 국가지도자급과 내방하는 중요 외국인사의 경호

(2) 중요행사의 안전과 경호경비담당

7 일본

가. 경호기관

(1) 천황 및 황족, 황궁 : 동경도 경시청 직할의 황궁경찰본부

(2) 내각총리대신 및 국내요인 국빈 : 경찰청 경비국 공안 제2과

나. 정의

신변에 위해가 있을 경우 국가 공공안녕질서에 영향을 줄 우려가 있는 자에 대하여 그 신변의 안전을 확보하기 위한 경찰활동

다. 유관기관 : 내각정보조사실, 공안조사청, 방위청, 외무부조사기획국

기출 및 예상문제

01 다음은 무엇을 뜻하는 내용인가?

> 경호조직은 피라미드형을 구성하면서 그 속에 상하의 계층을 이루고, 지휘·감독 등의 방법에 의해서 경호목적을 실현하고 있다.
> 따라서 계층을 이루는 각 기구단위별로 권한과 책임 등이 경호업무의 목적달성에 기여할 수 있도록 분화되어야 한다.

① 경호체계통일성의 원칙　② 통합성과 계층성
③ 경호지휘단일성의 원칙　④ 경호협력성의 원칙

02 다음은 무엇을 뜻하는 내용인가?

> 조직구조의 정점으로부터 말단에 이르는 상하계급 간에 일정한 관계가 이루어져 책임과 업무의 분담(분업)이 이루어진 가운데 명령과 복종의 지위와 역할체계가 통일되어야 한다.

① 경호체계통일성의 원칙　② 통합성과 계층성
③ 경호지휘단일성의 원칙　④ 경호협력성의 원칙

03 다음 중 대통령과 수상의 경호를 동일기관에서 담당하고 있는 국가는?

① 미국　② 독일　③ 일본　④ 프랑스

해설 독일은 대통령과 수상·장관, 외국원수, 국빈, 외교사절에 대한 경호를 연방내무부 소속(연방경찰경호) 연방범죄수사국 경호안전과에서 담당하고 있음

04 경호체계통일성의 원칙은 어느 원칙에 속하는가?

① 경호조직의 특성에 관한 원칙 ② 경호의 특별원칙
③ 경호조직의 원칙 ④ 경호의 일반원칙

해설 경호조직의 구성 원칙은 경호지휘단일성의 원칙, 경호체계통일성의 원칙, 경호기관 단위작용의 원칙, 경호협력성의 원칙이 있다.

05 다음 중 경호조직의 특성으로 보기 어려운 것은?

① 경호조직의 기동성 ② 경호조직의 통합성
③ 경호조직의 전문성 ④ 경호조직의 개방성

해설 경호는 완벽한 안전의 확보를 위해 사전예방활동에 중점을 두고 있다. 이를 위해서는 공개적이고 개방적이 아닌 비공개성의 폐쇄적인 조직의 특성을 가지고 있어야 한다.

06 다음 중 경호기관에 대한 설명으로 틀린 것은?

① 미국 대통령 : 국토안보부 비밀경호국
② 영국 여왕 : 국방부 산하 헌병경찰대
③ 독일 대통령 : 내무성 산하 연방범죄수사국
④ 일본 천황 : 황궁경찰본부

해설 영국 여왕, 왕실에 대한 경호는 내무성 산하 수도경찰청 작전부 왕실 및 외교관경호대(경찰)가 담당하고 있다.

07 다음 중 경호조직의 원칙 중 무엇에 관한 설명인가?

지휘 및 통제의 이원화로 인해 파생되는 문제들을 보완하기 위해 명령과 지휘체계는 반드시 하나의 계통으로 구성해야 한다는 원칙

① 단위작용의 원칙 ② 단일성의 원칙
③ 통일성의 원칙 ④ 협력성의 원칙

08 다음 경호조직의 특성에 관한 설명으로 틀린 내용은?

① 경호조직은 본질적으로 보안성을 높이는 폐쇄적 조직구조로 구성한다.
② 경호조직은 군조직과 같이 명령체계의 하향성과 피라미드형의 조직구조로 이루어진다.
③ 위해조직의 전문성은 경호조직의 전문화에 밀접한 영향을 미친다.
④ 경호조직은 그 활동상의 특징이 경호요원의 개인적 활동을 기본으로 한다.

해설 경호업무는 성격상 개인적인 작용으로 이루어지는 활동이 아니라, 경호조직에 의한 여러 기관단위의 작용으로 이루어진다.
따라서 경호업무를 위한 신속하고 원활한 명령, 지휘권행사, 장비, 보급지원체계의 확립 등을 위해서는 경호기관단위가 확립되어야 한다.

09 경호조직의 원칙이 아닌 내용은?

① 경호협력성의 원칙 : 경호업무는 국민의 절대적인 협조가 필요하며 국민으로부터 존경받는 경호원이 되어야 한다.
② 경호체계통일성의 원칙 : 조직계층상에서 책임과 업무의 분담이 이루어지고 명령과 복종의 지위와 역할의 체계가 통일적으로 이루어져야 한다.
③ 경호기관 단위작용의 원칙 : 경호기관을 지휘하는 지휘자와 부하직원 간의 유기적인 협조체계가 구비되어야 한다.
④ 경호지휘 다양성의 원칙 : 경호기관은 다양한 지휘체계를 갖고 있으므로 여러 사람들로부터 지휘를 받아야 한다.

해설 ④는 경호조직의 지휘단일성의 원칙의 내용과 반대되는 내용임.

10 경호조직의 특성과 원칙에 대한 설명으로 틀린 내용은?

① 경호임무수행 시는 경호조직의 비공개와 경호기법의 비노출 등 폐쇄성의 특성을 가지고 있다.
② 경호조직은 기구단위, 권한과 책임 등이 경호업무에 기여할 수 있도록 통합되어야 하지만, 권한의 계층을 통해 분화된 노력을 조정, 통제하여 분화

활동을 하여야 한다.

③ 경호업무가 긴급성을 요하고 모순, 중복, 혼란성을 피하기 위해 지휘의 단일성이 요구된다.

④ 기관단위의 임무결정은 지휘자만이 할 수 있고, 경호의 성패는 지휘자만이 책임을 진다.

해설 계층을 이루는 각 기구단위별로 권한과 책임 등이 경호업무의 목적달성에 기여할 수 있도록 분화되어야 한다.
이러한 분화된 노력은 상호 조정·통제함으로서 경호에 만전을 기할 수 있도록 통합활동을 하여야 한다.

11 경호조직의 특성에 관한 설명으로 틀린 내용은?

① 경호행사를 담당하는 경호기관의 조직은 다른 조직에 비해 계층성이 강조되고 있다.

② 경호조직업무의 전문화와 과학적 관리를 필요로 하며, 경호조직관리상 전문가의 채용 또는 양성을 필요로 한다.

③ 경호조직의 비공개와 경호기법의 비노출 등 폐쇄성의 특성을 갖는다.

④ 경호조직은 정치체제의 변화와 역사적 사건들로 인해 그 기구 및 인원면에 점차 소규모화 되어가고 있다.

해설 경호조직은 과학기술의 발달, 정치상황의 복잡화, 사회기능의 다양화 등으로 인원 및 기구 등은 점차 대규모화 되고 있다.

12 국민 속에 깊이 뿌리를 내린 경호조직은 현대 경호의 특색이며 기본이다. 국민과 함께 총력 경호를 위한 방법이 아닌 내용은?

① 모든 경호기관은 자신의 업무상 필요에 따라 대상을 조직화하여필요한 훈련을 실시한다.

② 국민스스로 경호업무에 협조를 하고자할 때는 국민 스스로 조직하고 훈련을 실시한다.

③ 국민의 경호협조 시 이를 조직하고 훈련을 실시하는 때에는 어느 정도 강

제성을 띄고 실시하여야 한다.

④ 경호조직이 국민 속에 뿌리를 내리고 있어야 경호업무는 국민의 협조를 얻고 존경받는 경호원이 될 수 있다.

해설 국민의 협조는 어디까지나 임의적 이어야 하며, 강제성을 띄어서는 아니 된다.

13 다음 중 경호조직의 특성에 관한 설명으로 타당하지 않은 내용은?

① 경호조직은 경호집행기관으로 계층성을 이루고 있다.

② 사회범죄의 다양화에 대비한 전문성이 요구되고 잇다.

③ 교통사회 발전에 따를 조직의 기동성이 요구된다.

④ 경호기관은 권위유지를 위하여 폐쇄성을 유지하여야 한다.

해설 폐쇄성은 경호행사의 보안유지를 위한 것으로 경호기관의 권위유지를 위한 것은 아니다.

14 경호업무 중 돌발 상황 발생 시에 적용되는 가장 중요한 원칙은?

① 지휘단일성의 원칙 ② 체계통일성의 원칙

③ 기관단위작용의 원칙 ④ 협력성의 원칙

해설 경호업무를 위한 지휘체계는 반드시 하나의 계통으로 구성해야 하며, 지휘 및 통제의 이원화로 인해 파생되는 문제들인 상호모순, 중복, 혼란 등이 초래되지 않도록 경호지휘는 반드시 한 사람의 지휘자에 의해서만 이루어져야 한다.

15 경호활동의 원칙에 관한 설명으로 옳지 않은 내용은?

① 하나의 통제된 지점을 통한 접근의 원칙이란 경호대상자에게 접근할 수 있는 출입구나 통로는 하나만 필요하고, 통제된 출입구나 통로라도 접근자는 경호원에게 허가 절차 등을 거쳐야 한다는 것이다.

② 3중경호의 원칙이란 경호대상자가 위치한 집무실이나 행사장으로부터 내부, 내곽, 외곽으로 구분하여 경호 행동반경을 거리개념으로 설명한 것이다.

③ 은밀경호의 원칙이란 경호대상자의 활동에 방해를 주지 않고 타인의 눈에

잘 띄지 않게 활동하여야 한다는 것이다.

④ 방어경호의 원칙이란 경호대상자를 암살자 또는 위해기도자로부터 가능한 한 멀리 떼어놓아야 하며, 경호대상자의 행사장소는 일반 대중에게 알려지지 않도록 해야 한다는 것이다.

해설 ④ 방어경호의 원칙이란?
긴급 상황 발생 시는 경호대상자를 우선 안전한 곳에 대피시켜야 하며 무기사용 등 공격적 행동보다는 방어위주의 엄호행동이 요구되는 원칙.
④의 내용은 경호의 특별 원칙 중 목표물 보존의 원칙임.

16 경호조직의 특성에 관한 설명으로 옳지 않은 내용은?

① 현대사회는 고도의 유동성을 띠게 되어 경호조직도 그에 대응하여 높은 기동성을 띤 조직으로 변해가고 있다.

② 경호조직은 성공적인 임무수행을 위해 조직 및 경호기법 공개 등의 개방성을 가져야 한다.

③ 경호조직은 통일적인 피라미드형을 구성하면서 그 조직 내 계층을 이루고 지휘 · 감독 등을 통하여 경호목적을 실현한다.

④ 현대사회에서 경호조직은 전문성에 기초를 두어야 하며, 대규모화되고 있다.

해설 ① 기동성
③ 통합성과 계층성
④ 대규모성의 특성을 설명 하였으며,
② 완전무결한 경호를 수행하기 위해서는 위해요인을 사전 예방, 제거하기 위한 경호조직의 비공개, 경호기법의 비노출, 경호행사의 비공개 등 폐쇄성이 유지되어야 한다. 그리고 전문성의 특성이 있다.

17 경호조직의 특성과 원칙에 관한 설명으로 옳지 않은 내용은?

① 경호조직은 기구단위, 권한과 책임 등이 경호업무의 목적달성에 기여할 수 있도록 통합되어야 한다.

② 경호장비의 과학화와 이를 지원하기 위한 행정업무의 자동화, 컴퓨터화 등 과학기술의 도움으로 기동성을 갖춘 경호조직을 요구한다.

③ 상하계급 간 일정한 관계가 이루어져 책임과 업무의 분담이 이루어지고 명령과 복종의 지위와 역할의 체계가 통일되어야 한다.

④ 일반적으로 정부조직은 법령주의와 공개주의 원칙에 따르지만, 경호조직에서는 비밀문서로 관리하거나 배포의 일부제한으로 비공개로 할 수 있다.

해설 ①은 경호조직의 특성을 설명하는 것을 경호조직은 각 기구단위별로 권한과 책임 등이 경호업무의 목적달성에 기여할 수 있도록 분화되어야 한다. 이러한 분화된 노력을 상호 조정·통제함으로서 경호에 만전을 기할 수 있도록 통합활동을 하여야 한다.

18 각국 공경호의 주체와 객체에 관한 설명으로 옳은 내용은?

① 대한민국 경찰청 경호과에서는 대통령권한대행, 대통령후보자와 그의 배우자 및 자녀의 경호를 담당한다.

② 일본 천황의 경호기관은 동경도 경시청 직할에 설치되어 있는 경호안전국이다.

③ 미국의 비밀경호국은 부통령, 국무성 장·차관 및 외국대사 등의 경호와 의전에 대한 경호업무를 주관하고 있다.

④ 독일은 대통령과 수상의 경호를 동일 기관에서 담당한다.

해설 ① : 대한민국 경찰청 경호과
퇴임 후 10년이 경과한 전직 대통령, 국회의장, 대법원장, 국무총리, 헌법재판소장 등
② : 일본
천황 및 황족 – 동경도 경시청 직할의 황궁경찰본부
③ : 미국(국토안보부 비밀경호국)

19 경호조직의 원칙에 관한 설명으로 옳지 않은 내용은?

① 경호는 업무의 성격상 기관단위 작용으로 이루어지지 않고 개인단위 작용으로 이루어진다.

② 경호업무가 긴급성을 요하고, 모순과 중복 및 혼란을 없애기 위해 지휘단일성이 요구된다.

③ 상하 계급 간에 일정한 관계에 의해 책임과 업무의 분담이 이루어지고, 명령과 복종의 지위와 역할의 체계가 통일되어야 한다.

④ 완벽한 경호를 위해 국민의 협력이 필요하고, 모든 방법을 강구하여 국민의 역량을 결합하기 위해 노력해야 한다.

해설 ① : 경호기관 단위 작용의 원칙 – 경호의 업무는 성격상 개인으로 구성된 기관단위 작용으로 이루어져야 한다.
② : 경호지휘 단일성의 원칙
③ : 경호체계 통일성의 원칙
④ : 경호협력성의 원칙

20 경호조직은 일반조직에 비해 본질적 특성을 지니고 있다. 다음 중 그 특성이라고 볼 수 없는 내용은?

① 경호조직의 민주성 ② 경호조직의 전문성
③ 경호조직의 기동성 ④ 경호조직의 폐쇄성

해설 경호조직은 기동성, 전문성, 폐쇄성, 대규모성, 통합성과 계층성의 특성을 띠고 있다.

정답

01.② 02.① 03.② 04.③ 05.④ 06.② 07.② 08.④ 09.④ 10.②
11.④ 12.③ 13.④ 14.① 15.④ 16.② 17.① 18.④ 19.① 20.①

제5장

경호활동

1. 경호작용의 기본고려요소
2. 경호임무수행
3. 경호작용
4. 경호정보 및 보안활동
5. 경찰의 경비작용
6. 경호행사 중 우발상황발생 시 조치사항

■ 기출 및 예상문제

제5장 경호활동

제1절 경호작용의 기본고려요소

1 의의

경호작용은 고도의 정확성과 체계성을 요하는 종합적 활동이다.
따라서 경호작용에서 기본적으로 고려되어야 할 요소로서 계획수립, 책임분배, 자원동원, 보안유지 등을 들 수 있다.

2 경호활동을 위한 기본고려요소

가. 계획수립

① 예기치 않은 변화의 가능성에 대비한 융통성 있는 계획수립
② 악천후 등 가능성 있는 위협 등을 극복하기 위한 예비 및 우발 계획의 준비
③ 주관부서(기관)와의 협조는 필수

나. 책임분배

① 경호요원 및 관련기관 간의 임무와 책임에 대한 명확한 분배
② 여러 유관기관 간의 유기적인 협조체제 요구

다. 자원동원

노출되는 행차의 지속시간, 내재적인 위협 등의 분석에 의한 인적, 물적 자원의 적절한 동원

라. 보안유지

① 경호활동상 보안유지는 가장 기본요소
② 경호 상황(대상자, 수행원, 행사세부일정 등)에 대한 철저한 보안 유지

제2절 경호임무수행

1 경호활동의 4단계

경호임무수행을 위한 활동은 4단계로 크게 구분할 수 있다.

가. 예방단계

발생할 수 있는 인적·물적 위해요소에 대한 예방책을 강구하는 단계
① 예견단계 : 정·첩보의 수집 및 분석
② 인식단계 : 수집된 정·첩보에 대한 위해가능성 판단
③ 조사단계 : 위해가능요인에 대한 사실 확인
④ 무력화단계 : 확인 또는 의심되는 위해요인에 대한 안전조치

나. 대비단계

발생 가능한 인적·물적 위해요소에 대한 대비책을 강구하는 단계

다. 대응단계

경호대상자에게 발생하는 위해요소에 대한 출입요소의 통제, 근접경호 등으로 즉각적인 조치를 취하는 단계

라. 평가단계

경호활동에 대한 평가를 실시하여 추후 경호활동에 반영하기 위한 단계

2 세부경호임무수행절차

가. 1단계 : 통상임무수행

① 경호임무에 대한 통지를 받으면 업무의 진행 순으로 사건일지 작성 시작
② 임무와 관련된 정보사항을 기록, 보존하며 공식문서로 간주

나. 2단계 : 행사일정

① 행사일정에 대한 통보·요청함으로써 본격적인 경호임무 시작
② 행사관련 자료 및 시설의 설계도면 등을 관련기관 또는 행사 주관기관으로부터 획득
③ 행사일정 및 임무수령에 포함될 사항
- 출발 및 도착 일시, 지역(도착공항 등)에 관한 사항
- 공식 및 비공식 수행원에 관한 사항
- 경호대상자의 신상에 관한 사항
- 의전에 관한 사항
- 방문지역이나 국가의 특성(기후, 지리, 치안 등)
- 수행원 등이 투숙할 숙소의 명칭과 위치
- 이동수단 및 방법
- 경호대상자가 참석하는 모든 행사와 활동범위
- 방문지에서 경호대상자와 접촉하게 되는 의전관련자, 관료, 기업인 등
- 방문단과 동행하는 취재진에 관한 사항
- 관련 소요비용에 관한 사항
- 경호안전에 영향을 줄 수 있는 행사주최 측 및 방문국의 요구사항

다. 3단계 : 포괄적 계획수립

① 경호임무를 하달 받고 선발대가 행사장에 도착하기 전까지의 활동

② 경호계획수립 시 유의사항

- 경호관련 법규, 경호규정, 경호지침 등의 완전 숙지
- 안전검측, 안전유지 등의 안전활동계획수립
- 예행연습의 실시 계획수립
- 육 · 해 · 공의 입체적 종합계획 수립
- 경호계획에는 실시의 착오가 없도록 하며 주관부서, 행사장 수용능력, 행사장 병력배치, 비상통로 확보, 비표패용, 교통통제, 주차장관리, 예행연습 등의 전반적인 계획 포함
- 사전 현지답사는 도보로 하고 전반적인 계획 검토
  - 기본적인 자료수집과 관련정보의 수집 · 분석에 의한 안전판단 실시
  - 인적, 물적 취약요소와 소요되는 인력, 장비 등의 배치 규모, 장소 등
  - 입 · 출구, 비상통로 등의 통제대책 및 이동 수단과 방법
  - 취약지역을 파악 · 분석하여 책임구역과 책임자 지정 및 책임한계 명시
  - 경호인력의 수송, 급식, 숙소에 관한 계획
  - 통신장비, 검색장비, 차량 등의 동원장비에 관한 계획
  - 행사계획의 변경이나 비상사태에 대비한 예비계획 및 예비대운용 등

라. 4단계 : 연락 및 협조체제 구축

① 경호관련 법률에 근거한 업무협조체제 구축

- 대통령 등의 경호에 관한 법률(제15조, 국가기관 등에 대한 협조 요청)
  - 국가기관, 지방자치단체, 공공단체에 대해 직원의 파견 및 협조요청
- 대통령안전대책위원회(구성원과 그 기관의 장이 공동 책임)
  - 안전대책과 관련된 업무 협의
  - 첩보 및 정보의 교환 · 분석
  - 경호 상 필요하다고 인정되는 업무

② 행사관련 요원들과의 연락 및 협조
- 기후변화 등의 악천후 및 정전시를 고려한 행사스케줄과 행사관계자의 시간계획에 관한 사항
- 행사에 참석하는 모든 인원에 대한 명단(손님, 진행요원, 관련 공무원, 행사위원 등)
- 경호대상자의 참석범위, 행사의 구체적인 성격 등
- 편의 시설의 준비(휴게실, 화장실, 분장실 등)
- 증정행사(경호대상자 ↔ 참석자)
- 취재진의 인가 및 통제상황
- 기타 행사참석에 영향을 줄 수 있는 요인

마. 5단계 : 정보수집 및 위해분석

경호와 관련된 위해 가능성이 있는 광범위한 인적, 물적 첩보를 수집하여 이를 토대로 예상되는 위해정보를 분석하여 경호담당기관에 통보

바. 6단계 : 세부계획수립(계획수립 2단계)

① 수집된 정보에 따른 위해분석을 토대로 종합적인 세부경호계획의 수립 및 사전예방활동에 최종적인 점검과 확인이 이루어지는 단계

② 선발대(사전예방경호팀)가 행사장에 도착한 후(D-1일)로부터 행사 시작 전(H-2시간)까지의 가장 핵심이 되는 선발경호활동이다.

③ 선발경호(사전예방경호)활동의 업무내용
- 현장에 도착 후 경호 지휘소(CP) 설치
- 관계기관들과 계획 · 실행 간의 문제점 검토 및 처리
- 위해 및 취약요소별 예상 상황의 분석 및 변동사항 확인
- 출 · 입구 상황점검 및 통제대책 강구
- 안전구역의 검측 및 안전유지
- 우발상황 대비 비상대책의 확인
- 예비대확보, 비상대피로, 비상대피소, 비상대기조, 예비로, 구급차, 소방차, 최기병원의 지정 등

사. 7단계 : 경호실시

① 경호대상자가 집무실을 출발해서 행사를 진행한 후 다시 집무실에 도착할 때까지의 구체적인 경호활동
② 기본계획에 의거 행사장은 3중 경호개념에 의한 경호, 연도 경호지침에 의한 연도경호 등을 실시하는 단계

아. 8단계 : 경호평가

경호 일정이 종료된 후 문제점에 대한 해결책 토의 및 차후 행사에 반영

자. 9단계 : 행사결과보고서 작성

경호임무 종료 후 계획전담요원에 의해 작성되며 직면했던 문제들에 대한 해결책에 중점을 두고 결과보고서 작성

3 경호안전대책

가. 경호지휘소 설치 및 운용(Command Post)

선발대는 현장(행사장)에 도착 즉시 경호작전 상황실을 설치, 운용하며 전 행사지역을 총괄하는 역할을 하며, 본대가 임무종료 후 안전지역으로 이동할 때까지 운영함을 원칙으로 한다.

■ 경호지휘소의 임무
① 경호에 동원된 병력에 대한 총괄 지휘
② 수집된 정 · 첩보의 배포
③ 지휘 · 통솔의 일원화
④ 타 기관과의 협조 및 연락
⑤ 우발상황발생 시 지원 및 지휘
⑥ 유무선 통신망 구축

나. 분야별 업무분담

(1) 작전담당

- 작전정보수집분석
- 병력운용계획수립
- 시간사용계획수립
- 관계관회의 주재
- 임무진행사항 점검

(2) 출입통제담당

- 구역별 비표구분, 시차별 입장계획, 주차장 운용계획
- 금속탐지기운용, 비표 설치장소(안전, 질서고려)선정
- 중간 집결지 운용

(3) 안전대책담당

- 안전구역확보계획 검토
- 건물의 안전성 여부
- 상황별 비상대피로 구상
- 행사장 취약시설물
- 최기병원
- 비상 및 일반예비대 운용방법
- 직시건물, 공중감시 대책 등

(4) 차량담당

- 선발대 및 본대 사용 차량을 출동인원에 근거하여 배정
- 이동수단별 인원, 코스, 휴게실 등을 계획

(5) 보도담당

- 결정된 보도요원 확인(근접, 원거리, 소속별)
- 보도요원으로 위장침투 차단
- 취약지역에 보도요원 행동반경, 가드레일 설치 등 비표담당자와 협조하여 장비 장소 선정
- 행사장별 취재계획을 수립 전파

(6) 승하차 및 정문담당

- 진입로 취약요소 파악 및 확보계획

- 주차차량 안전조치
- 상가 및 건널목, 주유소(가스)등 안전요원 배치
- 필수지역 교통근무자 배치(정복)
- 출입차량 검색 및 지정장소 안내, 차단계획 수립
- 민원인 및 출입자 통제
- 비상 및 일반 예비대 대기 장소 확인
- 통행인 순간 통제방법 강구(영접, 환송자 위치확인)
- 직시건물, 본대 주차장, 하수구 맨홀 확보
- 안전구역 접근자 차단 및 위해요소 제거

(7) 행정담당

- 출장여비 신청, 수령
- 각대의 숙소, 식사 장소 선정
- 선발대의 방 배정
- 연락망 구성

(8) 행사장 내부담당

- 경호대상자 동선 및 좌석 위치에 따른 비상대책 강구
- 근무자 위치선정(좌석협조) 및 외부 영향지역에 대한 경비병력 확인
- 각종 집기류 최종 확인
- 행사장 내 인·물적 접근통제 및 차단계획 수립
- 정전 등 우발상황에 대비
- 행사장의 단일 출입 및 단상, 천장, 경호대상자 동선 등에 대한 안전도 확인
- 초청좌석의 사복요원 배치 및 중첩된 감시 및 정확한 임무에 대한 교육 실시
- 행사장의 상·하층, 좌·우 사무실에 대한 검측 후 근무자 확보
- 경호대상자의 휴게실 및 화장실의 위치 파악

(9) 행사장 외부담당

- 안전구역 내 단일 출입로 설정

- 외곽 감제고지, 직시건물에 대한 안전조치
- 단상 및 좌석 점검 · 통제
- 방탄막 설치 및 비상차량 운용계획 수립
- 지하대피 시설의 점검 및 확보
- 경비 및 경계구역 내에 대한 안전조치 강화
- 차량 및 공중 강습에 대한 대비책 수립
- 순시 · 격려 시 인공장벽을 고려하고 근무자 감시구역 확보

다. 사전예방경호작용

(1) 안전검측

경호대상자에게 위해 여건을 제공할 수 있는 자연 및 인공물에 대하여 위해를 가할 수 없는 상태로 전환시키는 제반 활동을 안전검측이라 한다.

① 안전점검

폭발물 등 각종 유해물을 탐지, 제거

② 안전검사

이용하는 기구, 시설 등의 안전상태 검사

③ 안전유지

안전점검 및 검사가 이루어진 상태를 관리, 통제

④ 안전조치

경호행사시 경호대상자에게 위해를 줄 수 있는 위해물질을 안전하게 관리토록 하는 제반 활동

* 안전점검, 안전검사, 안전유지를 안전대책의 3대 작용원리라고 한다.

(2) 안전검측의 실시

(가) 방침

- 적의 입장에서 실시

- 검측은 타 업무 보다 우선하며 원칙에 예외를 불허한다.
- 검측은 경호계획에 의거 공식행사 시 실시함을 원칙으로 하며 비공식 행사시는 비노출 검측활동을 실시할 수 있다.
- 검측활동 시 인원 및 장비를 최대한 지원 받아 활용한다.
- 검측활동 중 통신 및 행사보안과 함께 경호대상자에 관하여는 최고도의 보안을 유지한다.
- 검측활동 중 원격조정장치에 의한 폭발물 등은 전자 검측장비를 이용한다.
- 검측의 순서는 회의실, 오찬장, 휴게실 등 경호대상자가 장시간 머물러 있는 곳을 먼저 실시한 후 통로, 현관 등 경호대상자가 움직이는 경로를 순차적으로 실시한다.
- 검측활동은 경호 선발대장의 지침에 따라 선(先) 선발개념으로 실시하고 세부 실시계획을 수립, 시행한다.

(나) 안전검측원칙

- 검측대상으로는 외부(옥외), 내부(실내), 공중지역, 연도로 구분 실시한다.
- 검측은 점과 선에서 확산하여 실시하며 가까운 곳에서 먼 곳으로, 정확한 안전유지 상태에서 실시
- 책임구역은 명확히 구분하고 밖에서 안으로, 아래에서 위로, 좌에서 우로 체계적으로 실시
- 통로는 양 측면, 아래보다는 높은 곳, 의심나는 곳은 반복해서 실시
- 선을 의심하고 끝까지 추적해서 확인
- 전기제품은 분해해서 확인
- 비금속 물체에서 금속반응 확인(화분, 음식물, 녹지대 등)
- 확인 불가능한 것은 제거하고 어수선한 분위기는 정리정돈
- 위해자의 입장에서 폭발물 설치 가능한 곳을 의심하여 검색
- 검측은 위장해서 은밀하게 실시하고, 가능한 현장확보상태에서 점검하고 지속적인 안전유지
- 검측장비를 활용하되 오감을 최대한 이용한다.

- 1, 2차 점검 후 경호 병력이 배치 완료된 행사직전에 최종 검색실시
- 테러범은 인간이 위를 보지 않는 습성, 더러운 곳, 공기 탁한 곳 등을 싫어하는 습성을 이용한다는 것을 명심하여 사각지점이 없도록 철저히 실시

(다) 안전검측방법

■ 외부검측

- 가까운 곳에서부터 확산하여 실시
- 승하차지점 및 주변
- 침투 가능한 창문, 출입구, 개구부, 홈통, 테라스 등 안전조치

■ 내부검측

- 가장 위험한 지역 : 주 통로 및 행사장, 주요 기계설비 장소
- 가장 취약한 지역 : 대중에 개방된 장소
- 아래층에서 위층으로 확산
- 설비지역(보일러, 변전실, 전기실, 위험물 저장소) 안전 확보

■ 공중지역

로비, 복도, 엘리베이터, 화장실, 계단, 휴게실 등

■ **방 검측**

- 가청음 조사(시한폭탄) 및 먼저 전체 방을 훑어보는 검측
- 방의 크기에 따라 단계별 구획을 그어 검측
  1단계 : 바닥, 2단계 : 벽, 3단계 : 천장면, 4단계 : 천장 내부

■ 야외검측

- 기공식장, 준공식장, 벼 베기, 모내기, 식목행사 등
- 행사장 주변 경계울타리 설치 및 단일 통로화
- 공사 시작부터 안전유지 및 감독

■ 기념식장

- 비상대피소 설치

- 화재(풍선 가스 : 애드벌룬 등) 비상대책

■ 숙소검측

- 극도의 보안유지 및 불필요 인원 통제
- 파트별 지원요소(전기, 소방, 냉 · 난방, 소음 등) 최적의 상태유지
- 위험물 안전 대책(가스, 유류 등)

■ 운동장검측

- 구역을 세분화 각 구역 책임제 중복 · 반복검측(외부, 내부, 소방, 수색, 차량, 반입물품조 등)
- 단일 통로화 및 반입물품 철저 검색

■ 차량검측

- 대상 : 귀빈 탑승차량 및 주변 지원차량
- 차량외부, 내부, 각 장치(전기회로 및 배터리 등)
- 운전기사 입회하에 차체의 철저한 확인

(라) 내부구역검측요령

- 방안의 소리에 주의
- 방은 분할하여 검측
- 높은 위치의 검측 대상물에 유의
- 벽에서부터 방 중앙으로 단계적 검측
- 최근에 개보수한 지점에 유의
- 방의 통로, 밀폐공간, 비트, 천장 내부에 유의
- 통로상의 장애물, 가구, 거울, 무대장치 등을 유의검측
- 음향, 소음, 실내장식 형태 등에 유의 검측
- 빈 공간, 수리한 곳의 접합부분에 유의
- 모든 가구는 이동하여 전기접촉 등의 여부 검사
- 전기기구는 분해하여 검측

(마) 검식활동

- 조리를 담당하는 종사자는 사전 신원조사를 실시하여, 신원특이자를 사전에 배제한다.
- 식재료의 구매·운반·저장과정에서의 안전성 확보, 조리과정의 위생상태 점검 등 경호대상자에게 음식료가 제공될 때까지의 안전상태를 지속적으로 확인한다.
- 각종 기물은 철저히 검색하고 사용 전에 열탕에 소독한다.
- 주방 종사자는 위생검사를 실시하고 질병이 있는 환자는 사전에 배제한다.
- 행사 당일에는 주방에 입회하여 조리사에 대하여 동향을 감시한다.
- 음식물은 전문요원에 의한 검사를 실시한다.
- 음식물 운반 시에도 근접감시를 실시한다.

(바) 안전유지

- 행사장 주요 핵심장소 및 주요설비 핵심지역확보
- 출입구 단일화와 대인대물 검색
- 주위경계 철저
- 행사장 중요 감제고지 및 건물, 외곽 직시장소, 곡각지점 감시 철저
- 인수인계 철저 및 근무지 이탈 방지
- 순찰강화로 행사장 이상 유무 수시확인
- 정확한 근무교대로 근무자의 피로 및 수면방지
- 침투가능한 곳 보안시설 설치보강

(3) 검문검색

(가) 사전적 의미

- 검문 : 검사하기 위하여 따져 물음
- 검색 : 범죄나 사건을 밝히기 위한 단서나 증거를 찾기 위하여 살펴 조사함.

(나) 수행방법

경찰관직무집행법에 규정된 대인적·대물적·대가택적 강제수단으로 행정경찰상의 즉시강제 수단의 하나이다.

(다) 종류 : 고정검문검색, 유동검문검색, 특별검문검색 등

(라) 경호에서의 의미

경호대상자의 안전을 위해 경호행사장 내 인원, 시설, 차량, 반입장비 및 물품에 대한 검문검색을 실시하여 폭발물 등 위해물을 사전 탐지하여 제거하여야 한다.

(마) 검문검색요령

① 대상자 판단 기준

- 수상한 행동 : 비정상적, 불안정, 오해를 살만한 행동, 경호근무자 회피자, 출입의 목적이 의심되는 자
- 착의 상태 : 연령, 계절, 장소, 시간, 대상자의 체격 및 직업과 조화되지 않는 자 등
- 휴대 물품 : 어울리지 않거나, 의심스러운 물건 소지자 등

② 실시요령 및 조치

검문검색 대상자에게 불쾌감을 주지 않도록 유의하여야 하며, 이상점 발견 시는 전 경호요원에게 알려 그 내용을 공유하여 차후를 대비하도록 하며 관련 법령에 의거 조치한다.

(4) 보안검색

(가) 사전적 의미

공항·항만, 기관 등에서 탑승객이나 출입자들이 휴대하거나 맡기는 물건 가운데 무기나 위험물이 있는지를 살펴서 찾아내는 일

(나) 실시요령 및 조치

① 경호행사장의 출입통제담당자는 행사장으로 출입하는 자들의 행사와 관련이 없는 휴대물품 등은 검색 후 임시물품보관소에 보관토

록 하며,

② 모든 사람에게 예외 없이 금속탐지기를 통과시켜 폭발물 등 위해물을 확인하여야 하며 행사장 내 반입을 금지 조치한다.

③ 이때 행사참석자에게 불쾌감을 주지 않도록 보안검색의 이유 등을 설명하여 협조를 구하도록 한다.

(5) 비표운용

비표는 경호요원, 행사참석자 등에 대하여 발급하여 허가되지 않은 자에 대한 접근을 통제한다.

- 경호근무자는 안전 대책활동 시부터 전원 비표를 패용한다.
- 비표의 종류에는 리본형, 명찰, 완장, 모자, 배지 등이 있으며 대상과 용도에 맞게 적절히 운용한다.
- 비표는 모양이나 색상이 원거리에서도 식별이 용이하도록 단순하고 선명하게 제작하여 사용한다.
- 행사참석자를 위한 비표는 구역별로 그 색상을 달리하면 식별 및 통제가 용이하다.
- 비표의 종류는 적을수록 좋다.
- 비표분실사고 발생 시는 즉각 보고하고, 이전 비표를 무효화 한다.
- 제작된 비표는 경호부서에서 검인하고, 원판은 안전하게 관리한다.

제3절 경호작용

1 근접경호활동(수행경호)

가. 의의

(1) 근접경호작용이란 경호대상자에 대하여 직접적으로 가해지는 위해를 근

접에서 방지 또는 제거하는 활동을 말한다.

(2) 따라서 경호원은 자기희생의 정신으로 무장되고 고도의 긴장감과 육감에 의한 본능적이고 초인적인 능력이 요구된다.

나. 근접경호의 특성

(1) 노출성

경호대상자들은 대중들과의 접촉이 수반되는 대외활동과 대중에게 공개된 행사장에 참석하는 경우가 많다.

따라서 신체, 행사일정, 기동수단, 도보대형, 등이 노출된 상태에서 행사가 이루어진다.

(2) 방벽성

경호대상자가 노출된 상태에서 행사가 이루어지나 과도한 접근의 차단이나 은닉보호는 친화를 해치게 된다.

따라서 노출을 수반하는 상태에서의 최선의 보호는 경호원들에 의한 인적방벽에 의하거나 차량 등의 기동장비를 이용한 방벽구축이 가장 효과적이다.

(3) 기만성

적의 상황판단능력을 흐리게 하여 효과적인 경호활동을 하기 위하여 차량대형, 기동시간, 기동로 및 수단, 승하차 장소, 위장경호대상자 및 경호원 등을 이용하여 기만하는 변칙적이고 계획적인 기만 경호기법이 필요하다.

(4) 기동 및 유동성

근접경호는 주로 행사장 참석 시 도보나 차량에 의해 이동 중에 이루어진다. 따라서 행사의 성격이나 주변의 여건, 장비의 특성에 따라 경호환경 자체가 유동성, 기동성을 띄게 되므로 근접경호원은 항상 기동하여 위치를 수시로 변화시켜야 한다.

(5) 방호 및 대피성

근접경호수행 중 돌발사태가 발생하였을 경우에는 적의 공격에 대응하여 적을 제압하는 것을 우선 시 하기보다는 경호 대상자를 먼저 방호하고 대피시켜야 한다.

다. 근접경호의 기본원칙

- 근접경호 시 위치를 수시로 바꿀 것
- 경호대상자와 군중 간에 틈을 주지 말 것
- 경호대상자나 경호원의 소지품에 대한 접근을 차단할 것
- 행사장이나 숙소의 종사원, 경호대상자와 친숙한 방문자, 수행원과 수행원이 접촉하리라 예상되는 인사들을 정확히 파악하고 있어야 한다.
- 경호문제와 관련 없는 요구사항은 차단할 것
- 언론 및 대중과의 불필요한 접촉을 차단할 것

라. 근접경호원의 기본임무 및 원칙

- 경호대상자에 대한 접근차단
- 경호대상자 주위의 모든 사람들을 주의 깊게 관찰
- 경호대상자 주위에서 경호활동 공간의 확보. 단, 일반인에게 불편을 초래하지 말 것.
- 책임구역에 따라 경계와 돌발적 상황발생 시 인적방벽으로 경호대상자를 보호하고 안전하게 대피
- 경호대상자의 심리적 안정감을 고려하여 경호대상자의 시야 범위에 위치
- 복도, 도로, 계단 등을 수행할 때는 경호대상자를 공간의 중간으로 유도하여 위해발생 시 여유 공간을 확보
- 위해기도자의 공격가능성을 줄이고, 공격 시 피해정도를 최소화하기 위하여 이동 속도를 가능한 빠르게 하여야 한다.
- 문을 통과할 경우에는 항상 경호원이 먼저 통과하여 안전을 확인한 후 경

호대상자를 통과시켜야 한다.

- 경호원이 사전 점검하지 않은 지역이나 장소에는 경호대상자가 절대 접근하지 않도록 한다.
- 곡각지나 보이지 않는 공간을 통과할 때에는 항상 경호원이 먼저 안전을 확인하고 경호대상자를 통과하도록 하여야 한다.
- 이동속도는 경호대상자의 건강상태, 신장, 보폭 등을 고려하여 정하고, 상황에 따라 속도를 조절할 때에는 경호원 상호 간에 연락하여 조절하도록 한다.
- 타 지역으로 이동전에 경호원은 이동로, 소요시간, 경호대형, 주위의 특이상황, 주의사항 및 경호대상자의 이동위치를 사전에 경호대상자에게 알려주어야 한다.
- 경호대상자가 이동시에는 상황에 따른 여러 대형으로 경호를 실시하며 경호원은 경호대상자의 시야를 가리지 않도록 하고 서로 손과 발이 부딪치지 않도록 주의해야 한다.

마. 도보대형

(1) 도보 이동 간 지침

- 가능한 도보이동시기 및 이동로는 변경되어야 하고 최단거리 직선통로를 이용한다.
- 경호원은 경호대상자에게 이르는 모든 접근로를 차단하기 위하여 분산되어야 한다.
- 경호대상자의 안전을 위협할 수 있는 차량이나 돌발사태 등에 대비하여 경호대상자의 차량도 근접해서 주행해야 한다.
- 도보대형은 장소와 상황에 따라 융통성 있게 변화시킨다.

(2) 도보대형 형성 시 고려사항

① 행사의 성격

② 행사장 참석자 인원수 및 성향

③ 행사장 예방경호수준
④ 경호 병력의 배치상황, 수준, 임무부여 상태
⑤ 인적, 물적 취약요소와의 이격도
⑥ 주변 감시통제 건물 등의 취약도 등

(3) 도보이동 간 대형

(가) 다이아몬드 대형(마름모 꼴) : 4명

- 군중이 밀집해 있는 통로, 혼잡한 복도 등에서 적합한 대형
- 경호대상자의 전, 후, 좌, 우 360도 전 방향을 경계할 수 있도록 책임구역과 임무가 부여된다.

(나) 쐐기형 대형(삼각형, 역삼각형) : 3명

- 군중이 별로 없는 장소 통과 시, 인도와 좁은 통로, 오솔길, 곡각지 등의 이동시 유용하다.
- 다이아몬드 대형 보다 다소 느슨한 대형
- 한쪽에 인위적, 자연적 방벽이 있을 때 유용하다.
- 무장한 위해자를 직면하였을 때 적합

(다) 사다리꼴 대형 : 4명

- 경호대상자를 중심으로 4명의 경호원이 사다리 형태를 유지하며 이동하는 대형
- 진행방향을 중심으로 양쪽에 군중이 운집해 있는 도로의 중앙을 이동할 때 적합한 대형으로 전방을 열어주 고 좌·우측방 경계를 강화해주는 대형

(라) 팬터건 대형 : 5명

미국 국방성 건물의 모양으로 전방과 양측면 경호에 적합한 대형

(마) 페어 대형 : 2명

경호대상자의 앞뒤에서 좌·우로 위치를 이동하면서 전·후방 경계는 물론 측면까지 보완하는데 적합

*** 원형 대형 : 5 ~ 6명**

- 경호대상자가 고정된 장소에서 보고를 받거나, 도보이동 시 또는 일정시간 정지하고 있을 때 주로 사용하는 대형
- 경호대상자를 중심으로 원의 형태를 유지한 채, 등진 자세로 각자의 책임구역을 경계

바. 기동 간 경호요령

(1) 차량 이동 시

(가) 기동 간 차량대형 형성 시 고려사항

- 적정 간격과 속도유지
- 상황에 따른 융통성 있는 대형
- 제대차량 간 신호유지
- 도로여건에 맞는 주행

(나) 착안사항

- 차량대형의 결정 및 차종의 선택
- 행·환차로의 선택
- 도로 및 교통상황의 사전점검
- 출발 및 도착지점, 이동소요시간, 이동형태(대형), 주 이동로 및 우회도로(예비도로), 기상, 교통흐름(요일 및 시간대, 신호등 및 교통표지판 등)
- 터널, 철도건널목, 곡각지, 도로 공사장, 시위 및 각종행사 등에 대한 취약요소 확인
- 대상자 및 관계자 차량번호와 현지에서 합류되는 차량 번호 숙지
- 행·환차로, 예비로 등 주변도로망 파악
- 최기병원, 비상대피로, 대피소, 구급차, 소방차 등 우발 상황 발생 시를 대비한 시설파악

(다) 준수사항

- 경호대상자의 차량은 보수적이고 문이 4개인 차량으로 선정하며,

기사는 사복 무장된 경호원이어야 한다.

- 수행원이 다수일 때에는 버스를 이용하고, 사전에 신원이 파악된 기사들에 의해 운행한다.
- 기사들의 행사지역에 대한 지식의 정도, 차량조작능력 등을 확인하기 위하여 예정된 행차로를 시험 운행한다.
- 행사주관부서와 협조하여 행사지역의 수화물 취급을 위한 차량 및 인원을 확보한다.
- 승차 시 차량은 안전점검 후 시동이 걸린 상태에서 대기 한다.
- 주행 시 경호대상자의 신변보호를 위해 차문은 반드시 잠근다.
- 하차지점에 도착하기 위한 접근로는 가능한 변경하는 것이 좋다.
- 주차 장소는 자주 변경하는 것이 좋으며, 특히 야간에는 밝은 곳에 주차한다.
- 옥외에서 도보이동 시 경호대상자 차량도 근접해서 주행해야 한다.

(2) 공중 이동 시

- 출발 및 도착 계획표를 사전에 면밀히 재확인한다.
- 기상에 대한 정보로 이·착륙에 대한 기상상황을 분석한다.
- 노탐(NOTAM : 안전운항을 위한 항공정보)에 대한 공중 통제계획과 공중 경호경비계획을 확인한다.
- 주기장에 대한 경계상태, 교통통제, 안전점검 상태, 통신의 소통 상태 등을 점검 확인한다.
- 주기장에서 행사장으로 향하는 제반 경호여건을 확인, 점검한다.

(3) 철로 이동 시

- 차량, 공중 이동 시와 공통된 사항을 점검, 확인한다.
- 승하차지점, 승강시설, 편의시설, 안전서비스 및 통신기기 등에 대한 점검

(4) 해상 이동 시

- 차량, 공중 이동시와 공통된 사항을 점검, 확인한다.
- 선박의 정박위치를 위한 편리성, 접근성, 안전성을 고려하여야 한다.

사. 상황별 경호요령

(1) 악수 시

- 경호대상자가 불특정 다수인과 악수행위는 최근접에서 접촉을 하는 관계로 위험에 가장 많이 노출된다.
- 악수를 하기 위하여 대기하고 있는 사람들에 대한 수상한 행동, 눈빛, 손 등을 감시하면서 동향을 파악한다.
- 악수를 마친 사람들에 대하여 경계근무를 강화하면서 신속히 현장을 떠나도록 조치한다.

(2) 계단 이동 시

- 일반 도보대형과 동일한 대형을 취하되 경호대상자는 통상 계단의 중앙부에 위치하도록 한다.
- 경호대상자가 노약자이거나 여성인 경우에는 계단 측면의 손잡이를 잡고 이동할 수 있도록 하며, 이때의 위치는 좌·우측 중 외부노출이 적은 쪽의 손잡이를 이용하도록 유도한다.
- 계단을 올라갈 때 전방 경호원은 계단이 끝나는 지점에서 평지에 대한 경계와 감시를 하고 안전이 확보된 후에 경호대상자를 올라오게 한 후 정상적인 대형을 형성 한 후 이동하도록 한다.

(3) 에스컬레이터 이용 시

- 에스컬레이터는 사방이 노출되어 있으므로 가능하면 사용하지 않고 계단이나 승강기를 이용하는 것이 안전하다.
- 에스컬레이터에서도 걸음을 멈추지 않고 최단시간 내에 이동토록 한다.

(4) 출입문 통과 시

- 경호대상자가 문을 통과하기 전에 경호원이 먼저 문을 통과하여 들어갈 때는 내부, 나올 때는 외부에 대한 안전도를 확인한 후 경호대상자를 통과 시키도록 한다.
- 경호원이 먼저 문의 상태를 점검하고,
  - 미는 문일 때는 안쪽에서 문을 잡고 있어야 하며,
  - 당기는 문일 때는 바깥에서 문을 잡아 안전하게 통과할 수 있도록 한다.

(5) 승강기(엘리베이터) 탑승 시

- 가능한 별도의 전용승강기를 이용한다.
- 사전에 이동 층 표시등, 문의 작동속도, 이동속도, 창문의 여부, 전원, 비상용 전화기 설치 여부 등 작동상의 이상 유무를 조사해 두어야 한다.
- 승강기 문이 열렸을 때 경호대상자가 외부인의 시야에 바로 노출되지 않는 지점에 위치하도록 한다.
- 탑승 시 경호원이 먼저 내부를 점검, 확인한 다음 목표 층을 누르고 경호대상자를 탑승시킨 후 방벽을 형성하고 경계임무에 임한다.

2 행사장 경호활동

가. 의의

경호대상자가 행사를 주관하거나 참석하는 장소로서 비교적 오랜 시간 동안 머물거나 많은 인원이 동원되는 곳으로 경호대상자의 신체가 노출되는 등 취약점이 많은 경우이다.

나. 경호경비구역의 설정

(가) 제1선 : 안전구역, 내부경비, 근접경호

- 경호대상자가 위치하는 내부로서 옥내일 경우 건물자체가, 옥외일 경우 본부석이 안전구역이다.
- 통상 수류탄 투척 및 권총 유효사거리인 반경 50m 이내를 기준으로 설정한 선이다.
- 주요활동
  - 출입자 통제 · 관리
  - 금속탐지기 설치 운용
  - 비표확인 및 참석자 감시
  - 요인 승 · 하차지점 및 동선에 대한 안전확인 등

(나) 제2선 : 경비구역, 내곽경비, 중간경호

- 주 경비지역으로서 경호대상자가 위치하는 곳으로부터 반경 600m 이내의 소총유효사거리를 기준으로 한 선이다.
- 주요활동
  - 행사장으로 이르는 접근로에 검문조와 순찰조 운영
  - 비상대기조, 비상통로, 구급차, 소방차, 한전요원 등 대기
  - 차량돌진에 대비하여 로드 브로킹(노상장애물)설치
  - 근접경호원 및 정복경찰관 근무, 교통질서정리, 관찰활동 등

(다) 제3선 : 경계구역, 외곽경비, 외곽경호

- 조기경보지역으로서 직 · 간접으로 영향을 미칠 수 있는 지역이며, 소구경 곡사화기사거리인 반경 1Km 이상의 범위이고, 수색 및 사찰활동이 중점 실시된다.
- 군, 경찰의 활동지역
- 주요활동
  - 직시고층건물 및 감제고지 안전확인

- 감시조 및 예비대 운영
- 도보 및 원거리 기동순찰조 운영
- 원거리 불심자 검문차단 등

다. 각 구역별 근무요령

(1) 안전구역 경호

(가) 출입통제 근무자

- 입장자의 신분증과 초청장을 초청자 명단과 대조하여 확인한다.
- 비표를 패용한 사람이라도 거동이 수상할 때에는 검문검색을 실시하여 신원을 확인한다.
- 입장 시 비표를 패용치 않은 사람은 지위고하, 면식여부를 불문하고 입장이 허용될 수 없으며 신분과 방문 목적을 반드시 확인하여야 한다.
- 휴대품은 양해를 구한 후 물품 임시보관소에 보관하고 번호표를 교부한 후 입장시킨다.
- 보도요원의 카메라 등 휴대가 허용된 물품들도 전문적인 기술요원의 확인 후에 검색 필 표찰을 부착하여 휴대하도록 한다.
- 입장 완료시간이 경과된 이후에 도착한 참석자는 입장을 불허함이 원칙이다. 입장 시는 경호지휘본부에 보고 후 지시에 따른다.

(나) 행사장내부 근무자

- 입장자의 비표를 확인하고 거동수상자에 대하여 검문검색을 실시하여 정확한 신원을 확인한다.
- 입장이 완료된 후에 복도, 계단, 화장실 등에 무단으로 배회하는 자가 없도록 통제한다.
- 행사개시 10분 전부터는 개별행동을 통제하며 행사진행 중에는 입장자의 동향을 감시한다.
- 행사진행 중에는 근무자도 개별행동을 금하고 식순에 따라 행동하

면서 군중에 대한 동향을 감시한다.

- 행사가 완전히 종료되어 참석자가 전부 퇴장한 후에 근무자도 철수한다.

(다) 건물내부 근무자

- 근무 담당구역을 정밀하게 검측하여 폭발물 등 물적 위해요소를 사전에 제거 및 차단한다.
- 통로를 통제하여 비표를 패용하지 아니한 자와 일반인들의 접근을 차단한다.
- 발전실, 변전실, 기계실 등에는 안전요원을 고정배치하고 그 안전요원은 기계조작 시에 반드시 입회하여 확인하고 담당자가 기계를 조작할 필요가 있을 때는 사전에 허가를 받도록 한다.
- 화장실, 공방, 창고, 계단 등 취약한 장소에는 반드시 안전을 확보한다. 다만 여자화장실은 여자근무자를 배치한다.
- 근무자와 같은 복장과 비표를 패용하였더라도 의심나는 사항이 발견되면 반드시 검문검색을 실시하여 신분을 확인한다.
- 사소한 사항이라도 특이사항이 발견될 경우에는 지휘관에게 보고 후 처리한다.

(라) 금속탐지기(MD) 운용

- 참석자 전원이 탐지기를 통과하여 입장토록 한다.
- 탐지기를 통과한 입장자에 대하여 휴대용 탐지기로 재차 확인한다.
- 최초에 탐지기를 통과하여 입장한 사람일지라도 중간에 밖에 나갔다가 들어오는 입장자는 다시 탐지기를 통과하여 입장토록 한다.
- 탐지기 통과 시는 1.5m 전방에 일단 정지시켜 보통걸음속도로 한 사람씩 통과하며 2대 이상 설치 시는 최소 3m 이상, 통신기기와 3m 이상 이격하여 설치하여야 한다.
- 휴대품은 휴대물품 보관소에 보관하도록 한다.
- 본인이 휴대를 희망한 물품 중에서 휴대가 허용된 물품은 반드시 내용물을 확인 후에 휴대를 허용한다.

- 신호음이 울린 입장자는 금속성 소지품 소지여부를 확인하고, 재차 탐지기를 통과시켜 확인한다.
- 여성입장자의 신체수색은 반드시 여성근무자에 의하여 실시되도록 조치하여야 한다.

(2) 경비구역 경호

(가) 초소 근무자

- 책임구역을 명확하게 숙지하고 주의를 집중하여 담당 구역을 경계한다.
- 거동수상자를 발견 시는 수하요령에 의거 수하를 실시하고 항상 대적경계 태세를 유지하여 유사시를 대비한 다.
- 인접근무자와 항시 상호연락이 가능한 조치를 강구하고 상황발생 시 즉시 전파하여 공동으로 대처할 수 있도록 한다.
- 근무 중에는 흡연, 잡담을 금하고 졸지 않도록 한다.
- 암구호를 숙지하고 어떠한 상황 하에서도 근무지를 이탈하지 않도록 한다.

(나) 헬기장 근무자

- 행사장에 준하여 근무한다.
- 직시되는 고층건물이나 감제고지에 대하여 감시체제를 유지한다.
- 헬기장을 통하는 통로는 헬기도착 직전부터 차단하여 일반인의 접근을 차단한다.
- 주변의 감제고지는 수색을 실시한 후 안전을 확보하여야 하며 소방차를 비상대기 시킨다.

(다) 주차장 근무자

- 행사장 경내의 주차차량은 반드시 보닛과 적재함 등을 검색하여 안전여부를 확인한다.
- 엔진은 반드시 끄도록 조치하고 요인이 체제 중에는 운전기사를 일정한 장소에 대기토록 한다.

- 행사 중에는 운전기사들의 동향감시를 철저히 하여 위해 요소를 차단한다.

(3) 경계구역 경호

경호에 관한 정보와 첩보를 수집하여 경호지휘소에 신속히 전파하여 적절한 조치를 취할 수 있도록 조기경보체제를 구축한다.

(4) 단체참석자 통제대책

- 개별참석자는 차량승차카드와 신분증을 대조하여 본인여부를 확인하고 비표를 교부한 다음 탐지기를 통과 후 입장시킨다.
- 단체참석자는 중간집결지 비표교환 장소에서 차량마다 경호원을 배치하여 탑승자에 대하여 초청장과 신분증을 대조하여 본인여부를 확인한 후 비표를 교부한다.
- 참석자들이 소지하고 있는 금속류, 카메라 등 소지할 수 없는 휴대품에 대하여는 사전에 양해를 얻어 차량에 보관 또는 설치된 물품보관소에 보관한다.
- 행사장에 도착한 후 출입문에 설치된 금속탐지기를 통과 시킨 후 행사장에 입장토록 한다.
- 참석인원이 다수일 때는 혼잡을 피하기 위하여 열을 지어 입장하게 하고 불순분자의 잠입을 봉쇄하기 위하여 하차지점부터 출입문까지 차단조를 운용한다.

3 숙소경호

가. 의의

경호대상자가 평소에 거처하는 공관이나 관저가 아닌 외지에 머무는 장소를 말한다.(학자 간 다소 이견이 있음)

행사장경호에 준하며, 체류기간이 장기화되고 야간근무가 이루어지며, 보안성과 방어능력이 취약한 특성을 지니고 있다.

나. 특징

(1) 혼잡성

관저를 제외한 지방의 유숙지 등은 복잡한 시설과 공간으로 구성되어 있으므로, 위해물의 은닉이나 위상침투 등에 의한 위해 기도에 대비한 안전대책이 강구되어야 한다.

(2) 고정성

동일한 장소에 경호대상자가 장시간 체류하게 되므로 위해 기도자의 입장에서는 범행을 모의하기 위한 시간적인 여유가 생긴다. 따라서 이에 대한 경호대책이 필요하다.

(3) 보안성 취약

경호대상자의 차량이나 인원의 이동으로 주변에 자연스럽게 노출, 또한 경호대상자의 일정이 방송이나 신문지상을 통하여 노출됨에 따라 예상되는 행위에 대한 우발상황대응 대책이 필요하다.

(4) 인위적, 자연적 위해발생

지역 내에 산재되어 있는 인적, 물적, 지리적 요소에 대한 자연발생적인 위해요인이 내포되어 있다.

(5) 방어개념의 미흡

지방의 유숙지 등은 시설물 담장 외곽시설 등이 방어개념에 의한 건축물이 아닌 순수한 일반 업무용 및 주택구조의 기능으로 건축되었으므로 경호적 방어개념이 취약한 상태이다.

(6) 야간근무로 인한 피로의 누적

주·야간 경계근무 및 근접경호업무가 실시되므로, 그에 따른 인원, 장비, 복장, 포스트 근무계획 등 효율적인 운용으로 피로 감소를 위한 적절하고 종합적인 경호계획이 수립되어야 한다.

다. 지침

- 숙소경호는 단독주택과 호텔로 구분되며 3중 경호개념이 적용된다.
- 야간근무를 위한 전등, 야광 밴드, 신호등, 야간투시경 등 야간 장비를 확보하여 근무 시 활용한다.
- 야음이 주는 경계효과의 감소를 고려하여 초소를 증가배치 한다.
- 장시간 근무로 인한 피로를 고려하여 충분한 교대근무가 가능토록 추가인력을 확보한다.
- 숙소가 호텔인 경우에는 일반인에게 경호보안이 노출되지 않도록 하고, 투숙객 및 출입자에게 불편을 주지 않도록 사전에 충분한 조치가 이루어져야 한다.
- 주변 민가지역 내 위해분자 은거, 감제고지의 불순분자 은신, 숙소주변 차량, 행 · 환차로 등의 위해요소를 확인한다.
- 우발상황발생 시는 일반인들의 유동을 완전히 통제한 후 경호지휘소의 지시에 따른다.

라. 일반적 근무요령

- 호텔은 불특정 다수인이 출입하는 장소로 취약도가 높다.
- 종업원 등으로 가장한 불순분자의 위장침투에 대비하여 종업원들의 신상을 파악하고 동향을 철저히 내사하여야 한다.
- 안내대, 객실층 등의 근무자는 종업원으로 위장하여 자연스럽게 행동하면서 투숙자에 대한 현황 파악, 출입상황, 유동인원에 대한 감시활동을 한다.
- 요인과 그 일행의 전용층 및 상 · 하층으로 이르는 통로에 대하여 외부인의 출입을 통제한다.
- 각층에 설치된 비상통로와 소화전 등의 안전여부를 확인한다.

- 옥상은 수색 후 출입문을 잠그고 열쇠는 별도 보관해야 한다.
- 기계실, 변전실 등 취약시설에는 관리자와 협조하여 관계자 외에는 출입을 통제한다.
- 요인 전용승강기에 대하여 안전검측을 실시하고 시설주와 협조, 사용을 통제한다.
- 요인 투숙 층에는 다른 승강기가 멈추지 않도록 시설주와 협조, 사용을 통제한다.
- 지하층 근무자는 승강기나 비상계단 등 상층으로 통하는 모든 출입로를 통제한다.
- 승강기에 동승하여 인원 및 화물에 대하여 점검한다.
- 경호대상자가 투숙한 상하좌우 방에는 경호원이 사용하거나 비워둔다.

4 연도경호

가. 의의

연도경호란 경호대상자가 행·환차할 것으로 예측되는 육로(도로)와 철도 주변의 주·예비 연도에 대한 제반 위해요소를 사전에 제거하는 활동을 말한다. 연도경호는 도로의 취약성 및 많은 군중의 집결, 교통관리 등으로 인해 다른 경호근무에 비하여 상당한 주의를 필요로 한다.

나. 연도경호의 취약성

(1) 고정된 연도의 취약성

위해분자들이 연도의 지형지물을 이용하여 쉽게 은신·접근할 수 있다.

(2) 폭발물 사용의 용이성

연도에는 하수구, 교량, 가로수, 공중전화 박스, 육교, 지하도, 터널 고층 건물 등 각종 물적 취약요소가 산재되어 있으므로 폭발물 사용 가능성과 원격조종장치의 가설이 용이하다.

(3) 반대방향 차량의 위해가능성

행·환차 시 반대방향에서 돌진하는 차량이나 이면도로의 골목길에서 튀어 나오는 차량, 사거리에서 정차하고 있던 차량 등에 의한 우발상황 가능성이 높다.

다. 연도경호의 종류

(1) 완전공식(A형) 경호

- 행사보안이 사전에 노출되어 경호위해 가능성이 증대된 상황하의 경호
- 대규모 국가적인 행사로 사전에 언론을 통해 완전히 공개된 행사시 실시하는 경호
- 대통령 취임식, 국가원수급 국빈행사, 핵안보정상회의 등 대규모 국제 행사 등

(2) 공식(B형) 경호

- 경호관계기관의 사전 통보에 의해 계획·준비되는 경호
- 연례적, 통상적으로 실시하는 공개된 행사 즉, 국경일, 기념일 등 공식 행사의 행·환차 시 실시하는 경호

(3) 비공식(C형) 경호

- 사전 통보나 절차 없이 이루어지는 경호
- 일정에 의한 공식행사장의 행·환차 시 실시하는 경호로서 정례회의 참석, 경제동향보고, 각종 기념식 등 경호보안유지가 요구되는 행사시 실시하는 경호

(4) 완전비공식(880) 경호

- 경호지시가 전무한 행차 시 경호

- 정무 상 또는 사무 상 필요에 의한 사저방문, 운동, 공연관람, 민정시찰 등 사전 통보나 절차 없이 이루어지는 행사 시 실시하는 경호

라. 일반적 근무요령

(1) 정복근무자

- 정복근무자는 복장이 나타낼 수 있는 권위를 이용하여 군중을 정리하고 불순분자의 접근을 배제하며, 경호근무에 대한 경호대상자의 신뢰감을 얻을 수 있도록 하여야 한다.
- 용모와 복장을 단정히 하고 간부급이상은 권총과 실탄을 휴대하고, 일반근무자는 기본 장비를 휴대하고 근무에 임한다.
- 부여받은 담당구역 내에서 고정, 유동근무로서 연도에 운집한 군중을 정리하고 거동수상자를 감시한다.
- 행차를 전후하여 골목에서 진입을 기도하는 차량이나 사람, 경사진 골목에서 굴러오는 드럼통 등 연도로 진입 가능한 인원 및 물체를 신속하고도 유연하게 제지한다.
- 근무 중 거동수상자를 발견 시는 주변에 인지되지 않도록 조용하고 신속하게 이면으로 인도하여 검문검색을 실시하여야 한다.
- 근무지를 이탈하지 않고서는 임무를 수행할 수 없을 때에는 인근 사복근무자에게 은밀하게 인계하여 검문토록 한다.
- 거동수상자를 판단하는 기준은 이유 없이 장시간 서성이는 자, 버스가 지나가도 타지 않고 정류장에서 무료하게 기다리는 자, 행동이 불안하고 초조하며 남의 눈을 피하려 하는 자, 소지품을 들고 주위를 왔다 갔다 하는 자 등을 포함하여 충분히 의심을 할 만한 상당한 이유가 있는 자에 대하여 불심검문을 실시한다.
- 일반군중들에게는 경호의 목적상 필요 없이 불쾌감을 주거나 위화감이 생기지 않도록 검문검색에 신중을 기하여야 한다.
- 근무 담당구역 내의 화분대, 맨홀, 공중전화 박스 등의 취약요소를 확인하고 위해 여부를 판단하여 안전조치를 취한다.

(2) 사복근무자

- 원칙적으로 비노출 은밀경호를 위하여 주변환경에 알맞은 복장을 착용하고 군중 속에서 연도경호의 안전을 도모하기 위하여 인적, 물적 취약요소에 대한 감시활동을 실시한다.
- 무기 및 휴대장비는 정복과 동일하며 밖으로 노출되지 않게 한다.
- 책임구역 내에서 유동근무를 계속하면서 거동수상자에 대한 검문검색으로 불순분자의 색출, 정신이상자, 주취자 등의 조기발견으로 격리시킨다.
- 물적 취약요소를 파악하여 안전점검실시, 취약건물 등의 봉쇄하는 등의 안전한 상태를 유지한다.
- 경호제대에 돌발적으로 접근을 시도하는 사람이 있을 때에는 신속하면서도 유연하게 제거하는 등의 경호안전활동을 실시한다.
- 군중의 분위가 급변하거나 교통이 혼잡하게 되는 등 돌발사태의 징후가 있거나 발생 시는 즉시 경호지휘본부에 보고, 신속한 조치가 이루어지도록 한다.

(3) 육교근무자

- 육교의 안전상태를 점검하고 제대 통과 시는 육교상의 사람통행을 일단 차단한다.
- 육교의 계단 및 난간을 점검하고 육교자체의 안전여부와 위험물의 설치, 은닉 여부를 확인한다.
- 제대 통과 직전에 육교위로 올라갈 수 있는 계단을 차단하여 사람의 육교통행을 차단한다.
- 거동수상자에 대한 검문검색을 실시한다.

(4) 교량근무자

- 교량자체의 안전여부와 폭약 등 위험물질의 설치, 매몰, 은닉 및 부착여부 등 안전조사를 실시한다.

- 교량입구 양쪽에 위치하여 불순분자의 접근을 경계한다.

(5) 지하도근무자

- 지하도 내·외부에 대한 안전점검을 실시하여 위해물질의 매몰, 부착 및 불순물의 방치여부 등을 확인, 제거한다.
- 지하도 내·외부에 대한 군중의 동정을 관찰하고 거동수상자에 대한 검문검색을 실시한다.
- 제대가 통과하기 직전에는 출입구에 위치하여 출입자를 차단한다.

(6) 터널근무자

- 터널 내·외부에 대한 안전점검을 실시하고 위해물질 설치 여부를 확인한다.
- 터널의 외부에 대하여는 정밀 수색을 실시하여 안전을 확보한다.
- 제대통과 직전에는 터널 입구의 좌, 우측에 위치하여 차량 및 통행인을 통제한다.
- 터널입구와 출구가 직시되거나 감제할 수 있는 지역에 대한 안전을 확보한다.

(7) 고층건물 봉쇄근무자

- 건물내부구조를 점검하여 은폐된 지점 등을 확인한다.
- 사용하는 내부 구조물은 사용자 및 관리책임자와 협조하여 통제한다.
- 사용하지 않는 내부구조물에 대하여는 시정장치를 확인하고 내부에 위험물 등의 은닉여부를 확인한다.
- 건물내부의 화분이나 기타 투척 가능한 물건 등은 사전에 협조하여 제거토록 한다.
- 세탁물이나 커텐 등 시계장애물은 사전에 제거토록 조치한다.
- 건물관리자와 내부에 상주하는 주민들과 협조하여 거동수상자 발견 시 신고할 수 있는 신고체제를 확립한다.
- 경호대상자를 볼 수 있는 방향의 창문은 완전히 봉쇄하고 창문에서 외부 쪽으로 쳐다보지 않도록 한다.

- 구간 근무책임자와 연락수단을 강구하여 수시 변동되는 상황에 따라 보고 및 지시를 받을 수 있는 체제를 갖춘다.

(8) 감시조

- 감시조는 망원경이나 쌍안경 등 원거리 감시장비를 휴대하여 주변의 감시거리 이내 지역을 계속적으로 감시하여 위해요소를 발견하는 업무를 수행한다.
- 위해요소 발견 시 상황이 급박할 경우에는 저격수로 하여금 저격할 수 있도록 조치 후 보고, 그렇지 않은 경우는 보고하여 지시에 따른다.
- 저격수는 원거리를 정밀하게 사격할 수 있는 특수 제작된 총을 휴대하고 위해활동 발견 시 상황에 따라 저격임무를 수행한다.
- 저격수는 사격에 능한 인원을 선발하고 연락근무자는 책임간부와 무선통신망을 구성하여 거동수상자, 위해 및 특이상황 발견 시 즉시 보고하고 지시에 따른다.
- 감시요령은 근거리에서 원거리로, 좌에서 우로, 우에서 좌로, 중첩되게 관측하고 계속 반복하여 전 지역을 빠짐없이 감시하여야 한다.

(9) 비상대기조

- 편성은 통상 분대규모로 하고 지휘 통신망을 구성하여야 한다.
- 개인장비로 전원 소총을 휴대하고 실탄은 지휘자가 통합 보관하여야 하며 유사시 사용토록 한다. 신속한 출동을 위하여 전원 승차대기 한다.
- 배치장소는 교통이 편리하고 즉시 출동 가능한 곳에서 비노출로 대기한다.

(10) 기동예비대

- 통상 소대규모로 상황의 변동에 따라 병력의 추가소요, 새로운 임무수행, 우발상황 등에 대비하는 병력이다.
- 개인장비로 전원 소총을 휴대하고 실탄은 지휘자가 통합보관하며 유사시 사용토록 한다.
- 신속한 출동을 위하여 전원 승차대기 한다.

- 배치장소는 교통이 편리하고 즉시 출동가능한 곳을 선정 하며 비노출로 대기한다.

5 교통관리

가. 기본방침

- 행차제대는 기준에 의한 차선의 확보와 신호기 개방 등으로 정차 없이 소통이 유지되어야 한다.
- 교통통제는 과잉통제를 지양하고 가능한 최단시간 통제로 시민들의 불편을 최소화한다.
- 교통통제 시 행사의 규모와 성격, 도로의 상태와 교통량 등을 고려하여 통제시간을 최소한으로 조정한다.
- 반드시 비상 예비로를 확보하여 교통이 차단되거나 불의의 사태에 대비하여야 한다.
- 위험물 적재차량이나 대형차량 등은 원거리에서 우회 조치한다.
- 도로에 대한 순찰을 강화하여 장애물 등을 조기에 발견하여 제거한다.
- 행사장, 연도의 취약지점에 구급차를 대기시켜 우발사태에 대비한다.
- 행사장에 충분한 주차장을 확보하여 혼잡을 방지하고 주차관리 요원을 배치하여 주차질서를 확립한다.
- 교통 근무자는 단정한 용모와 의연한 자세를 견지하여 당황하지 않고 교통정리 근무에 임한다.

나. 연도교통 통제요령

(1) 차량 우회조치

- 측방의 차량압박을 배제하기 위하여 앞선 교차로에서 우회 조치한다.
- 주 통로에 진입하는 차량은 교차로에서 우회로 및 지선도로로 유도한다.
- 자연스럽게 차량대열을 조정하여 시민들에게 불쾌감을 주지 않도록 한다.

(2) 단계별 우회조치

- **1단계** : 화물차, 위험물적재차량, 대형차량은 원거리 우회 조치
- **2단계** : 승용차량은 중간 교차로에서 우회조치
- **3단계** : 군중수송차량은 측방으로 우회조치
  - * 행사진행요원의 차량은 지정된 장소에 주차

(3) 차단요령

- 교차로에서 경호대상자 차량이 순조롭게 통과하기 위해서는 일반차량의 차단이 불가피하다.
- 일반차량 중 제1번 차량에 대하여 중점 감시한다(시동을 끄게 한다)
- 경호대상자 탑승차량 제대의 진행방향으로 진입하거나 우회하려는 제차량은 차단한다.
- 도로 폭이 넓은 차도에서는 상황에 따라 2개 이상의 차선을 확보하여 차단한다.
- 돌출차량 발생 시는 충돌을 해서라도 제지한다.
- 하위차선과 반대방향의 차선은 가급적 정상소통으로 민원을 해소한다.
- 교통소통을 위해 교통지령실, 교통차량, 교통통제 요원간의 통신망을 구성하여 임무를 수행한다.

(4) 행사장 교통통제 요령

- 행사주관 부처와 긴밀한 협조로 행사차량의 진입로, 하차 지점, 주차장의 적정 여부를 확인한다.
- 행사 전에 예행연습으로 시행착오를 사전에 배제한다.
- 주차장은 충분한 공간 확보로 혼잡을 방지하고 주차질서를 유지한다.
- 요인이 행사장이나 숙소에 도착해서 출발할 때까지 제대방향으로 진출하는 차량은 전면 통제한다.
- 행사장 주차차량 운전원은 일정한 장소에 대기시켜 안전을 유지한다.
- 행사종료 후에 복귀하는 차량의 질서를 유지시켜 혼잡을 방지한다.

6 근접경호의 기법

가. 육감경호

위험을 직감하는 감각과 이 위험을 예방, 제거, 진압하기 위한 신속한 조치를 취할 시점을 파악하는 능력을 말한다.

(1) 초현대식 경호기법이라 할지라도 경호원의 치밀한 주의력과 신속한 반응 능력이야말로 성공적인 경호를 위하여 가장 필요한 요건이라 할 것이다.

(2) 우발상황발생 시 위해분자들에 대한 공격보다는 방어적인 근무자세로 경호대상자를 보호하기 위한 지속적인 교육훈련으로 육감을 발달시켜야 할 것이다.

나. 기만경호

위해기도자로부터 경호대상자를 분리하는 것으로 공격행위를 타 방향으로 전환시키거나, 포기, 실패하도록 유도하는 계획적이고 변칙적인 경호기법이다.

(1) 일반적 기만

- 일반인과 같은 자연적인 복장착용
- 의도하지 않은 방향으로 이동
- 허위흔적 표시
- 기만장애물 및 경비시설 설치
- 소음 및 광채 사용, 연막차단
- 기동대형의 변형 등

(2) 기동 간 경호기만

- 위장차량 사용
- 경호대상자 탑승차량 변경
- 경호대형의 수시 변경
- 기동 간 경호기만 시는 군중의 시야를 벗어났을 때 사용하여야 한다.

(3) 복제경호대상자 및 복제경호원 운용

위해 기도자를 혼돈케 하여 경호대상자를 보호하는 방법

제4절 경호정보 및 보안활동

1 경호정보

경호작용의 원천적 사전지식을 생산 제공하는 것으로 경호대상자의 신변안전을 위협하는 인적, 물적, 지리적 취약요소에 대한 첩보를 사전 수집, 분석, 예고함으로서 예방경호를 수행하는 것이다.

가. 정보의 순환과정

(1) 정보순환의 단계

정보요구단계 → 첩보수집단계 → 정보생산단계 → 정보배포단계

① 정보요구단계 : 소요되는 정보의 요구를 결정

② 첩보수집단계 : 요구를 충족시키기 위한 첩보수집

③ 정보생산단계 : 수집된 첩보를 평가, 분석, 종합 해석(처리)하여 정보생산

④ 정보배포단계 : 생산된 정보를 사용자에게 배포

(2) 정보순환의 성격

정보의 순환은 연속적으로 이루어지며 전 단계가 동시에 발생할 수도 있다. 새로운 첩보가 수집되고 있는 순간에 이미 수집된 정보는 처리 · 분석되어야 하며 분석된 정보판단은 경호계획에 반드시 반영하여야 한다.

나. 정보는 정확성, 적시성, 완전성의 요건을 구비해야 하며 기본정보, 기획정보, 분석정보, 판단정보, 예고정보 등으로 구분하여 작성 활용한다.

- **정확성** : 객관적으로 평가된 정확한 지식이어야 한다.
- **적시성** : 정보사용자가 필요로 하는 때에 제공되어야 하는 적시성이 특히 요구 된다.
- **완전성** : 특정한 사용 목적에 맞도록 평가, 분석, 종합, 해석하여 만든 완전한 2차적인 지식.

② 위협평가(Threat Assessment)

가. 수집된 경호정보에 의해 경호대상자에게 발생 가능한 모든 위협 또는 위협요소를 찾아내고 이를 분석하여 위협 또는 위험을 구체화, 계량화 및 경호작전의 규모를 결정하기 위한 과정이다.
따라서 위협의 정도에 따라 구체적인 경호계획이 수립되고 경호의 수준이 결정된다 할 것이다.

나. 위협(위험) 수준

① 위협수준 Ⅰ : 광적인 암살자에 의한 공격을 예상해서 표시한 수준
② 위협수준 Ⅱ : 테러리스트, 암살자 또는 납치범에 의한 공격으로 인한 잠재적인 위험성을 나타내는 수준
③ 위협수준 Ⅲ : 경호대상자의 지위로 인해 항상 야기되는 암살이나 납치 등의 가능성을 나타내는 수준
④ 위협수준 Ⅳ : 경호대상자의 낮은 지위로 인해 공격 가능성이 낮아진 상태(주요직책으로부터 퇴직 등), 그러나 경계의 필요성은 남아 있는 상태

3 경호수준의 결정

경호대상자에게 어떠한 위협이 있고, 어떻게 공격을 받을 수 있는가에 대한 분석 및 위협평가를 토대로 총체적인 안전을 위한 경호활동의 수준을 결정하여야 한다.

예견 → 인식 → 위협평가 → 경호수준

가. 예견

경호대상자에게 어떠한 위험이 발생할 것인지를 수집된 정·첩보와 여러 상황을 종합하여 사전에 예견하여야 한다.

나. 인식

경호근무자는 필요한 정보를 선별, 분석하여 요인에게 미치는 직·간접적인 경호여건을 인식할 수 있는 능력이 요구된다.

사소한 정·첩보라도 그 속에서 가치 있는 정보를 생산하여 예상되는 위험에 대처하는 능력을 가져야 한다.

다. 위협평가

어떤 위협요인과 어떻게 공격 받을 수 있는지를 경호대상자의 지위, 활동범위, 습관 등을 기초로 하여 이해하고 대비책을 마련해야 하며 경호대상자의 배경에서부터 위협을 평가해야 한다.

라. 경호수준

총체적인 안전을 위한 경호수준의 결정

4 경호보안활동

가. 경호보안의 필요성

(1) 보안활동이란 국가의 안전보장과 관계되는 기밀이나 문서, 자재, 시설, 지역 등을 보호하는 소극적 예방활동과 국가의 안전보장을 해치려는 간첩, 태업, 전복, 기타 불순분자를 경계하고 방지하기 위한 탐지, 조사, 차단, 제재 등의 적극적 예방활동을 말한다.

(2) 경호대상자의 일정을 노출시키지 않거나, 공식행사로 인하여 행사 일정이 공개되어도 행차로, 이동방법 등을 보안 조치함으로서 간첩이나 불순분자, 암살자 등 위해분자들에게 표적을 은폐시키거나,

(3) 테러, 저격, 기타 위해활동을 준비할 수 있는 시간적 여유를 주지 않음으로서 경호대상자의 신변에 대한 안전을 확보하는데 있다.

나. 보안업무의 원칙

(1) 알 사람만 알아야 한다는 원칙

전파하는 내용을 상대방이 꼭 알아야 하는가의 여부를 신중히 검토한 후에 전파하여야 한다.

(2) 부분화의 원칙

한 번에 다량의 비밀이나 정보가 유출되지 않도록 해야 한다는 원칙

(3) 보안과 업무의 조화의 원칙

보안을 너무 강조하다 보면 알 필요가 있는 사람이 알지 못하는 경우가 있으므로 보안과 업무를 잘 조화시켜야 한다는 원칙

(4) 적당성(適當性)의 원칙

한꺼번에 많은 양의 정보를 제공하면 사용자가 관리 또는 기억하는데 소홀해져 취약해질 수 있다.

다. 단계별 보안대책

(1) 준비단계

- 경호지침이 하달되면 주관 부서와 협조 시 보안에 유의한다.
- 사전현장답사 및 경호안전활동은 비노출로 은밀하게 실시한다.
  노출 시는 평상시 경찰의 범죄예방 근무 등으로 위장한다.
- 관련서류는 비문화 하고 필요한 최소한의 기관에만 전파한다.
- 전화, 전송 등 무선에 의한 전파 시는 통신보안에 유의하여야 한다.
- 관련서류는 무단복사, 복제를 금하고 초안지는 완전파기 조치한다.
- 지침 이외의 경호업무연락도 필히 유선망에 의해서 비화기에 경호음어를 사용하여 교신한다.

(2) 실시단계

- 행사지역 내 계획된 위력순찰, 교통차량 등은 경광등, 비상 라이트의 점등을 금한다.
- 병력배치 시는 연도 등 복잡한 장소를 피하며 이면도로, 경찰관서, 공터 등에서 일괄교양 후 근무 장소별로 개별 배치한다.
- 요인 표시로 엄지손가락 신호나 기타 경호임무를 암시하는 행동을 금한다.
- 고층건물 봉쇄 시는 요인 경호 이유를 표현하지 않는다.
- 무전기, 장비 등의 휴대는 비노출로 하고 이어폰을 사용한다.
- 경호임무수행 시에는 음어로 교신한다.

라. 통신보안대책

- 경호지침의 하달은 반드시 문서로 하고 무선망에 의한 하달은 금지한다.
- 긴급지침은 보안이 완전히 유지된 암호 등의 통신수단을 이용한다.
- 보안을 위하여 유선텔레타이프 이용 시는 자동암호기, 암호자재 등 2중으로 사용하고, 비화기와 경호음어사용, 직접방문, 면담방식으로 하달, 협조한다.
- 지침이외의 경호업무연락도 비화기와 경호음어를 사용하고, 경호업무수행

시에도 음어로 교신하여야 한다.

- 행차 예정로의 교통요원에게는 사전 소집교양을 실시하고, 행차가 임박하여 주의를 환기시키는 교신은 지양토록 한다.

마. 보호구역

보호구역은 시설의 중요도 및 취약성을 중요시설의 장이 판단하여 설정하며 제한지역, 제한구역, 통제구역으로 구분하고 있다.

(1) 제한지역

비밀 또는 정부재산의 보호를 위하여 울타리 또는 경호·경비원에 의하여 일반인의 출입에 감시가 요구되는 지역을 말한다.

(2) 제한구역

- 비밀 또는 주요시설 및 자재에 대한 비인가자의 접근을 방지하기 위하여 출입에 안내가 요구되는 구역을 말한다.
- 상황실, 송신 및 중계소, 현장감식반, 과학수사센터, 작전·경호 및 정보업무, 보안업무 담당부서, 경찰 교환실 및 기계실 등

(3) 통제구역

- 비인가자의 출입이 금지된 보안상 극히 중요한 구역을 말한다.
- 암호취급소, 정보보안기록실, 무기고 및 탄약고, 컴퓨터실, 비밀발간실, 치안상황실, 정보상황실, 암호장비 및 정보보호장비 관리실 등

제5절 경찰의 경비작용

1 경비경찰의 개념

가. 경비경찰의 의의

경비경찰이란 국가비상사태 또는 긴급사태 등 경비사태가 발생하거나 발생할 우려가 있을 때 각종의 위해에 대처하기 위한 조직적인 경비경찰의 부대작용으로서 예방·경계·진압하는 임무를 수행하는 경찰활동을 말한다.

나. 실정법상 경찰의 임무(경찰관직무집행법 제2조)

① 국민의 생명·신체 및 재산의 보호
② 범죄의 예방·진압 및 수사
③ 경비, 주요 인사(人士) 경호 및 대간첩·대테러 작전 수행
④ 치안정보의 수집·작성 및 배포
⑤ 교통 단속과 교통 위해(危害)의 방지
⑥ 외국 정부기관 및 국제기구와의 국제협력
⑦ 그 밖에 공공의 안녕과 질서 유지

다. 경찰경호활동

(1) 경호경찰관의 임무

(가) 행사참석 군중의 질서유지 및 감시

■ 대상별 정리요령

- 환·송영 군중의 정리
- 취약지점의 원천적 봉쇄
- 버스정류장의 통제
- 분산 유도
- 교차로 등의 정리

■ 활동별 요령
- 군중동태의 관찰 철저
- 검문, 검색 강화

(나) 취약지역 안전검색 및 안전유지

- 연도변 좌우 50m 특별방범심방
- 숙소 및 행사장 반경 500m 특별방범심방
- 책임지역 내 돌발사태시 즉응대처(선 조치 후 보고)
- 적절한 출입자 통제 및 거동수상자 검문·검색
- 경호보안 준수

(2) 경비경찰의 특징

① 처리기한이 없는 경찰업무
② 조직적인 부대활동
③ 하향적 명령계통
④ 복합적 기능 수행

(3) 경호경찰관의 근무자세

- 경호의 특수성과 중요성에 대한 인식
- 주도면밀한 주의력 배양 및 불굴의 정신함양
- 경호원 상호간의 유기적인 협조
- 품위유지
- 경호기술의 숙달 및 관계법령의 숙지 등

2 경찰의 경비작용

가. 경비수단의 원칙

① **균형의 원칙** : 적은 경비력의 투입으로 최대의 경비효과를 산출
② **위치의 원칙** : 적보다 유리한 위치 점유
③ **적시성의 원칙** : 상대방의 허약한 시점을 선택, 집중적인 공세

④ **안전의 원칙** : 경비사태발생시 경비 병력이나 군중들을 사고 없이 안전하게 진압해야 한다(인명피해의 최소화).

나. 경비경찰의 유형

① **치안경비** : 공공의 안녕과 질서를 문란케 하는 사태에 대해서 실시하는 활동으로서 예방 · 경계 · 진압하는 작용

② **재해경비** : 재해, 풍해, 수재, 지진 등 천재지변으로 인하여 인명, 재산상 피해가 야기될 경우 이를 예방 또는 진압하는 작용

③ **혼잡경비** : 국경일, 제례, 기념행사, 시가행진 기타 집회장소의 혼잡한 질서를 정리하고 공안을 확보하는 작용

④ **경호경비** : 정치적인 목적으로 정부요인을 암살하려는 행위를 미연에 방지하고 경호대상자의 신변을 보호하는 작용

⑤ **시설경비** : 시설의 재산, 문서에 대한 비인가자의 접근을 방지하고 간첩 · 태업 · 절도 기타 침해행위를 예방 · 경계 · 진압하는 작용

⑥ **특수경비** : 테러작용이나 총포, 도검, 화약류 기타 흉기류에 의한 인질, 살상 등 사회 이목을 집중시키는 중요사건을 예방 · 경계 · 진압하는 작용

⑦ **비상경비** : 긴급사태 및 중요사태 등으로 인해 평상시의 경비작용으로는 그 업무수행이 어려울 때 지역별, 기능별로경력(警力)을 동원 예방 · 경계 · 진압하는 작용. 중요 범인의 검거를 위한 비상배치, 연말연시 비상경계 등.

다. 비상사태의 종류

① **갑종사태** : 전쟁수준의 적 침투 사태의 발생, 극도의 사회적 혼란으로 계엄의 선포(계엄사령관 관장, 책임)

② **을종사태** : 각 지역으로 무장공비의 전반적인 침투가 행하여질 때로 경찰력만으로는 감당키 어려워 군이 투입 되는 경우(국방부장관 관장, 책임)

③ **병종사태** : 일단의 무장공비의 침투가 예상되거나 또는 부분적인 기습,

파괴, 살상 등 발생, 경찰력만으로 수습이 가능하거나 소수의 군 병력 만으로 진압이 가능한 경우

라. 경찰관 무기사용의 원칙

(1) 합리성의 원칙

무기사용의 필요성을 인정하는데는 그 상황이나 사태를 합리적으로 판단해야 한다.

(2) 필요성의 원칙

무기 사용이 필요하다고 인정되는 그에 상응하는 이유와 사회 통념상 필요성이 인정되어야 한다(필요한 최소한도 내에서만 사용).

(3) 상당성의 원칙

위해방지를 위해 필요하다고 인정되는 상당한 이유가 있을 때 무기를 사용할 수 있다.

(4) 보충성의 원칙

무기를 사용하지 않고서는 다른 수단이 없다고 인정되는 불가피성이 존재하여야 한다(무기사용은 최후의 수단이어야 한다는 원칙).

제6절 경호행사 중 우발상황발생 시 조치사항

1 우발상황의 개념

"계획적인 의도에 의해 경호대상자에게 직·간접적으로 발생하는 위해기도사

태와 우연히 발생하여 경호행사를 방해하는 사태"를 총칭하며, 경호원은 경호의 특별원칙에 의한 목표물 보존, 자기담당구역책임, 자기희생의 원칙에 의한 상황조치로 경호대상자의 신변안전을 절대적으로 확보하는데 있다.

2 우발상황의 특징

가. 사전예측의 불가능

상황이 직접적으로 발생되기 전까지는 위해기도가 발생되는 시간, 장소, 방법을 사전에 예측하기란 사실상 어렵다.

나. 혼란과 무질서의 발생

우발상황이 발생하게 되면 상황의 방법과 규모에 따라 차이가 생길 수 있으나 충격적 상황에 대한 심리적인 공포와 불안이 조성됨에 따른 혼란이 야기된다.

다. 자기보호본능의 발동

총소리나 폭음에 의한 우발상황이 발생되게 되면, 경호원이나 일반인은 자기보호본능이 발동된다.
따라서 경호원은 순간적으로 자세를 낮추는 등 경호원이라는 본분을 망각할 수 있다.

라. 즉각 조치의 요구

자연적이든 인위적이든 우발상황이 발생하면 상황을 신속히 파악하여 근접경호원은 경호대상자를 방호 · 대피시키야 하며, 동시에 공격자에게 대적하는 등의 즉각적인 조치가 필요하다.

③ 우발상황에 대한 대응기법

공격의 인지 → 경고(상황전파) → 방벽형성(방어, 방호)
→ 대피(현장이탈) → 대적(검거, 제압)

가. 공격의 인지

경호대상자의 안전을 위협하는 우발상황을 효율적으로 방지하기 위해서는 사전 관찰에 의해 발생 가능한 위협을 제거하는 것이다.
이것은 시각적인 정보에 의해 의문점을 제기하고 문제가 발생될 수 있다고 판단하였을 때는 어떤 대응조치가 필요할 것인가를 사전에 감지하여야 한다.

■ 주의력효과와 대응효과의 관계

경호대상자가 일반군중 속에 있을 경우에는 경호대상자를 중심으로 필요한 수의 경호원을 배치, 경호원과 군중 간의 간격은 2.14m 정도가 이상적이다.

- 주의력효과 면에서는 경호원과 군중과의 거리가 가까울수록 유리하고,
- 대응효과 면에서는 경호원과 군중과의 거리가 2.14m 이상이어야 유리하다.
- 공격방향의 전환 시는 범인의 방향을 전환시키는 것이 효과적이다.

나. 경고

처음 상황을 인지한 경호원이 "경고"를 함으로서 주변 경호원으로 하여금 신속하게 상황에 대처하도록 하고, 위해기도자가 단독범이 아니고 공범이 있을 경우를 예상하여 제2의 공격에 대비하기 위한 목적에 있다.

다. 방벽형성

(1) 체위확장의 원칙

위해기도자가 무기(총, 칼 등)를 가지고 공격해 올 때, 가장 가까이에 있는 근접경호원은 자기 체위를 최대한 확장시켜 공격에 대한 방패막(방

벽)을 형성시키도록 한다.
이는 공격자의 공격뿐만 아니라 시야를 가려 제2의 공격을 제지하는 시각적 방벽효과를 줄 수 있다.

(2) 촉수거리의 원칙

범인과 가장 가까이 위치하고 있는 경호원이 범인을 대적하여야 한다는 원칙.
인간은 근본적으로 위험으로부터 벗어나려는 속성이 있으므로 이를 억제하는 원칙.

(3) 인적방벽 효과의 적용

근접경호원뿐만 아니라 주변에 있는 경호원도 서 있는 자신의 신체로 자연적인 방벽을 제공하는 효과를 가지게 된다.

라. 방호

(1) 방호 및 대피대형 형성 시 고려사항

- 경호대상자와 경호원 및 위해기도자와의 거리
- 주위상황과 군중의 성격과 수
- 공격의 종류와 성격
- 대응소요시간에 대한 판단
- 방어 및 대피대형을 형성할 수 있는 경호원의 수

(2) 방호대형

㉮ 방어적 원형 대형

- 위해의 징후가 현저하거나 직접적인 위해가 가해졌을 때 형성하는 방어대형이다.
- 근접경호원은 경호대상자가 보다 작은 표적이 되게 하기 위하여 무릎을 구부려 자세를 낮추도록 하고, 경호대상자의 전·후, 좌·우에

서 에워싸는 형태의 원형대형을 유지하게 된다.

- 일단 방호대형으로 위기를 모면했다 하더라도 위해기도가 남아 있다고 판단되면 대피대형으로 전환하여 현장을 즉시 이탈하여야 한다.

㉱ 함몰형 대형

- 수류탄 혹은 폭발물과 같은 폭발성 화기에 의한 공격을 받았을 때 사용되는 방호대형으로서 경호대상자를 지면에 완전 밀착시키고, 그 위에 근접경호원들이 밀착하여 포개어, 경호대상자의 신체가 외부에 노출되지 않도록 해야 한다.
- 이때 경호대상자는 근접경호원에 의해 신체적인 통제와 완력이 가해지는데, 경호대상자의 신변을 보호하기 위해서는 체면이나 예의를 고려치 않는 과감한 행동이 요구된다.

마. 대피

(1) 대피 시에는 경호대상자에게 다소 신체적인 무리가 뒤 따르더라도, 예의를 무시하고 신속하고 과감하게 행동하여야 한다.
군중이 밀집되지 않는 곳, 사전에 준비된 건물내부의 안전 공간이나 비상대피용 차량을 사전에 준비하는 것이 원칙이다.

(2) 대피대형

- 우발상황이 발생되면 상황의 종류와 여건에 따라 방어적 원형 대형이나 함몰형 대형을 형성한 후 제2의 공격이나 위협으로부터 경호대상자를 보호하기 위해 안전지대로 이탈시키기 위한 대형이다.
- 대형유지를 위해 3~4명의 경호원이 필요하며, 전방경호원은 대피로의 결정 및 전방경계, 진로개척, 측방경호원은 경호대상자의 자세를 낮추게 한 후 허리띠를 잡고 끌다시피 하면서 이동, 후미경호원은 경호대상자가 대형 밖으로 나가지 않도록 뒤를 밀면서 신속히 이동하여야 한다.

(3) 이동 전 고려해야 할 사항

- 경호대상자와 경호원의 수 및 위해기도자와의 거리

- 주위 군중의 성격과 지역치안 상황
- 공격의 종류
- 경호대상자의 부상 유무
- 이동로 선정이외의 예비이동로
- 병원 및 군, 경찰서의 위치

바. 대적 및 제압

우발상황이 발생되면 먼저 방호대형을 형성하여 경호대상자를 보호하여야 하지만 제2, 3의 공격을 방지하기 위해서는 범인과 대적하여 제압하여야 한다.

- **대적과 제압을 위한 고려사항으로는,**
  - 행사장 주위의 환경
  - 경호대상자와 범인과의 거리
  - 범인의 공격 방향과 방법
  - 범인의 무기 종류
  - 범인의 공격기술과 능력 등을 순간적으로 파악하여 대처해야 한다.

이러한 대적과 제압은 고도의 기술을 필요로 하므로 경호원은 평소 체력과 무도수련에 만전을 기하여야 한다.

기출 및 예상문제

01 다음 중 경호정보 업무에서 갖추어야 할 요건과 거리가 먼 것은?

① 정확성 ② 주체성 ③ 적시성 ④ 완전성

해설 경호정보는 정확하여야 하고 적시에 사용할 수 있어야 하며 완전하여야 한다.

02 다음 중 보안업무의 원칙으로 볼 수 없는 내용은?

① 알 사람만 알아야한다
② 보안과 업무의 조화
③ 적당성의 원칙
④ 정확, 적시, 완전성의 요건

해설 ④는 경호정보의 3요소를 설명한 것임.

03 다음 중 경호작용의 기본고려요소의 내용으로 옳지 않은 것은?

① 계획수립
② 책임
③ 자원
④ 위해분석

해설 ① 계획수립 : 모든 형태의 경호임무는 사전에 수집된 정·첩보에 의한 위해요소의 분석 등 보안에 의한 치밀한 계획이 수립되어야 한다.
② 책임 : 경호임무와 책임은 명확하게 부여되어야 하며 투철한 사명감에 의한 근무가 이루어져야 한다.
③ 자원 : 적용할 기동방법, 방문하는 곳의 지리적 특성, 경호대상자가 접촉할 현지인들의 의식형태 등 경호하는데 소요되는 자원에 대하여 사전에 충분히 파악하여야 하고 적절하게 동원되어야 한다.
④ 보안 : 경호활동상 보안유지는 가장 기본요소로서 경호상황(대상자, 수행원, 행사 세부일정 등)에 대한 철저한 보안 유지가 기본이다.

04 경호행사 중 위험한 돌발사태 발생 시 긴급조치요령으로 적절한 내용은?

① 대피 → 방호(경고) → 제압
② 방호(경고) → 대피 → 제압
③ 방호(경고) → 제압 → 대피
④ 제압 → 방호(경고) → 대피

해설 돌발사태발생 시의 긴급조치로는 우선 경호대상자 주변에 인적방벽을 형성하여 방호함과 동시에 전경호원에게 상황을 경고, 전파하고 위험지역에서 신속하게 대피시킴과 동시에 범인을 제압하여야 한다.

05 경비경찰의 주요임무에 해당되는 내용으로 맞는 것은?

① 경호대상자의 사적문제의 관리
② 군중정리 및 교통정리
③ 돌발사태시 군중의 진압
④ 사건사고 사후수사

해설 경비경찰의 주요 임무는 환·송영 군중을 질서 있게 정리·감시 하며, 사전에 교량 등 취약지역 안전검색 및 안전유지를 한다.

06 경호를 실시함에 있어 안전대책의 범주로 볼 수 없는 내용은?

① 피경호자에게 제공되는 음식재료에 대한 검색
② 행사지역 내·외곽의 인적, 물적, 지리적 취약요소에 대한 안전대책 강구
③ 행사장 내·외곽 시설물에서 폭발물의 탐지, 제거에 대한 안전대책 강구
④ 각종 위해로부터 경호대상자의 신변을 보호하기 위해 기동 간 및 행사장에서의 완벽한 근접경호

해설 ① 검식 ② 안전검사 ③ 안전점검 ④는 경호 실시단계에서의 활동내용임

07 경호임무수행단계로서 가장 적절치 못한 내용은?

① 행사일정 → 계획수립 → 경호실시 → 경호평가
② 행사일정 → 연락 및 협조 → 위해분석 → 경호실시
③ 행사일정 → 계획수립 → 경호평가 → 경호실시

④ 행사일정 → 위해분석 → 계획수립 → 경호실시

해설 통상임무수행, 행사일정, 포괄적 계획수립, 연락 및 협조체제 구축, 정보수집 및 위해분석, 세부계획수립(계획수립 2단계), 경호실시, 경호평가, 행사결과보고서 작성의 순으로 이루어진다.

08 경호행사장 현장답사에 관한 업무내용과 관계가 없는 것은?

① 경호행사 종료 후 결과보고서를 작성하기 위한 참고자료로 활용하기 위한 목적으로 실시한다.
② 행사장까지의 기동수단과 시간을 선정한다.
③ 진입로, 주 통로, 주차장 등을 고려하여 승·하차 지점을 판단한다.
④ 경호조치를 위한 취약요소를 분석하고 소요인원의 운용규모를 판단한다.

해설 현장답사는 경호계획을 수립하는 준비단계로 상기 3개항 외 경호의 협조, 지휘통신 운용방법 등의 제반 경호여건을 파악, 분석하는 경호실시의 사전준비단계이다.

09 경호원이 임무수행 시 유의사항과 가장 거리가 먼 내용은?

① 경호원들이 경호대상자의 다음 행동을 예측하기 위해 습관화된 행동, 시간, 장소 등을 변경시키지 말아야 한다.
② 권위주의를 배제하고 의전과 예절에 입각한 친절하고도 겸손한 경호자세를 견지하여야 한다.
③ 경호대상자가 정상적인 업무를 할 수 있도록 보장하고 가능한 사생활을 침해하지 않도록 해야 한다.
④ 감시와 검색업무를 강화하되, 과도하고 불필요한 통제로 인하여 경호대상자의 명예를 실추시키지 않도록 하여야 한다.

해설 위해기도자들이 경호대상자의 습관화된 행동, 시간, 장소 등을 노리고 있다는 점을 고려하고 경호원칙에 입각하여 습관화된 행동은 가급적 변경되도록 하여야 한다.

10 경호임무 수행 시 주위경계를 위한 관찰방법으로 적절하지 않는 내용은?

① 항상 주위사물에 대한 위기의식을 가지고 전체적인 분위기에 어울리지 않는 상황을 찾아야 한다.
② 인접해 있는 경호원과 경계범위가 중복되지 않게 하여야 한다.
③ 시각적으로 움직임과 상황들에 대해 의문을 제기하고 정리, 분석해 보도록 한다.
④ 경호대상자 주위의 모든 사람들의 눈과 손을 감시한다.

해설 경호근무자의 경계구역은 상호 중첩되도록 하여 사각지역이 생기지 않도록 하여야 한다.

11 행사장 출입자 통제요령으로 부적절한 내용은?

① 행사장내 모든 출입요소에 대해서는 인가된 인원의 본인여부 및 인가 차량 여부를 확인하여야 한다.
② 출입자들에 대한 물품관리소를 운용하여 위해 가능물품을 보관하도록 하되, 가능하면 분실을 고려하여 출입자가 직접 소지하도록 한다.
③ 참석대상별 또는 좌석별 구분에 따라 출입통로를 선정하도록 한다.
④ 주차관리는 참석자들의 불편을 최소화하고 질서유지를 위하여 행사장 인접지역에 참석자대상별로 구분운용 한다.

해설 물품보관은 근무자가 집중관리하고 행사 종료 후 반환하는 것이 원칙이다.

12 경호기만에 관한 설명으로 적절하지 않은 내용은?

① 위해행위를 위한 시간과 장소 제공을 최소화하기 위한 경호기법이다.
② 위해기도자의 입장에서 상황을 분석하고 대책을 강구하여야 한다.
③ 취약한 부분 보강을 위한 보완대책은 필요치 않다.
④ 실제상황을 은폐하고 허위정보를 제공하는 변칙된 경호기법이다.

해설 경호기만이란 경호대상자를 보호하기 위하여 위해기도자로부터 분리하고 속이는 경호기법으로 취약부분에 대해서는 반드시 보완대책이 마련되어야 한다.

13 도보이동 간 근접경호 시 경호원의 근무방법으로 적절치 않은 내용은?

① 도보이동시에는 위험에 노출되는 정도를 최소화하기 위하여 단거리 직선통로를 피하는 것이 좋다.

② 이동속도와 경호원의 보폭은 경호대상자의 건강상태와 주위상항에 따라 적절히 조절한다.

③ 돌발사태에 대비하여 이동에 따른 주 통로와 예비통로 및 비상대피로를 적절히 선정해 두는 것이 좋다.

④ 이동전에 경호대상자에게 이동로, 이동시간 및 이동 중 발생될수 있는 특이사항을 사전에 알려 준다.

해설 경호대상자가 군중 속에 있을 때, 군중 속을 통과하여 보행할 때, 건물내로 들어갈 때, 공공행사에 참석할 때가 가장 취약하다. 노출되는 정도를 최소화하기 위하여 단거리 직선통로를 이용하여야 한다.

14 경호임무수행 중 방호 및 대피대형을 형성할시 고려해야 할 사항과 가장 거리가 먼 내용은?

① 경호대상자와 경호원 및 위해기도자와의 거리

② 주위상황과 군중의 성격과 수

③ 공격의 종류

④ 경호대상자의 성격

해설 경호대상자의 성격은 대피대형 형성을 위한 고려사항이 아님.

15 경호임무 수행 중 발생될 수 있는 우발상황의 특징이 아닌 내용은?

① 혼란과 무질서의 발생 ② 사전 예측의 가능성
③ 즉각조치의 요구성 ④ 자기보호본능의 발동

해설 경호업무수행 시 발생할 수 있는 돌발상황은 사전에 예측이 곤란하므로 무의식적인 본능에 의해 즉각 대응할 수 있는 고도의 훈련을 필요로 한다.

16 경호안전을 위하여 경호대상자가 지켜야 할 내용과 거리가 먼 내용은?

① 취약점의 노출은 범인에게 공격의 기회를 제공하므로 주변의 취약점을 파악하는 등 스스로 대처할 수 있게 한다.

② 여행이나 면담 시에는 반드시 장소, 면담자, 여행수단, 도착일시를 가족이나 경호원에게 알린다.

③ 위험인물 접근 시 신속히 대피하기 위해서 항상 차량의 문은 개방하고 대기하도록 한다.

④ 면담 시에는 신원이 확인된 사람, 공인된 장소에서 경호원이 참석하거나 말소리가 들릴 수 있는 가까운 거리에서 하도록 한다.

해설 차량은 항상 경호대상자 주변에 위치하여 주행하거나 위급상황 발생 시 대처할 수 있도록 준비하여야 하며, 문을 개방하고 대기하는 것은 아니다.

17 다음 중 사전 경호계획의 올바른 순서는?

① 경호대상자의 신상파악 → 현지답사 → 경호법규숙지 → 경호계획수립

② 경호계획수립 → 경호대상자의 신상파악 → 현지답사 → 경호법규숙지

③ 경호법규숙지 → 경호계획수립 → 현지답사 → 경호대상자의 신상파악

④ 경호법규숙지 → 현지답사 → 경호계획수립 → 경호대상자의 신상파악

해설 경호대상자가 정해지면 현지답사로 경호의 제반여건(행사내용, 취약점, 진·출입로, 대피로 등)을 파악한 후 경호법규, 규칙에 의거 계획을 수립하고 시행하는 것이 통상의 순서이다.

18 다음 중 경호행사 시 경호대상자의 진행방향을 중심으로 도로 양쪽에 군중이 운집한 경호에 적합한 경호대형은?

① 사다리형 대형 ② 다이아몬드형 대형

③ 삼각형 대형 ④ 펜터건 대형

해설 ■ 사다리형 대형
- 경호대상자를 중심으로 4명의 경호원이 사다리 형태를 유지하며 이동하는 대형
- 진행방향을 중심으로 양쪽에 군중이 운집해 있는 도로의 중앙을 이동할 때 적합한

대형으로 전방을 열어주고 좌·우측방 경계를 강화해주는 대형

- 다이아몬드형 대형

군중이 밀집해 있는 통로, 혼잡한 복도 등에서 적합한 대형

- 삼각형 대형

• 군중이 별로 없는 장소 통과시, 인도와 좁은 통로, 오솔길, 곡각지 등의 이동시 유용하다.
• 다이아몬드 대형 보다 다소 느슨한 대형
• 한쪽에 인위적, 자연적 방벽이 있을 때 유용하다.
• 무장한 위해자를 직면하였을 때 적합

- 팬터건 대형

미국 국방성 건물의 모양으로 전방과 양측면 경호에 적합한 대형

19 다음 중 경호지휘본부의 설치목적과 가장 거리가 먼 내용은?

① 수집된 첩보 및 정보의 배포
② 경호대상자의 동향파악
③ 경호준비에 있어서 지휘통솔의 일원화를 위한다.
④ 타 기관과의 협조 및 연락임무를 수행하고 유·무선통신망을 구축한다.

해설 상기 ①, ③, ④외 경호에 동원된 경력에 대한 총괄 지휘, 우발상황발생 시 지원 및 지휘를 위한 임무를 수행한다.

20 사전예방경호활동에 대한 설명으로 틀린 내용은?

① 경호와 관련된 인원, 문서, 시설, 지역, 자재, 통신 등에 대한 보안활동 등도 포함된다.
② 인적, 물적, 지리적 취약요소에 대한 안전대책이 핵심이 된다.
③ 경호대상자 신변의 안전을 위협하는 인적, 물적, 지리적 위해요소를 사전 수집, 분석, 예고하는 활동도 포함된다.
④ 안전검측이나 검식활동은 성질상 행사 당일에 수행하는 것이 효과적이다.

해설 사전예방경호활동이란 경호대상자가 행사장에 도착하기 전에 현장답사를 실시하고 효과적인 경호협조와 경호준비를 하는 것을 말한다. 안전검측과 검식활동은 사전에 실시하여 행사시까지 안전을 계속 유지하여야 한다.

21 다음은 검측의 기본적 요령을 기술한 것이다. 적당하지 않은 내용은?

① 양 측면 보다는 통로를, 높은 곳보다는 아래를 중첩되게 본다.

② 아래보다는 높은 곳, 의심나는 곳은 반복해서 실시한다.

③ 비금속 물체에서 금속반응을 확인한다.

④ 적의 입장에서 폭발물 설치 가능한 곳을 의심하여 검색한다.

해설
- 검측대상으로는 외부(옥외), 내부(실내), 공중지역, 연도로 구분 실시한다.
- 검측은 점과 선에서 확산하여 실시하며 가까운 곳에서 먼 곳으로, 정확한 안전유지 상태에서 실시
- 책임구역은 명확히 구분하고 밖에서 안으로, 아래에서 위로, 좌에서 우로 체계적으로 실시
- 통로는 양 측면, 아래보다는 높은 곳, 의심나는 곳은 반복해서 실시
- 적의 입장에서 실시
- 선을 의심하고 끝까지 추적해서 확인
- 전기제품은 분해해서 확인
- 비금속 물체에서 금속반응 확인(화분, 음식물, 녹지대 등)
- 확인 불가능한 것은 제거하고 어수선한 분위기는 정리정돈
- 위해자의 입장에서 폭발물 설치 가능한 곳을 의심하여 검색
- 검측은 위장해서 은밀하게 실시하고, 가능한 현장확보 상태에서 점검하고 지속적인 안전유지
- 검측장비를 이용하되 오감을 최대한 이용한다.

22 안전점검, 안전검사, 안전유지의 3대 작용원리는 경호활동의 원칙 중 어느 분야의 내용인가?

① 안전대책 및 검측활동　　② 보안활동

③ 정보활동　　④ 종합계획수립

해설 경호의 안전대책에는 경호의 예방업무로서 정보활동, 보안활동, 안전 대책 등이 있고, 안전대책에는 안전점검, 안전검사, 안전유지 등이 있다.

23 경호업무의 분담에서 행사장 내부를 담당하는 근무자의 임무로 옳은 내용은?

① 출입자의 검색 및 차단계획 수립

② 비표발급 설치 장소의 지정

③ 정전 등 우발상황에 대비한 예행연습 실시
④ 시차별 입장계획 수립

해설 ③은 행사장 내부 담당의 업무이며 ①, ②, ④는 행사장 자체가 안전구역일 때 경비구역 근무자의 업무임.

24 경호임무 수행 시 우발상황 발생에 따른 범인대적과 제압시 주의사항이 아닌 내용은?

① 범인의 저항에 대비하여 거리를 좁혀 행동반경을 좁힌다.
② 완전히 제압된 범인에 대해서는 빨리 다른 곳으로 이동하여 질서를 유지한다.
③ 범인을 공격할 때에는 경호원은 자세를 최대한 낮춘 상태에서 방벽을 형성하고 대응한다.
④ 공격의 방향과 방법, 범인의 공격기술을 빨리 인지한다.

해설 경호대상자의 신체를 보호하기 위해서 경호원은 몸을 최대한 부풀려서 방호하여야 한다.

25 우발상황발생 시 비상대피소의 선정방법으로 틀린 내용은?

① 상황이 길어질 경우를 고려하여 잠시 동안 머물러 있을 수 있는 장소를 선정해야 한다.
② 경호대상자의 노출을 최소화하고 30초 이내의 시간이 소요되는 장소를 선정해야 한다.
③ 불필요한 출입자를 통제하기 용이한 장소로 사전에 확보해 두는 것이 좋다.
④ 경호대상자를 잠시 대피시킬 수 있는 장소보다는 시간이 많이 소요되어도 안전한 장소를 선정하는 것이 좋다.

해설 우발상황발생 시는 경호대상자를 우선 위험지역에서 신속히, 임시로, 일시적으로 대피시킨 다음 상황의 진전에 따라 조치하여야 한다.

26 경호대상자의 숙소경호활동의 방법으로 틀린 내용은?

① 호텔 경호활동의 경우 경호대상자의 옆방이나 맞은편 방, 위, 아랫방은 가능하면 수행원이나 경호원이 사용하는 것이 좋다.

② 단독주택 경호활동의 경우 출입자 통제 및 방문자 처리를 확실히 해야 하며, 순찰을 통한 시설의 안전점검과 각종 사고예방에 유의하여야 한다.

③ 숙소경호는 단독주택과 호텔로 구분되며 3중 경호개념과 경비개념이 적용되어야 한다.

④ 숙소경호는 근무자의 장시간 근무로 인한 피로도를 고려하여 근무교대를 자주하도록 하여야 한다.

해설 근무자의 장시간 근무로 인한 피로도를 고려하여 충분한 인력의 확보로 근무시간을 최소화하여야 한다.

27 다음에서 경호의 정보작용에 해당하는 내용은?

① 경호와 관련된 문서 등에 대하여 불순분자로 부터의 보호대책 업무

② 경호행사 지역에 대한 인적, 물적, 지리적 취약요소에 대한 안전대책 업무

③ 행사시 신변보호를 위한 기동 간, 행사장에서의 근접경호 업무

④ 경호대상자의 신변안전을 위해서는 인적, 물적, 지리적 취약요소에 대한 사전 첩보수집, 분석업무

해설 경호정보작용은 정보판단에 필요한 사전지식을 생산 제공하는 것으로 경호대상자의 신변안전을 위협하는 인적, 물적, 지리적 위해요소에 대한 첩보를 사전수집, 분석, 예고함으로서 예방경호를 수행하는 업무이다. 이러한 업무에는 정확성, 적시성, 완전성의 요건을 구비해야 하며 기본정보, 기획정보, 분석정보, 예고정보 등으로 구분하여 작성 활용한다.

28 다음 중 사전예방경호의 작용과 거리가 먼 내용은?

① 경호대상자가 도착하기 전에 실시하는 활동을 말한다.

② 임시로 편성된 경호단위를 사전에 파견하여 제반취약요소에 대한 안전조치를 강구하는 것을 말한다.

③ 경호의 사전안전작용은 경호정보작용, 안전대책작용, 근접경호작용으로 구분한다.

④ 사전예방경호의 활동은 협조와 경호의 안전작용을 주로 실시한다.

해설 사전예방경호활동이란 경호대상자가 도착하기 전에 현장답사를 실시하고 효과적인 경호협조와 경호준비를 하는 것을 말한다.

29 다음 중 기동 간 경호기만 방법으로 부적절한 내용은?

① 일반인처럼 자연스런 옷차림과 행동

② 의도하는 방향으로의 이동

③ 경호기만 장애물의 설치 및 경비시설 설치

④ 허위흔적 표시

해설 경호기만이란 위해자를 속여 경호대상자를 보호하는 것으로 위해자가 의도하는 방향으로 이동하는 것은 경호기만이 아니다.

30 도보이동 간 근접경호 대형에 대한 설명으로 틀린 내용은?

① 도보대형 형성 시는 주변 감제건물의 취약도, 인적, 물적취약요소 등을 고려하여야 한다.

② 다이아몬드 대형은 혼잡한 복도, 군중이 밀집해 있는 통로 등에서 적합하다.

③ 쐐기형 대형은 무장한 위해자와 직면했을 때 적합한 대형이다.

④ 기본경호 대형은 페어 대형(5인), 웨즈 대형(4인), 다이아몬드 대형(3인), 펜터건 대형(2인) 등으로 구분할 수 있다.

해설 ④의 페어 대형(2인), 웨즈 대형(3인), 다이아몬드 대형(4인), 펜터건 대형(5인)으로 구성한다.

31 근접경호 수행방법에 관한 설명으로 옳지 않은 것은?

① 근접도보대형은 장소와 상황 등 행사장 환경에 따라 유연하게 적용시켜야 한다.
② 근접경호는 신체에 의한 방호벽을 형성하되 경호대상자 행동의 자유와 프라이버시를 존중해야 한다.
③ 근접경호원은 종사요원, 경호대상자와 친숙한 방문객, 수행원을 신속하게 익혀야 한다.
④ 도보이동 간 근접경호원의 체위확장은 위기 시 방호효과를 극대화 할 수 있으나 평시 노출 및 위력과시의 부정적 효과로 지양해야 한다.

해설 경호원은 체위확장의 원칙에 의거 근무함으로써 인적방벽의 형성과 위해기도자의 시야를 가리는 효과를 얻을 수 있다.

32 출입자 통제업무 내용으로 옳지 않은 것은?

① 인적 출입관리는 행사장의 모든 출입구에 대한 검색이나 수상한 자의 색출을 목적으로 한다.
② 비표는 식별을 어렵게 하여 보안성을 강화한다.
③ 참석자가 시차별로 지정된 출입통로를 통하여 입장토록 한다.
④ 모든 출입요소는 지정된 출입통로를 사용하여야 하며 기타 통로는 폐쇄한다.

해설 비표는 모양이나 색상이 원거리에서도 식별이 용이하도록 단순하고 선명하게 제작하여 사용하여야 한다.

33 경호안전대책을 위한 분야별 안전검측 내용으로 적절하지 못한 내용은?

① 숙소는 극도로 보안을 유지하고 불필요한 인원을 통제하며 전기, 소방, 소음 등에서도 최적상태를 유지한다.
② 운동장은 사람이 모이므로 비상사태 시 대피로를 설치하고 행사장의 각종 부착물과 시설물에 대한 안전조치를 강구한다.

③ 기념식장은 구역을 세분화하여 책임구역을 설정하고 출입자에 대해 가능하면 여러 통로로 출입시켜 혼잡을 피하도록 한다.
④ 차량검측은 경호차량 뿐만 아니라 지원차량과 일반차량에 대한 출입통제와 안전점검을 운전사 입회하에 철저히 실시한다.

해설 통로는 사전에 선정, 검측 되어야 하고 출입자 구분 등에 의한 최소한의 통로를 사용하도록 하여야 한다.

34 근접경호 시 사주경계요령으로 틀린 내용은?

① 인접해 있는 경호원과 경계범위는 중복되지 않게 명확히 구분한다.
② 시간의 한계를 고려하여 사주경계의 범위를 선정한다.
③ 위해자는 심리적으로 대중들 가운데 둘째 열에 위치하는 경우가 많다는 것을 참고한다.
④ 복도의 좌·우측 문, 모퉁이, 창문주위 등에 관심을 두고 경계한다.

해설 인접경호원과 경계범위는 중첩되게 하여 사각지대가 없도록 하여야 한다.

35 행사장 경호업무에 대한 설명으로 틀린 내용은?

① 정문에는 차량출입문과 도보출입문을 통합하여 입장토록 한다.
② 입장비표를 부착하지 아니한 자는 어떤 경우에도 입장을 금지 시킨다.
③ 행사진행시 묵념을 할 때에도 군중경계에 전념한다.
④ 행사장 주변 취약요소 건물을 감시할 수 있는 위치를 선정하여 감시조를 운용한다.

해설 사람과 차량의 출입문은 별도로 구분하여 그 특성에 맞는 근무를 실시하여야 한다.

36 행사장 내부담당 경호원의 업무내용이 아닌 것은?

① 행사장내 인적, 물적 접근 통제계획을 수립한다.
② 행사장의 단일 출입 및 단상, 천장, 피경호인의 동선에 대한 안전도를 확인한다.
③ 경비 및 경계구역에 대한 안전조치를 강화한다.
④ 피경호인의 휴게실 및 화장실의 위치를 확인한다.

해설 ③은 외부담당의 업무임

37 경호행사장 출입자의 통제와 관리를 위한 담당 경호원의 임무로 틀린 내용은?

① 행사참석자가 소지한 위해물품 등을 물품보관소에 보관한다.
② 승차입장차량과 승차자를 확인하고 주차관리계획을 수립한다.
③ 행사장 내·외곽 시설물에 대한 폭발물의 탐지와 안전점검을 실시한다.
④ 행사 주최측과 협조하여 출입증을 발급한다.

해설 ③은 경비 경계구역의 안전대책에 관한 업무이다.

38 숙소경호에 대한 설명으로 틀린 내용은?

① 숙소경호의 특징은 혼잡성, 고정성, 보안성 취약, 방어개념의 미흡 등이 있다.
② 지리적 취약요소란 행사에 위협을 미치는데 이용될 수 있는 제반시설 및 물자를 의미한다.
③ 수림지역 및 제반 감제고지, 고층건물에 대한 접근로 봉쇄 및 안전확보를 한다.
④ 숙소주변의 거주민 외에 유동인원에 대한 검색을 강화해야 한다.

해설 지리적 취약요소에는 주변의 취약지 수색, 위해광고물의 단속 등 지리적으로 취약한 곳을 말하고, 제반시설, 물자는 물적 취약요소에 해당된다.

39 다음 중 검측방법 및 실시요령으로 틀린 내용은?

① 양탄자 등은 뒤집어서 전선, 플라스틱 폭약 등의 유무를 검측한다.
② 사진틀, 그림 등은 내부의 공간여부, 부착상태 및 뒷면을 검측한다.
③ 행사직전 반입되는 물품 등은 쉽게 소형폭발물의 은폐가 가능하므로 계속적인 검측을 실시한다.
④ 방을 검측할 때에는 천장내부 → 천장 면 → 벽 → 바닥의 순으로 실시한다.

해설 방의 검측은 바닥면 → 벽 → 천장 면 → 천장 내부의 순으로 실시하되 천장을 중점적으로 검측하여야 한다.

40 근접경호작용에 대한 설명으로 맞는 내용은?

① 경호대상자의 운전기사는 사전 신원이 확인된 자로서 사복의 무장경찰관이나 경호요원이어야 한다.
② 도보이동 간 경호 시 가능하면 최초 결정된 이동시기 및 이동로를 고수한다.
③ 경호대상자가 이동시에는 위험에 노출되는 정도를 최소화하기 위하여 지그재그식으로 이동, 적을 기만한다.
④ 경호대상자의 차량은 유사시 신속한 식별을 위하여 가능하다면 다른 차량과 구별되는 특이한 색상으로 한다.

해설 경호대상자가 도보이동시에는 가능하면 변경된 시기 및 이동로를 이용하고 최단시간 내에 통과하도록 하여야 한다. 차량은 특이한 색상이 아닌 일반차량과 유사하여 식별이 곤란하도록 하여 안전을 도모하여야 한다.

41 근접도보 경호대형 형성에 따른 이동시 경호원의 근무방법으로 옳지 않은 내용은?

① 이동전 피경호인에게 이동로, 경호대형 및 특이사항을 사전에 알려 주도록 한다.
② 복도, 도로, 계단 등을 이동할 때는 위해 시 방어와 대피를 위한여유 공간

확보를 위해 통로의 측면으로 이동한다.

③ 이동시 위험에 노출되는 정도를 최소화하기 위하여 단거리 직선통로를 이용한다.

④ 이동에 따른 주 통로, 예비통로와 비상대피로를 적절히 선정해두는 것이 좋다.

해설 복도 등을 이동시에는 여유 공간을 확보하기 위해서는 복도나 계단의 중앙을 이용하여야 한다.

42 행사참석행사장 출입통제대책에 대한 설명으로 맞는 내용은?

① 모든 참석자는 행사시작 15분전까지 입장을 완료하도록 하며 지연 참석자는 출입을 허용하지 않는다.

② 모든 출입요소는 지정된 출입통로를 사용하여야 하며 기타 통로는 폐쇄한다.

③ 카메라, 만년필, 책, 우산은 행사장 반입을 금지한다.

④ 모든 출입요소는 지정된 출입통로를 사용하여야 하며 기타 통로도 개방한다.

해설 지연 참석자는 지휘본부의 지시에 따르며, 허가된 물품은 반입이 가능하고 지정된 출입통로 외에는 폐쇄하여야 한다.

43 다음은 경호원의 업무분담 중 무엇에 관한 설명인가?

안전구역 확보계획 검토, 건물의 안전성 여부, 상황별 비상대피로 구상, 행사장 취약시설물, 직시건물, 공중감시 대책 등 사실적 관계 확인 등

① 작전담당　　② 출입통제담당

③ 안전대책담당　　④ 행사장 내부담당

해설 안전대책이란 경호행사시 경호대상자에게 위해를 줄 수 있는 위해물질을 안전하게 관리하는 것을 말하므로 설문은 안전대책 담당의 업무이다.

44 다음은 무엇에 대한 설명인가?

> 행사장을 직시할 수 있는 고층건물 및 감제고지에 대하여 안전을 확보하고 우발사태에 대비한 대비책을 강구해야 하는 지역

① 안전구역 ② 경계구역
③ 안전대책담당 ④ 행사장 내부담당

해설 설문은 경계구역(제3선 : 외곽경호, 외곽경비)에 대한 설명임

45 사전예방경호활동에 대한 설명으로 틀린 내용은?

① 경호대상자의 절대 안전을 보장하기 위한 사전방책을 강구하는 것을 말하며 크게 선발활동과 근접활동으로 구분한다.
② 행사장 내부경비(제1선)는 입장자에 대한 비표패용을 확인하고 사전 폭발물 설치에 대비하여 완벽한 검측을 하여야 한다.
③ 행사장 내곽경비(제2선)는 돌발사태를 대비하여 비상통로, 소방차, 구급차 등을 확보하여 요원과 함께 대기하도록 한다.
④ 행사장 외곽경비(제3선)는 행사장 주변 감시조를 운용하며 외부로부터 내부로의 불심자 접근을 차단하는데 주력한다.

해설 사전예방경호란 안전대책 활동과 선발경호를 말하고 근접활동이란 경호실시시 수행경호를 말한다.

46 경호행사 시 경호근무자 비표의 운영에 관한 설명으로 맞는 내용은?

① 비표 분실사고 발생 시 즉각 보고하고 전체 비표를 무효화하며 새로운 비표를 해당자 전원에게 지급한다.
② 비표의 종류는 다양할수록 좋으나 행사시는 구분 없이 전체가 통일되어야 한다.
③ 비표는 근무관련 교양시작 전에 배부하고 경호 종료 후 상황을 보면서 반납한다.

④ 경호근무자의 경호 안전활동 시는 비표운영을 하지 않는 것이 바람직하다.

해설 비표는 경호경비구역별로 통일되고 근무종료 후 반납하여야 하며, 안전활동 시에는 반드시 비표를 활용하여야 한다.

47 근접경호업무의 특성으로 틀린 내용은?

① 비상사태 시 범인을 대적하며 제압하는 것보다 제2공격으로 부터의 보호를 위해 방어 및 대피성이 요구된다.
② 기동수단 및 도보대형에 의한 시각적 노출과 각종 매스컴에 의해 행사내용이 알려지는 노출성이 있다.
③ 인적방벽과 방탄복 및 기동수단에 의한 외부공격으로부터 방벽성이 요구된다.
④ 행사의 성격과 주변환경, 공격의 유형에 따른 피해를 최소화하기 위해 고정성이 요구된다.

해설 위해자들의 공격판단을 흐리게 하기 위하여 경호원은 항상 유동적으로 근무에 임하여야 한다.

48 다음 중 출입자 통제대책에 대한 설명 중 맞는 내용은?

① 행사장내 모든 출입자와 반입물품은 지정된 통로만을 사용하여야 하며 기타 통로는 자유롭게 출입을 허용해야 한다.
② 안전구역 설정권내에 출입하는 시차입장계획, 안내계획, 주차관리계획을 세우고 출입통로를 지정하여 실시해야 한다.
③ 행사가 대규모일 때에는 참석대상이나 좌석별 출입통로를 선정할 필요가 없고 출입을 자유롭게 허용해야 한다.
④ 행사장 출입관리는 면밀하게 실시하여야 하며 안전검색을 철저히 하기 위하여 기본예절을 지킬 필요는 없다.

해설 행사장내 모든 출입자는 지정통로를 사용하여야 하며, 대규모의 행사 시는 좌석별 출입통로를 선정하여야 한다. 안전검색은 기본예절을 지키면서 실시하여야 한다.

49 경호임무 수행에 따른 단계별 임무절차에서 계획단계의 설명으로 틀린 내용은?

① 경호행사 전반에 대한 상황의 판단
② 행사장에 대한 인적, 물적, 지리적 정보수집과 분석
③ 경호임무의 계획과 실행 간의 문제점 분석
④ 행사장의 사전 현장답사에 의한 안전확보의 실시

해설 ③은 경호업무수행 후의 평가의 단계임

50 경호업무 수행에 있어서 기본적으로 고려할 사항에 대한 설명으로 맞는 내용은?

① 경호에 있어서 주요한 것은 일관성이다. 따라서 경호업무는 사전에 신중하게 계획되어야 하며, 가능한 한 변화가 없어야 한다.
② 경호원들은 각각의 임무형태에 대한 책임이 부여되어야 하므로 둘 이상의 경호대상자가 동일한 행사에 참석하게 되면 서열에 관계없이 각각의 경호요구에 따라 경호업무가 수행되어야 한다.
③ 경호에 필요한 인적, 물적자원을 동원하기 위해서는 공식행사, 비공식행사 등 행사성격이 아닌 사전 획득한 내재적 위협분석에 따라 자원소요가 결정된다.
④ 민주사회에서 보다 많은 시민들로부터 경호협조를 얻기 위해서는 이동경로, 참석자 등 일부 경호상황은 시민들과 언론 등에도 전파되어야 한다.

해설 경호업무는 상황에 따라 수시로 변경되어야 하고, 둘 이상의 경호대상자가 동일행사에 참석 시에는 최상위 경호대상자를 중심으로 경호임무에 임하며, 위해를 방지하기 위해서는 경호상황은 공개되지 않도록 하여야 한다.

51 다음 중 근접경호기법에 관한 설명으로 맞는 내용은?

① 기동 간 경호기만은 경호대상자가 도보수단을 이용하여 이동할 때만 실시하는 경호기법이다.

② 복제경호원 운용은 경호대상자의 얼굴을 닮은 사람을 경호요원 또는 비서관으로 임용하여 경호대상자의 눈을 기만하는 방법이다.
③ 육감경호는 위험을 예상하는 능력과 이 위험을 진압하기 위한 재빠른 조치를 취할 시점을 알아채는 능력이다.
④ 기동대형의 기만은 적을 기만함으로서 위해기도자의 공격을 증가시켜서 위해기도가 실패되도록 유도하는 방법이다.

해설 경호기만은 경호의 전 과정을 통하여 실시할 수 있고, 복제경호요원은 위해기도자의 눈을 속이는 것이다. 기동대형의 기만은 위해기도자의 공격을 감소시키거나 포기하도록 하는 것이다.

52 다음 중 경호행사 시 주 행사장 담당 경호원의 업무수행 내용과 거리가 먼 내용은?

① 행사장내 접근통제 및 차단계획을 수립한다.
② 경비 및 경계구역에 대한 안전조치를 강화한다.
③ 각종 집기류를 최종 점검한다.
④ 행사장의 단일 출입 및 경호대상자의 동선에 대한 안전도를 확인한다.

해설 안전구역담당자의 경호 근무내용으로 경비 및 경계구역은 제2, 3선의 근무내용이다.

53 안전대책 활동에 대한 설명으로 틀린 내용은?

① 안전점검은 폭발물 등 각종 위해물을 탐지·제거하는 것이고, 안전검사는 이용하는 기구시설의 안전상태를 검사하는 것이며, 안전점검과 안전검사가 이루어진 상태를 계속 유지하기 위해 통제하는 것을 안전유지라고 한다.
② 공격성 정신질환자, 시국불만자 등 인적위해분자의 행동을 간시하거나 VIP에 대한접근을 차단하는 등 경호대상자의 안전을 도모하는 것은 인적위해요소의 배제작용이다.
③ 특별호구조사실시, 위해광고물 일제정비 등 취약요인을 사전 제거하는 활동을 통해 VIP에 대한 접근을 차단하는 등 경호대상자의 안전을 도모하는 것은 인적위해요소의 배제작용이다.

④ VIP음식에 대한 독극물 투여 등에 대비한 검식활동은 안전대책활동에 포함된다.

해설 ③은 지리적 취약요소에 대한 설명이다.

54 다음 중 경호원의 분야별 업무담당 연결이 틀린 내용은?

① 작전담당 - 작전정보 수집 및 분석, 통합세부계획서 작성
② 차량담당 - 건물 안전성 여부확인, 최기병원 선정
③ 행사장 내부담당 - 경호대상자 동선 및 좌석 위치확인, 초청좌석 사복요원 배치
④ 행사장 외부담당 - 경비 및 경계구역 내 안전조치 강화

해설 건물의 안전성 여부의 확인은 안전대책담당의 업무이다.

55 다음 중 적절치 않은 내용은?

① 통로를 통제하여 비표 미 패용자에 대한 일반인의 접근을 차단하는 임무는 경계구역근무자의 담당업무이다.
② 문형금속탐지기 운용 시 1.5m전방에서 일단 정지시켜 보통걸음속도로 한 사람씩 통과하도록 한다.
③ 행사개시 10분 전부터는 개별행동을 통제하며 행사진행 중에는 입장자에 대한 감시를 하는 임무는 행사장 내부 근무자의 담당업무이다.
④ 휴대품은 양해를 구한 후 물품 임시보관소에 보관하고 번호표를 교부한 후 입장시키는 일은 출입통제 근무자의 담당업무이다.

해설 ①의 경계구역은 제3선이며, 제1선인 안전구역담당자의 업무임.

56 **다음 중 경호의 정보작용을 설명한 내용으로 적절한 것은?**

① 경호와 관련된 인원, 문서, 시설, 지역, 자재 등에 대한 보호대책을 수립하여 보안을 유지해 나가는 작용이다.

② 경호작용의 원천적 사전 지식을 생산 및 제공하는 작용이다. 이러한 업무는 정확성, 적시성, 완전성의 요건을 구비해야 한다.

③ 경호대상지역 내·외부의 인적, 물적, 지리적 취약요소에 대한 안전대책 강구 등의 안전작용을 말한다.

④ 경호행사시 경호대상자에게 위해를 줄 수 있는 위해물질을 안전하게 관리하는 작용이다.

해설 ①은 보안작용, ②는 정보작용, ③은 안전대책작용, ④는 안전유지를 설명한 것임

57 **선발경호 시 참석대상, 성격분석, 시차별 입장계획, 주차장 운용계획, 금속탐지기, 비표 설치장소(안전, 질서고려) 중간 집결지 운용 등을 담당하는 자는?**

① 작전담당 ② 행정담당

③ 출입통제담당 ④ 주행사장 담당

해설 선발경호란 통상 D-1일에 현장에 도착하여 현장답사, 계획검토, 확인, 사전예방경호활동, 안전검측, 유지 및 확인 등의 경호활동으로 예방적 작전요소만이 아닌 경호실시를 위한 준비단계의 활동이다.

58 **경호임무 수행절차에 관한 설명으로 틀린 것은?**

① 경호대상자가 행사장에 도착한 후부터 행사시작 전까지의 경호활동은 준비단계이다.

② 계획단계는 경호임무 수령 후부터 선발대가 행사장에 도착하기전의 경호활동이다.

③ 경호행사 종료부터 철수 및 결과를 보고하는 단계는 평가단계이다.

④ 경호대상자가 집무실을 출발해서 행사장에 도착하여 행사를 진행한 후 출발지까지 복귀하는 단계는 행사실시단계이다.

해설 경호활동의 준비단계는 경호대상자가 집무실을 출발하기 전까지의 경호활동이다.

59 사전예방경호작용에서 경호안전작용의 기본 내용에 해당하지 않는 것은?

① 경호보안작용
② 경호평가작용
③ 안전대책작용
④ 경호정보작용

해설 경호평가작용은 경호의 실시사항을 평가하여 다음 행사에 반영하기 위한 것으로 사전예방경호작용의 안전작용에는 포함되지 않는다.

60 경호정보판단서 작성 시 판단요소에 관한 설명으로 틀린 내용은?

① 수집된 위해첩보의 분석과정에서 정보판단의 용이성을 고려하여 위해의 가설은 하나로 압축되어야 한다.
② 설정된 위해가설은 검증의 절차를 거치는 것이 좋으며, 그 방법으로는 답사와 동향감시, 면담 등이 있다.
③ 위해첩보의 과장된 평가 및 판단서의 작성은 경호비용을 증대시킬 우려가 있다.
④ 경호정보판서는 정보 분석의 결론으로서 사건의 발생가능성을 유추하고, 경호 대응방안을 포함해야 한다.

해설 위해첩보는 위해의 가설을 여러 각도에서 분석하여 검증, 평가로 적시에 정확하고 완전한 판단이 되도록 하여야 한다.

61 경호작전요소 중 위협평가에 관한 설명으로 틀린 내용은?

① 경호대상자의 위협수준을 계량화하는 과정을 위협평가라고 할 수 있다.
② 위협평가를 하는 목적 중 하나는 경호작전의 규모를 결정하고자 하는 것이다.
③ 대통령과 같은 국가원수급 인물은 위협평가의 과정 없이 외부행사시 최고의 수준으로 경호작전을 시행하는 것이 원칙이다.
④ 경호원 및 경호대상자 모두에게 위협의 수준을 이해토록 하여 효과적인 대응방안을 마련하기 위한 과정이다.

해설 국가원수급의 경호를 위해서는 반드시 위협에 대한 평가를 하고 그에 맞는 경호수준을 설정하여야 한다.

62 안전검측에 관한 설명으로 틀린 내용은?

① 기념식장은 많은 사람이 모이는 곳으로 비상사태 시 비상대피소를 설치하고, 식장의 각종 부착물과 시설물에 대한 안전검측을 실시한다.

② 숙소는 극도의 보안을 유지하고 불필요한 인원을 통제하며 전기, 소방, 냉·남방 소음 등에 대한 점검으로 최적상태를 유지하고 가스, 기름 등과 같은 위험물에 대한 안전대책을 강구한다.

③ 차량검측은 경호대상자의 차량뿐만 아니라 지원차량과 일반차량에 대한 출입통제조치와 차량내·외부, 전기회로, 배터리 등에 대한 안전점검 시 운전사의 접근을 통제하고 철저히 검측하도록 한다.

④ 운동장은 구역을 세분화하여 책임구역을 설정하고, 외부, 내부, 소방, 직시고지 등에 대한 반복적인 검측과 출입자에 대한 통로를 단일화하여 반입물품에 대한 검색을 철저히 하도록 한다.

해설 차량검측대상은 경호대상자의 차량은 제외된다. 안전점검 시 운전기사의 입회하에 실시하는 것이 원칙이다.

63 출입자 통제대책에 관한 설명으로 틀린 내용은?

① 일반참석자는 행사시작 전 미리 입장토록 하여 경호대상자의 입장시간과 시차를 두며, 지연 참석자에 대해서는 입장을 불허함이 원칙이며, 검색 후 경호지휘소의 지시에 따른다.

② 출입증 배부장소의 안내요원은 가능하면 참석자를 식별할 수 있는 각 부서별 실무자로 선발하고, 출입증은 참가자가 운용할 수 있도록 한다.

③ 주최측은 효율적인 주차관리를 위해 승차입장카드에 대상별 주차지역을 사전에 지정하여야 하며, 주차지역별로 안내요원을 배치한다.

④ 참석자 출입통로는 행사장 구조상의 모든 출입문을 이용하여 참석자 입장 시 불편요소를 최소화한다.

해설 하나의 통제된 지점을 통한 접근의 원칙에 의거 출입구 및 통로는 하나만 필요하다.

64 경호준비 과정에서 보안준수 사항으로 바르지 못한 것은?

① 경호관련 서류 무단복제, 복사금지
② 전화상으로 기관 간 협조 금지
③ 사전 현장답사는 은밀히 실시
④ 경호일정은 2급 비밀 이상으로 처리

해설 경호계획은 2급 비밀 이상으로, 경호일정은 대외비 이상으로 취급하고 있다.

65 보안자재 보관용기의 잠금장치에 관하여 타당한 것은?

① 보관용기의 자물쇠는 3단계 이상의 번호식을 이용한다.
② 1단계 번호식의 것을 사용한다.
③ 자물쇠는 변경하여서는 안 된다.
④ 자물쇠 번호는 고정시켜야 한다.

해설 보안자재의 보관용기는 시정장치가 견고하여야 하고, 번호식 열쇠 사용시는 3단계 이상의 번호식이 되어야 한다.

66 보안자재용기로서 가장 타당한 것은?

① 휴대하기 불편하고 중량이 있는 용기
② 휴대하기 간편한 용기
③ 나무상자로 된 간단한 용기
④ 서류용 종이봉투

해설 보안자재의 도난을 예방하기 위해서 용기는 휴대가 불편하고 중량이 있는 용기이어야 한다.

67 경호행사장 연도주변의 안전대책으로 지리적 취약요소배제 작용이 아닌 것은?

① 신원특이 및 외국인 ② 연도 주변 특별방범심방
③ 주변취약지 수색 ④ 위해광고물 일제정비

해설 안전검측은 자연 및 인공물에 대하여 경호대상자에게 위해를 가할 수 없는 상태로 전환시키는 작용을 말하고, 지리적 취약요소 배제작용이란 지리적 여건이 경호대상자에게 위해를 가할 수 있는 근거를 제공하는 경우에 이를 사전에 제거하는 작용을 말한다.

68 경호경비상 안전대책으로 실시하여야 할 사항과 거리가 먼 것은?

① 물적 위해요소의 제거 ② 인적 위해대상자의 배제
③ 지리적 취약요소의 제거 ④ 경호정보 수집강화

해설 안전대책사항으로는 인적, 물적, 지리적 취약요소의 제거 및 배제, 안전조사 등이 있다.

69 경호경비상의 안전대책상 물적 위해요소 제거에 포함되는 사항이 아닌 것은?

① 민유총포 가영치
② 숙소, 행사장 주변 특별방범심방
③ 총포, 화약류 취급관리 등
④ 예비군 무기 탄약관리 통제 등

해설 특별호구조사는 지리적 취약요소 제거에 포함되는 내용이다.

70 경호경비 행사 시 특별방범심방 실시구역의 기준으로 맞는 것은?

① 행사장, 숙소 주변 300m이내의 주택
② 행사장, 숙소 주변 500m이내의 주택
③ 행사장, 숙소 주변 50m이내의 주택
④ 행사장, 숙소 주변 800m이내의 주택

해설 특별방범심방은 주변 500m이내의 주택과 행차 연도변 좌 · 우 50m에 대하여 실시한다.

71 경비경찰의 주요 임무로 맞지 않은 내용은?

① 환송 군중을 질서 있게 정리 및 감시
② 사전에 감제고지, 교량 등 취약지역 안전점검
③ 책임지역 내 돌발사태시 우선 지휘계통에 따라 보고
④ 적절한 출입자통제로 불순분자 색출에 전력

해설 돌발사태 발생 시는 자기희생의 원칙과 돌발사태시의 조치요령에 의거 경고전파, 방벽형성 방어 및 대피, 대적 및 제압의 순으로 우선 조치하여야 한다.

72 다음 중 경비경찰관의 임무수행과 거리가 먼 내용은?

① 불심자 등의 접근방지로 피경호자의 신변안전을 도모하고 사고예방에 만전을 기하며 거동이 수상한 자에 대한 검문검색을 철저히 한다.
② 사복경찰관이 환송·영자들을 정리함에 있어서는 피경호자와 환·송영자간에 친화를 방해하지 않도록 유의하여야 한다.
③ 인접지역에 위급상황 발생 시 급히 이동하여 동료 경찰관을 지원한다.
④ 사복경찰관은 은밀히 책임구역 내를 유동하면서 정복경찰관으로부터 검문을 받은 자 기타 불심자를 미행하며 동정을 감시한다.

해설 경호원은 지휘관의 명령없이는 어떠한 경우에도 자기담당 책임구역내 경호경비에 대한 책임을 져야 하므로 책임구역을 이탈해서는 안된다.

73 행사장 경호활동 중 점검 및 확인과 통로통제 등을 해야 하는 경호구역은?

① 내부경비(제1선, 안전구역)
② 내곽경비(제2선, 경비구역)
③ 내부경비(제1선, 경비구역)
④ 내곽경비(제3선, 경비구역)

해설
- 안전구역(제1선, 내부경비) : 확인, 경계, 통제(비표확인, 통로통제 등)
- 경비구역(제2선, 내곽경비) : 돌발사태대비(예비대, 비상통로, 소방, 구급차 대기), 행사장으로 통하는 도로통제, 안전유지 및 동향감시(행사장 부근건물 안전유지 등 감시)
- 경계구역(제3선, 외곽경비) : 감시조운용(주변취약요소감시 가능위치 선정), 도보,

기동순찰조 운용(외부로부터 내부로 이동하는 불심자 차단), 예비대 운용(돌발사태 대비 즉응태세 유지)

74 연도경호 시 단계별 교통통제 요령으로 적절치 못한 것은?

① 제1단계 : 화물차, 위험물 적재차량, 대형차량은 원거리 우회조치
② 제2단계 : 승용차량은 중간교차로에서 우회조치
③ 제3단계 : 군중 수송버스는 측방 우회조치
④ 제4단계 : 행사 동원차량은 근거리 우회조치

해설 행사동원차량은 지정된 장소에 주차시킨다.

75 연도경호 시 비상대기조 근무에 관한 설명이다. 가장 관련이 적은 내용은?

① 편성인원은 통상 중대규모로서 지휘자 및 조원으로 통신망을 구성
② 조원들은 전원 소총휴대, 실탄은 지휘자가 통합보관, 전원 승차대기
③ 우발상황 및 비상사태 대비 편성 운영
④ 배치장소는 연도구간의 중앙에 교통이 편리한 곳에 비노출 대기

해설 비상대기조는 통산 분대규모로 편성 운용하고, 경호실시과정에서 병력이 추가로 소요되거나 새로운 임무수행을 위한 부대는 통상 소대규모의 기동예비대를 편성 운용한다.

76 기동차량간의 경호에 있어서 기만대형으로 부적절한 내용은?

① 위장 경호대상자 차량을 사용할 것
② 경호대상자 차량의 위치를 수시로 변경할 것
③ 다양한 대형을 변칙적으로 사용할 것
④ 대중이 시야에 있을 때 사용할 것

해설 기만대형은 대중의 시야를 벗어났을 때 시행하여야 한다.

77 다음은 사전경호활동 중 어느 단계에 관한 설명인가?

수집된 정·첩보 중에서 위해 가능성이 있는지를 확인하고 판단하는 과정으로서 정확하고 신속하며 종합적인 고도의 판단력을 필요로 하는 단계

① 예견단계　　② 인식단계
③ 조사단계　　④ 무력화단계

해설 ① 예견단계 : 앞으로 일어날 일을 미리 짐작하는 단계
② 인식단계 : 사물을 인지, 식별하고 기억, 사고하는 작용 및 그 결과의 단계
③ 조사단계 : 사물의 내용을 명확히 알기 위하여 자세히 살펴보거나 찾아보는 단계
④ 무력화단계 : 힘이 없도록 하는 단계

78 근접도보경호 임무수행방법에 관한 설명으로 옳지 않은 내용은?

① 이동속도와 경호원의 보폭은 경호대상자의 건강상태, 체력, 주위상황에 따라 적절하게 조절한다.
② 이동전 경호대상자에게 이동로, 이동시간, 경호대형 등은 보안유지를 위해 알려주지 않는다.
③ 복도, 도로, 계단 등을 이동시 우발상황에 대비한 여유공간 확보를 위해 통로의 중간을 이용한다.
④ 위험에 노출되는 정도를 최소화하기 위해 단거리 직선통로를 이용하고 주통로, 예비통로와 비상대피로를 적절히 선정한다.

해설 수행경호(근접경호) 중 타 지역으로 이동전에 경호원은 이동로, 소요시간, 경호대형, 주의사항 및 경호대상자의 이동 위치를 사전에 경호대상자에게 알려주어야 한다.

79 근접경호작용에 관한 설명으로 옳지 않은 내용은?

① 근접경호는 노출성, 방벽성, 기만성, 기동 및 유동성, 방호 및 대피성 등의 특성을 갖고 있다.
② 행사시 각종 위해요소로부터 경호대상자의 신변보호를 위해 기동 간 및 행

사장에서 실시하는 경호활동이다.

③ 경호대상자가 행사장에 도착하기 전에 현장조사를 실시하고 효과적인 경호 협조와 준비를 하는 활동이다.

④ 근접경호요원은 위해공격에 대비하여 제반사항들을 철저히 계획하고, 우발 상황 발생 시 피해를 최소화 하겠다는 태도로 임무를 수행하여야 한다.

해설 ③은 경호임무 수행 절차 중, 경호 실시 전 단계의 사전예방경호를 위한 활동임.

80 경호작용의 기본 고려요소 중 계획수립 단계에 관한 설명으로 옳지 않은 내용은?

① 예기치 않는 변화의 가능성 때문에 경호임무를 계획할 때에는 융통성 있게 수립되어야 한다.

② 책임구역과 책임자를 지정하고 계획서 도면에 보안을 위하여 책임한계를 명시하지 않는다.

③ 안전에 영향을 미칠 수 있는 악천후 기상 및 가능성 있는 위협 등에 대비하여 예비 및 우발계획을 준비한다.

④ 해양지역 행차 시는 육 · 해 · 공의 입체적 경호경비가 이루어지도록 계획을 수립한다.

해설 경호계획 수립 시 사전 현지답사에 의해 취약지역을 파악, 분석하여 책임구역과 책임자를 지정하고 책임한계를 명시하여야함.

81 경호활동 시 안전검측 실시방법으로 옳지 않은 내용은?

① 검측실시 후 현장 확보상태에서 지속적인 안전유지를 한다.

② 보일러실이나 변전실, 유류나 가스저장 시설과 같은 취약시설은 안전검측이 필수적이며, 행사시작 전후 불필요한 인원을 통제한다.

③ 설계도 등의 자료를 비교하여 방의 통로, 밀폐된 공간, 천장내부 등을 세밀히 검측한다.

④ 검측의 순서는 경호대상자의 이동로를 먼저 실시하고, 장시간 체류하는 곳은 나중에 실시한다.

해설 ④는 안전검측은 경호대상자가 오래 머무는 곳부터 실시한 후 통로, 경호대상자가 움직이는 경로를 순차적으로 실시한다.

82 경호임무수행 중 우발상황 발생 시 대응에 관한 설명으로 옳은 내용은?

① 경호대상자를 대피시킬 때는 시간이 지체되더라도 현장에 있는 안전한 장소를 확보하는 것이 우선된다.

② 경호원의 주의력효과 면에서는 군중과의 거리가 가까울수록 유리하고, 대응효과 면에서는 군중과의 거리(2.14m)가 멀수록 유리하다.

③ 함몰형 대형은 위해의 징후가 현저할 경우 형성하는 대형이고, 방어적 원형대형은 폭발성 화기에 의한 공격을 받았을 때 사용하는 대형이다.

④ 우발상항이 발생했을 경우, 신속한 대적행위가 방호 및 대피보다 우선되어야 경호대상자를 효과적으로 보호할 수 있다.

해설 ①의 상황발생 시는 시간의 지체함이 없이 즉시 대피하여야 함.
③ 함몰형 대형은 수류탄, 폭발물과 같은 폭발성 화기에 의한 공격을 받았을 때 사용하는 방호대형이며, 방어적 원형대형은 위해의 징후가 현저하거나 직접적인 위해가 가해졌을 때 형성하는 대형임.
④ 우발상황 발생 시는 신속한 대적행위 보다는, 방벽을 형성하고 신속히 대피하는 것이 우선이다.

83 안전검측의 기본적 요령에 관한 설명으로 옳지 않은 내용은?

① 검측의 순서는 통로 등 경호대상자가 움직이는 경로를 먼저 실시하고, 오찬장 등 경호대상자가 장시간 머물러 있는 곳으로 순차적으로 실시한다.

② 검측은 적의 입장에서 실시한다.

③ 검측은 책임구역을 구분하여 실시하되, 가까운 곳에서 먼 곳으로, 좌에서 우로, 밖에서 안으로 계속 중복하여 실시한다.

④ 검측대상은 외부, 내부, 공중지역, 연도로 구분 실시한다.

해설 안전검측은 경호대상자가 오래 머무는 곳부터 실시한 후 통로, 경호대상자가 움직이는 경로를 순차적으로 실시한다.

84 안전검측의 방법에 관한 설명으로 옳지 않은 내용은?

① 일반적으로 검측은 방의 모든 표면을 촉각을 통한 더듬거림으로 점검해야 한다.
② 검측은 책임구역을 명확하게 구분하여 반복 및 중복 실시한다.
③ 건물외부 검측은 승하차지점 및 건물 외부 벽으로부터 확산하면서 실시한다.
④ 건물내부 검측은 위층에서 아래층으로 검측하는 것을 원칙으로 한다.

해설 건물내부 검측은 아래층에서부터 위층으로 하는 것을 원칙으로 한다.

85 다음에서 설명하고 있는 개념은?

> 경찰·군 등 각 분야의 다양한 경호지원기관이나 인력들이 인적·물적·자연적 취약요소에 대한 첩보수집, 위험인물 파악 등을 실시하는 구역
> 취약요소를 봉쇄·감시할 수 있는 위치를 선정하여 감시조를 운영하고 도보순찰 및 기동순찰조를 운용하는 지역

① 제1선(안전구역)
② 제2선(경비구역)
③ 제3선(경계구역)
④ 제4선(경고구역)

해설 제2선(경비구역, 내곽경비, 근접경호)
- 주 경비지역으로서 경호대상자가 위치하는 곳으로부터 약 600m내의 소총유효사거리를 기준으로 한 선이다.
- 주요활동
  - 행사장 접근로에 검문조와 순찰조 운영
  - 비상대기조, 비상통로, 구급차, 소방차, 한전요원 등 대기
  - 차량돌진에 대비하여 로드브로킹(노상장애물)설치
  - 근접경호원 및 정복경찰관 근무, 교통질서정리, 관찰활동

86 경호활동시 정보순환과정의 단계를 옳게 나열한 것은?

① 첩보수집단계 → 정보요구단계 → 정보생산단계 → 정보배포단계
② 정보요구단계 → 첩보수집단계 → 정보생산단계 → 정보배포단계
③ 정보요구단계 → 정보생산단계 → 첩보수집단계 → 정보배포단계
④ 정보배포단계 → 정보요구단계 → 첩보수집단계 → 정보생산단계

해설 경호정보는 경호작용의 원천적 사전지식을 생산, 제공하는 것으로 경호대상자의 신변안전을 위협하는 인적·물적·지리적 취약요소에 대한 첩보를 사전 수집·분석·예고함으로서 예방경호를 수행하는 것으로서 정보요구, 첩보수집, 정보생산, 정보배포의 단계를 거치게 된다.

87 경호임무수행에 관한 설명으로 옳지 않은 내용은?

① 안전점검 및 검사가 이루어진 상태를 계속 유지하기 위하여 통제작용을 하는 것을 안전유지라고 한다.
② 안전대책작용은 행사장 내·외곽 시설물에 대한 폭발물 탐지 제거 및 안전점검, 각종 음식물에 대한 검식작용 등 통합적 안전작용이다.
③ 정보활동 분야는 경호 관련 인원, 문서, 시설, 지역, 자재, 통신 등에 대하여 모든 불순분자로부터 완벽한 보호대책을 수립하여 이를 지속적으로 보완·유지하는 것이다.
④ 행사 결과보고서는 평가 직후 계획전담요원에 의해 요원들의 메모, 일지 등의 의견을 참고하여 직면했던 문제들과 제시된 해결책에 중점을 두고 작성된다.

해설 ③은 경호보안활동을 설명한 것이며,
정보활동은 경호대상자의 신변안전을 위협하는 인적, 물적, 지리적 취약요소에 대한 첩보를 사전 수집·분석·예고함으로써 예방경호를 수행하는 것을 말한다.

88 경호작용에서 고려되어야 할 기본적인 요소에 관한 설명으로 옳지 않은 내용은?

① 모든 경호임무는 예기치 않은 변화의 가능성을 내포하고 있으므로 신중한 사전 계획보다 신속한 사후대응이 더욱 중요하다.

② 경호대상자를 경호하는데 소요되는 자원은 행차의 지속시간과 첩보수집으로 획득된 내재적인 위협분석에 따라 결정된다.

③ 경호임무는 명확하게 부여되어야 하며, 경호원들에게는 각각의 임무형태에 대한 책임이 부과되어야 한다.

④ 경호대상자와 수행원, 행사 세부일정, 적용되고 있는 경호경비 상황에 관한 보안의 유출은 엄격히 통제되어야 한다.

해설 ① 모든 경호임무는 예기치 않은 변화에 대비하여 사전 치밀한 계획에 의거 임무수행이 되도록 하여야 한다.

89 차량경호의 기본대형에 관한 설명으로 옳지 않은 내용은?

① 한 대의 경호차량을 운용할 경우 일반적으로 후미차로 운용하지만, 상황에 맞게 적절히 변형하여 운용할 수 있다.

② 선도경호 차량은 진행방향을 결정하며 위해상황 시 전방공격을 차단하는 임무를 수행한다.

③ 경호대상자 차량의 운전석 옆에는 경호원이 탑승하는 것이 바람직하다.

④ 선도경호 차량은 최소인력인 1명의 요원에 의해 운용되는 것이 바람직하다.

해설 경호차량의 앞좌석에는 운전자, 경호원 1명, 뒷좌석에는 경호원 2명이 탑승하여 임무를 수행하는 것이 일반적이다.

90 경호장비의 유형별 관리에 관한 설명으로 옳지 않은 내용은?

① 검색장비의 운용 시 입장객을 통과시킬 때에는 개인 간 간격을 최소 1m 이내로 밀착시켜 빠른 걸음으로 통과시켜야 행사가 원만하게 진행될 수 있다.

② 전자파, 초음파, 적외선 등의 광학을 이용한 기계장비는 인력부족으로 인한 경호취약점을 보완하는 수단으로 활용된다.
③ X-Ray 검색기는 경호행사장 입구에 설치하여 입장자의 휴대품 속에 숨겨져 있는 무기류를 확인하는 장비이다.
④ 금속탐지기를 2대 이상 운용할 때에는 최소 3m 이상의 간격을 확보해야 한다.

해설 개인 간 간격을 1.5m 정도를 유지시켜 보통걸음속도로 통과 시켜야 한다.

91 근접경호 임무수행 중 주위경계(사주경계) 방법으로 옳지 않은 내용은?

① 주위경계는 경호대상자를 주심으로 360도 전 방향을 감시하면서 위해요인을 사전에 인지하기 위한 경계활동이다.
② 주위경계 시 주위 사람들의 손을 집중하여 감시한다.
③ 따뜻한 날씨에 긴 코트를 입고 있는 등 주변 환경과 어울리지 않는 복장을 한 경우 특히 주의한다.
④ 경호대상자 주변에서 신분이 확실한 공무원, 수행원, 기자, 종업원 등을 제외한 모든 인원이 경계의 대상이 된다.

해설 경계대상은 ①, ②, ③외 신원이 확실한 경우라도 모든 인원이 경계의 대상이 된다.

92 출입자 통제대책에 관한 설명으로 옳지 않은 내용은?

① 행사장 안전 확보와 참석인원 등에 대한 안전조치 수단으로서 중요한 것은 비표운용과 금속탐지기 또는 X-ray 검색기를 통한 검색활동이다.
② 비표는 식별이 용이하도록 선명하여야 하며, 위조 또는 복제를 고려하여 복잡하게 제작한다.
③ 인적·물적 출입요소의 이상 유무 및 위해물품 반입여부 판단을 위해 금속탐지기를 통한 검색활동을 강화해야 한다.
④ 경호원은 최신 불법무기와 사제 폭발물 제작 및 유통정보에도 정통하여야 한다.

해설 ②항의 비표의 종류는 가급적 단일화(적게)시켜 제작 운용하는 것이 바람직하다.

93 **우발상황 대응기법에 관한 설명으로 옳지 않은 내용은?**

① 우발상황 대응은 공격의 인지 - 경고 - 방호 - 대피 - 대적의 순으로 이루어진다.

② 경호원의 대응효과 면에서는 군중과의 거리가 멀수록 유리하다.

③ 가장 먼저 공격을 인지한 경호원이 경고를 함으로서 주변 경호원으로 하여금 신속하게 상황 대처를 하도록 하여야 한다.

④ 수류탄에 의한 공격을 받았을 때에는 방어적 원형대형으로 경호대상자를 에워싸는 형태를 유지한다.

해설 ④의 상황에서는 함몰형 대형을 취하여야 한다.
수류탄 혹은 폭발물과 같은 폭발성 화기에 의한 공격을 받았을 때 사용되는 방호대형으로서 경호대상자를 지면에 완전 밀착시키고, 그 위에 근접경호원들이 밀착하여 포개어, 경호대상자의 신체가 외부에 노출되지 않도록 해야 한다.

94 **보호구역 중 비인가자의 출입이 금지된 보안상 극히 중요한 구역을 무엇이라 하는가?**

① 제한지역 ② 제한구역
③ 통제구역 ④ 통제지역

해설
- 제한지역
  비밀 또는 정부재산의 보호를 위하여 울타리 또는 경호 · 경비원에 의하여 일반인의 출입에 감시가 요구되는 지역을 말한다.
- 제한구역
  비밀 또는 주요시설 및 자재에 대한 비인가자의 접근을 방지하기 위하여 출입에 안내가 요구되는 구역을 말한다.
- 통제구역
  비인가자의 출입이 금지된 보안상 극히 중요한 구역을 말한다.

95 경비경찰의 경비수단 원칙 중 인명피해를 최소화 하여야 한다는 원칙은?

① 균형의 원칙　　② 위치의 원칙
③ 적시성의 원칙　　④ 안전의 원칙

해설
- 균형의 원칙 : 적은 경비력의 투입으로 최대의 경비효과를 산출
- 위치의 원칙 : 적보다 유리한 위치 점유
- 적시성의 원칙 : 상대방의 허약한 시점을 선택, 집중적인 공세
- 안전의 원칙 : 경비사태발생시 경비병력이나 군중들을 사고 없이 안전하게 진압해야 한다(인명피해의 최소화)

96 경호임무 수행 절차 중 사전 현지답사가 이루어지고 전반적인 계획이 검토되는 단계는?

① 연락 및 협조체제 구축 단계　　② 세부계획수립 단계
③ 정보수집 및 위해분석 단계　　④ 포괄적 계획수립 단계

97 경호대상자가 일정시간 정지하거나, 고정된 장소에서 보고를 받을 때 주로 사용하는 대형은?

① 함몰형대형　　② 원형대형
③ 페어대형　　④ 사다리꼴대형

해설 ②의 원형대형(5~6명)으로서
경호대상자가 고정된 장소에서 보고를 받거나, 도보이동시 일정 시간 정지하고 있을 때 주로 사용하는 대형.
경호대상자를 중심으로 원의 형태를 유지한 채, 등진자세로 각자의 책임구역을 경계함.

98 근접경호요령으로 적절치 않은 내용은?

① 곡각지나 보이지 않는 공간을 통과할 때는 경호대상자부터 신속하게 통과하도록 하여야 한다.

② 이동속도는 경호대상자의 건강상태, 신장, 보폭 등을 고려하여 정하고, 상황에 따라 속도를 조절할 때는 경호원 상호간에 연락하여 조절하도록 한다.
③ 타 지역으로 이동 전에 경호원은 이동로, 소요시간, 경호대형, 주위의 특이사항, 주의사항 및 경호대상자의 이동위치를 사전에 경호대상자에게 알려주어야 한다.
④ 경호원이 사전에 점검하지 않은 지역이나 장소에는 경호대상자가 절대 접근하지 않도록 한다.

해설 곡각지나 언덕, 계단이 끝나는 지점 등은 경호원이 먼저 안전을 확인한 후 경호대상자가 통과하도록 하여야 한다.

99 분야별 업무 분담내용으로 다음 업무를 담당하는 자는?

시간사용계획, 각 대별 비상대책 체제 구축, 임무별 진행사항의 점검등 통합 세부계획서 작성

① 안전대책담당　　② 행정담당
③ 작전담당　　④ 출입통제담당

해설 설문은 작전담당의 업무로서
- 작전정보수집분석
- 병력운용계획
- 시간사용계획
- 관계관회의 주재
- 임무진행사항 점검 등의 임무를 수행함

100 다음의 연도경호 중 잘못 연결된 것은?

① 완전공식 : 대통령 취임식, 국가적인 의전행사
② 공식 : 국경일 등 공식행사장의 행, 환차 시 실시하는 경호
③ 비공식 : 1등급 외빈 경호 대상으로 결정된 국빈행사 시 실시하는 경호
④ 완전비공식 : 사전 경호지시가 전무한 상태에서 행차보안이 유지된 행차시 신호등만 개방하는 경호

해설 ③ 비공식(C형) 경호

- 사전통보나 절차 없이 이루어지는 경호
- 일정에 의한 공식행사장의 행·환차 시 실시하는 경호로서 정례회의 참석, 경제동향 보고, 각종 기념식 등 경호 보안유지가 요구되는 행사시 실시하는 경호

101 다음은 무엇을 뜻하는 내용인가?

> 경비경찰의 분류 중 테러작용이나 총포, 도검, 폭발물 등에 의한 인질, 납치, 난동, 살상 등 사회 이목을 집중시키는 중요 사건을 예방, 경계, 진압하는 경비활동은?

① 치안경비 ② 특수경비
③ 혼잡경비 ④ 재해경비

해설 설문은 ②의 특수경비를 설명한 것임

- 치안경비 : 공공의 안녕과 질서를 문란케 하는 사태에 대해서 실시하는 활동으로서 예방 · 경계 · 진압하는 작용
- 재해경비 : 재해, 풍해, 수재, 지진 등 천재지변으로 인하여 인명, 재산상 피해가 야기될 경우 이를 예방 또는 진압하는 작용
- 혼잡경비 : 국경일, 제례, 기념행사, 시가행진 기타 집회장소의 혼잡한 질서를 정리하고 공안을 확보하는 작용
- 경호경비 : 정치적인 목적으로 정부요인을 암살하려는 행위를 미연에 방지하고 경호대상자의 신변을 보호하는 작용
- 시설경비 : 시설의 재산, 문서에 대한 비인가자의 접근을 방지하고 간첩 · 태업 · 절도 기타 침해행위를 예방 · 경계 · 진압하는 작용
- 비상경비 : 긴급사태 및 중요사태 등으로 인해 평상시의 경비작용으로는 그 업무수행이 어려울 때 지역별, 기능별로 경력(警力)을 동원 예방 · 경계 · 진압하는 작용

102 다음 중 적절치 않은 내용은?

① 경비 및 경계구역에 감시장비 드론을 활용한 취약·사각지역에 대한 수색, 촬영 등을 통해 위해요인을 사전 제거할 수 있다.

② 검문·검색과 보안검색을 통해 위해자 및 위해물을 확인 조치할 수 있다.

③ 공항·항만, 기관 등에서 탑승객이나 출입자들이 휴대하거나 맡기는 물건 가운데 무기나 위험물이 있는지를 살펴서 찾아내는 일을 보안검색이라고 한다.

④ 경호구역에서 경호대상자와 친분이 있거나 국무위원 등 고위층 인사에 대해서는 경호대상자와 친화도모를 위해 보안검색을 생략하여야 한다.

해설 ④ 경호구역에서 경호대상자와 친분이 있거나 국무위원 등 고위층 인사를 포함한 어느 누구도 보안검색을 생략할 수 없으며 불쾌감을 주지 않도록 하여야 한다.

103 다음 중 검문·검색과 보안검색에 대한 내용으로서 적절치 않은 것은?

① 범죄나 사건을 밝히기 위한 단서나 증거를 찾기 위하여 살펴 조사하는 것을 검색이라고 한다.

② 비정상적, 불안정, 오해를 살만한 행동, 경호근무자 회피자, 출입의 목적이 의심되는 자 등이 검문·검색의 대상자가 된다.

③ 경찰관직무집행법에 규정된 대인적·대물적·대가택적 강제수단으로 행정경찰상의 즉시강제 수단의 하나이다.

④ 경호행사장의 출입통제담당자는 행사장으로 출입하는 자들의 행사와 관련이 있는 휴대물품 등은 보안검색을 실시할 필요가 없다.

해설 ④ 경호행사장의 출입통제담당자는 행사장으로 출입하는 자들의 행사와 관련이 있거나 또는 없는 휴대물품 등도 보안검색을 실시하여야 한다.

정답

01.② 02.④ 03.④ 04.② 05.② 06.④ 07.③ 08.① 09.① 10.②
11.② 12.③ 13.① 14.④ 15.② 16.③ 17.① 18.① 19.② 20.④
21.① 22.① 23.③ 24.③ 25.④ 26.④ 27.④ 28.③ 29.② 30.④
31.④ 32.② 33.③ 34.① 35.① 36.③ 37.③ 38.② 39.④ 40.①
41.② 42.② 43.③ 44.② 45.① 46.① 47.④ 48.② 49.③ 50.③
51.③ 52.② 53.③ 54.② 55.① 56.② 57.③ 58.① 59.② 60.①
61.③ 62.③ 63.④ 64.④ 65.① 66.① 67.① 68.④ 69.② 70.②
71.③ 72.③ 73.① 74.④ 75.① 76.④ 77.② 78.② 79.③ 80.②
81.④ 82.② 83.① 84.④ 85.③ 86.② 87.③ 88.① 89.④ 90.①
91.④ 92.② 93.④ 94.③ 95.④ 96.④ 97.② 98.① 99.③ 100.③
101.② 102.④ 103.④

제6장

경호환경 및 위해요소

1. 경호환경
2. 경호위해요소

■ 기출 및 예상문제

제6장 경호환경 및 위해요소

제1절 경호환경

최근 4차 산업혁명시대를 맞아 인공지능(AI), 로봇기술, 드론, 자율주행차, 사물인터넷(IoT), 가상현실(VR) 등을 이용한 경호활동에 유용하게 활용되고 있으나, 반면 위해기도자에 의한 위해수법의 첨단화로 급격한 경호환경의 변화를 가져오고 있다.

1 산업혁명의 역사

- 1차 산업혁명 : 1784년 영국에서 시작된 증기기관과 기계화
- 2차 산업혁명 : 1870년 전기를 이용한 대량생산의 본격화
- 3차 산업혁명 : 1969년 인터넷이 이끈 정보화 및 자동화 생산시스템
- 4차 산업혁명 : 로봇이나 인공지능(AI)을 통해 실제와 가상이 통합돼 사물을 자동적 · 지능적으로 제어할 수 있는 가상 물리시스템의 구축이 기대되는 산업상의 변화

* 4차 산업혁명은 2016년 6월 스위스에서 열린 다보스 포럼(Davos Forum)에서 포럼의 의장이었던 클라우스 슈밥(Klaus Schwab)이 처음으로 사용하면서 이슈화되었다.

❷ 4차 산업혁명이 경호환경에 미치는 영향

인공지능을 활용한 로봇, 드론, 자율자동차, 사물인터넷 등을 이용한 원격조종장치 및 자동화에 의한 경호보안유지의 어려움과 위해수법의 첨단화 등으로 위해 가능성이 높아지고 있는 등 경호환경이 점차 어려워지고 있다.

❸ 일반적 경호환경

가. 경제의 발전과 과학기술의 발달

경제의 발전에 의한 부의 축적은 상대적으로 소외된 계층이 발생하고, 결국은 빈부의 격차에 의해 빈익빈, 부익부의 현상을 가져와 개인 간, 지역 간, 계층 간의 갈등을 가져오고 있다.

아울러 4차 산업혁명의 인공지능(AI)에 의한 무인화 등 과학기술의 발달은 위해자와 위해기도조직의 첨단화된 위해수단으로 인해 위해의 성공 가능성을 높여준다.

따라서 경제발전과 과학기술의 발달은 경호의 환경을 점차 어렵게 한다.

나. 정보의 팽창화

현대사회의 모든 정보는 스마트폰, TV, 인터넷, 잡지 등을 통하여 신속하고 쉽게 접하고 이용할 수 있으므로 범죄의 광역화, 지능화, 신속화를 가져오고 있다.

따라서 정보의 팽창화로 인한 보안유지 곤란으로 경호 위해가능성이 점차 높아지고 있다.

다. 사회구조와 국민의식 구조의 변화

국민소득의 증가 및 생활수준의 향상으로 인해 국민의 의식구조가 개인화, 이기주의화됨으로서 경호기관과의 비협조적인 경향으로 나타난다.

따라서 국민들과 친밀한 협력체계하에서 경호업무를 수행하기 점차 어려워지고 있다.

라. 범죄의 증가 및 국제화

인구의 도시집중, 주거지역의 밀집화, 산업시설의 증가 등은 각종 범죄의 양적증가와 범죄의 다양화, 도시화, 흉포화 등 질적 변화를 가져오고 있다. 아울러 교통, 통신의 발달은 국제교역 및 교류가 증대되어 상대적으로 국제범죄가 증가되는 현상을 가져오고 있다.

4 특수적 경호환경

가. 세계 각국의 경제전쟁

80년대부터 전 세계는 동서냉전체제에서 지역이기주의와 지역경제주의로 발전하는 등 질서가 급격히 변화하고 있다.
이와 같은 급격한 국제정세의 변화로 인한 무력충돌과 테러, 암살 등의 다양한 형태로 나타나고 있다. 따라서 광범위한 위해환경이 조성되고 있다.

나. 우리나라의 국제지위 향상

우리나라의 국제지위 향상에 따른 해외에서의 아국민(我國民)을 대상으로 한 납치, 살해 등의 테러위협이 증가하고 있다.

다. 북한의 위협

최근 북한은 경제적인 어려움과 국제적 신용도 추락, 정치적 고립 등에 의한 핵실험, 미사일발사, 천안함 폭침사건(2010. 3. 11)과 연평도 포격사건(2010. 11. 23)을 자행하였다.
또한 평창동계올림픽 이후 판문점 선언 등에 의한 비핵화 화해 무드가 조성되었으나, 북한에서 2020년 6월 16일 남북공동연락사무소를 폭파 하는 등 지금도 핵을 빌미로 한 위협을 서슴지 않고 있다.

제2절 경호위해요소

1 경호위해 조직의 특성 및 유형

가. 경호위해조직의 일반적인 특성

(1) 동심원적 구조

지도자조직을 구심점으로 행동조직과 각 지원조직들이 동심원적으로 결합되어 있는 특징이 있다.

(2) 전문성

경제성장, 과학기술의 발전 등에 따라 고도의 정밀장비들이 위해기도에 이용되게 되었고, 체계화된 경호조직과 기술의 발전에 대응하여 위해조직도 고도로 전문화되어졌다.

(3) 폐쇄적 구조

위해의 가능성을 높이고 자신들이 대테러조직들의 공격대상에서 안전을 유지하기 위해 철저힌 보안을 기본적 성격으로 한다.

(4) 정확 · 치밀성

위해의 기도와 성공을 위해 군사작전을 방불케 하는 등 치밀한 계획과 정확한 행동을 필수로 한다.

나. 위해의 유형

(1) 성격에 따른 분류

(가) 자연적 위해

자연적 힘에 의해 발생되는 폭풍, 홍수, 지진 그리고 산사태, 해일 등

(나) 인위적 위해

인위적으로 직접 자행되어 신체를 위협하는 각종 범죄, 테러, 암살, 화재, 폭력 등

(다) 특정한 위해

각 대상과 계층, 지역에 따라 다양하게 나타난다.

정치적인 이념의 갈등으로 인해 정치인에게 특히 강하게 나타나는 위해요소, 경제적 이해관계의 대립으로 인해 관련기업인에게만 특정하게 나타나는 위해요소 등

(2) 주체에 따른 분류

(가) 인적 위해요소

시국 불만자, 신원특이 교포 및 외국인, 일반요시찰인물, 피보안처분자, 공격형정신병자 등

(나) 물적 위해요소

- 직접적으로 위해가 될 수 있는 자연물 및 인공물
- 위해자에 이용될 수 있는 자연물 및 인공물

2 암살 및 테러

가. 암살

(1) 암살의 개념

암살이란 “정치적·종교적, 기타 이유로 법을 무시하고 공적이나 사회적으로 중요한 지위에 있는 사람을 살해하는 행위”라 정의할 수 있다.

따라서 암살은 신체에 대한 위해에 국한된다는 점에서 사람과 재산 모두에 대한 폭력행위를 범위로 하는 테러와는 구별된다.

(2) 암살의 동기

(가) 정치적 동기

정권교체 등과 관련한 갈등

(나) 이념적 동기

이념적, 사상적 신념의 성취를 위한 갈등

(다) 개인적 동기

복수심, 적개심, 분노, 증오와 관련한 지극히 개인적 감정에 의한 동기

(라) 심리적 동기

정신분열증, 조울증, 자기도취증 등 정신병적 문제에 의한 동기

(마) 경제적 동기

경제적 궁핍의 갈등, 민족, 특수집단 등 경제적 악조건을 타개하기 위한 갈등

(바) 적대적 동기

전쟁 중 또는 대치중인 국가 간의 갈등(지도자 제거)

(사) 순교자적 동기

종교적 몰입에 의한 갈등

(아) 금전적 동기

금전적 보상을 바라고 이루어지는 경우

(3) 암살범의 특징

- 자학적이거나 무능력하고 적응력이 부족한 사람
- 인내심이 부족하거나 과대 망상적이며 성격이 급한 사람
- 내성적이거나 대인기피증이 있어 가정생활 등 생활이 불안정한 사람
- 지나친 종교적, 정치적 몰입자
- 외모적으로는 평범하나 심리적으로 불안정한 사람 등

- 과시욕이나 영웅심리 소유자
- 기대와 실제 간의 괴리로 좌절감과 상대적 박탈감을 가진 사람

(4) 암살의 실행단계

① 경호정보수집

대상자 및 주변에 대한 치밀한 정보수집

② 무기 및 장비획득

범행에 사용할 무기 및 장비의 획득

③ 임무의 분배

가담한 공모자들 간 임무분담

④ 범행실행

나. 테러

(1) 테러의 개념

사전적 의미는 "남을 위협하거나 공포에 빠뜨리는 행위"로 쓰이고 있으나, 테러활동의 목적 또는 학자들의 테러현상에 대한 연구 · 접근 방법에 따라 상이한 개념이 설정되고 있는 실정이다.
그러나 보편적으로 사용되고 있는 개념으로는 "정치적 · 사회적 목적을 가진 개인이나 집단 또는 어떤 국가의 비밀공작원이 그 목적 달성 또는 상징적인 효과를 얻기 위한 수단으로 비전투요원인 타인의 생명 · 재산에 위해를 가하고자 사용하는 계획적인 폭력행위이다"라고 정의 하고 있다.

(2) 테러의 목적

- 분리독립
- 자치권 획득
- 민족권익 옹호
- 사회제도 개선
- 종교이념의 구현 등

(3) 테러의 특징

- 폭력적 파괴행위
- 계획적이고 치밀한 준군사행위
- 타의 복종을 요구하는 강제적 행위
- 공공 및 개인소유물의 파괴 및 인명피해 초래
- 공포감을 주고 극단적인 경향

(4) 각 유형별 테러의 발생원인

(가) 환경적 원인

- 정치적 환경 : 정치적 부패, 불안정 등
- 경제적 환경 : 경제발전, 경제적 빈곤
- 사회적 환경 : 산업사회화, 도시화, 대조직화, 과학기술의 발전, 국제협력의 미비 등

(나) 사상적 원인

- 정치사상 : 무정부주의, 허무주의, 나치즘 등
- 민족사상 : 인종, 종족, 문명 간의 충돌, 흑백 인종갈등 등
- 폭력사상 • 식민사상 • 게릴라사상 • 급진사상

(다) 심리적 원인

■ 사회심리 : 상대적 박탈감

■ 개인심리

- 남자나 여자다움의 과시
- 비인간화 욕구(자기 자신으로부터의 도피)
- 우위를 얻기 위한 욕망
- 유아기의 강렬한 증오심, 울분, 복수심을 체험한 자
- 지배욕, 복종정신이 강하고 공격성, 침략성 등 동물 심리적 요소가 강한 자
- 정신 불안성 성향이 강하게 나타나는 자 등

(5) 테러조직의 유형

(가) 적극적 지원조직

- 테러리스트들에게 적극적으로 상당한 정도의 지원을 제공해 주는 사람들이나 조직
- 선전효과 증대, 자금획득, 조직의 확대에 기여함으로서 테러활동에 주요한 역할을 한다.

(나) 직접적 지원조직

- 폭발물 설치자, 암살범 또는 납치범과 같은 핵심요원들에게 직접적이며 계속적인 전술 및 작전지원의 중추조직
- 대피소, 차고 및 공격용 차량준비와 관리, 핵심요원의 훈련, 테러대상에 대한 정보제공과 감시, 무기탄약 지 원 등을 담당

(다) 수동적 지원조직

- 테러집단의 생존기반에 해당되며,
- 정치적 전위집단, 후원자, 반정부 반대데모나 집단행동에서 다수의 위력을 구성하는데 도움을 주어 테러리스트들에게는 없어서는 안 될 주요지원 임무수행

(라) 전문적 지원조직

- 특정분야에 대해 반복적으로 지원을 제공하는 조직
- 목표에 대한 정보의 제공, 체포된 테러리스트들을 비호, 기만, 은닉하거나 유리한 알리바이 제공, 전문인에 의한 법적인 비호, 의료지원

(마) 지도자 조직

- 테러조직의 정치적 또는 전술적으로 두뇌를 제공하는 그룹
- 지휘부의 정책수립, 계획, 통제 및 집행 임무를 수행

(바) 행동 조직

공격현장에서 직접 테러행위를 실시하는 요원

(6) 테러공격의 수행단계

① 정보수집

대상에 대한 정밀한 관찰 실시, 관련정보 수집

② 공격계획수립

공격팀, 공격장소, 공격방법, 공격시기 등에 대한 세부계획수립

③ 조직화(공격조 편성)

계획에 따라 공격조직의 구성, 훈련, 무기 및 장비의 결정, 임무분배

④ 공격준비

공격대상 주변에 은거지 마련, 식량 및 탄약 · 무기휴대

⑤ 실행

공격실시, 현장이탈, 필요한 경우 양동작전 실시

(7) 뉴테러리즘

(가) 정의

2001년 발생한 9 · 11 테러와 같이 주체도 대상도 모호한 전쟁과도 같은 무차별적 테러리즘 양상을 말하는 것으로, 슈퍼테러리즘, 포스트테러리즘이라고도 한다. 요구조건과 공격조건이 없고, 불특정 다수를 대상으로 하며 전쟁 수준의 무차별성을 보여 피해가 상상을 초월한다. 전통적인 무력에 더하여 생화학무기와 사이버테러 방식까지 사용함으로써 저비용으로 대규모 인명살상 및 국가인프라 파괴가 가능하며 그 색출 또한 어렵다.

(나) 특징

① 요구조건 및 공격주체가 불분명하여 추적이 곤란하다

② 전쟁수준의 무차별 공격으로 피해가 크다.

③ 테러조직이 그물망조직임으로 무력화가 곤란하다.

④ 테러발생의 긴박성으로 인해 대처시간이 부족하다.

⑤ 첨단과학장비 및 생활 속의 다양한 테러장비를 사용하므로 방어와 색출이 곤란하다.
⑥ 대량살상무기를 사용한 무차별적으로 공격을 한다.
⑦ 언론매체의 발달로 공포의 확산이 신속하다.
⑧ 테러사건이 대형화함으로써 정치적인 부담이 가중된다.
⑨ 테러리스트들이 중산층의 인텔리드로 지능화되고 있다.

(8) 사이버 테러(cyber terror)

주요기관의 정보시스템을 파괴하여 국가기능을 마비시키는 신종 테러. 정보화시대의 산물로 컴퓨터망을 이용하여 데이터베이스화 되어 있는 군사, 행정, 인적자원 등 국가적인 주요정보를 파괴하는 것을 말한다. 21세기의 테러는 점점 이러한 컴퓨터망의 파괴로 집중될 것으로 예상되며, 앞으로는 전쟁도 군사시설에 대한 직접적인 타격보다는 군사통신, 금융망에 대한 사이버테러 양상을 띨 가능성이 높다 할 것이다.

(가) 사이버 범죄의 특징

① 빠른 시간 안에 불특정 다수에게 피해를 줄 수 있다.
② 사이버 공간이라는 특성상 정보 발신자의 추적이 어렵고, 증거 인멸 및 수정 가능성이 높다.
③ 컴퓨터, 인터넷, 휴대폰 등을 사용하므로 평범한 시민들도 쉽게 가담할 수 있다.
④ 범죄성에 대한 인식이 희박하다.
⑤ 범행이 반복(연속성)될 가능성이 높고, 고의 입증이 어렵다.
⑥ 범죄의 영향력이 크고, 국제적인 문제로 확대될 수 있다.

(나) 사이버 테러형 범죄

해킹, 바이러스제작유포, 메일폭탄, 전자기적 침해장비 등을 이용한 컴퓨터시스템과의 정보통신망 공격 등

(다) 일반 사이버 범죄

- 공공/개인정보오남용 : 정보통신망을 통한 개인정보 및 공공정보의 유출 등
- 전자상거래 범죄 : 판매사기, 금융사기
- 음란물 : 음란물제작유포 판매, 사이버윤락알선, 음란 성인방송 등
- 저작권 침해 : 불법복제물유통판매 등
- 사이버 공해 : 스팸메일, 스팸성 게시물
- 채팅 : 원조교제, 언어폭력 등
- 사이버폭력 : 스토킹, 성폭력, 허위사실유포, 악성루머
- 온라인 게임 : 아이디 및 아이템 절도사기, 온라인 게임상의 폭력
- 사이버 도박
- 반사회적 사이트 개설 : 자살폭탄 사이트 등
- 사이버 돈세탁, 사이버 마약거래, 사이버 고리대금, 사이버 선거운동 등

(라) 사이버테러 수법

① 분산서비스 거부(DDOS)

분산 서비스거부(DDoS) 공격은 여러 대의 컴퓨터를 일제히 동작하게 하여 특정 사이트를 공격하는 방식이다. 특정 사이트를 공격하기 위해 해커가 서비스 공격을 위한 도구들을 여러 컴퓨터에 심어놓고 목표 사이트의 컴퓨터 시스템이 처리할 수 없는 엄청난 분량의 패킷을 동시에 범람시키면 네트워크의 성능 저하나 시스템 마비를 가져온다.

시스템 과부화로 정상고객들이 접속을 할 수 없는 상태가 되는 것. 한 전화번호에 집중적으로 전화가 걸려오면 일시 불통되는 현상과 같다고 보면 된다.

② 논리폭탄수법(Logic Bombs)

컴퓨터의 일정한 작동시마다 부정행위가 이루어질 수 있도록 프로그램을 조작하는 수법

③ 트로이 목마수법(Trojan Horse)

프로그램 본래의 목적을 실행하면서도 일부에서는 부정한 결과가 나올 수 있도록 은밀히 프로그램을 조작해 두는 수법

④ 함정문수법(Trap Doos)

대규모 프로그램의 개발과정에서 Debugging(프로그램 중의 오류를 발견하여 제거하는 일)등을 위해 프로그램을 수정할 수 있는 명령이 끼어 있게 되는데 이러한 명령은 프로그램의 완성 후에 모두 삭제된다.

그러나 삭제를 잊어버리게 되거나 고의로 삭제를 하지 아니하여 위 명령이 완성된 프로그램 내에서 작동함으로서 범죄를 자행하는 수법

⑤ 자료의 부정변개(Data Diddling)

컴퓨터에 입력된 자료를 변개하거나 허위의 자료를 입력하는 수법

⑥ 부분잠식수법(Salmi Technigues)

은행 시스템에서 이자계산 시 떼어버리는 단수를 1개의 계좌에 자동적으로 입금되도록 프로그램을 조작하는 수법

⑦ 운영자 가장수법(Superzapping)

컴퓨터의 고장을 수리하는 것처럼 하면서 주 기억장치에 수록된 모든 자료에 접근하여 자료를 조작하거나 입수하는 수법

⑧ 시험가동, 모델로 위장수법(Simulation and Modeling)

컴퓨터 시험 가동을 이용한 정상작업을 가장하면서 실제로는 컴퓨터를 범행도구로 이용하여 거대한 범죄를 자행하는 수법.

⑨ 허프건(Hert Gun)

고출력 전자기장을 발생시켜 컴퓨터의 자기기록 정보를 파괴하는 수법

⑩ 플레임(Flame)

네티즌들이 공통의 관심사를 논의하기 위해 개설한 토론방에 고

의로 가입하여 개인 등에 대한 악성 루머를 유포하는 수법

⑪ 스누핑(Snuffing)

인터넷상에 떠도는 IP(Internet Protocol) 정보를 몰래 가로채는 수법

⑫ 스팸(Spam)

악의적인 내용을 담은 전자우편을 인터넷상의 불특정 다수에게 무차별로 살포하여 컴퓨터 시스템을 마비시키거나 온라인 공해를 일으키는 수법

3 국민보호와 공공안전을 위한 테러방지법(약칭: 테러방지법)

법률 및 시행령·시행규칙(2016년 6월 4일 시행)

(1) 목적(법 제1조)

테러의 예방 및 대응 활동 등에 관하여 필요한 사항과 테러로 인한 피해보전 등을 규정함으로써 테러로부터 국민의 생명과 재산을 보호하고 국가 및 공공의 안전을 확보하는 것을 목적으로 한다.

(2) 정의(법 제2조)

① "테러"란 국가 · 지방자치단체 또는 외국 정부(외국 지방자치단체와 조약 또는 그 밖의 국제적인 협약에 따라 설립된 국제기구를 포함한다)의 권한행사를 방해하거나 의무 없는 일을 하게 할 목적 또는 공중을 협박할 목적으로 하는 행위를 말한다.

② 테러단체 : 국제연합(UN)이 지정한 테러단체

③ 테러위험인물 : 테러단체의 조직원이거나 테러단체 선전, 테러자금 모금 · 기부, 그 밖에 테러 예비 음모 · 선전 · 선동을 하였거나 하였다고 의심할만한 상당한 이유가 있는 사람

④ 외국인테러전투원 : 테러를 실행 · 계획 · 준비하거나 테러에 참가할 목적으로 국적국이 아닌 국가의 테러단체에 가입하거나 가입하기 위하여 이동 또는 이동을 시도하는 내국인 · 외국인

⑤ 테러자금 : '공중 등 협박목적 및 대량살상무기확산을 위한자금조달행위의 금지에 관한 법률' 제2조 제1호에 따른 공중 등 협박목적을 위한 자금을 말한다.

(3) 국가테러대책위원회(법 제5조)

① 대테러활동에 관한 정책의 중요사항을 심의 · 의결하기 위하여 국가테러대책위원회를 둔다.

② 대책위원회는 국무총리 및 관계기관의 장 중 대통령령으로 정하는 사람으로 구성하고 위원장은 국무총리로 한다.

③ 대책위원회는 다음 각 호의 사항을 심의 · 의결한다.

- 대테러활동에 관한 국가의 정책 수립 및 평가
- 국가 대테러 기본계획 등 중요 중장기 대책 추진사항
- 관계기관의 대테러활동 역할 분담 · 조정이 필요한 사항
- 그 밖에 위원장 또는 위원이 대책위원회에서 심의 · 의결할 필요가 있다고 제의하는 사항

(4) 국가테러대책위원회 구성(법 시행령 제3조)

① "대통령령으로 정하는 사람"이란 기획재정부장관, 외교부장관, 통일부장관, 법무부장관, 국방부장관, 행정안전부장관, 산업통상자원부장관, 보건복지부장관, 환경부장관, 국토교통부장관, 해양수산부장관, 국가정보원장, 국무조정실장, 금융위원회 위원장, 원자력안전위원회 위원장, 대통령경호처장, 관세청장, 경찰청장, 소방청장 및 해양경찰청장을 말한다.

② 대책위원회의 사무를 처리하기 위하여 간사를 두되, 간사는 법 제6조에 따른 대테러센터의 장이 된다.

(5) 대테러센터(법 제6조)

대테러활동과 관련하여 국무총리 소속으로 관계기관 공무원으로 구성되는 대테러센터를 둔다.

(6) 대테러 인권보호관(법 제7조)

① 관계기관의 대테러활동으로 인한 국민의 기본권 침해 방지를 위하여 대책위원회 소속으로 대테러 인권보호관 1명을 둔다.
② 인권보호관의 임기는 2년으로 하고, 연임할 수 있다.
③ 민원을 접수한 날부터 2개월 내에 처리하여야 한다.

(7) 외국인 테러전투원에 대한 규제(법 제13조)

① 관계기관의 장은 외국인 테러전투원으로 출국하려 한다고 의심할 만한 상당한 이유가 있는 내국인·외국인에 대하여 일시 출국금지를 법무부장관에게 요청할 수 있다.
② 일시 출국금지 기간은 90일로 한다.
다만, 출국금지를 계속할 필요가 있다고 판단할 상당한 이유가 있는 경우에는 그 기간의 연장을 요청할 수 있다.

(8) 테러단체 구성의 죄(법 제17조)

① 테러단체를 구성하거나 구성원으로 가입한 사람
1. 수괴(首魁)는 사형·무기 또는 10년 이상의 징역
2. 테러를 기획 또는 지휘하는 등 중요한 역할을 맡은 사람은 무기 또는 7년 이상의 징역
3. 타국의 외국인 테러전투원으로 가입한 사람은 5년 이상의 징역
4. 그 밖의 사람은 3년 이상의 징역

② 테러자금임을 알면서도 자금을 조달·알선·보관하거나 그 취득 및 발생

원인에 관한 사실을 가장하는 등 테러단체를 지원한 사람은 10년 이하의 징역 또는 1억 원 이하의 벌금에 처한다.

③ 테러단체 가입을 지원하거나 타인에게 가입을 권유 또는 선동한 사람은 5년 이하의 징역에 처한다.

④ 상기 ① ②항의 미수범은 처벌한다.

⑤ 상기 ① ②항에서 정한 죄를 저지를 목적으로 예비 또는 음모한 사람은 3년 이하의 징역에 처한다.

(9) 세계주의(법 제19조)

제17조의 죄는 대한민국 영역 밖에서 저지른 외국인에게도 국내법을 적용한다.

(10) 테러사건대책본부(법 시행령 제14조)

① 테러가 발생하거나 발생할 우려가 현저한 경우(국외테러의 경우는 대한민국 국민에게 중대한 피해가 발생하거나 발생할 우려가 있어 긴급한 조치가 필요한 경우에 한한다)에는 다음 각 호의 구분에 따라 테러사건대책본부를 설치·운영하여야 한다.

1. 외교부장관 : 국외테러사건대책본부
2. 국방부장관 : 군사시설테러사건대책본부
3. 국토교통부장관 : 항공테러사건대책본부
4. 경찰청장 : 국내일반 테러사건대책본부
5. 해양경찰청장 : 해양테러사건대책본부

② 대책본부를 설치한 관계기관의 장은 그 사실을 즉시 위원장에게 보고하여야 하며, 같은 사건에 2개 이상의 대책본부가 관련되는 경우에는 위원장이 테러사건의 성질·중요성을 고려하여 대책본부를 설치할 기관을 지정할 수 있다.

(11) 화생방테러대응지원본부 등(법 시행령 제16조)

1. 질병관리청장 : 생물테러 대응 분야
2. 환경부장관 : 화학테러 대응 분야
3. 원자력안전위원회 위원장 : 방사능테러 대응 분야

(12) 테러정보통합센터(법 시행령 제20조)

① 국가정보원장은 테러 관련 정보를 통합관리하기 위하여 관계기관 공무원으로 구성되는 테러정보통합센터를 설치·운영한다.

② 테러정보통합센터는 다음 각 호의 임무를 수행한다.

1. 국내외 테러 관련 정보의 통합관리·분석 및 관계기관에의 배포
2. 24시간 테러 관련 상황 전파체계 유지
3. 테러 위험 징후 평가
4. 그 밖에 테러 관련 정보의 통합관리에 필요한 사항

(13) 테러경보의 발령(법 시행령 제22조)

① 테러경보는 테러위협의 정도에 따라 관심·주의·경계·심각의 4단계로 구분한다.

② 대테러센터장은 테러경보를 발령하였을 때에는 즉시 위원장에게 보고하고, 관계기관에 전파하여야 한다.

4 각국의 대테러부대

가. 미국 : SWAT(Special Weapons Assault Team)

미국의 대테러부대는 매우 다양하며, 각 대응 사건의 성격이나 각주의 상황에 따라 특성 있게 운용되고 있으나, 그 중 대표적인 조직이 SWAT라 할 수 있다.

그 외 미 육군 소속의 델타포스, 레인져스, 해군 특수부대인 네이버 씰 등이 있다.

나. 영국 : SAS(Special Air Service)

육군 소속의 대테러방지부대로 1960년대 말에 창설, 당시 I.R.A(아일랜드공화국군)의 테러에 대응하는 것이 주 임무였다.
주요 임무로는 인질극, 유괴, 선박 및 항공기 납치, 폭파공격, 암살 등을 포함하는 모든 형태의 테러사태에 대응하고 있다.

다. 독일 : GSG-9

1972년 뮌헨올림픽에서 발생한 "검은 구월단"에 의한 이스라엘 운동선수 테러를 계기로 창설된 부대이다.
주요 임무는 테러방지업무, 국경경비, 연방형사경찰, 검찰, 각주 정부의 출동요청에 대한 원조 등 주로 인명보호를 목적으로 하고 있다.

라. 프랑스 : GIGN

1973년 국제테러에 대한 정보수집과 수사를 위해 보안국내에 특수부대로 창설되었다.
주요 임무로는 전쟁이외의 국지적 특수위험에 대처하는 것을 목적으로 하며, 위험인물의 검거 또는 제거, 각종 인질난동사건의 해결, 폭탄테러에의 대처, 주요인사에 대한 경호 등을 수행한다.

마. 러시아 : 스페츠나츠

주요 임무로는 주요경제 및 군사시설에 대한 첩보활동 및 파괴공작 또는 무력화, 내부방해공작 및 전향선동, 저항세력응징작전 수행, 해외반란군 조직 및 훈련 등이 있다.

바. 일본 : SAT

1972년부터 아시아 적군파 행동대원에 의한 8건의 테러가 있었으며, 1995년에는 동경 지하철에 오옴진리교도들에 의해 사린가스가 살포되어 12명이 사망하고, 5,500명이 부상하는 사건이 있었다.
이러한 공격을 효과적으로 차단하고 범인을 체포하기 위해서 1996년 4월 SAT가 창설되었다.

사. 이스라엘 : 13전대(Shayetet 13)

이스라엘 해군소속의 대테러 특수부대로 지중해에서 주로 활동한다.

아. 중국 : 마귀반

자. 대만 : 벽력소조

차. 한국

- KNP-868

86아시안게임과 88올림픽에 대비하여 창설된 경찰특공대이며, 1997년에는 지방경찰청특공대도 창설, 운용되고 있다.

- 707특임대

1982년 120여명의 인원으로 창설되었고, 독일의 GSG-9과 미국의 델타포스의 대원들이 707특임대에서 훈련받을 정도로 세계적으로 그 명성을 인정받고 있다.

5 인질증후군

가. 리마 증후군(Lima Syndrome)

인질범이 포로나 인질에게 강자로써 약자에게 갖는 동정심을 리마 증후군(Lima Syndrome)이라고 한다.

인질 사건에서 인질범이 인질의 문화에 익숙해지고 정신적으로 동화되면서 자신을 인질과 동일시하고 결과적으로 공격적인 태도가 완화되는 현상으로 1996년 12월 페루 리마에서 발생한 일본 대사관저 점거 인질 사건에서 유래됐다.

당시 대사관을 점거한 페루의 반정부 조직 '투팍아마루 혁명운동(MRTA)' 요원들은 페루 정부군의 기습작전으로 사건이 마무리된 1997년 4월22일까지 127일 동안 인질들과 함께 지냈다. 이 동안 점차 인질들에게 동화돼 가족과의 안부 편지, 미사 개최, 의약품 의류 반입 등을 허용하고 자신들의 신상을 털어놓는 현상을 보였다.

이후 이런 현상을 심리학자들은 리마 증후군이라 부르고 있다.

나. 스톡홀름 증후군(Stockholm syndrome)

인질이 범인에게 동조하고 감화되는 비이성적인 심리 현상이다.

1973년 8월 23일 부터 8월 28일까지 스톡홀름 노르말름스토리(Norrmalmstorg)의 크레디트반켄(Kreditbanken) 은행을 점거하고 은행 직원을 인질로 잡았던 노르말름스토리 사건에서 이름을 따왔다.

인질들은 범인들에게 정서적으로 가까워졌고, 6일 동안 인질로 잡혔다가 풀려났을 때에는 인질범들을 옹호하는 발언도 했다. 범죄학자이자 심리학자인 닐스 베예로트(Nils Bejerot)가 뉴스 방송 중에 이 현상을 설명하면서 처음으로 '스톡홀름 증후군'이라는 용어를 처음으로 사용함.

다. 런던 증후군(London syndrome)

인질사건의 협상단계에서 통역이나 협상자가 인질범과의 사이에 동일시 현상이 일어나는 현상

라. 항공교통 기피 증후군

9·11 테러 이후 사람들이 항공기의 이용을 기피하는 사회적 현상

기출 및 예상문제

01 국민보호와 공공안전을 위한 테러방지법령상 적절치 않은 내용은?

① 테러단체란 미국정부에서 지정한 테러단체를 말한다.

② 테러인물이란 테러단체의 조직원이거나 테러단체 선전, 테러자금 모금·기부, 그 밖에 테러 예비·음모·선전·선동을 하였거나 하였다고 의심할 상당한 이유가 있는 사람을 말한다.

③ 국가테러대책위원회는 국무총리 및 관계기관의 장 중 대통령령으로 정하는 사람으로 구성하고 위원장은 국무총리로 한다.

④ 대테러활동과 관련하여 국무총리 소속으로 관계기관 공무원으로 구성되는 대테러센터를 둔다.

해설 ① 국민보호와 공공안전을 위한 테러방지법 제2조(정의) 2항에 의거, 테러단체란 국제연합(UN)이 지정한 테러단체를 말한다.

02 국민보호와 공공안전을 위한 테러방지법령상에서 테러정보통합센터의 임무로 볼 수 없는 내용은?

① 국내외 테러 관련 정보의 통합관리·분석 및 관계기관에의 배포

② 24시간 테러 관련 상황 전파체계유지

③ 테러 위험 징후 평가

④ 테러발생 시 초기단계에서의 조치 및 인명의 구조·구급

해설 테러방지법 시행령 제20조(테러정보통합센터)에 의거,
테러정보통합센터의 임무는 설문의 ① ② ③외 그 밖에 테러관련 정보의 통합관리에 필요한 사항
설문의 ④는 제19조(테러대응구조대)의 임무임.

03 국민보호와 공공안전을 위한 테러방지법법령상 적절치 않은 내용은?

① 관계기관의 대테러활동으로 인한 국민의 기본권 침해 방지를 위하여 대책위원회 소속으로 대테러 인권보호관 1명을 둔다.
② 관계기관의 장은 테러 예방 및 대응을 위하여 필요한 전담조직을 둘 수 있다.
③ 수괴(首魁)는 사형, 무기 또는 10년 이상의 징역에 처한다.
④ 테러를 기획 또는 지휘하는 등 중요한 역할을 맡은 사람은 무기 또는 6년 이상의 징역에 처한다.

해설 ④ 국민보호와 공공안전을 위한 테러방지법 제17조(테러단체 구성죄 등) 1항 2에 의거, 테러를 기획 또는 지휘하는 등 중요한 역할을 맡은 사람은 무기 또는 7년 이상의 징역에 처한다.

04 다음의 테러조직 유형으로 적절한 내용은?

- 폭발물 설치자, 암살범 또는 납치범과 같은 핵심요원들에게 계속 적인 전술 및 작전지원의 중추조직
- 대피소, 차고 및 공격용 차량준비와 관리, 핵심요원의 훈련, 테러 대상에 대한 정보의 제공과 감시, 무기탄약 지원 등을 담당

① 직접적 지원조직　　② 적극적 지원조직
③ 수동적 지원조직　　④ 광신적 지원조직

05 암살범들의 범행실행을 위한 행동이 아닌 것은?

① 암살자들은 기습의 원칙을 이용하여 범행을 실행한다.
② 암살자들은 많은 군중들의 살상에 대하여 관심이 없다.
③ 대규모의 경호원 배치는 암살자의 암살기도를 단념하게 한다.
④ 경호원들의 주의를 환기시키기 위한 기만전술도 적용될 수 있다.

해설 대규모의 경호원 배치는 암살기도를 단념하게 할 수 없다.
또한 폭력행위를 이용하거나 변절하는 행위를 개의치 않는다.

그러나 방호되지 않으면 종종 암살대상자가 암살될 때까지 공격이 확대되거나 반복될 것이다. 그리고 다양한 공격방법이 동시에 또는 계속적으로 일어날 수도 있다.

06 다음 중 테러의 개념이라고 보기 어려운 내용은?

① 정치적 사회적 목적을 가진 집단이나 개인, 어떤 국가의 비밀공작원이 그 목적달성, 상징적 효과를 얻기 위한 수단으로 비전투 요원이 타인의 생명, 재산에 위해를 가하고자 사용하는 계획적인 폭력행위
② 정치적 목적을 달성하기 위한, 극단적 공포를 위한 폭력의 행사, 위협
③ 경제적 붕괴를 위하여 경제단체와 연관된 목표물에 대한 공격으로 산업활동에 공포를 주기위한 폭력의 행사, 위협
④ 아직 국가단계에 이르지 목한 단체나 어떤 국가의 비밀요원이 보통 다중에 영향을 미칠 정도로 비전투 목표물에 대하여 자행하는 미리 계획되고 정치적인 동기를 가진 폭력

해설 경제적 붕괴를 위한 테러행위는 없음.

07 다음 중 테러리즘에 대한 설명으로 타당하지 않는 내용은?

① 주로 정치적 동기 또는 종교적 분쟁에 의하여 행하여진다.
② 정책변경이나 사실상태의 물리적 중단을 그 목적으로 한다.
③ 개별적 이익이나 보복에 의해 발생하는 일반 범죄와는 구별된다.
④ 공격 방법으로는 암살, 폭파, 강간, 위조, 위계 등이 상용된다.

해설 테러리즘은 주로 정치, 종교적 이념으로 자행되므로 강간, 위조, 위계 등의 파렴치범과는 범행수법이 구별된다.

08 다음 각국의 경호기관과 대표적인 대테러기관의 연결이 잘못된 것은?

① 미국 : 국토안보부 비밀경호국, 레인져스
② 중국 : 중국인민경호국, 마귀반

③ 러시아 : 연방경호총국, 스페츠나츠
④ 프랑스 : 경찰청 경호국, GIGN

해설 ② 중국의 경호기관은 당 중앙경위국임.

09 영국의 대테러 조직에 관한 설명 중 옳지 않은 내용은?

① 영국의 대테러특수부대는 육군의 SAS부대이다.
② 전후 미소 냉전 하 세계 각지에서 일어나는 공산 게릴라전에 대비하기 위하여 창설되었다.
③ SAS는 전쟁이외의 국지적 특수위험으로부터 보호할 목적으로 창설되었다.
④ 1960년대 말부터 아일랜드공화국군 소탕전에 중요한 역할을 하였다.

해설 ③은 프랑스의 대테러부대인 GIGN을 설명한 것이다.

10 프랑스의 대테러 부대를 설명한 것으로 부적절한 내용은?

① 1984년 경찰청 산하에 대테러대책 조정기구를 설치하였다.
② 국제테러에 관한 정보수집 및 수사를 위해 보안국에 대테러 특수부대인 GIGN을 두고 있다.
③ 부대의 출동은 국방부장관이 직접 내무부장관과 협의하여 건의하고 총리가 결정한다.
④ 전투반은 지휘관과 5개 전투팀으로 구성되어 있고 어떠한 상황에도 대처할 수 있도록 준비되어 있다.

해설 ④는 독일의 대테러부대인 GSG-9을 설명한 것이다.

11 다음 중 암살의 실행단계로 맞는 것은?

① 경호정보의 수집 → 무기 및 장비획득 → 임무부여 → 범행의 실행
② 경호정보의 수집 → 임무부여 → 무기 및 장비획득 → 범행의 실행

③ 임무부여 → 무기 및 장비획득 → 경호정보의 수집 → 범행의 실행
④ 범행의 실행 → 경호정보의 수집 → 무기 및 장비획득 → 임무부여

해설 암살은 통상 ①의 순서로 이루어진다.

12 다음 중 테러의 수행단계가 가장 올바른 것은?

① 정보수집 → 조직화 → 계획수립 → 공격준비 → 실행
② 계획수립 → 정보수집 → 조직화 → 공격준비 → 실행
③ 정보수집 → 계획수립 → 공격준비 → 조직화 → 실행
④ 정보수집 → 계획수립 → 조직화 → 공격준비 → 실행

해설 • 테러의 수행단계는
① 위해대상자의 습관적 행동이나 행차에 대한 첩보 및 정보수집을 위한 관찰활동 실시
② 성공을 위한 정보판단 하에 세밀한 공격계획수립
③ 전문가를 포함한 공격조 편성
④ 근거지를 확보하고 예행연습 등 공격준비
⑤ 공격실시 후 현장이탈 순으로 진행된다.

13 다음 중 사이버 테러리즘의 내용이 아닌 것은?

① 범행기도자의 죄의식이 희박하다.
② 내부 직원이 정보를 유출할 가능성이 많다.
③ 범행 후 그 흔적을 발견하기가 쉽다.
④ 범행을 사전에 파악 방지하기가 어렵다.

해설 온라인상에서는 범행 후 그 흔적을 발견하기가 어렵고, 사전에 범행을 파악하기가 어렵다.

14 다음 중 암살동기에 대한 설명으로 틀린 내용은?

① 정치적 동기는 정권전복이나 정부를 재구성하려는 욕망 하에 이루어지는 경우이다.

② 개인적 동기는 복수, 증오 또는 지극히 개인적인 동기에 의하여 이루어지는 경우이다.
③ 심리적 동기는 전쟁 중이거나 적대관계 지도자를 제거함으로서 승전으로 유도시키거나 사회혼란을 조성하기 위해 이용되는 경우이다.
④ 경제적 동기는 민족, 특수집단 등에게 영향을 미치는 악조건의 경제적 불황타개책으로 희생이 지불되어야 한다는 신념하에 행하여진다.

해설 암살의 동기에는 정치적, 개인적, 이념적, 경제적, 심리적, 적대적 동기가 있다. 심리적 동기에는 정신분열증, 편집증, 우울증, 노인성 치매 등이 고려될 수 있는 요인이다. ③은 적대적 동기의 내용이다.

15 다음 중 인질사건발생 시 나타날 수 있는 스톡홀름증후군(Stockhlm Syndrome) 현상에 해당하는 것은?

① 인질범이 인질에 동화되는 현상
② 인질이 인질범에 동화되는 현상
③ 인질범이 인질에 대한 분노심을 표출하는 현상
④ 인질이 인질범에 대한 분노를 표출하는 현상

해설 ①은 인질범이 인질에게 동화되는 현상은 리마증후군임

16 다음 중 테러의 특징에 해당되지 않는 내용은?

① 사람에 한정된 폭력적 파괴행위
② 계획적이고 치밀한 준군사행위
③ 타의 복종을 요구하는 강제적 행위
④ 공포의 발생

해설 ■ 테러의 특징으로는
- 폭력적 파괴행위
- 계획적이고 치밀한 준군사행위
- 타의 복종을 요구하는 강제적 행위
- 공공 및 개인소유물의 파괴 및 인명피해 초래
- 공포감을 주고 극단적인 경향을 보이고 있다.

17 다음 중 정치인에게서만 빈번히 나타나는 위해와 관련된 것은?

① 자연적 위해
② 인위적 위해
③ 정치적 위해
④ 특정한 위해

해설 특정한 위해는 대상과 계층 각 지역에 따라 다양하게 나타나며, 정치적인 이념의 갈등으로 인해 정치인에게 특히 강하게 나타나는 위해요소, 경제적 이해관계의 대립으로 인해 관련기업인에게만 특정하게 나타나는 위해요소 등이 그것이다.

18 다음에서 설명하고 있는 사이버테러 기법은?

은행시스템에서 이자계산 시 떼어버리는 단수를 1개의 계좌에 자동적으로 입금되도록 프로그램을 조작하는 방법으로서 어떤 일을 정상으로 실행하면서 관심 밖에 있는 조그마한 이익을 긁어모으는 수법

① 허프건
② 쓰레기 주워 모으기
③ 수퍼 재핑
④ 살라미 기법

해설 설문은 ④의 살라미 기법(부분잠식 수법)을 뜻함

19 경호환경을 일반적 환경과 특수적 환경으로 구분할 경우, 일반적 환경에 해당하지 않는 내용은?

① 범죄의 다양화와 증가
② 경제발전과 과학기술(4차 산업혁명)의 향상
③ 생활양식 및 국민의식의 변화
④ 해외에서 우리 국민의 테러위험 증가

해설 ▪ 특수적 환경
- 소수민족의 테러 단체들에 의한 투쟁의 증가
- 국제적 지위향상과 더불어 해외에서의 아국민(我國民) 대상 테러 위협 증가
- 북한의 위협 등

20 암살의 동기와 그 유발원인의 연결이 옳은 것은?

① 심리적 동기 : 정신병력 문제
② 정치적 동기 : 경제적 불황 타개
③ 적대적 동기 : 원한, 증오와 관련된 갈등
④ 이념적 동기 : 정권교체 등과 관련된 갈등

해설
- 정치적 동기 : 정권교체 등과 관련된 갈등
- 개인적 동기 : 복수, 증오, 분노 또는 지극히 개인적인 동기에 의한 갈등
- 이념적 동기 : 사상적 신념
- 경제적 동기 : 경제적 불황 타개, 금전적 보상
- 심리적 동기 : 정신분열증, 조울증, 편집증, 노인성 치매 등 정신병력 문제
- 적대적 동기 : 적국의 사회혼란 조성, 전쟁 호기 포착

21 테러조직의 유형별 역할에 관한 내용으로 옳지 않은 것은?

① 적극적 지원조직 : 선전효과 증대, 자금획득, 조직확대 등에 기여
② 직접적 지원조직 : 공격용 차량 준비, 핵심요원 훈련, 무기탄약 지원
③ 지도자 조직 : 반정부 시위나 집단행동에서 다수의 위력 구성을 지원
④ 전문적 지원조직 : 체포된 테러리스트 은닉 및 법적 비호, 의료 지원 제공

해설 ③ 지도자 조직 : 테러조직의 정치적 또는 전술적 두뇌를 제공하는 그룹
- 수동적 지원조직 : 정치적 전위집단이나 후원자
- 행동 조직 : 직접 테러행위를 실시하는 요원

22 다음에서 설명하고 있는 사이버테러 기법은?

> 공격대상이 되는 서버에 과도한 트래픽을 유발시키거나, 정상적이지 못한 접속 등을 시도하여 서버의 네트워크를 독점하거나 시스템 리소스의 낭비를 유발시켜 서버가 정상적으로 작동하지 못하게 만드는 기법

① 논리폭탄 ② 서비스 거부
③ 트로이 목마 ④ 트랩도어

해설 ① 논리폭탄 : 컴퓨터의 일정한 작동시마다 부정행위가 이루어질 수 있도록 프로그램을 조작하는 수법
③ 트로이 목마 : 프로그램 본래의 목적을 실행하면서도 일부에서는 부정한 결과가 나올 수 있도록 은밀히 프로그램을 조작해 두는 수법
④ 트랩도어(함정문수법)
대규모 프로그램의 개발과정에서 Debugging(프로그램 중의 오류를 발견하여 제거하는 일) 등을 위해 프로그램을 수정할 수 있는 명령이 끼어 있게 되는데 이러한 명령은 프로그램의 완성 후에 모두 삭제된다. 그러나 삭제를 잊어버리거나 고의로 삭제를 하지 아니하여 위 명령이 완성된 프로그램 내에서 작동함으로써 범죄를 자행하는 수법.

23 직접적인 자료 및 정보의 제공, 의료제공 등 특정분야에 반복적으로 지원을 제공하는 테러조직의 유형은?

① 적극적 지원조직　　② 전문적 지원조직
③ 직접적 지원조직　　④ 간접적 지원조직

24 다음 중 각국의 대테러부대 연결이 잘못 된 것은?

① 미국 : SWAT　　② 영국 : SAS
③ 러시아 : 스페츠나츠　　④ 프랑스 : GSG-9

해설
- 미국 : SWAT, 델타포스, 레인저스, 네이비 씰 등
- 독일 : GSG-9
- 프랑스 : GIGN
- 러시아 : 스페츠나츠
- 일본 : SAT
- 중국 : 마귀반
- 대만 : 벽력소조
- 영국 : SAS
- 한국 : KNP-868, 707특임대

25 각국의 경호기관 및 대테러부대의 연결이 바르게 된 것은?

① 미국 : 국토안보부 비밀경호국, KNP - 868
② 독일 : 경찰청 경호국, GIGN
③ 프랑스 : 연방범죄수사국, GSG - 9
④ 러시아 : 연방경호총국, 스페츠나츠

해설 ■ 미국 : 국토안보부 비밀경호국(Secret Service)
■ 영국
• 여왕, 왕실의 경호 : 수도경찰청 작전부 왕실 및 외교관 경호대
• 수상의 경호 : 수도경찰청 특수부 VIP경호대
■ 독일 : 연방범죄수사국 경호안전과
■ 프랑스
• 대통령, 외국요인 : 경찰청 경호국(Voyae Official)
• 대통령궁 및 별장 등 중요시설 경비와 의전행사 : 공화국경비대(국가헌병경찰: 국방부 소속)
■ 러시아 : 러시아연방경호총국(FSO)담당
■ 중국 : 당 중앙경위국, 공안부
■ 일본
• 천황 및 황족, 황궁 : 동경도 경시청 직할의 황궁경찰본부
• 내각총리대신 및 국내요인 국빈 : 경찰청 경비국 공안 제2과

26 **북한의 테러 및 국지전등 위협이 상존하고 있으므로 경호환경을 악화 시키고 있다. 경호환경의 위해요소 중 어디에 해당 하는가?**

① 특정한 위해 ② 특수적 환경
③ 일반적 환경 ④ 폐쇄적 구조

해설 ■ 일반적 경호환경
• 경제의 발전과 과학기술의 발전
• 정보의 팽창화
• 사회구조와 국민의식 구조의 변화
• 범죄의 증가 및 국제화
■ 특수적 경호환경
• 세계 각국의 경제전쟁
• 우리나라의 국제지위 향상
• 북한의 위협

27 경호위해 조직의 일반적 특징으로 볼 수 없는 것은?

① 동심원적 구조 ② 전문성
③ 정확성과 치밀성 ④ 의존성

해설 경호위해조직의 일반적인 특징으로는 동심원적 구조, 전문성, 폐쇄적구조, 정확성과 치밀성을 들 수 있다.

28 대통령 및 당선자와 그 가족, 부통령과 그 가족, 부통령 당선자의경호 및 대테러부대가 맞게 연결 국가는?

① 미국, 델타포스 ② 독일, GSG-9
③ 프랑스, GIGN ④ 러시아, 스페츠나츠

해설 ① 미국의 경호기관 및 대테러부대를 말한다.

29 다음 중 4차 산업혁명의 내용으로 적절치 않은 것은?

① 4차 산업혁명이란 로봇이나 인공지능(AI)을 통해 실제와 가상이 통합돼 사물을 자동적 · 지능적으로 제어할 수 있는 가상 물리시스템의 구축이 기대되는 산업상의 변화를 말한다.
② 4차 산업혁명은 2016년 6월 스위스에서 열린 다보스 포럼(Davos Forum)에서 포럼의 의장이었던 클라우스 슈밥(Klaus Schwab)이 처음으로 사용하면서 이슈화되었다.
③ 4차 산업혁명시대를 맞아 인공지능(AI), 로봇기술, 드론, 자율주행차, 사물인터넷(IoT), 가상현실(VR) 등을 이용한 경호활동에 유용하게 활용되고 있다.
④ 4차 산업혁명의 인공지능 등을 통한 위해자에 의한 위해수법의 첨단화로 위해 가능성이 점차 낮아지고 있는 등 경호환경이 점차 쉽게 변하고 있다.

해설 ④ 4차 산업혁명의 인공지능 등을 통한 위해자에 의한 위해수법의 첨단화로 위해 가능성이 점차 높아지고 있는 등 경호환경이 점차 어렵게 변하고 있다.

30 국민보호와 공공안전을 위한 테러방지법령상 다음의 (　　)에 들어갈 내용으로 맞는 것은?

안전관리대책을 수립하여야 하는 국가 중요행사는 국내외에서 개최되는 행사 중 관계기관의 장이 소관 업무와 관련하여 주관기관·중요도 등을 기준으로 (　　)과(와) 협의하여 정한다.

① 대테러센터장　② 국가테러대책위원회 위원장
③ 행정안전부장관　④ 해당 지방자치단체장

해설 테러방지법 시행령 제26조(국가 중요행사 안전관리대책 수립) 제1조에 의거, ①번이 정답임.

정답

01.①	02.④	03.④	04.①	05.③	06.③	07.④	08.②	09.③	10.④
11.①	12.④	13.③	14.③	15.②	16.①	17.④	18.④	19.④	20.①
21.③	22.②	23.②	24.④	25.④	26.②	27.④	28.①	29.④	30.①

제7장

경호복장과 장비

제7장 경호복장과 장비

제1절 경호복장

경호원은 항상 복장과 용모를 단정히 하여야 하며, 국민과 의뢰인의 품위를 손상시키지 않도록 노력하여야 한다.

복장은 은밀경호를 위해 보호색의 원리로 주변과 어울리는 일반인과 같은 복장을 착용하여 신분의 노출을 감추어야 한다.

1 공경호원

가. 경호처 직원 : 대통령 등의 경호에 관한 법률 제34조(복제)

① 처장은 필요하다고 인정하는 경우 직원에게 제복을 지급할 수 있다.

② 직원의 복제에 관하여 필요한 사항은 처장이 정한다.

나. 경찰공무원 : 국가경찰은 정복착용을 원칙으로 하지만 시간과 장소에 따라 주변 환경에 조화되는 사복을 착용할 수 있다.

*경찰복제에 관한 규칙 제11조(대통령 경호처에서 근무하는 경찰공무원의 복식)

• 대통령경호처에서 근무하는 경찰공무원의 복식에 관하여는 「대통령 등의 경호에 관한 법률 시행령」 제34조(복제) 제2항에 따른다.

2 사경호원(경비업법 제16조 : 경비원의 복장 등)

가. 경비업자는 경찰공무원 또는 군인의 제복과 색상 및 디자인 등이 명확히 구별되는 소속경비원의 복장을 정하고 이를 확인할 수 있는 사진을 지방경찰청장에게 신고하여야 한다.

나. 신고된 동일한 복장을 착용하게 하여야 하며, 집단민원현장이 아닌 곳에서 신변보호업무를 수행하는 경우 또는 경비업무의 성격상 부득이한 사유가 있어 관할경찰관서장이 허용하는 경우에는 그러하지 아니하다.

제2절 경호장비

경호경비활동을 완벽하게 수행하기 위하여 필요한 것이 장비이다.
경호활동상의 장비란 통상적으로 행사장 출입자에 대한 신원확인이나 폭발물의 탐지 등에 사용되는 검색장비를 말한다.
이러한 검색장비로는 폭발물이나 무기, 금속제 흉기 등을 탐색하는데 이용되는 금속탐지기와 수화물검색기가 대표적 운용 장비이다.

1 경호장비의 유형별 관리

가. 무기 : 총기

나. 방호장비

(1) 물리적(인위적)방벽

- 인간 : 군인, 경찰, 청원경찰, 경비원 등
- 시설 : 울타리, 담장, 출입구, 전류방벽 등
- 동물 : 공격 견, 거위, 경비견(탐지견) 등

*탐지견 : 사람보다 100배 이상의 후각이 발달되어 있어 경호현장 등에서 널리 이용되고 있음

(2) 자연적 방벽

산악, 절벽, 계곡, 강, 바다, 늪 등

(3) 방호장구

방탄복, 방탄유리, 방탄필름, 방탄가방, 방패 등

다. 기동장비

경호대상자의 경호를 위하여 경호대상자와 경호요원이 운용하는 차량, 항공기, 선박, 열차 등을 말한다.

라. 통신장비

무전기, 휴대전화, 전화기, 인터폰, FAX, 위치추적장치, 위성통신장비 등

마. 검색장비

금속탐지기(문형, 휴대용 등), x-ray검색기, 흡입형 폭발물 탐지기, 폭발물 탐지기, 검측거울, 청진기, 화이버스코프, 탐침, 가스 탐지기, 방사능 탐지기, 편지폭탄검색기 등

(1) 금속 탐지기

무기는 대부분 금속성 물질로 제작되어 있어 금속탐지기는 철, 금, 은, 동 또는 일부 비철금속 물질을 탐지하는데 사용

- 설치상 유의점
  - 사용 전 전원을 확인할 것
  - 기기에 무리한 힘이나 충격을 주지 말 것
  - 정밀전자 과학 장비이므로 취급에 유의할 것

- 에어컨, 콘솔박스 등 전압의 변화가 심한 장소를 피할 것
- 고압전류가 흐르는 주변은 피할 것
- 금속탐지기를 2대 이상 운용 시는 최소 3m 이상의 간격을 띄울 것

■ 운용요령

- 입장객을 통과시킬 때에는 개인 간의 간격이 최소 1.5m 정도 떨어져 보통걸음속도로 통과하도록 한다.
- 대상자의 소지품은 별도로 검색한다.
- 무전기와 같은 통신장비는 탐지기로부터 3m 이상 거리를 유지하게 한다.
- 대상자가 움직이거나 탐지기를 건드린 경우 다시 검색한다.

(2) X-ray검색기

무기, 위험물 검색용으로 종류에는 검색대상물의 밀도 차이를 구분하는 것으로 가장 많이 사용되고 있다.
대상물질의 성분분석으로 판독하는 것과, 검색 가능한 모든 물질을 사전 입력한 후 검색대상 물질을 판독하는 것 등이 있다.

(3) 흡입형 폭발물 탐지기

폭발물에서 발생하는 기체를 화학적으로 분석하여 감지하는 장치

(4) 검색거울

차량하부 등 숨겨진 폭발물을 발견하는데 사용

(5) 편지폭탄 검색기

편지만을 전문적으로 검색하는 장비

(6) 기타 검색장비로 가스검출기, 유독가스검출기, 화재유발가스검출기, 벽 내부, 마루아래, 캐비넷 내부 등 접근이 어려운 검색 시 시각적으로 볼 수 있게 하는 장비 등이 있다.

바. 보안장비

도청탐지장비, 도청방해장비, 비화기 등

사. 구조장비

방독면, 산소호흡기, 소화기, 도끼, 절단기, 사다리, 비상등, 헬멧, 안전로프, 안전벨트, 하강기 등

아. 방범장비

CCTV, 침입감지장치, 출입통제장치, 비상벨(유 · 무선) 등

자. 감시장비

망원경, 야간투시경, 카메라, 드론 등

차. 기타

(1) 폭발방해 장비

무선장치를 작동시켜 원거리에서 폭발물을 폭발시키는 전파를 교란하여 원격조정장치의 작동 방해 등으로 폭발물의 폭발을 예방하는 장비

(2) 경광등, 바리케이트, 가스분사기, 전자충격기, 단봉 등

타. 자동차

(1) 경호차량의 선정

- 견고하고 성능이 우수한 차량
- 통신장비를 갖춘 방탄용 차량
- 방향전환이 쉬고 엔진의 성능과 가속장치가 좋은 차량
- 경호대상자 차량과 경호 차량은 성능과 모양이 비슷한 차량으로 선정

(2) 운전요원의 준수사항

- 최상의 상태를 유지하며 운전 전 모든 계기의 이상 유무를 확인한다.
- 소화기와 구급약품 등을 비치한다.
- 경호팀장의 명령에 의거 출발하고 정지한다.
- 운전석에 사람이 있으면서 정차하고 있는 차량은 특별 경계한다.
- 운행은 도로의 중앙차선을 이용하고 차문은 항상 잠금 되어야 한다.
- 의심스러운 차량의 추적여부를 탐지하고 이상시 경호팀에 즉시 보고 한다.
- 신호대기, 회전 시에는 좌·우 차량을 경계하면서 정차하고 출발한다.
- 주차는 경계가 용이한 밝은 장소에 주차하여 경계하여야 한다.
- 주차 시 차의 정면이 출입구를 향하여 항시 출발할 수 있도록 하여야 한다.
- 사고발생 시는 즉시 현장을 이탈한 후 사고 처리를 하여야한다.
- 정차 시는 옆 차량과 문과 문이 마주보지 않도록 한다.

2 통신장비

가. 통신의 분류

(1) 유선통신

전화기, 교환기, 자동전화망, 직통전화망, 텔레타이프망, FAX, 컴퓨터통신(이메일) 등

(2) 무선통신

무전기(휴대용, 차량용 등), 무선전화기, 휴대용 전자식 교환기, 위성통신장비, 위치추적장치 등

나. 통신의 특징

(1) 통신의 방법

전령통신, 전기통신, 신호통신, 음향통신, 우편통신 등

(2) 유 · 무선 통신의 장 · 단점

(가) 유선통신

- 장점
  - 사용이 간편하다.
  - 보안성이 양호하다.
  - 신속한 통화가 가능하다.
- 단점
  - 시설에 장시간이 소요된다.
  - 보수 · 유지에 시간 및 비용이 많이 소요된다.

(나) 무선통신

- 장점
  - 기동성과 신속성 및 융통성이 있다.
- 단점
  - 보안성이 희박하다.
  - 전파방해 및 기만통신에 취약하다.
  - 지형과 기상에 영향을 많이 받는다.
  - 정비에 어려움이 있다.

다. 무전기 사용상 위치

(1) 양호한 위치

가시거리, 높은 언덕, 평지, 약간 기복진 곳 등

(2) 나쁜 위치

철근콘크리트 건물 내, 고층건물, 전신주, 교량 밑, 산골짜기, 교신상대방이 산 뒤편에 있을 때, 터널 등 불감지대

라. 통신운용의 3대 요소

- **신속** : 통신의 내용을 최대한 단축시켜야 하고
- **정확** : 내용을 정확하게 전달할 수 있어야 하며
- **안전** : 보안대책을 강구하여 안전하게 이용될 수 있도록 하여야 한다.

*일부학자는 신뢰성, 정확성, 안전성이라고 하기도 한다.

마. 통신보안

통신수단에 의하여 처리, 저장, 소통되는 정보를 보호하거나 도청, 해킹 등 외부의 위협으로부터 취약요인을 제거하기 위한 수단과 방법

(1) 목적

국가기밀 누설가능성을 사전제거, 누설되는 정보량의 최소화, 첩보의 수집과 수집된 정보의 분석에 대한 지연대책 강구

(2) 중요성

사회 모든 분야에서 통신의 이용도가 급증, 전기통신의 사용, 도청에 의한 정보수집활동 치열, 누설된 기밀은 탈취 및 회복할 수 없다.

(3) 용어의 해설

(가) 암호

통신내용을 비닉하기 위하여 평문이나 숫자로서 기술상의 처리를 하여 내용 전체를 체계적으로 변경시킨 것.

(나) 음어

내용의 전체 또는 일부를 비닉하기 위하여 평문이나 숫자로 변경시킨 것.

(다) 약어

내용의 긴 문장이나 단어 중에서 주가 되는 문자를 발췌, 결합하여 간략히 하는 방법

(라) 약호

긴 문장이나 단어, 어구를 전혀 뜻이 다른 간략한 문자 나 숫자 등으로 대치하여 내용을 비닉하는 것.

3 경호총기

경호총기란 경호대상자의 신변안전을 보호하기 위하여 경호요원이 사용하는 총기를 말한다.

경호용 총기는 휴대 및 사용이 용이하고, 성능이 뛰어나야 한다.

오늘날 대부분의 국가가 리벌버 권총과 기관총 등 다양한 총기로 무장하고 있다.

가. 경호총기의 휴대 및 사용의 법적 근거

(1) 대통령경호처 공무원

대통령 등의 경호에 관한 법률 제19조(무기의 휴대 및 사용)

*무기사용 규정 위반 시(동법 제21조 : 벌칙)

5년 이하의 징역이나 금고 또는 1천만 원 이하의 벌금에 처한다.

(2) 경찰공무원

- 휴대의 근거 : 경찰공무원법 제20조(복제 및 무기 휴대) ②항

- 경찰공무원은 직무 수행을 위하여 필요하면 무기를 휴대할 수 있다
- 사용의 근거 : 경찰관직무집행법 제10조의4(무기의 사용)

나. 경호총기의 관리

(1) 경호원은 직무를 수행하기 위하여 필요하다고 인정되는 범위에서 무기를 사용할 수 있다.

(2) 총기는 비노출 휴대가 원칙이며, 특히 사용하지 않을 때에는 절대로 노출시켜서는 안 된다.

(3) 무기사용의 한계(합리성, 필요성, 상당성, 보충성) 내에서 사용하여야 한다.

(4) 항복의 표시가 보이면 총기사용은 금한다.

다. 경호총기의 제원 비교

(1) M16 A1 소총

1961년 미국 콜트사에서 생산된 M16소총을 모델로 1974년 생산된 국산 최초의 소총

- 길이 : 99cm
- 무게 : 2.9kg
- 구경 : 5.56mm
- 강선 : 6조우선
- 최대사거리 : 2,653m
- 유효사거리 : 460m
- 특성 : 탄알집 장전식, 가스작용식, 견착사격식, 자동 및 반자동식, 공랭식
- 탄종 : 보통탄, 예광탄, 훈련탄, 공포탄, 발사약통

(2) K-2 소총

1985년 생산된 한국형 소총

- 길이 : 97cm
- 무게 : 3.26kg
- 구경 : 5.56mm
- 강선 : 6조우선
- 최대사거리 : 3,300m
- 유효사거리 : 600m
- 특성 : 탄알집 장전식, 견착사격식, 연발 및 점사, 단발식, 사거리 조절식
- 탄종 : 보통탄, 예광탄, 훈련탄, 공포탄

(3) 38구경 권총(리볼버)

- 구경 : 0.38인치(2, 4인치 동일)
- 무게 : 865g(2인치), 956g(4인치)
- 총열길이 : 2인치 또는 4인치
- 전장 : 214mm
- 유효사거리 : 50m
- 최대사거리 : 910m(2인치), 1,500m(4인치)
- 강선 : 6조좌선
- 특성 : 반자동식(실린더 회전식), 실린더 장전식, 노출공이식, 고정공이식, 파지식, 공랭식, 단동식, 복동식, 약실(6~9개)

(4) 22구경 권총

- 구경 : 0.22인치
- 무게 : 650g
- 총열길이 ; 97mm
- 전장 : 170mm
- 유효사거리 : 50m
- 최대사거리 : 1,500m
- 강선 : 6조우선

- 특성 : 경량, 단동식, 복동식, 속사식 작용, 반자동, 탄알집 장전식

(5) 45구경 권총

45구경 권총은 미국의 COLT사 제품(구경 11.4mm)과 베레타 권총(구경 9mm)이 있어 무게 등의 제원에 약간의 차이가 있다.

- 구경 : 11.4mm(0.45인치)
- 무게 : 1.1kg, 7발 탄알장전 시 1.36kg
- 유효사거리 : 50m
- 최대사거리 : 1,500m
- 강선 : 6조좌선
- 특성 : 반자동식, 반동식, 파지식, 탄알집 장전식, 공랭식
- 탄종 : 보통탄, 예광탄, 공포탄, 연습탄

(6) K-5 권총

1989년부터 국내에서 생산되어 야전지휘관 및 전차승무원용으로 보급되었으며 일명 9mm 권총으로 불린다.

- 구경 : 9mm
- 무게 : 0.8kg
- 길이 : 190mm
- 최대사거리 : 1,550m
- 유효사거리 : 50m
- 강선 : 6조우선
- 특성 : 경량, 반동식, 복동식 및 속사식작용, 반자동, 총열후좌 반동이용식, 탄알집장전식

4 감시장비 중 드론(Drone)

가. 드론이란?

조종사 없이 무선전파의 유도에 의해서 비행 및 조종이 가능한 비행기나 헬리콥터 모양의 군사용 무인항공기(UAV : unmanned aerial vehicle / uninhabited aerial vehicle)의 총칭이다.

2010년대를 전후하여 군사적 용도 외 다양한 민간 분야에도 활용되고 있다.

나. 드론의 분류

드론은 용도에 따라 표적드론(target drone), 정찰드론 (reconnaissance drone, RQ) 또는 감시드론(surveillance drone), 다목적 드론(multi-roles drone, MQ) 등으로 구분된다.

다. 드론의 역사 및 역할

제2차 세계대전 직후 수명을 다한 낡은 유인 항공기를 공중 표적용무인기로 재활용하는 데에서 개발되기 시작한 드론은 냉전 시대에 들어서는 적기지에 투입돼 정찰 및 정보수집 임무를 수행하였다.

이후 원격탐지장치, 위성제어장치 등 최첨단 장비를 갖추고 사람이 접근하기 힘든 곳이나 위험지역 등에 투입되어 정보를 수집하기도 하고, 공격용 무기를 장착하여 지상군 대신 적을 공격하는 공격기의 기능으로 활용되고 있다.

아울러 최근에는 군사적 역할 외에도 다양한 민간 분야에서 촬영, 관측, 배송, 수색, 살포 등 광범위하게 활용되고 있다.

라. 최근 감시장비 드론의 문제점

최근 드론은 군사, 산업, 의료 등 다방면에서 유용하게 활용되고 있으나 악용되는 문제점도 대두되고 있다.

(1) 자폭 드론에 의한 심각한 피해 발생

(2) 원격조종에 의한 조종자 파악 및 대처 곤란

(3) 공항에서 항공기의 이착륙 방해
(4) 사생활 엿보기
(5) 보안시설의 촬영 및 피해발생
(6) 문화재 등 시설물의 피해발생
(7) 시민의 안전에 영향을 끼친다. 등

마. 경호현장에서의 활용

현재와 같이 제한된 인원 및 장비에 의한 경호활동에 드론을 추가로 활용하여 관측, 수색, 촬영 등 경호정보의 실시간 수집 및 즉각적인 대처 활동으로 보다 완벽한 사전예방경호활동을 실시할 수 있다.

(1) 경호정보의 수집 및 즉각적인 대처
(2) 지속적인 활동 가능
(3) 안전구역에서의 안전검측 시 활용
(4) 경비, 경계구역에서 인적, 물적 위해요소의 조기 발견 및 조치
(5) 사각 및 취약지역에 대한 배제활동
(6) 인력 순찰과 연계한 입체적인 감시 및 수색활동 가능 등

기출 및 예상문제

01 경호원과 경찰 그리고 경비원의 복제에 대한 설명으로 맞는 내용은?

① 대통령 경호원은 복제에 있어서 사복을 착용할 수 없다.

② 대통령경호처장은 필요하다고 인정하는 경호현장 직원에게만 제복을 지급할 수 있다.

③ 경비업자는 경찰공무원 또는 군인의 제복과 색상 및 디자인 등이 명확히 구별되는 경비원의 복장을 정하여야 한다.

④ 대통령경호처에 근무하는 경찰공무원의 복제는 경찰청장이 따로 정한다.

해설
- 대통령 경호원의 복제에 관하여 필요한 사항은 처장이 정한다.
  경호원은 복장, 용모를 단정히 하여 품위를 유지하여야 한다.
- 행사의 성격에 따라 주변 환경과 조화되도록 복장을 착용하여 경호원의 신분이 노출되지 않도록 한다.
- 행사의 성격, 규모, 기상 및 부여된 임무에 따라 최적의 복장을 착용하여야 한다.

02 경호행사 중에 사용되는 통신장비의 내용으로 맞지 않는 것은?

① 신속성 ② 전통성

③ 정확성 ④ 안전성

해설 경호통신은 유선, 무선통신으로 구분되며, 신속성, 정확성, 안전성이 요구된다.

03 행사장에서 검색장비 설치 시에 유의사항으로 틀린 것은?

① 조립식 제품의 검측장비에 힘을 가하거나 충격을 주지 않는다.

② 고압전류가 흐르는 장소는 피해서 설치한다.

③ 전압의 변동이 심한 지역을 피해서 설치한다.
④ 금속 탐지기를 2대 이상 설치·운용 시에는 최소한 1m 이상의 이격이 있어야 한다.

해설 검색장비의 설치 시 유의사항으로 위의 설문외 사용 전 반드시 전원을 확인하고, 정밀전자 과학장비이므로 취급운반 시 주의하여야 하며, 금속 탐지기를 2대 이상 운용 시에는 3m 이상 이격시켜야 한다.

04 다음 중 물리적 방벽에 해당되는 것은?

① 분사기 ② 금속 탐지기
③ 전류방벽 ④ CCTV

해설 방호장벽에는
■ 물리적(인위적)방벽
• 인간 : 군, 경찰, 청원경찰, 경비원 등
• 시설 : 울타리, 담장, 출입구, 전류방벽 등
• 동물 : 공격 견, 거위, 경비견(탐지견) 등
* 탐지견 : 사람보다 100배 이상의 후각이 발달되어 있어 경호현장 등에서 널리 이용되고 있음
■ 자연적 방벽
산악, 절벽, 계곡, 강, 바다, 늪 등
■ 방호장구
방탄복, 방탄유리, 방탄필름, 방탄가방, 방패 등

05 다음 중 검색장비에 해당되지 않은 것은?

① 금속 탐지기 ② 차량검색거울
③ 폭발물 탐지기 ④ 쌍안경

해설 검색장비란 신변보호 및 중요행사를 수행함에 있어 위해요소에 대한 분석과 판단으로 적절한 조치를 강구하여 위해요소를 사전 제거하는 작용에 활용되는 장비로서 금속 탐지기, X레이 수하물 검색기, 차량 검색거울, 가스 탐지기, 폭발물 탐지기 등이 있다. 감시 장비로는 포대경, 쌍안경, 망원경 등이 있다.

06 기동 간 차량 운전방법에 대한 설명으로 틀린 내용은?

① 교차회전 시에는 회전 정점을 지나면 가속페달을 밟아 빠져 나간다.
② 건널목 통과 시는 변속기 조작을 금지하고 출발 시에는 고속기어를 사용하여 빨리 빠져나간다.
③ 교차로 통행 시 우선순위는 교차로에 먼저 진입한 차, 교차 폭이 다른 경우 폭이 넓은 도로에 있는 차가 통행 우선이다.
④ 오르막에서는 내려가는 차가 우선이고 빈차는 사람과 물건을 적재한 차에게 양보한다.

해설 건널목 통과 시는 변속기 조작, 저속기어를 사용하여 천천히 진행하여야 한다.

07 차량경호 시 선도차량, 경호대상자차량, 후미차량 등 이동 간 가장 먼저 차선을 변경하여야 되는 차량은?

① 선도 차량　② 경호대상자 차량
③ 후미 차량　④ 전 차량 동시

해설 경호대상자 차량의 차선변경을 원활하게 하기 위해서는 후미차량의 차선변경이 우선시되는 것이 원칙이나 상황에 따라 변경될 수 있다.

08 다음 중 차량기동 간의 근접경호 시 가장 중요시 여겨야 할 사항은?

① 행·환차로의 선택　② 탑승의 인원수
③ 차량의 선택　④ 차량대형의 구성

해설 기동 간 근접경호 시 고려사항으로 차량의 선택, 행·환차로의 선택, 차량대형의 구성, 차량간 신호 유지, 간격과 속도의 유지, 도로 여건에 따른 주행 등이 있으나 기동 간에는 차량대형의 구성이 가장 중요 하다.

09 38리볼버 권총의 제원에 대한 설명 중 맞지 않은 것은?

① 강선 : 6조우선 ② 유효사거리 : 50m

③ 총의 전장 : 24.1cm ④ 총의 무게 : 956g

해설 45 및 38구경 권총은 6조좌선이고 K-5, 22권총은 6조우선이다.

10 검측(Metal Security)에 대한 설명으로 올바른 내용은?

① 폭발물 탐지에는 잘 훈련된 탐지견의 후각이 정밀과학 기자재를 능가하는 것이 보통이다.

② 분해가 어려운 전자제품 등의 검측에는 X-ray 투시가 가장 정확하다.

③ 숙련된 검측전문가의 관능검사가 가장 정확하다.

④ 차량 검측 시에는 시동을 걸기 전에 차체 문을 열어 육안검측을 먼저 한다.

해설 일반적으로 탐지견을 많이 이용하고 있으나 정밀과학 기자재를 함께 사용하여야 한다. 분해가 어려운 전자제품은 격리시키거나 각종 검측장비를 이용한 철저한 검측이 요구되며, 전문가에 의한 관능검사도 병행 실시하여야 한다. 차량검측은 시동을 끈 다음 육안검측을 먼저 실시한다.

11 문형금속 탐지기의 특성으로 틀린 것은?

① 소형 총기류 소지자에 대한 탐지가 가능하다.

② C4를 비롯한 일부 폭발물에 대한 탐지는 어려운 것이 단점이다.

③ 금속류 소지자 파악이 가능하며 검색 강도에 따라 탐지가능 정도가 다르다.

④ 짧은 시간 내 인원에 제한받지 않고 검색할 수 있는 장점이 있다.

해설 1명씩 검색하는 것으로 시간당 50~55명 기준으로 시간상 제한을 받는다.

12 차량 승·하차 시 경호방법에 관한 설명으로 맞는 내용은?

① 경호대상자가 모두 하차하면 운전기사는 차량을 바로 출발시킨다.
② 신속한 차량탑승을 위해 1명의 경호요원이 차문을 열어주면 경호요원의 공백을 초래하게 된다.
③ 운전요원이 직접 차문을 열고 닫는 것이 최선의 방법이다.
④ 하차지점에 도착하면 상황을 경계하면서 고속으로 접근한다.

해설 경호대상자가 하차하여 입장할 때까지 운전자는 우발상황을 대비하여 기다려야 하고, 운전요원은 운전에만 전념하여야 하며, 하차지점에는 천천히 접근하여야 한다.

13 경호요원의 총기사용에 대한 설명 중 틀린 내용은?

① 안녕질서를 위해 최종적으로 사용한다.
② 총기는 권위를 표출하는 수단으로 범죄 예방 차원에서 잘 보이게 휴대한다.
③ 관계법상 인정되는 엄격한 요건과 관계 내에서 사용한다.
④ 경호대상자나 경호원이 생명의 위협을 격퇴시키는데 다른 수단이 없을 때 사용한다.

해설 직무를 수행함에 있어 필요하다고 인정하는 상당한 이유가 있을 경우 그 사태에 응하여 부득이 하다고 판단되는 한도 내에서 무기를 사용할 수 있다.

14 경호대상자의 차량 검색에 대한 설명으로 틀린 내용은?

① 경호대상자 차량의 안전대책으로 무선원격 시동장치를 사용하도록 한다.
② 트렁크를 열되 5cm 이상 열지 않도록 한다.
③ 경호대상자 차량은 반드시 휠 캡을 사용하도록 한다.
④ Hood 전체에 걸쳐 틈에 무엇이 있는가를 확인하기 위해 "WIP(Wire Indication Pin)" 기법을 쓰도록 한다.

해설 바퀴의 휠 캡은 미관상 설치하는 것으로 그 내부를 점검하여야 하며, 반드시 사용할 필요는 없다.

15 경호차량의 주차 시 경호차량 운전요원의 준수사항으로 틀린 내용은?

① 주차 장소는 가능한 자주 변경하여 계획된 위해상황과 불심분자의 관찰로부터 벗어나게 한다.
② 야간 주치 시에는 어두운 곳에 주차하도록 한다.
③ 차의 정면이 출입로를 향하게 한다.
④ 출발 전에 수시로 차의 상태를 점검한다.

해설 야간 주차 시에는 밝은 곳에 주차시킨 후 경계임무에 임해야 한다.

16 경호원의 복장에 대한 설명으로 틀린 내용은?

① 경호 행사의 성격, 장소, 시간 등에 따라 주위와 잘 어울리는 복장으로 한다.
② 개개인의 취향을 살려 각자에게 잘 어울리는 복장을 선택하는 것이 바람직하다.
③ 경호업무를 위해 특별히 제작된 옷은 없지만 대개는 정장 차림을 하는 것이 좋다.
④ 여자 경호원은 신발 뒷굽의 높이와 편의성을 고려하여 하이힐은 피하는 것이 좋다.

해설 경호원의 복장은 개인의 취향을 피하는 것이 좋다.
즉 은밀 경호의 원칙에 의거 노출경호는 금지된다.

17 승차와 하차의 경호방법으로 틀린 내용은?

① 하차지점의 상황을 경계하면서 서행으로 접근하도록 한다.
② 승차 시는 경계임무를 수행하면서 하차 시 보다 좀 더 천천히 이동한다.
③ 하차 시 운전자는 시동을 건 상태에서 경호대상자가 건물 내로 들어갈 때까지 차내에서 대기한다.
④ 비상시 차량을 급히 출발시킬 수 있는 여유 공간을 확보하고 정차한다.

해설 승차 후에는 가급적 빠른 시간 내에 현장을 이탈할 수 있도록 빨리 출발한다.

18 경호공무원의 무기휴대 및 사용방법에 관한 설명으로 틀린 내용은?

① 대통령비서실장은 직무를 수행하기 위하여 필요하다고 인정할 때에는 소속 공무원에게 무기를 휴대시킬 수 있다.

② 무기를 휴대하는 자는 그 직무를 수행함에 있어서 필요하다고 인정하는 상당한 이유가 있을 경우 그 사태에 부응하여 부득이하다고 판단되는 한도 내에서 무기를 사용할 수 있다.

③ 형법에 규정된 정당방위와 긴급피난에 해당하는 때에는 경우에 따라서 무기를 사용할 수 있다.

④ 사형, 무기 또는 장기 3년 이상의 징역 또는 금고에 해당하는 죄를 범하고 또는 범하였다고 의심할만한 충분한 이유가 있는 자가 소속 공무원의 직무집행에 대하여 항거하거나 도피하려고 할 때에는 경우에 따라서 무기를 사용할 수 있다.

해설 무기를 휴대시킬 수 있는 자는 경호처장이다.

19 경호장비에 관한 설명으로 틀린 내용은?

① 경호활동의 주체는 사람이지만 경호업무를 더 효율적으로 수행하기 위하여 경호장비를 활용한다.

② 경호통신장비 중 일부 무선장비는 사용을 위해 관련 부서의 허가를 득해야 한다.

③ 특수경비원은 업무의 특성상 가스분사기, 전기충격기 사용 시 총포, 도검, 화약류 등 단속 상의 허가를 득할 필요가 없다.

④ 경호의 업무영역이 직접적인 신체의 위해를 보호하는 차원에서간접적인 위해요소까지 보호하는 차원으로 확대됨으로서 경호장비 사용범위도 증가하고 있다.

해설 ③의 특수경비원도 당연히 관계법령에 의거 관할 경찰서장의 소지허가를 득해야 한다.

20 경호장비의 종류에 관한 설명으로 옳은 내용은?

① 경호업무에 있어서 인력부족으로 인한 경호취약점을 보완하는 수단으로서 침입행위를 사전에 알아내는 역할을 하는 장비를 호신장비라고 한다.
② 경호원이 자신의 생명, 신체가 위험상태에 놓였을 때 스스로를 보호하는 산소호흡기 등의 장비를 방호장비라고 한다.
③ 경호위해요소에 대한 분석과 판단으로 적절한 조치를 강구하여 위해요소를 사전에 제거하는데 활용되는 장비를 검색장비라고 한다.
④ 방벽을 설치하여 침입하려는 적의 심리상태를 불안, 좌절시키는 효과를 가진 장비를 감시장비라고 한다.

해설 ①은 방범장비, ②는 구조장비, ③은 검색장비, ④는 방호장비를 설명한 것임.

21 다음 중 물리적 방벽의 종류가 잘못 연결 된 것은?

① 시설방벽 - 절벽
② 인간방벽 - 경비원
③ 동물방벽 - 경비견
④ 시설방벽 - 전류방벽

해설 절벽은 자연적 방벽이다.

22 다음 방호 장비 중 자연적 방벽이 아닌 것은?

① 산악
② 절벽
③ 경비견
④ 바다

해설 물리적 방벽에는 시설, 인간, 동물, 전기방벽이 있으며, 동물방벽에는 공격견, 경비견, 거위 등이 있다.

23 다음 중 무전기 성능을 최대로 할 수 있는 사용 장소는?

① 철탑 및 교량 밑
② 고층건물 부근
③ 높은 언덕 위
④ 산골짜기

해설 무전기의 성능을 최대로 할 수 있는 양호한 위치로는 가시거리, 높은 언덕, 평지, 약간 기복진 곳 등이 있다.

24 다음 내용 중 개인정보 보호에 관한 설명으로 틀린 내용은?

① 정보통신서비스의 제공을 위하여 이용자의 개인정보를 취급하거나 취급하였던 자는 직무상 알게 된 개인정보를 훼손, 침해, 누설하여서는 아니 된다.
② 정보통신 서비스 제공자로부터 이용자의 개인정보를 제공받은 자는 당해 이용자의 동의가 있거나 다른 법률에 특별한 규정이 있는 경우를 제외하고는 개인정보를 제공받은 목적 외의 용도로 이를 이용하거나 제3자에게 제공하여서는 아니 된다.
③ 정보통신 서비스 제공자는 계약 시 명시한 범위를 초과하여 이용하거나 제3자에게 제공하고자 하는 경우, 통계작성, 학술연구 또는 시장조사를 위하여 필요한 경우에 이용자의 동의가 없어도 된다.
④ 정보통신 서비스 제공자는 이용자의 개인정보를 보호하기 위하여 개인정보 관리 책임자를 지정하고 이용자의 개인정보를 취급하는 자를 최소한으로 제한하여야 한다.

해설
- 정보이용촉진 및 정보보호 등에 관한 법률에서 정보통신서비스 제공자는 다음 각호의 어느 하나에 해당하는 경우에는 제1항의 규정에 따른 동의없이 이용자의 개인정보를 수집, 이용할 수 있다.
- 정보통신서비스의 제공에 관한 계약의 이행을 위하여 필요한 개인정보로서 경제적, 기술적인 사유로 통상의 동의를 받는 것이 현저히 곤란한 경우
- 정보통신서비스의 제공에 따른 요금정산을 위하여 필요한 경우
- 이 법 또는 다른 법률에 특별한 규정이 있는 경우 등이다.

25 전자문서의 수신시기로 제일 옳은 것은?

① 수신자가 전자문서를 열람하였을 때
② 수신된 전자문서의 최초 결재권자의 결재가 된 때
③ 수신된 전자문서의 최종 결재권자의 결재가 된 때

④ 수신자가 전자문서를 수신한 컴퓨터를 지정한 경우 지정한 컴퓨터에 입력된 때

해설 정보통신망 이용촉진 및 정보보호 등에 관한 법률에 의하여 ④항의 지정한 컴퓨터에 입력된 때이다.

26 **통신내용을 제3자가 알지 못하도록 비닉하기 위해 평문이나 숫자로서 기술상의 처리를 가하여 통신내용 전체를 체계적으로 변화시킨 것을 무엇이라 하는가?**

① 암호 ② 음어
③ 약호 ④ 약어

해설 • 암호
통신내용을 비닉하기 위하여 평문이나 숫자로서 기술상의 처리를 하여 내용 전체를 체계적으로 변경시키는 것.
• 음어
내용의 전체 또는 일부를 비닉하기 위하여 평문이나 숫자로 변경시킨 것.
• 약어
내용의 긴 문장이나 단어 중에서 주가 되는 문자를 발췌, 결합하여 간략히 하는 방법
• 약호
긴 문장이나 단어, 어구를 전혀 뜻이 다른 간략한 문자나 숫자 등으로 대치하여 내용을 비닉하는 것.

27 **통신보안의 일반적인 방책으로 맞지 않은 것은?**

① 정보량의 극소화 ② 불요불급한 통신의 억제
③ 적측해독 지연 ④ 누설가능성의 사전제거

해설 통신보안의 일반적인 방책으로는
• 누설가능성의 사전제거 • 정보량의 극소화
• 적측해독 지연 • 통신망의 일원화 등이 있다.

28 보안자료 수령시의 보호관리 수단으로 가장 양호한 것은?

① 인편으로 송달한다.　② 무선으로 송달한다.
③ 전화로 송달한다.　④ 우편으로 송달한다.

해설 보안자료는 사람이 직접 송달하는 것이 원칙이다.

29 보안업무규정에 의한 전화에 의한 수발요령으로 타당한 내용은?

① 비밀이라도 때에 따라서는 전화로 수발한다.
② 비밀은 어떠한 경우든지 전화에 의하여 평문으로 수발하여서는 안 된다.
③ 비밀은 전화로 직접 수발하여야 되고 평문은 그렇지 않다.
④ 1급 비밀을 제외하고는 평문 전화로도 수발할 수 있다.

해설 보안업무규정 제6조에 의하면 비밀을 전화로 수발 시는 비화기나 음어를 사용하여야 한다.

30 기만 통신에 대한 방어로서 타당하지 않은 내용은?

① 상호 약정된 확인법을 사용한다.
② 기만에 의하여 비밀내용을 누설했다 하더라도 내용을 해독할 수 없도록 평문 사용을 금한다.
③ 서로 상대방의 통신특성을 세밀히 파악한다.
④ 통신사의 특성, 습관 등은 고려할 필요가 없다.

해설 통신사의 특성, 습관 등 특정 통신사의 특성을 세밀히 파악하는 것이 기만통신 내용을 파악하거나 우리 측 통신내용을 방어할 수 있다.

31 다음 중 통신보안에서 "알아서는 안 될 자"는 누구인가?

① 제3자　② 통화의 상대방
③ 아군 측　④ 공인된 감청사

해설 통신보안의 원칙에는 적시사용의 원칙, 부분화의 원칙, 알 사람만 알아야 한다는 원칙 등이 있다. 보안에서 제3자는 내용을 알아야 할 사람이 아니다.

32 의사를 전달하는 방법으로 이용되는 통신수단과 전달되는 내용에 관하여 맞는 것은?

① 작전에 이용되는 통신수단은 유선통신뿐이다.
② 현재 통신수단으로는 전기통신만이 사용되고 있다.
③ 통신수단은 여러 가지 방법이 있으며 전달되는 내용 또한 갖가지이다.
④ 유선통신은 보안대책을 강구하지 않아도 무방하다.

해설 통신수단에는 유, 무선, 유무선 혼합 등의 방법과 수단이 다양하고 내용 또한 복잡한 사회구조에 따라 다양화되고 있다.

33 통신내용을 도청당하더라도 해독을 지연시켜 그 정보로서의 가치를 줄이는 방법으로 적절한 내용은?

① 통신문의 내용을 암호화 하여 송신한다.
② 통신문의 내용을 모두 약호화 하여 송신한다.
③ 적의 도청시설을 모두 파괴하여 버린다.
④ 무선통신을 억제하고 비밀에 속하는 내용을 전령통신에 의존하게 한다.

해설 전령통신은 보안면에서는 탁월하나 시간상, 전달체제상 취약점이 있으므로 통신내용을 전달하기 위하여 통상적으로 암호화하여 사용하고 있다. 암호는 음어, 약호, 약어 보다는 고차원적으로 도청을 당하여도 적측에서 해독을 하는데 많은 시간이 소요된다.

34 동시에 양방향 송 · 수신이 가능한 통신방법으로 옳은 것은?

① 반이중 통신방식 ② 전이중 통신방식
③ 단향 통신방식 ④ 우편 통신방식

해설 • 전이중(Full duplex system) 통신방식은 양방향 송 · 수신이 가능한 전화망을 말한다.

- 반이중(Half duplex system) 통신방식은 양방향 가능하나 동시 전송이 불가능한 무전기에 의한 통신을 말한다.
- 단향(Simpes system) 통신방식은 한 쪽방향으로만 통신이 가능한 라디오 방식을 말한다.

35 통상 행사장 출입구 등에 설치하여 입장자가 소지한 무기류나 금속류 같은 위해물체를 탐지하는데 사용되는 검색장비는?

① 봉형 금속 탐지기　② 휴대용 금속 탐지기
③ 문형 금속 탐지기　④ X-ray 수화물 검색기

해설 문형 금속 탐지기는 사람이 통과하는 문의 형식으로 되어 있어 가장 일반적으로 사용되고 있다.

36 문형 금속 탐지기의 사용 목적을 가장 잘 설명한 내용은?

① 업무수행 시 불순분자가 소지한 금속, 비금속, 플라스틱의 흉기류 및 무기류를 탐지 검색하여 국내·외 요인의 신변안전을 도모하는 것이다.
② 업무수행 시 불순분자가 소지한 금속, 비금속의 휴기류 및 무기류를 탐지 검색하여 국내·외 요인의 신변안전을 도모하는 것이다.
③ 업무수행 시 불순분자가 소지한 금속의 흉기류 및 무기류를 탐지 검색하여 국내·외 요인의 신변안전을 도모하는 것이다.
④ 업무수행 시 불순분자가 소지한 모든 흉기류 및 무기류를 탐지 검색하여 국내·외 요인의 신변 안전을 도모하는 것이다.

해설 금속 탐지기는 금속류만 탐지하는 것이다.

37 다음 중 문형 금속 탐지기의 운용요령으로 적절치 못한 내용은?

① 행사참석자 전원 금속 탐지기로 입장시키고 단 한 사람도 예외를 불허한다.
② 금속 탐지기를 통과한 입장자라도 다시 밖에 나갔다가 들어올 때에는 반드시 재통과 입장시킨다.

③ 금속탐지기의 오차는 5%라는 것을 명심하고 출입자 표정 및 행동을 고려하여 검문검색을 실시한다.
④ 반입물품이 다량일 때(악대, 의장대 등)는 일정구역을 설정하여 정리 후에 검색을 실시한다.

해설 반입물품이 다량일 때는 일정구역을 설정하여 정리 전에 검색을 실시해야 한다.

38 경호 기동차량의 기본대형에 관한 설명으로 타당하지 않은 내용은?

① 경호 기동차량의 기본대형은 선도차, 대상자차, 후미차 3대이다.
② 차선 변경 시 후미차가 차선을 막아 경호대상차의 차선변경을 돕는다.
③ 일시 정지 시 경호대상자 차량의 문이 다른 차의 문과 직접 마주보지 않게 하여야 한다.
④ 옆에 정지한 차는 전혀 관계가 없다.

해설 옆에 정지한 차길이의 반 정도의 여유를 두고 정차하여 돌발상황 발생 시 응급조치할 수 있도록 하여야 한다.
기동 시 선도차와 차간의 거리는 차길이의 3/4~1배, 후미차간에는 차폭의 1/2거리를 두는 것이 기본이다.

39 경호 차량의 노상 주차대형에 관한 설명으로 타당하지 않은 것은?

① 주차를 위하여 후미차가 뒤에서 오는 차의 진행을 막아준다.
② 주차 시 항상 기동할 수 있도록 앞, 옆 차 등과의 여유 공간을 확보한다.
③ 주차 후 휴식 시에는 사주경계를 생략할 수 있다.
④ 가급적이면 경호위해요소가 많은 노상주차는 하지 않는다.

해설 어떠한 경우에도 사주경계는 철저히 하여야 하며, 특히 취약점이 많은 노상주차 시는 더욱 경계를 철저히 하여야 한다.

40 기동 간 경호선도차에 대한 설명이다. 타당하지 않은 내용은?

① 좌회전 시 선도차는 외부(우측부분)를 경계하면서 회전한다.

② 우회전 시 선도차는 내부(우측부분)를 경계하면서 회전한다.
③ 선도차는 항상 취약점이 많은 도로의 외부지역을 경계하면서 회전한다.
④ 우회전 시 선도차는 외부(좌측부분)를 경계하면서 회전한다.

해설 도로의 내부보다는 외부가 취약점이 많으므로 외부 경계에 중점을 둔다.

41 기동 간 후미차의 기능에 대한 설명이다. 타당하지 않은 것은?

① 실질적이고 적극적인 경호활동 차량이다.
② 경호대상자를 위한 예비차 역할을 한다.
③ 기동 간 지휘는 선도차가 임무를 수행한다.
④ 지원요원수송, 장비의 탑재 등 다양한 기능을 수행한다.

해설 기동 간 지휘본부의 역할은 후미차가 수행한다.

42 다음에 해당하는 기동장비는?

- 고급스러우며 기동성이 뛰어나며 안전성이 견고하다.
- 결함이 없어야 한다.
- 양호한 기계적인 상태유지, 무전기, 소화기, 신호탄, 반사경 등을 포함한다.

① 차량　② 항공기
③ 열차　④ 선박

해설 차량은 고급스러우며 기동성이 뛰어나고 안전성이 있어야 한다.

43 총기의 유효발사속도의 설명 중 타당한 것은?

① 총의 자동적인 사격속도를 말한다.

② 사수가 조준을 하여 최대로 사격할 수 있는 발사속도이다.
③ 총에 무리가 없이 장시간 사격을 할 수 있는 사격속도이다.
④ 소총의 반자동 사격속도이다.

해설 ②는 최대발사속도, ③은 유효발사속도를 설명한 것임.

44 총의 강선이 하는 역할로 볼 수 없는 것은?

① 탄도유지 ② 추진력
③ 파괴력 ④ 탄알비행거리 단축

해설 강선은 탄알을 회전시켜 파괴력을 증대 시키며, 일정한 방향을 유지시켜 주는 역할을 한다.

45 경찰의 무기사용에 관한 설명 중 가장 적절하지 않은 내용은?

① 자기 또는 타인의 생명·신체에 대한 방호를 위해 무기를 사용할 수 있다.
② 경찰관의 무기사용의 법적 근거는 경찰관직무집행법이다.
③ 경찰장비 중 석궁은 대 간첩·대 테러작전을 수행하기 위한 경우에만 사용할 수 있다.
④ 경찰관이 사용할 수 있는 장비를 규정하고 있는 것은 경찰장비의 사용기준 등에 관한 규정이다.

해설 총기, 폭발물, 기타 위험물로 무장한 범인 또는 인질범의 체포·대 간첩작전 등 은밀히 수행하거나 총기를 사용하는 경우, 화재·폭발의 위험이 있는 경우 석궁을 사용할 수 있다 (경찰장비의 사용기준 등에 관한 규정 제14조)

46 분사기의 사용 관리 상 적절하지 않은 내용은?

① 가스분사기는 공권력행사나 정당방위 등에만 사용할 수 있다.
② 가스분사기는 자구행위, 시비 등의 목적에 사용할 수 있다.
③ 휴대용 분사기를 구입·사용하는 기관 및 단체의 경비책임자는 관리카드를 작성 비치하여 관리를 철저히 하여야 한다.

④ 가스분사기를 사용한 후는 즉시 관할지 경찰관서에 신고하여야 한다.

해설 가스분사기는 자구행위, 개인감정, 시비 등의 목적에 사용할 수 없으며, 총기에 준하여 안전하게 취급하여야 한다.

47 기동간 차량 운전방법에 관한 설명으로 옳지 않은 내용은?

① 회전 시에는 길 바깥으로 원심력이 작용하여 차량이 전복되거나 전도되는 사고 등의 가능성에 유의해야 한다.

② 회전 시에는 진입하기 전에 충분히 감속해서 커브에 맞는 속도로 조절하면서 직선에 가까운 코스를 유지하는 것이 바람직하다.

③ 회전 시 선도차량은 중앙선에 접근하여 회전하면서 반대방향의 과속차량에 대한 견제 임무를 수행하고 경호대상자 차량과 간격을 유지하며 속도를 조절한다.

④ 후미 경호차량은 좌회전 시에는 경호대상자 차량의 좌측 후미차선, 우회전 시에는 우측 후미차선을 이용하여 회전하면서 접근 차량에 대한 방호임무를 수행한다.

해설 ④ 후미 경호차량은 지휘, 통제. 추월금지. 예비, 지원요원수송. 장비의 탑제 등 실질적이고 적극적인 경호를 담당하는 차량으로서, 경호 대상차량이 좌회전시에는 우측, 우회전시에는 좌측에서 접근하는 차량에 대한 방호임무를 수행하여야 한다.

48 차량경호 임무수행에 관한 설명으로 옳지 않은 내용은?

① 선도경호차량은 행·환차로를 안내하고, 행사시간에 맞게 주행속도를 조절하며, 전방의 각종 상황에 대한 경계임무를 수행한다.

② 경호대상자 차량 운행 시 차문은 우발상황 시 긴급히 대피하기 위하여 열어 두어야 하며, 도로의 중앙차선을 이용한다.

③ 경호대상자는 가장 먼저 차량의 뒷좌석 오른쪽에 탑승하고 경호책임자의 안내에 따라 가장 마지막에 하차한다.

④ 목적지에 도착하면 경호책임자는 가장 먼저 하차하고 출발 시는 가장 나중에 승차하며 경호대상자 승·하차시 차량 문의 개폐와 잠금장치를 통제한다.

해설 경호대상자 차량은 항상 도로의 중앙을 이용하고 차 문은 항상 시정해 두어야 한다.

49 근접경호원의 복장으로 적합한 것은?

① 행사의 성격과 관계없이 경호원의 품위가 느껴지는 검정색 계통의 정장
② 보호색원리에 의한 경호현장의 주변 환경과 조화되는 복장
③ 위해기도자에게 강한 인상을 줄 수 있는 색상과 장비착용에 편한 기능성 복장
④ 경호대상자와 구분되는 색상이나 스타일의 복장

해설 경호원은 항상 복장과 용모를 단정히 하여 국민과 의뢰인의 품위를 손상시키지 않도록 노력해야 하고 보호색 원리로 주변과 어울리는 일반인과 같은 복장을 하여 신분 노출을 감추는 은밀 경호를 실시하여야 한다.

50 경호차량 운전요원의 준수사항으로 적절치 못한 내용은?

① 긴급사태에 대비하여 소화기와 구급약품 등을 비치하여야 한다.
② 운전 전 모든 기계의 정상작동 유무를 확인하도록 한다.
③ 위험한 차량의 접근이 있을 경우에는 정차, 확인 후 주행한다.
④ 신호대기 때나 회전 시에는 좌·우 차량을 경계하여야 한다.

해설 ③ 거동이 수상한 차량의 접근이 있을 경우에는 신속히 현장을 이탈하여야 한다.

51 다음 중 감시장비 드론에 관한 설명으로 적절치 않은 내용은?

① 드론 등 첨단장비는 위해자에 의해 경호활동에 심대한 위협이 되고 있으므로 경호구역 내 불법 드론의 비행을 금지하여야 한다.
② 경호구역 내 취약 · 사각지역에 드론을 활용하여 안전검측을 효율적으로 실시할 수 있다.
③ 드론은 사전예방경호활동에 유용하게 활용할 수 있는 반면, 위해자에 의한 간접적인 위협이 되고 있다.

④ 경호구역 내 인력에 의한 순찰과 연계한 입체적인 감시 및 수색활동이 가능하다.

해설 ③ 드론은 사전예방경호활동에 유용하게 활용할 수 있는 반면, 위해자에 의한 직접적인 위협이 되고 있다.

52 다음 중 감시장비 드론에 관한 설명으로 적절치 않은 내용은?

① 원격탐지장치, 위성제어장치 등 최첨단 장비를 갖추고 사람이 접근하기 힘든 곳이나 위험지역 등에 투입되어 각종 경호정보를 수집할 수 있다.
② 원격조종에 의한 조종자 파악 및 대처가 곤란하고 자폭 드론에 의한 심각한 피해가 발생 할 수 있다.
③ 표적드론, 정찰드론, 감시드론다목적 드론, 등으로 구분 할 수 있다.
④ 경호정보의 수집 및 즉각적인 대처와 지속적인 활동을 할 수 없는 단점이 있다.

해설 ④ 경호정보의 수집 및 즉각적인 대처와 지속적인 활동을 할 수 있는 장점이 있다.

정답

01.③	02.②	03.④	04.③	05.④	06.②	07.③	08.④	09.①	10.①
11.④	12.②	13.②	14.③	15.②	16.②	17.②	18.①	19.③	20.③
21.①	22.③	23.③	24.③	25.④	26.①	27.②	28.①	29.②	30.④
31.①	32.③	33.①	34.②	35.③	36.③	37.④	38.④	39.③	40.②
41.③	42.①	43.③	44.④	45.③	46.②	47.④	48.②	49.②	50.③
51.③	52.④								

제8장

경호의전과 응급처치

제8장 경호의전과 응급처치

제1절 경호의전

① 개념

가. 경호의전이란 경호활동 시 업무를 진행하며 지켜야 하는 일종의 "격"을 말하며, 그 실례는 회복할 수 없다.

나. 공경호에 있어서는 경호대상자의 절대적인 신변보호를 위한 활동인 권위 있는 의전행사, 친화도모, 국제지위향상, 혼잡방지 및 질서유지 등의 임무를 수행하는 데 꼭 반영하여야 한다.

다. 사경호에 있어서는 의뢰인의 품위를 지켜주고 질서를 유지하며, 경호원과 의뢰인과의 신뢰를 구축하여 주는 계기가 될 수 있다.

② 기본예절

가. 마음가짐

사람은 서로 모여 여러 이해관계를 맺으며 더불어 살아가고 있다.
그러므로 항상 감사한 마음으로 상대에 대한 배려와 공경과 사랑으로 인격을 존중하며 생활할 수 있는 마음가짐을 기본적으로 갖추어야 할 것이다.

나. 몸가짐

참된 마음을 가진 사람은 그 사람의 외모와 얼굴에 나타난다고 한다. 그러므로 대인관계에 있어 첫 인상을 보고 그 사람을 단정 지으려는 경향을 보인다.

따라서 머리, 얼굴, 눈, 입, 귀, 손, 발, 서있는 자세, 앉은 자세, 걸음걸이, 문을 열고 닫을 때, 물건을 다룰 때, 옷차림, 몸의 청결과 정리·정돈, 말씨 등을 단정히 하여 상대방에게 거부감을 주지 않도록 하여야 할 것이다.

3 의전의 5대 원칙

가. 상대에 대한 존중(Respect)과 배려(Consideration)

의전의 바탕은 상대 생활양식 등의 문화와 상대방에 대한 존중과 배려에 있다. 개인, 조직, 국가 등 인류의 활동주체들은 생활방식과 문화 등에 많은 차이가 존재하고 있다.

이러한 차이를 극복하려면 가장 우선적으로 감안해야 할 것이 상대방의 입장과 관습을 존중하는 것이다.

나. 문화의 반영(Reflecting Culture) 등 가변성(Variability)

의전 격식과 관행은 특정시대, 특정지역의 생활양식 등의 문화를 반영하므로 시대적, 공간적 제약성을 갖는다. 따라서 현재의 의전 형식이 영구한 것으로 생각할 필요는 없다.

의전은 문화와 시대의 소산이며 세상이 변화하면 문화도 변하고 의전 관행도 바뀔 수 있는 것이다.

그래서 의전의 기준과 절차는 때(또는 시대)와 장소에 따라, 처해진 상황에 따라 늘 가변적이다.

다. 상호주의(Reciprocity)

상호주의는 상호 배려의 다른 측면이기도 하다. 내가 배려한 만큼 상대방으로부터 배려를 기대하는 것이다.
의전 상 결례가 불가피했던 경우에는 사전, 사후에 충분한 설명을 통해 상대의 이해를 구하려는 노력이 필요하다.

라. 서열(Rank)

의전행사에 있어 가장 기본이 되는 것은 참석자들 간에 서열을 지키는 것이다.
정부행사에서 공식적으로는 헌법, 정부조직법, 국회법, 법원조직법 등 법령에서 정한 직위순서를 기준으로 하고, 관례적으로는 정부수립 이후부터 시행해 온 정부 의전 행사를 통하여 확립된 선례와 관행을 기준으로 한다. 서열을 무시하는 것은 해당 인사뿐만 아니라, 그 인사가 대표하는 국가나 조직에 대한 모욕이 될 수도 있다.

마. 오른쪽(Right)이 상석

문화적으로, 종교적으로 왼쪽을 불경 또는 불결하게 여겨 온 전통의 소산이 오른쪽 상석의 원칙으로 발전되었다. 행사 주최자의 경우 손님에게 상석인 오른쪽을 양보한다.

4 중요의전

가. 국기의 게양 및 관리

(1) 국기를 전국적으로 게양하여야 하는 날

국기를 전국적으로 게양하여야 하는 날은 국경일 및 기념일, 조의를 표하는 날 등이며, 국기는 매일 · 24시간 게양할 수 있다.

① 국경일 및 기념일

5대 국경일(3·1절, 제헌절, 광복절, 개천절, 한글날) 및 국군의 날

② 조의를 표하는 날(조기 게양) 현충일 및 「국가장법」 제6조에 따른 국가장 기간

③ 기타 게양일

정부가 따로 지정하는 날, 지방자치단체가 조례 또는 지방의회의 의결로 정하는 날(당해 지방자치단체에 한함)

(2) 연중 게양하여야 하는 곳

① 국가, 지방자치단체 및 공공기관의 청사 등에는 국기를 연중 게양하여야 하며, 야간에는 그 게양 효과를 높이기 위해 적절한 조명을 하여야 한다.

② 공항·호텔 등 국제적인 교류장소, 대형건물·공원·경기장 등 많은 사람이 출입하는 장소, 주요 정부청사의 울타리, 많은 깃대가 함께 설치된 장소, 그 밖에 대통령령이 정하는 장소에는 가능한 한 연중 국기를 게양하여야 한다.

③ 다만, 학교 및 군부대의 주된 게양대는 교육적인 목적을 고려하여 낮에만 게양한다.

④ 국기가 심한 눈·비와 바람 등으로 그 훼손이 우려되는 경우에는 게양하지 아니한다.

⑤ 재외 공관의 국기게양 및 강하시각은 주재국의 관례에 따른다.

(3) 낮에만 게양하는 경우 게양·강하 시각

기간	게양시각	강하시각
3월 ~ 10월	07 : 00	18 : 00
11월 ~ 다음해 2월	07 ; 00	17 : 00

※ 야간행사 등에 국기를 게양할 필요가 있는 경우, 「국가장법」에 따른 국가장 등 조기를 게양하여야 하는 경우 그 밖에 특별한 사유로 인하여 중앙행정기관의 장이 행정안전부장관과 협의하여 정한 경우

(4) 국기와 외국기의 게양방법

① 외국기는 우리나라를 승인한 나라만 게양한다. 다만, 국제회의·체육대회 등에 있어서는 우리나라를 승인하지 아니한 국가의 국기도 게양할 수 있다.

② 국기와 외국기를 게양할 때에는 다음과 같이 하며, 국기와 외국기는 그 크기와 높이를 같게 게양한다. 이 경우 외국기의 게양 순서는 외국국가 명칭의 영문 알파벳 순서에 따른다.

(홀수인 경우)

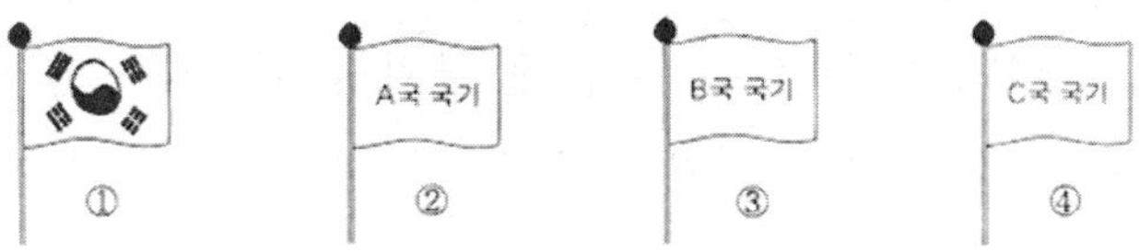

(짝수인 경우)

③ 국기와 다른 기를 같이 게양할 경우에 다른 기는 국기게양과 동시에 또는 그 이후에 게양하며, 강하할 경우에는 다른 기는 국기강하와 동시에 또는 그 이전에 강하한다.

④ 국기와 외국기를 교차시켜 게양하는 경우에는 앞에서 바라보아 국기의 깃면이 왼쪽에 오도록 하고, 그 깃대는 외국기의 깃대 앞쪽에 오도록 한다.

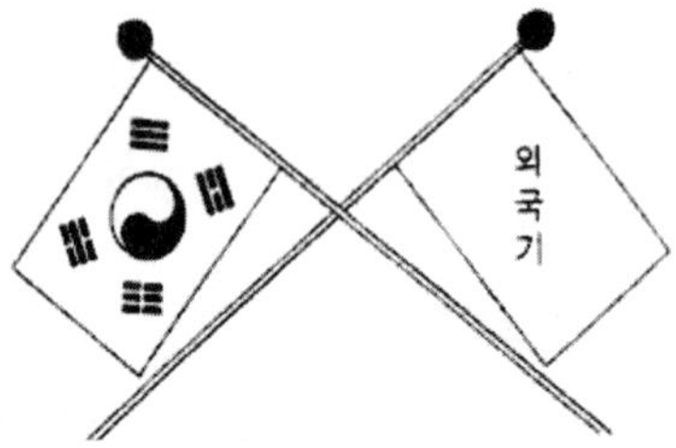

(5) 국기의 게양위치

① 단독주택의 대문과 공동주택 각 세대의 난간에는 중앙이나 앞에서 바라보아 왼쪽에 국기를 게양한다.

② 제1호의 주택을 제외한 건물에는 앞에서 바라보아 지면의 중앙이나 왼쪽, 옥상의 중앙, 현관의 차양시설 위 중앙 또는 주된 출입구의 위 벽면 중앙에 국기를 게양한다.

③ 게양하는 기의 수가 홀수인 경우에는 국기를 중앙에, 그 수가 짝수인 경우에는 앞에서 바라보아 왼쪽 첫 번째에 게양한다.

④ 건물 안의 회의장·강당 등에서는 그 내부의 전면을 앞에서 바라 보아 그 전면의 왼쪽 또는 중앙에 국기가 위치하도록 한다.

⑤ 차량에는 그 전면을 앞에서 바라보아 왼쪽에 국기를 게양한다.

(6) 국기의 관리

① 국기에 때가 묻거나 구겨진 경우에는 국기를 훼손하지 아니하는 범위에서 국기를 세탁하거나 다림질하여 게양·보관할 수 있다.

② 국기가 훼손된 때에는 이를 지체 없이 소각 등 적절한 방법으로 폐기하여야 한다.

③ 여러 사람이 모이는 집회 등 각종 행사에서 수기(手旗)를 사용하는 경우 행사를 주최하는 자는 국기가 함부로 버려지지 아니하도록 관리하여야 한다.

④ 국기를 영구(靈柩)에 덮을 때에는 국기가 땅에 닿지 않도록 하고 영구와 함께 매장하여서는 아니 된다.

나. 국가원수의 외국 방문

(1) 국가원수의 외국 방문

(가) 의전 관련 주요 준비사항

외교부에서는 주재공관을 통하여 방문대상국 정부와 일정 등의 협의가 완료되면 다음과 같은 내용을 대통령께 보고하고 사전에 관련 부서에 관련사항을 가급적 약 40일 전에 통보하여 준비가 될 수 있도록 한다.

- 여정(출발 · 도착시간 · 시차표시 등) 및 지도
- 일정 설명
  - 각 행사별 일시 · 장소 · 참석범위 · 복장
  - 각 행사별 성명(聲明)·연설 등의 필요여부, 세부절차
  - 대통령 영부인 별도 일정 등
- 방문대상국의 주요인사 명단 및 약력
- 방문대상국의 기후, 정치, 경제사항, 교민현황 등

(나) 선발대 파견

순방 30~40일 전 대통령 비서실, 외교부 등 관련기관 직원으로 구성·파견한다.

(2) 국빈의 방문

우리나라의 외빈방한 접수는 '외빈의 격(格)'을 국가원수, A급 총리, B급 총리, 외교부장관으로, '접수의 격(格)'을 국빈방문(State Visit), 공식방문(Official Visit), 실무방문(Working Visit), 사적방문(Private Visit)으로 구분하여 시행하고 있다.

다. 정부의 의전 예우 기준

국가에 따라 차이는 있으나 거의 모든 나라가 국가 주요인사에 대해서 법령

이나 관행으로 의전 기준을 정하여 놓고 정부 의전행사나 연회의 좌석 배치 등에 활용하고 있으며, 우리나라의 경우에는 국가 주요인사에 대한 의전 예우 기준을 공식적으로 정한 명문규정은 없으나, 국경일 · 대통령취임식 등의 국가 주요행사를 통하여 관행으로 어느 정도 확립되어 있다.

(1) 일반적 예우 기준

정부 의전 행사에 있어서 참석인사에 대한 의전 예우 기준은 헌법 등 법령에 근거한 공식적인 것과 공식행사의 선례 등에서 비롯된 관례적인 것으로 대별할 수 있다.

① 공식적인 것은 헌법, 정부조직법, 국회법과 법원조직법 등 법령에서 정한 직위순서를 예우 기준으로 하는 것을 말하고,

② 관례적인 것은 정부수립 이후부터 시행해 온 정부 의전행사를 통하여 확립된 선례와 관행을 예우 기준으로 하는 것을 말한다.

③ 실제 공식행사의 적용에 있어서는 그 행사의 성격, 경과보고, 기념사 등 행사의 역할과 당해 행사와의 관련성 등을 감안하여 결정하여야 한다.

④ 서열의 기준

직위에 의한 서열기준	공적직위가 없는 인사의 서열기준
• 직급(계급) 순위 • 헌법 및 정부조직법상의 기관순위 • 기관장 선순위 • 상급기관 선순위 • 국가기관 선순위	• 전 직 • 연 령 • 행사 관련성 • 정부 산하단체, 공익단체 협회장, 관련민간단체장

(2) 정부행사의 좌석배치 기준

각종 행사에 있어서 좌석배치의 기준은 의전 예우 기준을 토대로 행사의 성격, 주관기관 등에 따라 다음과 같은 요령으로 좌석을 배치할 수 있다.

① 주요정당의 대표를 초청하여 단상에 배치하는 경우, 원내 의석수가 많은 정당 순으로 배치하는 것이 일반적 관행이나, 현재 정부 주요행사에서는 여당·제1야당 순으로 배치한다.

② 3부(府)의 초청인사 집단별 좌석배치순서는 관행상의 서열 즉 행정·입법·사법의 순으로, 각 부내(府內) 요인 간의 좌석은 각 부내의 서열 또는 관행을 존중하여 배치한다.

③ 행정부 내의 동급 인사 간의 경우는 「정부조직법」에 의한 행정 각부의 순서 및 국무회의 좌석배치순서 등에 의거하여 좌석을 정하며, 입법부 내 요인 간의 경우는 국회에서 관례적으로 사용하는 서열, 즉 국회의장, 부의장, 원내대표, 각 상임위원장, 국회의원, 사무총장, 국회사무처 차관급 순으로 좌석을 정한다.

④ 각종 사회단체 대표자 간 또는 기타 일반인사 간의 좌석배치순서는 그 자체에서 정해진 서열이 있으면 그에 따르고 특별하게 정한 서열이 없을 때에는 조직별 또는 집단별로 배치한다.

⑤ 주한외교단은 외교단장을 비롯하여 관례에 따른 서열, 즉 신임장을 제정한 일자 순으로 배치하며, 그 외의 외국인은 알파벳순으로 배치한다.

(3) 서열

(가) 공식 및 비공식서열

① 공식서열

왕국의 귀족, 공무원, 군인 등 신분별 지위에 따라 공식적으로 인정된 서열로서 국가에 따라 제도가 상이하다.

② 비공식 서열

- 지위가 비슷한 경우

  여자는 남자 보다, 연장자는 연소자 보다, 외국인은 내국인 보다 상위

- 여자들 간

기혼 부인, 미망인, 이혼 부인 및 미혼자의 순, 기혼 부인 간에는 남편의 지위에 따름

- 공식적인 서열을 가지지 않은 사람이 공식 행사 또는 연회에 참석 할 경우의 좌석은 개인적, 사회적 지위, 연령 등 고려
- 한 사람이 2개 이상의 사회적 지위를 가지고 있을 때는 상위직 기준
- 원만하고 조화된 좌석배치를 위해 원칙은 다소 조정될 수 있다.

(나) 초청할 손님의 서열 결정

① 외국인 ② 손님의 친구로 모르는 사람 ③ 전 공직자
④ 자기 집에 처음 오는 사람 ⑤ 자기 집에 가끔 오는 사람
⑥ 자기 집에 늘 오는 사람 ⑦ 친척 순

(다) 외교관의 서열

- 공관장은 그 직책에 따라 교황청 대사(천주교 국가), 특명 전권 대사, 특명 공사, 대리 대사, 대사 대리 순
- 공관장인 대사 및 공사 상호 간 서열은 신임장 제정 순
- 대사 대리 상호간의 서열은 그의 계급에 관계없이 지명 통고가 접수된 순서
- 공관장 이외의 외교관은 외교관 계급에 따르고, 동일 계급 간에는 착임 순위
- 재외공관에 근무하는 직원(외교직, 무관, 일반직) 상호간 서열은 같은 계급에서는 외교관은 무관 보다 앞서고, 무관은 타 주재관보다 앞선다.

(라) 우리나라의 공식 의전서열

① 대통령 ② 국회의장 ③ 대법원장 ④ 헌법재판소장
⑤ 국무 총리 ⑥ 중앙선거관리위원장 ⑦ 여당대표 ⑧ 야당대표
⑨ 국회부의장 ⑩ 감사원장 ⑪ 국가정보원장 등

5 예절

가. 인사예절

- **목례**

  바로 선 자세에서 15도 가량 앞으로 굽힌다(가벼운 인사).

- **보통례**

  바로 선 자세에서 35도 정도 앞으로 굽힌다.(보통 윗사람이나 손님 등 일상생활에서)

- **정중례**

  바로 선 자세에서 상체를 60도 가량 앞으로 굽힌다.(극히 지위가 높은 사람에게나 의식 등에서 하는 예의로서 한 번만 한다)

나. 안내예절

- 안내시는 상급자의 두세 걸음 앞에서 수시로 뒤 돌아 보면서 안내한다.
- 수행할 때는 상급자 보다 두세 걸음 뒤에 선다.

다. 탑승예절

(1) 승용차

■ **운전기사가 있는 경우**

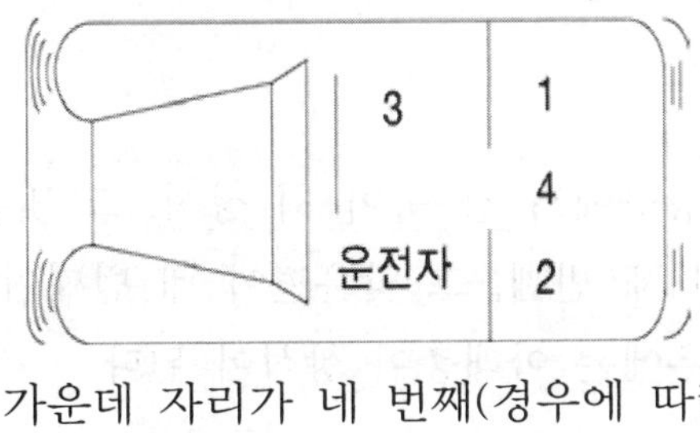

- 뒷좌석의 가운데 자리가 네 번째(경우에 따라서는 세 번째와 네번째

가 바뀔 수 있다)

■ **상급자가 손수운전의 경우**

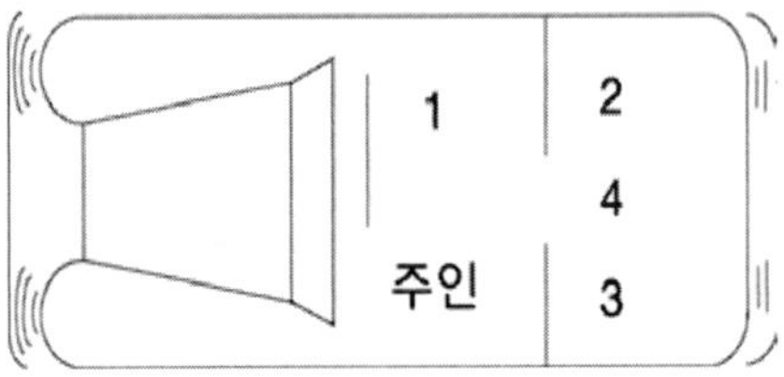

■ **지프의 경우**

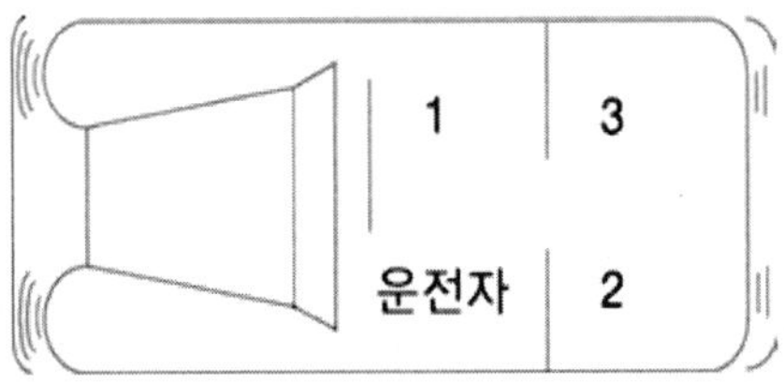

■ **승차 시 주의사항**

- 뒷좌석 가운데 여성을 태우는 것은 금한다.
- 여성이 자동차를 탈 때에는 엉덩이를 먼저 넣고 양다리를 붙여 가지런히 옮긴다.
- 여성과 남성이 승용차에 동승할 때에는 여성이 먼저타고, 하차 시에는 남성이 먼저 내려 차 문을 열어 준다.

(2) 비행기

- 상급자가 마지막에 타고 먼저 내린다.
- 3인용 좌석의 경우 창 쪽의 자리가 최 상석, 통로 쪽이 두 번째, 가운데가 세 번째이다.

(3) 기차

- 열차의 진행방향에서 창 쪽이 최 상석, 그 맞은편이 두 번째, 최 상석의 옆 좌석이 세 번째, 그 맞은편이 네 번째이다.
- 침대칸의 경우에는 아래층이 상석이 된다.

(4) 선박

- 보통 상급자가 나중에 타고 먼저 내린다.
- 군함의 경우 상급자가 먼저 타고 먼저 내린다.
- 일반적으로 선체의 중심부를 상석으로 한다.

(5) 엘리베이터

- 안내원이 있을 때 : 상급자가 먼저 타고 먼저 내린다.
- 안내원이 없을 때 : 하급자가 먼저 타서 엘리베이터를 안전하게 조작하며, 상급자는 나중에 타고 먼저 내린다.

(6) 에스컬레이터(계단)

- 올라갈 때 상위자가 먼저 올라가는 것이 예의이다.
  여성과 같이 올라갈 때에는 남성이 앞장서는 것이 좋다.
- 내려갈 때는 상위자 및 여성이 먼저 내려가는 것이 예의이다.

(7) 대중교통을 이용할 때

- 탈 때는 여성이 먼저 타고
- 내릴 때는 남성이 먼저 내리면서 여성을 보호한다.

라. 대화예절

- 항상 표준말을 사용하며, 말의 빠르기를 조절하고 발음을 명확하게 하도록 한다.
- 자신의 용무보다는 의뢰인의 말을 들어주되, 의뢰인이 질문할 경우에는 간단명료하게 답변한다.
- 또한 의뢰인의 말을 경청할 때는 눈을 주시하며, 긍정적일 경우 고개를 약간 끄덕이는 것도 좋은 방법이다.
- 특히 의뢰인의 말이 끝나기도 전에 끼어들어 자기주장을 펴는 것은 바람직하지 않다.
- 대화의 3원칙은 **정확하게, 알기 쉽게, 기분 좋게** 하여야 한다.

마. 악수예절

- 여성이 남성에게, 윗사람이 아랫사람에게 먼저 청한다.
- 선배가 후배에게, 기혼자가 미혼자에게 먼저 청한다.
- 상급자가 하급자에게 먼저 청한다.
  * 슬픈 일을 당한 사람에게 악수를 청해서는 안 된다.

바. 식사예절

- 포크를 오른손에 쥐는 경우도 있으나 나이프만은 반드시 오른손으로 쥐어야 한다.
- 식사 중 잠시 자리를 비울 때는 나이프의 날을 안쪽으로 접시 위 오른편에 놓고, 포크는 왼편에 팔자(八)로 놓는다. 이는 식사 중임을 의미한다.
- 식사가 끝난 후 나이프와 포크는 나란히 접시위에 놓는다. 이는 식사가 끝났음을 의미한다.
- 준비된 포크와 나이프는 주 요리 접시를 중심으로 가장 바깥쪽부터 안쪽으로 하나씩 사용해 가는 것이 일반적이다.

사. 명함 교환 시

- 나이 어린사람, 아랫사람, 손님, 남자가 먼저 명함을 건네는 것이 원칙이다.
- 명함은 오른손으로 가슴 높이로 들고, 상대의 위치에서 바로 읽을 수 있도록 이름을 밝히면서 건넨다.
- 받은 명함은 양손으로 받쳐 들고 상대의 눈 - 명함 - 상대의 눈을 보며 받는 즉시 확인하면서 인사를 나눈다.
- 동시에 교환할 때는 오른손으로 건네주고, 왼손바닥으로 받은 후 오른손바닥으로 다시 받쳐 들고 명함을 보며 인사를 나눈다.
- 상대방 명함에 낙서를 하거나 책상위에 아무렇게나 놓고 이야기해서는 안 된다.

아. 기타예절

(1) 배웅 시

- 복도 또는 엘리베이터까지 배웅한다.
- '감사합니다, 또 뵙겠습니다, 안녕히 가십시오'라고 인사 후 고객이 타고 가는 승강기 앞에서 문이 완전히 닫힐 때까지 그 앞에 서 있는다.

(2) 물건을 주고받을 때

- 두 손으로 가슴 높이에서 받는 쪽이 편하도록 건넨다.
- 바닥에 앉아 있는 사람에게는 앉아서, 선 사람이나 의자에 앉아 있는 사람은 서서 전달한다.
- 시선은 상대방의 눈 – 물건 – 상대방의 눈에 맞춘다.

(3) 문 출입자세

- 문을 열 때는 열리는 쪽을 막지 않도록 한다.
- 문턱을 밟지 말고, 뒷모습이 보이지 않게 하며, 문소리나 발소리를 내지 않아야 한다.

(4) 소개

- 지위(신분이나 나이)가 낮은 사람을 높은 사람에게 소개한다.
- 남성을 여성에게 소개한다.

(5) 실내에서의 윗자리

- 출입문 쪽을 아랫자리로 하고 그 정반대 쪽을 윗자리로 한다.
- 응접세트의 윗자리는 긴 소파의 오른쪽이 된다.

6 업무지시와 보고

가. 좋은 지시요령

- 지시할 때는 업무의 성격, 중요도, 상황, 상대의 특성, 자질, 능력 등을 고려하여,
- 전망 있고 자신감 넘치게,
- 시종일관 일시에 완전하게,
- 도전하려는 의욕과 관심을 불러일으키는 지시

나. 지시를 받을 때

- 호명 당하면 즉시 응답한 후 메모지를 준비하고 예의 바르게 행동한다.
- 끝까지 경청하며 요점을 기록한다.
- 요점을 간단히 최종 복창하여 확인하며, 다른 상급자에게 지시받은 사항은 직속 상사에게 보고한다.

다. 보고요령

- 보고 순서는 **결론 - 내용(이유) - 경과 - 소견** 순으로 한다.
- 상사가 바라는 일을 바라는 때에, 바라는 방법으로 보고
- 지시받은 업무가 끝나면 즉시 보고
- 보고는 반드시 지시한 본인에게
- 사실에 입각해서 객관적으로, 적당한 단락을 지어 요점을 알기 쉽게 보고한다.

제2절 응급처치

① 정의

응급처치란 전문적인 의료서비스 이전에 실시하는 간단한 처치와 보호를 말한다.

② 응급처치원의 준수사항

① 응급처치원 자신의 안전을 우선 확보하도록 한다.
② 응급처치원은 환자나 부상자에 대한 생사판정은 하지 않는다.
③ 응급처치원은 원칙적으로 의약품은 사용하지 않는다.
④ 응급처치원은 어디까지나 응급처치로만 그쳐야 하며, 그 다음은 전문의료인의 처치에 맡긴다.

③ 응급구조 활동의 원칙

가. 현장조사

- 주위환경의 안전성 여부 확인 및 또 다른 위험요소의 제거
- 현장상황 및 환자 수 파악
- 도움을 받을 수 있는 사람이 있는지 확인

나. 환자상태에 대한 1차 조사

- **기도(Air way)** : 기도가 열려 있는지 확인
- **호흡(Breathing)** : 숨은 쉬고 있는지 확인
- **순환(Circulation)** : 심장활동 및 출혈여부 확인

다. 응급처치의 4대 요소

① **기도유지**

② **지혈**

③ **쇼크방지 및 처치**

④ **상처보호**

*기도유지, 지혈, 쇼크방지 및 처치를 응급처치의 3대 요소라고도 함.

4 응급처치

가. 심폐소생술

(1) 정의

심폐소생술은 심장이 마비된 상태에서도 혈액을 순환시켜, 뇌의 손상을 지연시키고 심장이 마비상태로 부터 회복하는데 결정적인 도움을 준다.

(2) 시간경과에 따른 피해정도

- 0~4분 : 소생술을 실시하면 뇌 손상 가능성이 거의 없다.
- 4~6분 : 뇌 손상 가능성이 높다.
- 6~10분 : 뇌 손상이 확실하다.
- 10분 이상 : 심한 뇌 손상 또는 뇌사상태가 된다.

(3) 순서

① **의식 확인**

반듯이 눕힌 다음 환자의 의식상태 확인

② **도움요청**

119 등에 도움요청

③ **기도확보**

머리를 뒤로 젖히고 턱을 들어 올려 기도열기 시행

④ **호흡확인**

숨소리나 가슴이 오르내리는지 관찰

⑤ **가슴압박(30회 시행)**

분당 100회 속도로 가슴을 30회 압박, 이때 가슴이 4~5cm 깊이로 눌릴 정도로 강하고 빠르게 압박.

⑥ **인공호흡(2회 시행)**

환자의 코를 잡고 입을 크게 벌려 2회 숨 불어 넣기 시행

⑦ **인공호흡과 가슴압박의 반복(30 : 2)**

이후에는 2회 인공호흡과 30회의 가슴압박을 119구급대원이 현장에 도착할 때까지 반복 시행한다.

일반적으로 최소한 45분 간 계속 실시한다.

나. 출혈

- 보통 성인의 경우 몸속에 4,000~5,000cc의 피가 있으며, 그 중 1,000cc(20~25%)의 피를 흘리게 되면 생명이 위독(혈압저하, 의식장애)해 지며, 1,500cc(30%)의 피를 흘리게 되면 생명을 잃는다.
  혈액의 색깔이 선홍색 분출성이면 동맥출혈, 암적색이고 유혈성이면 정맥출혈이다.
  출혈이 멎기 전에는 물을 주지 않는다.
- **지혈법으로는**
  - **직접압박법** : 상처부위의 감염에 유의하면서 거즈 등으로 직접압박
  - **국소거양법** : 상처부위를 심장보다 높게 유지하면서 직접압박 병행
  - **지압점압박법(간접압박법)** : 상처부위를 직접 압박하는 것이 아니라 피가 흐르는 방향을 찾아 경로를 막아주는 지혈법

- **지혈대사용법** : 직접압박법, 국소거양법 등이 힘들 경우 5cm 넓이의 나무, 끈 등 지혈대를 이용하여 상처부위에서 심장쪽으로 5cm부위에 끈으로 묶고 지혈대를 돌려서 압박. 매 30~60분마다 느슨하게 하여 혈액을 순환되게 하는 상태유지.

다. 원인을 알 수 없는 인사불성에 대한 일반적인 응급처치

■ 얼굴이 붉은 인사불성

- 주요 증상은 얼굴이 붉고 맥박이 강하다.
- 환자를 바로 눕히고 머리와 어깨를 약간 높여 안정을 시킨다.
- 목의 옷깃을 늦추어 주고 머리에 찬 물수건을 대어 식혀준다.
- 환자를 병원으로 보낼 필요가 있으면 눕힌 자세대로 주의하여 운반하고 만약 구토를 하면 얼굴을 옆으로 돌려준다.

■ 얼굴이 창백한 인사불성

- 주요 증상은 얼굴이 창백하고 맥박이 약하다.
- 충격에 대한 응급처치를 한다.
- 환자는 머리를 수평 되게 혹은 다리를 높여 안정되게 눕히고 열을 가하여 보온한다.
- 환자를 옮길 필요가 있으면 눕힌 상태로 주의하여 조용히 옮긴다.

■ 얼굴이 푸른 인사불성

- 얼굴이 창백한 인사불성의 증상 외에 호흡이 부전되어 얼굴색이 파래진다.
- 응급처치로서는 구조호흡과 충격에 대한 처치를 한다.

라. 원인을 알 수 있는 인사불성 환자

- 뇌일혈 • 알코올중독 • 졸도 • 심장마비 • 간질 • 어린이의 경련 등

마. 화상

■ 화상의 정도

- 1도 화상 : 피부가 열이나 뜨거운 물에 닿을 때 피부색이 빨개진 상태
- 2도 화상 : 물집이 생긴 상태
- 3도 화상 : 피부조직이 파괴된 상태(갈색 또는 흰색)

■ 응급처치

- 화상이 더 진행되지 않도록 조치한다.(그을린 의복 제거 등)
- 감염을 예방한다.(소독 거즈, 화상 거즈로 덮는다)
- 의사의 치료를 받는다.
- 경화상의 경우 소독된 약용 바셀린이나 화상연고를 바르고 드레싱 한다.
- 중화상의 경우 쇼크처치하고, 타서 몸에 붙은 의복은 억지로 떼어내지 않는다.
- 깨끗한 헝겊을 생리식염수에 적시어 대면 효과적이고, 보온한다.
- 약품화상의 경우 물로 깨끗이 씻어 낸다.

바. 감전

■ 증상

- 질식된 듯한 모습이다.
- 갑자기 심장이 멈추어 호흡을 못하는 경우 얼굴이 잿빛색이다.
- 화상을 동반한다.(들어간 부위보다 나간 부위가 더 심한 손상임)
- 쇼크증상을 보인다.

■ 응급처치

- 전원을 차단한다.
- 의식, 호흡, 맥박을 조사한다.
- 맥박과 호흡은 있으나 의식이 불안전하면 회복자세(옆으로 비스듬히 누운 자세)를 취해준다.

- 화상치료를 한다.(겉으로 보이는 것 보다 심하다는 것을 명심하고 들어간 부위와 나온 부위를 꼭 찾는다)
- 쇼크증상이 있으면 쇼크처치를 한다.
- 가능한 한 빠르게 병원으로 이송한다.

사. 독사교상

■ 독사의 판단

독사의 경우에는 두 개의 큰 이빨 자국이 남아 있으며, 일반뱀의 경우에는 네 개의 가느다란 이빨자국이 있다.

■ 응급처치

- 동작을 정지하고 안정을 취한다.
- 물린 부위를 비눗물로 씻어낸다.
- 상처부위의 위쪽을 묶는다.
- 상처부위는 심장보다 낮게 하여 이송한다.
- 이빨자국에서 깊이 5mm정도, 세로 1cm정도 심장 쪽으로 칼로 베고, 독을 빨아낸다.(구강에 상처 있는 사람은 절대 금지)
- 상처부위에 얼음찜질을 하고 신속히 병원으로 이송한다.

아. 염좌(捻挫)

- 직접 또는 간접적으로 외력이 작용하여 관절주위에 있는 인대가 부분적 또는 전면적으로 손상되어 관절이 정상적인 위치를 벗어난 상태.
- 찬찜질을 하고 상해부위를 약간 위로 들어준다.

자. 열사병(熱射病)

더운 곳, 과격한 운동 등으로 인해 체온조절 중추가 외부의 열스트레스에 견디지 못해 그 기능을 잃으면서 생기는데 발한기전이 망가져 체온이 41.1

도까지 올라 갈 수 있다.

- 맥박이 빠르고 땀의 분비가 있다.
- 빨리 선선한 곳으로 옮기고 옷을 벗겨 전체적으로 느슨하게 한다.
- 의식이 회복된 후에는 냉수를 약간 마시도록 한다.

차. 일사병(日射病)

강한 햇볕에 오래 노출되는 노동, 행진 등 땀을 많이 흘린 후염분과 수분을 보충하지 못했을 때 발생하는 질환(더위 먹었다).

- 심박동이 빨라지고 극도로 위약해진다. 어지럼증과 두통이 있으며 땀을 많이 흘린다.
- 실신할 수 있으나 즉시 정상적인 정신 상태로 회복된다.
- 약간의 정신 혼란이 있을 수 있으나 서늘하게 휴식한지 30분만에 완전히 정상으로 돌아온다.
- 오심, 구토, 복통이 나타나기도 한다.
- 적절히 치료하지 않으면 생명이 위험한 열사병으로 발전할 수 있다. 즉시 모든 활동을 중단하고 서늘한 곳으로 이동시킨다.
- 젖은 수건이나 찬물을 통해 빠르게 체온을 냉각시키는 방법을 사용할 수 있다.

타. 쇼크(shock)

- 쇼크는 급성 질환이나 상해의 결과로서 순환계가 우리 몸의 주요 기관에 충분한 혈액을 공급할 수 없어서, 진행성 말초 혈액 순환 부족으로 조직의 산소 부족이 발생해 탄산가스나 유산 등의 대사산물의 축적을 일으킨 상태를 말한다.
- 또한 정신적 평형을 해치는 갑작스런 장애를 쇼크라고 하기도 한다. 일반적인 원인에 따른 쇼크의 종류는 심장성 쇼크(심장질환), 출혈성 쇼크(외상으로 인한 대량출혈), 신경성 쇼크(척추 손상 등), 저체액성 쇼크(탈수 등), 호흡성 쇼크, 패혈성 쇼크(감염성 패혈증 등), 과민성 쇼크(페니실린 주사 후)등이 있다.

■ 쇼크의 증상

- 차갑고 창백하고 끈적한 피부
- 약하고 빠른 맥박
- 빠른 호흡
- 목마름과 구역질, 구토
- 정신이 혼미하거나 불안
- 어지러움, 마비, 의식 상실

■ 응급처치

- 입 안의 물질이 기도로 넘어가지 않도록 기도를 유지한다.
- 척수 손상이 의심되는 경우에는 더욱 조심해야 한다.
- 환자를 눕히고 다리를 30cm 이상 올려준다. 머리, 목이나 가슴에 손상을 입은 것이라면 다리를 똑바로 해준다.
- 모든 출혈은 지혈을 하고, 골절 부위에는 부목을 대어준다.
- 환자를 따뜻하게 보온하여야 하지만 뜨겁게 해서는 안 된다.
- 5분마다 환자의 맥박을 잰다.

카. 졸도

- 기절해서 넘어지는 것을 말하며 원인은 뇌 속에 혈액 공급량이 부족하여 발생한다.
- 다리를 약간 높이 들어 혈액이 머리 쪽으로 모이도록 한다.

기출 및 예상문제

01 다음 중 탑승예절로 적절하지 못한 내용은?

① 비행기를 타고 내릴 때는 상급자가 먼저 타고 마지막으로 내린다.
② 여객선에서는 상급자가 나중에 타고 하선할 때는 먼저 내린다.
③ 에스컬레이터 이용 시는 상급자가 먼저 올라가고 내려올 때는 하급자가 먼저 내려온다.
④ 승용차에 여성과 동승할 때 승차 시에는 여성이 먼저 타고, 하차 시에는 남성이 먼저 내려 차문을 열어준다.

해설 비행기는 상급자가 나중에 타고 먼저 내린다.

02 경호임무 수행 시 엘리베이터 이용에 따른 경호원의 임무수행 내용으로 부적절한 것은?

① 사전에 이동 층 표시등, 문의 작동속도, 비상시 작동버튼, 창문의 유무를 조사해 둔다.
② 엘리베이터를 탈 때는 내부, 내릴 때는 외부의 안전을 확인 후 경호대상자를 이동시킨다.
③ 지정한 층에 도착하여 문이 열렸을 때는 경호대상자가 가장 빨리 내릴 수 있도록 문 앞쪽에 탑승시키도록 한다.
④ 엘리베이터 문이 열렸을 때 외부인의 시야에 노출되지 않는 안쪽 모서리 부분에 탑승 시킨 후 이동하도록 한다.

해설 경호원은 경호대상자의 신변을 보호해야 하는 임무로 사전에 기기점검을 실시하여 이상 유무를 확인하고, 타고 내릴 때 내·외의 안전을 먼저 확인하고, 취약한 곳에서 쉽게 노출되지 않도록 하여야 한다.

03 응급처치의 4대요소가 아닌 것은?

① 기도유지 ② 쇼크방지 및 치료
③ 운반법 ④ 상처의 보호

해설 환자가 의사의 치료를 받기 전까지의 응급처치로서 기도유지, 지혈, 쇼크방지 및 처치, 상처보호 등이며 운반법은 구급처치의 범주에 속한다.

04 다음 중 두부손상의 응급처치 방법으로 맞지 않은 것은?

① 머리를 반듯하게 눕힌다.
② 머리를 따뜻하게 보온한다.
③ 머리를 30도 정도로 들어 올린다.
④ 손상부분을 직접 압박지혈하고 붕대로 고정한다.

해설 일반적인 응급처치로서는 기도확보, 경추, 척추고정, 산소공급, 환자 머리는 누운 상태에서 30도 정도 올려준다. 기타 외상처치 순으로 처리한다. ②의 두부손상환자는 보온하지 않는다.

05 경호임무 수행 중 의전예절에 대한 설명으로 틀린 내용은?

① 초청행사시 경호대상자를 위한 별도의 좌석배치도를 준비하고, 행사 성격에 따라 좌석배치도를 준비하며, 방명록이나 메뉴표 등을 준비한다.
② 만찬행사시 경호대상자의 좌석배치는 입구에서 먼 곳으로 지정하고 부부를 나란히 앉게 하는 것은 가급적 피하여야 한다.
③ 초청인사는 경호대상자의 왼쪽에서 오른쪽으로 이동하면서 악수한다.
④ 차량 승·하차 시 경호대상자는 반드시 가장 먼저 타고 먼저 내릴 수 있어야 한다.

해설 차량 승·하차 시 일반적으로 경호대상자는 늦게 타고 먼저 내리는 것이 원칙이나 경호상황에 따라 변경될 수 있다.

06 경호임무 수행 중 경호대상자와 대화하는 예절로서 적절치 못한 내용은?

① 질문에 답할 때 특정분야를 두둔하고 쟁점이 될 만한 화제에 대해 자신의 주관적인 대답을 한다.

② 자신이 수행하고 있는 경호업무나 필요한 사항에 대해 설명하고 대화할 수 있는 능력을 보유할 수 있도록 노력한다.

③ 이야기 할 때 관심과 반응을 보여주고 이야기 요지를 잘 파악하여 자신의 의사를 물을 때, 간단히 대답할 수 있도록 한다.

④ 경호대상자 관심분야나 직업에 관해 사전에 파악하고 대화에 필요한 상식을 미리 공부하는 자세가 필요하다.

해설 경호대상자의 판단에 오류를 일으킬 수 있는 대답은 피하고 본연의 임무인 신변보호 임무를 수행하여야 한다.

07 차량에 국기부착 시 의전관례에 대한 설명으로 틀린 내용은?

① 우리나라 국기만 부착할 경우는 운전자 중심으로 우측(조수석 방향)에 한다.

② 양 국기를 부착할 경우 우리나라 국기를 운전자 중심으로 좌측(운전석 방향)에 부착한다.

③ 양 국기를 부착할 경우 우리나라 국기를 운전자 중심으로 우측(조수석 방향)에 부착한다.

④ 외국 국기만 부착할 경우 운전자 중심으로 우측(조수석 방향)에 한다.

해설 운전자 중심 우측이 상급위치로 우리나라에서는 우리나라 국기를 항상 우측에 부착하여야 한다.

08 피 경호인이 만찬 중 구토와 함께 졸도하였다. 경호원이 가장 먼저 취하여야 할 행동은?

① 의사를 부르고 기다린다.

② 입안의 오물을 제거한다.

③ 바로 인공호흡을 실시한다.
④ 정신을 차리도록 찬물을 끼얹는다.

해설 의사를 부름과 동시에 입안의 오물을 제거하여 기도를 유지시켜 호흡을 할 수 있도록 하여야 한다.

09 다음 중 질식된 듯한 모습을 보이며 화상을 동반하여 쇼크 증상을 보일 수 있는 것은 무슨 증상인가?

① 감전 ② 골절
③ 창상 ④ 일사병

해설 ①의 전기에 감전된 상태를 설명한 것이다.

10 경호의전작용 중 서열기준을 조정할 경우 이에 대한 원칙으로 맞는 것은?

① 외빈 방문 시 같은 나라 주재 자국대사가 귀국하였을 때는 주재외국대사 다음으로 할 수 있다.
② 국가원수를 대행하여 참석하는 정부각료는 외국대사 다음으로 할 수 있다.
③ 우리가 주최하는 연회에서는 자국 측 빈객은 동급의 외국 측 빈객보다 상위에 둔다.
④ 대사가 여자일 경우 그의 남편은 최상위의 공사보다 우선한다.

해설 ②, ③, ④번은 모두 반대로 설명한 것임.

11 경호임무 수행 중 발생한 사고에 대한 상해 진단 및 평가에 대한 설명으로 적절치 못한 내용은?

① 부상자가 의식이 없고 척추손상 상태라면 부상자를 반듯하게 눕히고 머리부위를 당기며 기도를 개방시킨다.
② 부상자가 호흡을 하지 않아 기도를 개방하고 인공호흡을 실시하였다면 경

동맥을 짚어 맥박이 있는지 확인한다.
③ 심폐소생술을 실시하던 중 출혈이 심하다면 심폐소생술 실시자 이외의 다른 보호자가 지혈을 실시한다.
④ 심폐소생술을 실시할 때는 쇼크를 방지하기 위해 부상자를 차갑게 보호해 주어야 한다.

해설 심폐소생술은 상온에서 실시한다.

12 경호임무 수행 시 경호대상자에게 발생한 유형별 응급조치요령으로 적절한 내용은?

① 경·척추가 손상되었을 경우 환자를 함부로 다루게 되면 오히려 손상을 가져오기 때문에 의료진이 도착할 때까지 그대로 두는 것이 낫다.
② 두부 손상의 응급조치는 기도를 확보하여 산소를 공급한 후 뇌손상으로 인해 체온이 떨어지기 때문에 보온을 유지한다.
③ 발작이 일어났을 경우 즉시 환자를 잡아 근육의 경련을 막고 의식이 회복될 수 있도록 음료를 투여한다.
④ 탈구된 환자는 관절의 모양이 변하기 때문에 즉시 바로 잡아주면서 따뜻한 물수건으로 찜질해 준다.

해설 ①항을 제외하고는 반대로 설명한 것임.

13 응급처치를 실시할 때 지켜야 할 원칙으로 틀린 내용은?

① 환자나 부상자의 상태조사 및 편안한 자세를 유지하도록 힘쓴다.
② 환자나 부상자에 대한 생사의 판정은 하지 않는다.
③ 동원 가능한 의약품을 최대한 동원하여 신속히 조치한다.
④ 병원에 이송되기 전까지 환자의 2차 쇼크를 방지하고 생명력을 유지하도록 한다.

해설 응급처치원의 준수사항으로

- 응급처치원 자신의 안전을 우선 확보하도록 한다.
- 응급처치원은 환자나 부상자에 대한 생사판정은 하지 않는다.
- 응급처치원은 원칙적으로 의약품은 사용하지 않는다.
- 응급처치원은 어디까지나 응급처치로만 그쳐야 하며, 그 다음은 전문의료인의 처치에 맡긴다.

14 국빈행사 시 의전에 관한 사항으로 적절하지 않은 내용은?

① 국가원수 급 외빈의 공식방문 환영행사시 예포는 21발을 발사한다.

② 국빈방문 시는 환영행사, 국가원수내외분 예방, 국가원수 내외주최 리셉션 및 만찬, 환송행사 순에 의한다.

③ 외국방문 시 의전관행은 항상 방문하는 나라보다 자국의 관행의 우선한다.

④ 좌석 서열 배치는 지위가 비슷한 경우 여자를 남자보다 우선한다.

해설 국가 간의 의전은 방문하는 나라의 의전을 우선으로 한다. 즉 상대방의 의전에 따른다.

15 탑승 시 경호예절에 관한 설명으로 적절치 않은 내용은?

① 비행기의 경우에는 상급자가 먼저 타고 먼저 내린다.

② 함정의 경우에는 상급자가 먼저 타고 먼저 내린다.

③ 엘리베이터 탑승시 안내하는 사람이 있을 때에는 상급자가 먼저타고 먼저 내린다.

④ 기차의 경우 두 사람이 나란히 앉는 좌석에서는 창가 쪽이 상석이고 통로 쪽이 말석이다.

해설 비행기 탑승의 경우 상급자가 나중에 타고 먼저 내린다.

16 다음은 일반적인 악수예절에 중 적절치 않은 내용은?

① 선배가 후배에게 먼저 청한다.

② 여성이 남성에게 먼저 청한다.

③ 미혼자가 기혼자에게 먼저 청한다.
④ 상급자가 하급자에게 먼저 청한다.

해설 기혼자가 미혼자에게 먼저 청한다. 예외적으로 국가원수, 왕족, 성직자 등은 이러한 순서에서 예외가 인정된다.

17 다음은 고객이나 상급자를 안내할 때의 예절이다. 바르지 못한 내용은?

① 상급자 보다 두 세 걸음 앞에서 걷는다.
② 고객이 중앙으로 걸을 수 있도록 한다.
③ 고객이 편안하게 정성을 다하여 안내한다.
④ 물건을 들고 있을 때에는 구두(발)로 안내한다.

해설 물건을 들고 있을 때에는 물건을 내려놓은 다음에 안내한다.

18 상대방과 명함을 주고받을 때의 예절로 바르지 못한 내용은?

① 명함을 건넬 때에는 윗사람이 먼저 건넨다.
② 명함을 받자마자 보지도 않고 집어넣지 않도록 해야 한다.
③ 상대방의 위치에서 바로 읽을 수 있도록 이름을 밝히면서 건넨다.
④ 명함을 줄때는 반드시 일어서서 오른손으로 주고, 받을 때도 일어서서 받는다.

해설 명함은 아랫사람 또는 손님이 먼저 건네는 것이 예의이다.

19 승용차의 좌석 중 최상석의 좌석으로 옳은 것은?

① 운전자의 뒷좌석
② 운전자의 옆 좌석
③ 뒷좌석의 가운데 좌석
④ 운전자의 대각선 쪽 뒷좌석

해설 운전기사가 있는 경우의 승용차 좌석순위는 운전자의 대각선 뒷좌석, 운전자의 뒷좌석, 운전자의 옆 좌석, 뒷좌석의 가운데 좌석 순이다. 운전자가 자가운전의 경우는 운전자 옆 좌석이 최상석이다.

20 다음 중 대화의 3대원칙이 아닌 것은?

① 정확하게 ② 신속하게
③ 알기 쉽게 ④ 기분 좋게

해설 대화의 3대원칙은 정확하게, 알기 쉽게, 기분 좋게이다.

21 다음의 예절 중 보고의 순서로 제일 옳은 것은?

① 결과 → 내용 → 소견 → 결론
② 결론 → 소견 → 내용 → 경과
③ 내용 → 경과 → 소견 → 결론
④ 결론 → 내용 → 경과 → 소견

해설 보고의 순서는 결론, 내용(이유), 경과, 소견의 순으로 한다.

22 다음 중 국기의 게양 방법에 대한 설명으로 틀린 것은?

① 일반 가정의 대문에는 문밖에서 보아 대문의 중앙 왼쪽에 게양한다.
② 차량에는 차량의 전면에서 보아 왼쪽에 게양한다.
③ 식장의 경우에는 단상을 향하여 왼쪽에 세우거나 중앙에 부착한다.
④ 두 개의 국기를 교차시켜 게양할 때에는 단상을 향하여 오른쪽 국기가 밖으로 나오게 한다.

해설
- 국기 교차 게양 시 단상을 향하여 왼쪽 국기가 밖으로 나오게 하여야 한다.
- 항상 전면에서 보아 왼쪽이 우선이다.
- 다른 기와 같이 게양하는 방법에는 홀수인 경우 국기가 중앙에 위치하도록 한다.
- 짝수인 경우 단상, 건물을 향하여 맨 왼쪽에 국기가 위치하도록 게양한다.

- 외국국기와 같이 게양하는 방법에는 좌우에 따로 세우거나 교차시킨다.
- 따로 세울 때는 국기는 단상을 향하여 왼쪽 외국국기는 오른쪽에 위치시킨다.
- 3개국 이상 국기를 게양할 경우에는 홀수인 경우 우리나라 국기가 중앙에 위치하도록 한다.
- 짝수인 경우 단상을 향하여 맨 왼쪽에 우리나라 국기를 위치시킨다.
- 유엔기와 같이 게양 시는 유엔기, 국기, 외국기의 순서에 따른다.

23 **다음 중 위급한 부상자를 응급현장에서 발견하였을 때 즉시 조사하여야 할 사항이 아닌 것은?**

① 구조자 자신이나 부상자 그리고 현장에 있는 사람들에게 어떤 위험요소가 있는지 살핀다.
② 사고 또는 부상의 발생 동기나 원인을 조사한다.
③ 부상자의 수를 조사한다.
④ 부상자의 성별 여부를 확인한다.

해설 부상자의 성별은 관계가 없다.

24 **경호대상자가 투숙할 호텔객실 내부 커텐에 대한 안전검측 시 경호 소방측면에서 중점을 두어야 할 사항은?**

① 방염필증을 확인한다.
② 제조회사를 확인한다.
③ 납품가격을 확인한다.
④ 유해물질 여부를 확인한다.

해설 소방안전검측 시 커텐, 카페트 등 가연성 물질에는 반드시 방염필증 여부를 확인해야 한다.

25 **경호업무수행 중 화재가 발생할 경우 경호대상자 대피방법으로 가장 바른 것은?**

① 비상용 승강기를 이용하여 신속히 지상층으로 대피한다.
② 현 위치에서 대기한다.
③ 비상계단 전실로 우선 대피한다.

④ 옥상으로 대피한다.

해설
- 화재발생시 주변 상황을 파악한 후 대피를 해야 할 경우에는 가까운 비상계단 전실로 우선 대피한다.
- 전실은 연기의 침입을 막아주는 제연설비가 설치되어 있으며, 내화구조로 일정시간 견디는 구조다.
- 전실로 우선 대피한 후 비상계단을 이용하여 지상 층으로 대피해야 한다.
- 화재 시 승강기 홀은 굴뚝역할을 하기 때문에 질식사할 우려가 있으므로 절대 승강기를 이용하여서는 안 된다.
- 전실이란 복도와 계단사이의 공간을 말한다.

26 응급처치의 순서가 바른 것은?

① 지혈 → 기도유지 → 쇼크방지 → 상처보호
② 지혈 → 기도유지 → 상처보호 → 쇼크방지
③ 기도유지 → 지혈 → 상처보호 → 쇼크방지
④ 기도유지 → 지혈 → 쇼크방지 → 상처보호

해설 응급처치는 상황에 따라 변경될 수 있지만 일반적으로 ④항의 순서대로 이루어져야 한다.

27 붕대의 종류에 포함되지 않은 것은?

① 삼각건 ② 사각건
③ 권축붕대 ④ 넓은 붕대

해설 붕대의 종류에는 삼각건, 권축붕대, 넓은 붕대, 사두붕대 등이 있다.

28 다음은 쇼크의 증세이다. 틀린 것은?

① 호흡이 불규칙 해진다.
② 구토나 구역질을 하게 된다.
③ 식은땀과 현기증을 일으킨다.
④ 맥박이 강해지고 느리다.

해설 쇼크환자의 경우 맥박이 약해지고 때로는 빠르게 된다.

29 환자를 운반할 때 고려사항으로 볼 수 없는 내용은?

① 환자에게 적절한 응급처치를 하였는지 확인한다.
② 환자의 운반 필요성 유무 및 운반기구 등을 결정한다.
③ 운반에 필요한 기구를 현지에서 준비한다.
④ 운반은 환자에게 위험하므로 구급차가 올 때까지 기다린다.

해설 환자가 발생한 경우 의사가 현지에서 치료하는 것이 좋으나, 그렇지 못한 경우 환자에게 응급처치를 한 후 조심해서 운반해야 한다.

30 인공호흡 시 생존징후가 없어도 인공호흡을 실시하여야 하는 기본시간은?

① 45분　　② 35분
③ 25분　　④ 15분

해설 생존징후가 없다 하더라도 최소한 45분간은 인공호흡을 실시하여야 한다.

31 응급처치의 목적으로 타당하지 않은 것은?

① 환자의 생명을 구하기 위하여
② 사고로 인한 부상자에게 지속적인 치료를 위하여
③ 통증을 감소시키기 위하여
④ 질병이나 손상이 악화되는 것을 방지하기 위하여

해설 목적으로는 ①, ③, ④외 적절한 도구사용과 안전한 운반을 위함이다.

32 응급처치의 목적에 따른 처치방법으로 옳지 않은 내용은?

① 쇼크방지를 위한 지혈대 사용

② 생명보존을 위한 인공호흡 실시
③ 완전치료를 위한 신체검사
④ 상처의 악화방지를 위한 활력증강 측정

해설 목적에 따른 처치방법으로 ①, ②, ④외 불구방지를 위한 골절부위에 부목사용 등이 있다.

33 응급환자가 다수일 경우 처치의 순서로 옳은 내용은?

① 급한 환자부터 처치한다.
② 어린이나 노약자부터 처치한다.
③ 환자의 생명을 중심으로 경, 중에 따라 결정한다.
④ 손상의 범위가 넓은 환자부터 처치한다.

해설 생명의 경, 중에 따라 우선적으로 처치한다.

34 질식직전의 환자에게 가장 시급한 조치사항으로 바른 것은?

① 토물이 원인일 경우 고개를 옆으로 돌려준다.
② 질식의 원인이 되는 이물질을 제거한다.
③ 고개를 뒤로 젖혀 턱을 받쳐준다.
④ 신속한 수술을 실시한다.

해설 기도개방을 위하여 입안의 이물질을 신속히 제거한다.

35 출혈이 심하지 않은 상처에 대한 응급처치로 적절치 않은 내용은?

① 지압법이나 지혈대를 사용한다.
② 깨끗한 물로 상처를 씻어준다.
③ 소독거즈를 상처에 대고 붕대로 맨다.
④ 상처는 손이나 헝겊으로 함부로 건드리지 않는다.

해설 응급처치로 ②, ③, ④외 엉키고 뭉친 핏덩이는 만지거나 건드리지 않는다. 등이 있음.

36 훌륭한 응급처치라고 볼 수 없는 것은?

① 환자의 불안을 해소 시킨다.
② 상황판단을 신속히 한다.
③ 올바른 처치방법을 사용 한다.
④ 응급처치는 완벽하게 하여야 한다.

해설 응급처치는 자신의 능력의 한계 내에서 실시하여야 한다.

37 환자가 목이 마를 때의 응급처치로 적절치 않은 내용은?

① 대 출혈이나 내출혈 시는 물을 주아야 한다.
② 복부창일 경우 음료수를 주지 말고 다리를 굽힌 채 눕힌다.
③ 의식이 없을 때와 수술을 요할 때는 물을 주지 않는다.
④ 두부손상, 복부손상, 구토 시는 물을 제한 한다.

해설 대 출혈이나 내출혈 시는 물의 공급을 금해야 한다.

38 화상환자의 응급처치로 적절치 않은 내용은?

① 1도 화상 : 찬물 찜질과 연고를 바른다.
② 2도 화상 : 수포를 제거하고 연고를 바른다.
③ 3도 화상 : 쇼크예방과 함께 전문적인 치료를 받는다.
④ 화상의 범위가 좁으면 냉수에 10분간 담근다.

해설 응급처치로 ①, ②, ③외 약품에 의한 화상에는 식염수나 깨끗한 물로 화상부위를 씻어낸다. 등이 있음.

39 타박상을 입었거나 관절이 삐었을 때 부종이 생기지 않도록 하기 위한 처치로서 가장 좋은 방법은?

① 더운물 찜질 ② 찬물 찜질 ③ 소독 ④ 좌욕

해설 부종을 빼기 위해서는 찬물 찜질이 좋다.

40 심장이 급정지 시 응급처치의 순서로 타당한 것은?

① 기도확보 → 인공호흡 → 심장마사지 → 약물요법
② 약물요법 → 인공호흡 → 심장마사지 → 기도확보
③ 약물요법 → 기도확보 → 인공호흡 → 심장마사지
④ 인공호흡 → 기도확보 → 심장마사지 → 약물요법

해설 호흡을 할 수 있도록 기도를 확보 한 다음 인공호흡을 실시한다.

41 감염증에 의한 쇼크에 해당되는 것은?

① 출혈성 쇼크 ② 저체액성 쇼크
③ 패혈성 쇼크 ④ 호흡성 쇼크

해설 패혈성 쇼크는 세균감염으로 세균에서 유리된 내독소의 작용으로 전신의 혈관이 확장되고 혈압이 저하됨. 이러한 상태가 지속되면 조직 세포의 산소부족과 심박출량의 감소로 쇼크 증상이 나타남.

42 유형별 응급환자에 대한 조치사항으로 옳지 않은 내용은?

① 두부손상이 의심되면 상체를 높이고, 구토 등 이물질이 있는 경우 옆으로 눕힌다.
② 뇌일혈의 경우 환자의 머리와 어깨를 높여 주고, 목의 옷을 느슨하게 하고 찬물수건이나 얼음주머니를 머리에 대어준다.
③ 약품화상의 경우 물로 상처를 씻어내고 감염을 예방하도록 한다.

④ 독사교상의 경우 상처부위의 위쪽은 묶고, 상처부위를 심장보다 높게 하여 이송한다.

해설 독사교상이란 독사에게 물린 상처를 말함.
응급처치법
독액을 뽑아내는 것이 우선이지만, 그것이 곤란할 경우에는 띠로 단단히 묶어서 혈류를 차단시키는 것이 좋다. 그러나 혈청요법(사독혈청주사)이 가장 효과적이며 빠를수록 결과가 좋다.

43 의전서열에 관한 설명으로 옳지 않은 것은?

① 지위가 비슷한 경우 연소자보다 연장자가, 내국인보다 외국인이 상위 서열이다.
② 기혼부인 간의 서열은 남편의 지위에 따른다.
③ 공식서열은 신분별 지위에 따라 인정된 서열로서 국제적으로 동일하게 적용된다.
④ 비공식서열의 경우 원만하고 조화된 좌석배치를 위해서 서열 결정상의 원칙은 다소 조정될 수 있다.

해설 신분별 지위에 따른 공식서열은 그 나라의 역사와 전통, 문화, 관습 등에 따라 차이가 있음.

44 경호임무수행 중 발생한 유형별 응급처치방법에 관한 설명으로 옳지 않은 것은?

① 얼굴이 창백한 인사불성환자는 머리를 수평되게 혹은 다리를 높여 안정되게 눕히고 보온조치를 한다.
② 뇌일혈 환자는 목의 옷을 느슨하게 하고 찬 물수건이나 얼음주머니를 머리에 대어 준다.
③ 졸도환자는 머리와 몸을 수평으로 눕히고 다리를 높여 준다.
④ 두부외상 환자는 보온조치를 하여 체온을 상승시켜 유지시키도록 한다.

해설 ④ 두부손상 환자는 상체를 높이고, 구토 등 이물질이 있는 경우 옆으로 눕히고, 평상온도가 유지되도록 하여야 한다.

45 행사의전에서 국기게양에 관한 설명으로 옳지 않은 것은?

① 국기와 함께 외국기를 게양할 때 앞에서 게양대를 바라보아 게양할 기의 총수가 짝수인 경우 국기의 바로 왼쪽이 차 순위가 되도록 한다.
② 옥내게양 시 깃대에 의한 게양을 원칙으로 하되, 실내 여건 등을 감안하여 필요한 경우 깃면만을 게시할 수 있다.
③ 옥외 정부행사장의 경우에는 이미 설치되어 있는 주게양대에 대형 태극기를 게양하는 것을 원칙으로 한다.
④ 차량용 국기게양의 경우에는 차량의 보닛 앞에 서서 차량을 정면으로 바라볼 때 보닛의 왼쪽이나 왼쪽 유리창문에 단다.

해설 ① 대한민국 국기법 시행령 제15조(국기와 다른 기의 게양 및 강하방법) 1항에 의거, 게양하는 기의 수가 홀수인 경우에는 국기를 중앙에, 그 수가 짝수인 경우에는 앞에서 바라보아 왼쪽 첫 번째에 게양한다.

46 피부가 붉어지고 수포가 생기며, 심한 통증이 나타나는 정도의 화상은?

① 1도 화상
② 2도 화상
③ 3도 화상
④ 4도 화상

해설 1도 화상 : 물집이 생긴 상태
3도 화상 : 숯덩이 같이 된 상태로 화상의 면적이 온몸의 30%에 이르면 생명이 위독하다.

47 원인불명의 인사불성 중 얼굴이 붉은 환자의 상태와 일반적인 응급처치에 관한 설명으로 옳지 않은 것은?

① 주요 증상은 맥박이 약하고, 구토를 할 경우 얼굴을 옆으로 돌려준다.
② 환자를 바로 눕히고 머리와 어깨를 약간 높여 안정시킨다.
③ 머리에 찬 물수건을 대어 열을 식혀 주어야 한다.
④ 환자를 옮길 필요가 있으면 눕힌 상태로 주의해서 운반한다.

해설 주요 증상은 ②③④외 얼굴이 붉고 맥박이 강하다.

48 사고현장의 응급처치에 관한 설명으로 옳지 않은 내용은?

① 긴급환자를 우선 조치하고, 환자의 인계, 증거물이나 소지품을 보존한다.
② 쇼크에 대한 조치는 기도유지, 척추고정, 지혈, 적정자세 유지 가 중요하다.
③ 출혈부위는 심장보다 높게 하며, 물을 충분하게 주어 갈증을 해소시켜야 한다.
④ 절단된 부위는 무균드레싱 후 비닐주머니에 넣어 물과 얼음이 담긴 용기에 넣어 운반한다.

해설 ③ 내부출혈이 있을 수 있으므로 물은 원칙적으로 제공하지 않는다.

49 경호원의 의전과 예절에 관한 설명으로 옳은 것은?

① 여성과 남성이 승용차에 동승할 때에는 남성이 먼저 타고, 하차 시에도 남성이 먼저 내려 차 문을 열어준다.
② 상급자와 하급자가 승용차에 동승할 때에는 상급자가 먼저 타고, 하차 시에도 상급자가 먼저 내린다.
③ 기차에서 두 사람이 나란히 앉는 좌석에서는 창가 쪽이 상석이다.
④ 비행기를 타고 내릴 때에는 상급자가 먼저 타고 먼저 내린다.

해설 ① : 여성과 동승할 때 승차 시는 여성이 먼저 타고, 하차 시는 남성이 먼저 내려 차 문을 열어 준다.
② : 상급자와 동승할 때에는 상급자가 먼저 타고, 하급자가 먼저 내린다.
④ : 비행기를 타고 내릴 때에는 상급자가 마지막으로 타고, 먼저 내린다.

50 10분 이내로 열이 41.1도까지 오르고 맥박이 빠르며 현기증, 구토를 유발하는 증상은?

① 열사병 ② 일사병
③ 뇌출혈 ④ 독사교상

해설 열사병(熱射病)
• 더운 곳, 과격한 운동 등으로 인해 체온조절 중추가 외부의 열 스트레스에 견디지

못해 그 기능을 잃으면서 생기는데 발한기전이 망가져 체온이 41.1도까지 올라 갈 수 있다.

- 맥박이 빠르고 땀의 분비가 있다.
- 빨리 선선한 곳으로 옮기고 옷을 벗겨 전체적으로 느슨하게 한다.
- 의식이 회복된 후에는 냉수를 약간 마시도록 한다.

51 다음 중 바르지 못한 내용은?

① 보고하는 순서는 결론 - 이유(내용) - 경과 - 소견 순이다.

② 대화의 3대원칙은 정확하게, 알기 쉽게, 기분 좋게이다.

③ 국빈 환영식장에서 환영자가 바라보았을 때 좌측에서 2번째가 국빈의 위치이다.

④ 국기가 홀수일 때 태극기는 제일 좌측에 게양한다.

해설 ④의 국기가 홀수일 경우에는 중앙에 게양한다.

52 다음 중 바르지 못한 내용은?

① 응급처치의 순서는 기도유지 - 지혈 - 쇼크방지 - 상처보호이다.

② 차량기동 간 지휘·장비탑재 등 실질적이고 적극적인 차량은 선두차량이다.

③ 3도 화상의 증세는 피부조직이 갈색 등으로 파괴된 상태를 말한다.

④ 문형금속탐지기 간의 거리는 최소 3M이상 이격하여야 한다.

해설 ②의 후미차량이 실질적이고 적극적인 지휘차량이다.

53 심폐소생술을 실시 할 경우 1분에 몇 (　　)회 속도로 (　　)회로 환자의 가슴이 (　　)cm 정도 들어가도록 흉부압박을 하여야 하는가?

① 100, 30, 4~5　　② 100, 40, 5~7

③ 80, 50, 5~7　　④ 90, 35, 6~8

54 원인을 알 수 없는 인사불성환자에 대한 응급처치와 관련한 설명으로 적절치 못한 내용은?

① 얼굴이 붉은 인사불성환자의 경우 환자를 바로 눕히고 머리와 어깨를 약간 높여 안정을 시킨다.

② 얼굴이 창백한 인사불성환자의 경우 목의 옷깃을 늦추어 주고 머리에 찬 물수건을 대어 식혀준다.

③ 얼굴이 푸른 인사불성환자의 경우 응급처치로서는 구조호흡과 충격에 대한 처치를 한다.

④ 인사불성환자에게는 뇌의 손상, 간질병, 또는 술 취한 상태와 혼동하지 않도록 조심해야 한다.

해설 원인을 알 수 없는 인사불성에 대한 일반적인 응급처치

- 얼굴이 붉은 인사불성
  - 주요 증상은 얼굴이 붉고 맥박이 강하다.
  - 환자를 바로 눕히고 머리와 어깨를 약간 높여 안정을 시킨다.
  - 목의 옷깃을 늦추어 주고 머리에 찬 물수건을 대어 식혀준다.
  - 환자를 병원으로 보낼 필요가 있으면 눕힌 자세대로 주의하여 운반하고 만약 구토를 하면 얼굴을 옆으로 돌려준다.
- 얼굴이 창백한 인사불성
  - 주요 증상은 얼굴이 창백하고 맥박이 약하다.
  - 충격에 대한 응급처치를 한다.
  - 환자는 머리를 수평 되게 혹은 다리를 높여 안정되게 눕히고 열을 가하여 보온한다.
  - 환자를 옮길 필요가 있으면 눕힌 상태로 주의하여 조용히 옮긴다.
- 얼굴이 푸른 인사불성
  - 얼굴이 창백한 인사불성의 증상 외에 호흡이 부전 되어 얼굴색이 파래진다.
  - 응급처치로서는 구조호흡과 충격에 대한 처치를 한다.

55 심한 출혈 시 응급처치 요령으로 옳지 않은 내용은?

① 소독된 거즈나 헝겊으로 세게 직접 압박한다.

② 감염에 주의하면서 출혈부위의 이물질을 물로 씻어낸다.

③ 출혈부위를 심장부위보다 높게 하고 압박점을 강하게 압박한다.

④ 환자를 편안하게 눕히고 보온한다.

해설 심한 출혈환자는 감염에 주의하면서 우선 지혈을 하여야 한다.

56 경호의전 상황에서 각종 탑승예절에 관한 설명으로 옳은 내용은?

① 엘리베이터의 경우 안내자가 있을 때는 상급자가 나중에 타고 먼저 내린다.
② 비행기는 객석 양측 창가 좌석이 상석이고, 통로 쪽이 차석, 상석과 차석 사이의 좌석들이 하석이다.
③ 선박의 경우 객실등급이 정해져 있지 않을 경우 선체의 중심부가 상석이 되며, 일반석은 상급자가 먼저 타고 나중에 내린다.
④ 자가운전 차량을 탑승할 경우 진행방향을 기준으로 뒷자리 오른편이 상석이며, 왼쪽, 가운데 순서로, 운전석 옆자리가 가장 하석이 된다.

해설 ① 엘리베이터에 안내자가 있을 경우에는 상급자가 먼저 타고 먼저 내린다.
③ 선박은 보통 상급자가 나중에 타고 먼저 내린다.
군함의 경우 상급자가 먼저 타고 먼저 내린다.
일반적으로 선체의 중심부를 상석으로 한다.
④ 차량의 자가운전일 경우 운전자 옆자리가 상석, 운전자 대각선 뒷자리가 둘째, 운전자 뒤쪽이 셋째, 가운데가 하석이 된다.

정답

01.①	02.③	03.③	04.②	05.④	06.①	07.②	08.②	09.①	10.①
11.④	12.①	13.③	14.③	15.①	16.③	17.④	18.①	19.④	20.②
21.④	22.④	23.④	24.①	25.③	26.④	27.②	28.④	29.④	30.①
31.②	32.③	33.③	34.②	35.①	36.④	37.①	38.④	39.②	40.①
41.③	42.④	43.③	44.④	45.①	46.②	47.①	48.③	49.③	50.①
51.④	52.②	53.①	54.②	55.②	56.②				

기출문제

제24회 기출문제

01 대통령 등의 경호에 관한 법률상 '경호'에 관한 정의이다. (　　)에 들어갈 내용으로 옳은 것은?

경호 대상자의 생명과 재산을 보호하기 위하여 (ㄱ)에 가하여지는 (ㄴ)을/를 방지하거나 제거하고, (ㄷ)을 경계 · 순찰 및 방비하는 등의 모든 안전 활동을 말한다.

① ㄱ : 신체, ㄴ : 위해, ㄷ : 특정 지역
② ㄱ : 신체, ㄴ : 손해, ㄷ : 모든 지역
③ ㄱ : 개인, ㄴ : 위해, ㄷ : 특정 지역
④ ㄱ : 개인, ㄴ : 위험, ㄷ : 모든 지역

해설 대통령 등의 경호에 관한 법률 제2조(정의)에서 내용으로서 ①번이 정답임.

02 우리나라 경호에 관한 설명으로 옳지 않은 것은?

① 소방청 119구조구급국장은 대통령경호안전대책위원회의 위원이다.
② 대통령경호처장은 대통령이 임명하고, 경호처의 업무를 총괄하며 소속공무원을 지휘 · 감독한다.
③ 대통령 당선인은 경호의 대상이지만 대통령 당선인의 가족은 경호대상이 아니다.
④ 경호의 성문법원에는 헌법, 법률, 조약, 명령을 들 수 있다.

해설 대통령 등의 경호에 관한 법률 제4조(경호대상)에 의거,
③ '대통령 당선인과 그 가족'은 경호대상임.

03 대통령 등의 경호에 관한 법률상 경호공무원에 대한 사법경찰권 지명권자는?

① 검찰총장 ② 서울중앙지방검찰청 검사장
③ 경찰청장 ④ 서울특별시경찰청장

해설 대통령 등의 경호에 관한 법률 제17조(경호공무원의 사법경찰권) ①항에 의거, 경호공무원은 처장의 제청으로 서울중앙지방검찰청 검사장이 지명한 경호공무원을 말한다.

04 다음에서 설명하는 경호의 원칙은?

> 경호대상자의 행차코스는 원칙적으로 비공개되어야 하며, 행차 예정 장소도 일반대중에게 비공개되어야 한다. 더불어 대중에게 노출되는 경호대상자의 보행행차는 가급적 제한되어야 위해를 가할 가능성이 있는 위험으로부터 경호대상자를 보호할 수 있다.

① 목표물 보존의 원칙 ② 자기담당구역 책임의 원칙
③ 하나로 통제된 지점을 통한 접근의 원칙 ④ 자기희생의 원칙

해설 설문은 목표물 보존의 원칙을 말함.

05 다음 대한민국 경호역사에서 두 번째로 일어난 것은?

① 중앙정보부 경호대가 발족되었다.
② 경무대 경찰서가 신설되었다.
③ 치안본부 소속의 101경비단으로 변경하였다.
④ 대통령경호실을 대통령경호처로 변경하였다.

해설
- 대한민국 정부수립 이후 경호의 역사
  창덕궁경찰서 → 경무대경찰서 → 서울시경찰국 경비과 → 국가재건최고회의 의장경호대 → 중앙정보부경호대 → 대통령경호실 → 대통령경호처 → 대통령경호실 → 대통령경호처
- 설문에서는 지문의 각 기관별 경호를 담당한 시기를 묻는 내용임.
  ① 중앙정보부 경호대 : 1961년 9월 ② 경무대 경찰서 : 1949년 2월
  ③ 101경비대를 101경비단으로 변경 : 1976년 ④ 대통령 경호처 : 2008년 2월

06 조선후기 정조 때 설치한 경호기관은?

① 장용영　　② 호위청
③ 내순검군　　④ 삼별초

해설 ② 호위청 : 조선후기　③ 내순검군 : 고려초기　④ 삼별초 : 고려시대 무신집권기

07 다음에서 설명하는 경호의 원칙은?

경호대상자가 위치한 지역에서 가장 근거리부터 엄중한 경호를 취하는 순서로 근접경호, 중간경호, 외곽경호로 나누고 그에 따른 요원의 배치와 임무가 부여된다.

① 3중 경호의 원칙　　② 두뇌경호의 원칙
③ 방어 경호의 원칙　　④ 은밀 경호의 원칙

해설 설문은 3중 경호의 원칙을 설명한 것임.

08 국민보호와 공공안전을 위한 테러방비법상 대테러특공대를 설치·운영하지 않는 기관은?

① 국방부　　② 해양경찰청
③ 국가정보원　　④ 경찰청

해설 테러방지법 시행령 제18조(대테러특공대 등) ①항에 의거,
국방부장관, 경찰청장 및 해양경찰청장은 테러사건에 신속히 대응하기 위하여 대테러특공대를 설치·운영한다.

09 다음에서 설명하는 경호조직의 원칙은?

> 하나의 기관에는 반드시 한 사람의 지휘자만이 있어야 한다. 지휘자가 여러 명이 있을 경우 이들 사이의 의견의 합치는 어렵게 되고 행동도 통일되기가 쉽지 않다. 상급감독자나 하급보조자가 지휘자의 권한을 침해한다면 전체 경호기구는 혼란에 빠지게 되어 경호조직은 마비상태기 될 우려가 있다.

① 경호체계 통일성의 원칙 ② 경호지휘단일성의 원칙
③ 경호기관단위작용의 원칙 ④ 경호협력성의 원칙

해설 설문은 ② 경호지휘단일성의 원칙을 설명한 것임.

10 경호임무의 수행절차에 관한 설명으로 옳은 것은?

① 예방단계 : 평가단계로 경호 실시 결과 분석
② 대비단계 : 정보활동단계로 법제를 정비하여 우호적 경호환경 조성
③ 대응단계 : 경호활동단계로 경호인력을 배치하여 지속적인 경계활동 실시
④ 학습단계 : 안전활동단계로 위해정보수집을 위한 보안활동 단계

해설 1. 예방단계 ; 발생할 수 있는 인적·물적 위해요소에 대한 예방책을 강구하는 단계
2. 대비단계 : 발생 가능한 인적·물적 위해요소에 대한 대비책을 강구하는 단계
3. 대응단계 : 경호대상자에게 발생하는 위해요소에 대한 출입요소의 통제·근접경호 등으로 즉각적인 조치를 취하는 단계
4. 평가단계 : 경호활동에 대한 평가를 실시하여 추후 경호활동에 반영하기 위한 단계

11 대통령 등의 경호에 관한 법률상 '경호 대상'에 관한 내용이다. (　　)에 들어갈 숫자는?

본인의 의사에 반하지 아니하는 경우에 한정하여 퇴임 후 (ㄱ)년 이내의 전직 대통령과 그 배우자, 다만, 대통령이 임기 만료 전에 퇴임한 경우와 재직 중 사망한 경우의 경호기간은 그로부터 (ㄴ)년으로 하고, 퇴임 후 사망한 경우의 경호 기간은 퇴임일부터 기산하여 (ㄷ)년을 넘지 아니하는 범위에서 사망 후 (ㄹ)년으로 한다.

① ㄱ : 5, ㄴ : 5, ㄷ : 5, ㄹ : 5

② ㄱ ; 5, ㄴ : 10, ㄷ : 5, ㄹ : 5

③ ㄱ : 10, ㄴ : 5, ㄷ : 5, ㄹ : 5

④ ㄱ : 10, ㄴ : 5, ㄷ : 10, ㄹ : 5

해설 대통령 등의 경호에 관한 법률 제4조(경호대상) 1항의 3에 의거, 설문은 ①이 정답임.

12 경호작용의 기본 고려요소에 관한 설명으로 옳지 않은 것은?

① 자원 - 기본적으로 고려되어야 할 사항에 포함된다.]

② 계획수립 - 변화의 가능성 때문에 융통성 있게 한다.

③ 책임 - 경호임무는 명확하게 부여하고, 각각의 임무형태에 대한 책임이 부과된다.

④ 보안 - 수행원과 행사 세부일정은 공개하고, 경호비상상황은 보안을 유지한다.

해설 지문의 ④는 경호상황(대상자, 수행원, 행사세부일정 등)에 대한 철저한 보안이 유지되어야 한다.

13 경호원의 활동수칙에 관한 내용으로 옳지 않은 것은?

① 경호대상자에게 스스로 안전에 대처할 수 있도록 일상적 경호수칙을 만들어 경각심을 높이게 한다.

② 경호업무 효율성 향상을 위해 경호대상자의 종교, 병력, 복용하는 약물에 대해서도 파악한다.

③ 위해자와 타협적인 행동을 하지 않는다.

④ 최대한 비노출경호를 위해 권위주의적 자세를 가진다.

해설 ④ 최대한 비노출경호를 하여야 하며, 권위주의적 자세는 배제하여야 한다.

14 다음 ( )에 들어갈 경호의 안전대책은?

- (ㄱ) : 경호대상자가 이용하는 기구와 물품, 시설 등의 안전상태를 확인하는 활동
- (ㄴ) : 경호대상자에게 위해를 가할 수 있는 위해물질을 안전하게 관리하는 활동
- (ㄷ) : 폭발물 등 각종 유해물을 탐지, 제거하는 활동

① ㄱ : 안전검사, ㄴ : 안전조치, ㄷ : 안전점검

② ㄱ : 안전조치, ㄴ : 안전점검, ㄷ : 안전검사

③ ㄱ : 안전점검, ㄴ : 안전검사, ㄷ : 안전조치

④ ㄱ : 안전조치, ㄴ : 안전검사, ㄷ : 안전점검

해설 설문은 지문의 ①이 정답임.

15 경호의 특성을 올바르게 구분한 것은?

ㄱ : 예방성	ㄴ : 통합성	ㄷ : 노출성
ㄹ : 예비성	ㅁ : 안전성	ㅂ : 유동성

① 선발경호 - (ㄱ, ㄴ, ㄹ, ㅁ), 근접경호 - (ㄷ, ㅂ)
② 선발경호 - (ㄱ, ㄷ, ㅂ), 근접경호 - (ㄴ, ㄹ, ㅁ)
③ 선발경호 - (ㄴ, ㄷ, ㅂ), 근접경호 - (ㄱ, ㄹ, ㅁ)
④ 선발경호 - (ㄷ, ㅂ), 근접경호 - (ㄱ, ㄴ, ㄹ, ㅁ)

해설 설문은 지문의 ①이 정답임.

16 근접경호의 원칙에 관한 설명으로 옳지 않은 것은?

① 출입문 통과 시 경호원이 먼저 통과하여 안전을 확인한다.
② 이동속도는 경호대상자의 보폭 등을 고려한다.
③ 복도, 계단, 보도를 이동할 때에는 경호대상자를 공간의 가장자리로 유도하여 위해 발생 시 여유공간을 확보한다.
④ 경호원은 경호대상자의 최근접에서 움직이도록 한다.

해설 ③ 복도, 계단, 보도를 이동할 때에는 경호대상자를 공간의 중간으로 유도하여 위해 발생 시 여유 공간을 확보한다.
*가장자리(사전적 의미) : 둘레나 끝에 해당되는 부분

17 근접경호 업무가 아닌 것은?

① 차량 대형 형성
② 우발상황 발생 시 대피
③ 행사장에 대한 현장 답사
④ 돌발상황 발생 시 경호대상자 방호

해설 지문의 ③은 사전예방경호대책임.

18 도보대형 형성 시 고려사항은 모두 몇 개인가?

• 행사장의 안전도	• 선발경호의 수준	• 행사의 성격
• 참석자의 성향	• 경호대상자의 취향	• 근접경호원의 인원수

① 3개 ② 4개
③ 5개 ④ 6개

해설 설문의 전체가 도보대형형성 시 고려사항임.

19 다음에서 설명하는 경호의 방호대형은?

- 위해의 징후가 현저하거나 직접적인 위해가 가해졌을 때 형성하는 방어대형
- 경호원들이 강력한 스크럼을 형성하여 경호대상자를 에워싸는 형태로 보호하면서 군중 속을 헤치고 나가기 위한 방법

① 개방 대형 ② 함몰 대형
③ 일렬 세로대형 ④ 방어적 원형대형

해설 설문은 ④ 방어적 원형대형을 설명한 것임.

20 근접경호의 특성 중 기만성에 해당하는 것은?

① 경호대상자의 안전확보를 위해 경고 후 즉각 대피를 실시한다.
② 경호원의 체위를 통한 방벽을 구축한다.
③ 차량대형, 기동시간 등을 변칙적으로 운영하여 위해기도자가 상황을 오판하도록 한다.
④ 기동수단, 도보대형이 노출되고, 매스컴에 의해 행사일정 등이 알려진다.

해설 지문의 ③이 정답임.

21 출입자 통제에 관한 설명으로 옳은 것은?

① 안전구역 설정권 내에 출입하는 인적·물적 제반 요소에 대한 안전활동을 말한다.
② 오관에 의한 검색은 지양하고, 문형 금속탐지기와 휴대용 금속탐지기 등 기계에 의한 검색을 실시한다.
③ 참석자들의 안전을 고려하여 모든 출입통로를 사용하여 출입통제를 실시한다.
④ 행사장으로부터 연도경호의 안전거리를 벗어난 주차장일지라도 통제범위에 포함시켜 운영한다.

해설 지문의 ①이 정답임.

22 출입자 통제업무에 관한 설명으로 옳지 않은 것은?

① 인적 출입관리는 행사장의 모든 출입구에 대한 검색이나 수상한 자의 색출을 목적으로 한다.
② 지연참석자에 대해서는 검색 후 별도 지정된 통로로 출입을 허용한다.
③ 참석자가 시차별로 지정된 출입통로를 통하여 입장하도록 한다.
④ 출입통로지정은 구역별 통로를 다양화하여 통제의 범위를 넓혀 관리의 효율성을 높인다.

해설 지문의 ④ 출입통로지정은 구역별 통로를 단일화하여 통제의 범위를 좁혀 관리의 효율성을 높인다.

23 비표 운용에 관한 설명으로 옳은 것은?

① 보안성 강화를 위해 비표의 종류는 많을수록 좋으며 리본, 명찰 등이 있다.
② 구역별로 다른 색상으로 구분하여 비표를 운용하면 통제가 용이하다.
③ 비표는 식별이 용이하도록 선정하여야 하며, 복잡하게 제작되어야 한다.
④ 비표는 행사참석자에게 행사일 전에 미리 배포하여 출입혼잡을 예방하여야 한다.

해설 지문의 ②가 정답임.

24 사주경계에 관한 설명으로 옳지 않은 것은?

① 시각의 한계를 고려하여 주위경계의 범위를 산정하고, 인접한 경호원과의 경계범위를 중복되지 않게 실시한다.
② 돌발상황을 제외하고는 고개를 심하게 돌리거나 완전히 뒤돌아보는 등의 사주경계를 하지 않는다.
③ 경호대상자의 주위 사람들의 눈과 손, 표정, 행동에 주목하여 경계한다.
④ 사주경계의 대상은 인적·물적·지리적 취약요소들을 총망라해야 한다.

해설 지문의 ① 시각의 한계를 고려하여 주위경계의 범위를 설정하고, 인접한 경호원과의 경계범위를 중복되게 하여 사각지역이 발생치 않도록 하여야 함.

25 우발상황에 관한 설명으로 옳은 것을 모두 고른 것은?

ㄱ. 사전예측이 불가능하므로 즉각 조치가 어렵다.
ㄴ. 극도의 혼란과 무질서가 발생한다.
ㄷ. 자기보호본능으로 위해가해자에 대한 대적과 제압이 제한적이다.
ㄹ. 즉각 조치의 과정은 경고 – 대피 – 방호의 순서로 전개된다.

① ㄱ, ㄹ
② ㄱ, ㄴ, ㄷ
③ ㄴ, ㄷ, ㄹ
④ ㄱ, ㄴ, ㄷ, ㄹ

해설 지문의 ㄹ은 인지 – 경고 – 방호 – 대피 – 대적 순으로 이루어져야 함.

26 경호임무수행 중 우발상황 발생 시 각 경호원의 대응으로 옳은 것을 모두 고른 것은?

A 경호원 : 경호원의 주의력효과 면에서 자신과 군중과의 거리가 가까울수록 유리하다고 판단하였다.
B 경호원 : 경호대상자를 대피시키기 위해 다소 신체적인 무리가 오더라도 예의를 무시하고 신속하고 과감하게 행동하였다.
C 경호원 ; 수류탄과 같은 폭발성 화기에 의한 공격을 받았을 때 방어적 원형대형으로 경호대상자를 방호하였다.

① A, B ② A, C
③ B, C ④ A, B, C

해설 지문의 C는 수류탄과 같은 폭발성 화기에 의한 공격을 받았을 때는 함몰형 대형으로 경호대상자를 보호하여야 함.

27 차량경호에 관한 일반적인 상황에 관한 내용이다. 다음 차량의 순서(앞-중간-뒤)로 옳은 것은?

A 차량 :	기동 간 경호대상자 차량의 방호업무와 경호지휘 업무를 수행하고 있다.
B 차량 :	비상사태 시 비상도로를 확보하고 전방에 나타나는 각종 상황에 대한 경계업무를 수행한다.
C 차량 :	선도차량과 일정한 간격을 유지하고 유사시 선도차량과 같은 방향으로 대피하며, 경호대상자의 최안전을 위해 문은 잠가둔다.

① A - B - C ② A - C - B
③ B - C - A ④ C - A - B

해설 설문은 지문의 ③이 정답임.

28 검식활동에 관한 설명으로 옳지 않은 것은?

① 음식물은 전문요원에 의한 검사를 실시한다.
② 음식물 운반 시에도 근접 감시를 실시한다.
③ 안전대책작용으로 사전예방경호이면서 근접경호에 해당된다.
④ 식재료의 구매, 운반, 저장관리, 조리 등 경호대상자에게 음식물이 제공될 때까지 모든 과정의 위해요소를 제거하는 것이다.

해설 지문의 ③ 안전대책작용으로 사전예방경호에 해당된다.

29 안전검측활동에 관한 설명으로 옳은 것은?

① 위해기도자의 입장보다는 경호대상자의 입장에서 검측한다.
② 가용 인원의 최대 범위에서 중복이 되지 않도록 철저히 실시한다.
③ 경호대상자가 짧은 시간 머물 곳을 실시한 후 장시간 머물 곳을 체계적으로 엄측한다.
④ 비공식행사에서도 비노출 검측활동을 실시할 수 있다.

해설 ① 위해기도자의 입장보다는 위해자의 입장에서 검측한다.
② 가용 인원의 최대 범위에서 중복시켜 사각지역이 발생치 않도록 하여야 한다.
③ 경호대상자가 장시간 머물 곳을 먼저 실시한 후 짧은 시간 머물 곳을 체계적으로 검측한다.

30 경호원의 복제에 관한 설명으로 옳지 않은 것을 모두 고른 것은?

ㄱ. 경호현장의 주변 환경과 조화를 이루는 복장을 선택한다.
ㄴ. 경호활동 시 필요한 장비착용이 가능한 복장을 선택한다.
ㄷ. 대통령경호처에 파견된 경찰공무원의 복제는 경찰청장이 정한다.
ㄹ. 행사의 성격에 관계없이 경호대상자의 권위유지를 위한 복장을 선택한다.

① ㄱ, ㄴ
② ㄱ, ㄹ
③ ㄴ, ㄹ
④ ㄷ, ㄹ

해설 ㄷ : 대통령경호처장이 정한다.
ㄹ : 행사의 성격을 고려하여 주변환경과 어울리는 복장을 착용한다.

31 경호장비에 관한 설명으로 옳지 않은 것은?

① '대통령 등의 경호에 관한 법률'에서 호신장비와 관련하여 무기에 대한 규정을 두고 있다.

② 경비원이 사용하는 단봉, 분사기는 호신장비에 포함된다.

③ 경호업무에서 사용되는 드론은 감시장비에 포함된다.

④ 경호현장에서 설치되는 바리케이드나 차량 스파이크 트랩은 인적 방호장비이다.

해설 ④ 경호현장에 설치되는 바리케이드나 차량 스파이크 트랩은 물적 방호장비이다.

32 다음에서 설명하는 경호장비는?

- 유해물질 존재여부의
- 시설물의 안전 점검
- 사람이 직접 확인할 수 없는 밀폐공간의 확인

① 호신장비 ② 감시장비

③ 방호장비 ④ 검측장비

해설 설문은 검측장비를 설명한 것임.

33 심폐소생술에 관한 내용으로 옳지 않은 것은?

① 심정지 환자는 골든타임 내에 신속하게 심폐소생술을 실시한다.

② 심폐소생술의 흉부(가슴)압박은 분당 100~120회 속도로 실시한다.

③ 심폐소생술 실시 중 자발적인 호흡으로 회복되어도 계속 흉부(가슴)압박을 실시한다.

④ 인공호흡에 자신이 없는 경우 흉부(가슴)압박을 실시한다.

해설 ③ 심폐소생술 실시 중 자발적인 호흡이 있을 경우에는 심폐소생술을 중지한다.

34 경호임무 수행 중 자동심장충격기(AED)를 사용하는 방법으로 옳지 않은 것은?

① 전원이 켜져 있는 상태에서 음성 안내에 따라 사용한다.
② 환자의 피부에 땀이나 물기가 있으면 수건 등으로 닦아내고 패드를 부착한다.
③ 제세동 후 소생 징후가 없는 경우 지체 없이 심폐소생술을 실시한다.
④ 긴박한 상황에서 정확한 심장충격을 위해 환자를 붙잡은 상태에서 제세동을 실시한다.

해설 ④ 자연스런 상태에서 실시한다.

35 경호 환경에 관한 설명으로 옳지 않은 것은?

① 국제 관계와 정세로 인하여 해외에서 우리 국민을 대상으로 한 테러위협이 증가되는 것은 특수적 환경이다.
② 국민의식과 생활양식의 변화로 경호에 비협조적 경향이 나타나는 것은 특수적 환경 요인이다.
③ 북한의 핵실험 등 도발위협은 특수적 환경 요인이다.
④ 과학기술의 발전이 상대적으로 경호환경을 악화시키는 것은 일반적 환경 요인이다.

해설 ② 국민의식과 생활양식의 변화로 경호에 비협조적 경향이 나타나는 것은 일반적 환경 요인이다.

36 경호원의 직업윤리에 관한 내용으로 옳지 않은 것은?

① 경호원으로 준법정신의 자세가 필요하다.
② 경호원은 자율적 규제보다 타율적 규제가 우선시되어야 한다.
③ 경호대상자의 생명과 재산을 지키기 위한 올바른 가치관을 함양한다.
④ 경호대상자의 안전을 위하여 자기희생의 자세를 갖춘다.

해설 ② 경호원은 타율적 규제보다 자율적 규제가 우선시 되어야 한다.

37 **경호의전에 관한 설명으로 옳지 않은 것은?**

① 우리나라의 공식적 국가 의전서열은 대통령 - 국무총리 - 국회의장 - 대법원장 - 헌법재판소장 순이다.

② 공식적인 의전서열을 가지지 않은 사람의 좌석은 당사자의 개인적·사회적 지위 및 연령 등을 고려한다.

③ 우리나라가 주최하는 연회에서는 자국 측 빈객은 동급의 외국 측 빈객보다 하위에 둔다.

④ '상대에 대한 존중과 배려'는 의전의 중요한 원칙 중 하나이다.

해설 ① 우리나라의 공식적 국가 의전서열은 대통령 – 국회의장 – 대법원장 – 헌법재판소장 – 국무총리 – 중앙선거관리위원장 순이다.

38 **국민보호와 공공안전을 위한 테러방지법상 용어의 정의로 옳지 않은 것은?**

① 외국인테러전투원 : 테러를 실행·계획·준비하거나 테러에 참가할 목적으로 국적국인 국가의 테러단체에 가입하기 위하여 이동을 시도하는 외국인

② 테러단체 : 국제연합(UN)이 지정한 테러단체

③ 테러위험인물 : 테러단체의 조직원이거나 테러단체 선전, 테러자금 모금·기부, 그 밖에 테러 예비·음모·선전·선동을 하였거나 하였다고 의심할 상당한 이유가 있는 사람

④ 대테러조사 : 대테러활동에 필요한 정보나 자료를 수집하기 위하여 현장조사·문서 열람·시료채취 등을 하거나 조사대상자에게 자료제출 및 진술을 요구하는 활동

해설 테러방지법 제2조(정의) 4항에 의거,
'외국인테러전투원'이란 테러를 실행·계획·준비하거나 테러에 참가할 목적으로 국적국이 아닌 국가의 테러단체에 가입하거나 가입하기 위하여 이동 또는 이동을 시도하는 내국인·외국인을 말한다.

39 국민보호와 공공안전을 위한 테러방지법상 테러피해에 관한 내용으로 옳지 않은 것은?

① 국가 또는 지방자치단체는 테러의 피해를 입은 사람에 대하여 치료 및 복구에 필요한 비용의 전부 또는 일부를 지원할 수 있다.

② 테러로 인하여 생명의 피해를 입은 사람의 유족에 대해서는 그 피해의 정도에 따라 등급을 정하여 특별위로금을 지급할 수 있다.

③ 외교부장관의 허가를 받지 아니하고 방문 및 체류가 금지된 국가 또는 지역을 방문·체류한 사람의 테러피해의 치료 및 복구에 필요한 비용도 예외없이 지원하도록 하고 있다.

④ 테러로 인하여 신체 또는 재산의 피해를 입은 국민은 관계기관에 즉시 신고하여야 한다.

해설 테러방지법 제15조(테러피해의 지원) 2항에 의거,
③ 외교부장관의 허가를 받지 아니하고 방문 및 체류가 금지된 국가 또는 지역을 방문·체류한 사람에 대해서는 그러하지 아니하다.

40 암살에 관한 설명으로 옳지 않은 것은?

① 암살범의 적개심과 과대망상적 사고는 개인적 동기에 해당된다.

② 뉴테러리즘의 일종으로 불특정 다수를 대상으로 한다.

③ 암살범은 자신을 학대하고 무능력을 비판하는 심리적 특징을 보이는 경우도 있다.

④ 암살범은 암살에 대한 동기가 확연해지면 빠른 수행방법을 모색하는 경향이 있다.

해설 지문의 ②는 테러에 대한 설명임.

정답

01.①	02.③	03.②	04.①	05.①	06.①	07.①	08.③	09.②	10.③
11.④	12.④	13.④	14.①	15.①	16.③	17.③	18.④	19.④	20.③
21.①	22.④	23.②	24.①	25.②	26.①	27.③	28.③	29.④	30.④
31.④	32.④	33.③	34.④	35.②	36.②	37.①	38.①	39.③	40.②

제23회 기출문제

01 경호의 개념에 관한 설명으로 옳은 것은 모두 몇 개인가?

ο 경호의 본질적·이론적인 입장에서 이해한 것은? 실질적 의미의 경호개념이다. ο 경호기관을 기준으로 하여 정립한 개념은 형식적 의미의 경호개념이다. ο 경호대상자의 신변안전을 위하여 사용가능한 모든 수단과 방법을 동원하는 것은 실질적 의미의 경호개념에 해당한다.

① 없음　　② 1개
③ 2개　　④ 3개

해설 정답 ④. 경호의 개념에 관한 설명으로 모두 옳다.

02 경호 및 경비의 분류에 관한 설명으로 옳지 않은 것은?

① 약식경호는 의전절차 없이 불시에 행사가 진행되고, 사전 경호조치도 없는 상태에서 최대한의 근접경호만으로 실시하는 경호활동을 말한다.
② 1(A)급 경호는 사전에 노출되어 경호위해가 증대된 상황 하의 각종 행사와 대통령 등 국가 원수급의 1등급 경호대상으로 결정된 국빈행사의 경호이다.
③ 경호관계자의 사전 통보에 의해 계획·준비되는 경호활동은 경호의 성격에 의한 분류 중에서 공식경호에 해당한다.
④ 장소에 따른 경호는 행사장경호, 숙소경호 등으로 분류되며 연도경호도 이에 해당한다.

해설 정답 ①. 약식경호는 의전절차 없이 불시에 행사 진행되고, 사전 경호조치도 없는 상태에서, 최소한의 근접경호만으로 실시하는 경호활동이다.

03 경호의 법원(法源)에 관한 설명으로 옳지 않은 것은?

① 「대통령 등의 경호에 관한 법률」은 대통령 등에 대한 경호를 효율적으로 수행하기 위하여 경호의 조직·직무범위와 그 밖에 필요한 사항을 규정함을 목적으로 한다.

② 경호의 성문법원으로 헌법·법률·조약·명령·판례법 등을 들 수 있다.

③ 우리나라는 전직대통령의 예우에 관하여 「전직대통령 예우에 관한 법률」에서 규정하고 있다.

④ 대통령경호안전대책위원회의 구성 및 운영에 관하여 필요한 사항은 「대통령경호안전대책위원회규정」에서 명시하고 있다.

해설 정답 ②. 판례법은 관습법과 함께 불문법원에 해당한다.

04 경호업무 수행절차에 관한 내용이다. 다음이 설명하는 관리단계는?

주요 활동은 정보활동이며, 정보의 수집 및 평가가 나타난다. 위협의 평가 및 대응방안을 강구하는 세부활동이 수행된다.

① 예방단계 ② 대비단계

③ 대응단계 ④ 학습단계

해설 정답 ①. 정보의 수집 및 대응방안의 강구는 예비단계에 해당한다.

05 3중 경호의 원칙에 관한 설명으로 옳지 않은 것은?

① 3중 경호의 기본구조는 경호대상자가 위치한 장소로부터 내부, 외부, 외곽으로 구분하여 경호 행동반경을 거리개념으로 설명한 것이다.

② 1선은 완벽한 통제가 이루어져야 하며, 경호원의 확인을 거치지 않은 인원의 출입은 금지한다.

③ 2선은 부분적 통제가 실시되지만 경호원의 확인을 거치지 않은 인원 및 물품은 감시의 영역을 벗어나서는 안 된다.

④ 3중의 경호막을 통해 조기경보체제를 확립하여 위해행위에 대비할 수 있다.

해설 정답 ①. 3중경호의 일반원칙은 경호대상자가 위치한 장소로부터 내부(근접), 내곽(중간), 외곽(외곽경호) 경호로 구분한다.

06 경호의 행동원칙에 관한 설명으로 옳지 않은 것은?

① '자기담당구역 책임의 원칙'에 의하면 경호원은 자신의 책임 하에서 주어진 임무를 완수하고 담당구역을 지켜야 한다.
② '자기희생의 원칙'은 경호원 자신을 희생해서라도 경호대상자의 신변을 안전하게 보호해야 한다.
③ '하나의 통제된 지점을 통한 접근의 원칙'에 의하면 경호대상자에게 접근할 수 있는 출입구나 통로는 하나만 필요하고, 담당경호원의 허가 절차가 요구되지 않는다.
④ '목표물 보존의 원칙'은 경호대상자를 위해요소로부터 분리하는 것을 말한다.

해설 정답 ③. 경호대상자에게 접근할 수 있는 출입구나 통로가 하나라도 접근자는 경호요원이 확인할 수 있고 허가절차를 거쳐야 한다.

07 경호조직의 특성에 관한 설명으로 옳은 것은 모두 몇 개인가?

- o 경호조직은 기구단위, 권한과 책임 등이 경호업무의 목적 달성을 위해 분화되어야 한다.
- o 경호조직의 폐쇄성에는 경호기법의 비노출이 포함된다.
- o 경호조직은 과거에 비해 그 기구와 인원 면에서 다변화되고 있다.
- o 경호조직은 전문성보다는 권력에 기초를 두어야 한다.

① 1개 ② 2개
③ 3개 ④ 4개

해설 정답 ③. 경호조직은 권력보다는 전문성에 기초를 두어야 한다.

08 경호조직의 원칙에서 협력성에 해당하지 않는 것은?

① 경호조직과 일반 국민과의 유기적인 상호작용을 의미한다.

② 국민이 경호업무에 협조하여 조직화가 필요할 경우 이런 조직은 임의성보다는 강제성이 수반되어야 한다.

③ 전국적으로 배치된 경비지도사를 통하여 경호정보를 신속하게 수집하는 것도 경호협력성과 관련된다.

④ 경호조직은 유관기관과의 상호협력을 통해 지속적인 정보 및 보안활동을 바탕으로 한 경호 대응력을 강화해야 한다.

해설 정답 ②. 국민이 경호업무에 협조하는 경우 임의적이어야 하되 강제적이어서는 아니된다.

09 다음이 설명하는 경호조직의 구성원칙은?

경호기관의 구조는 전체의 다양한 조직수준을 통해 상하계급 간의 일정한 관계가 성립되어, 책임과 업무의 분담이 이루어져야 함을 의미한다.

① 경호지휘단일성의 원칙 ② 경호체계통일성의 원칙
③ 경호기관단위작용의 원칙 ④ 경호협력성의 원칙

해설 정답 ②. 경호조직의 상하계급 간에 책임과 업무의 분담이 확실하고 명령과 복종관계의 체계가 확립되어야 한다.

10 각국의 경호 조직으로 옳은 것은?

A: 비밀경호국(SS) B: 연방범죄수사국(BKA) C: 공화국경비대(GSPR)

① A: 미국, B: 독일, C: 프랑스 ② A: 미국, B: 프랑스, C: 독일
③ A: 독일, B: 미국, C: 프랑스 ④ A: 프랑스, B: 미국, C: 독일

해설 정답 ①. A－미국(SS) B－독일 (BKA) C－프랑스(GSPR)

11 대통령 등의 경호에 관한 법률상 다음 ( )에 들어갈 내용은?

> 대통령이 임기 만료 전에 퇴임한 경우와 재직 중 사망한 경우의 경호기간은 그로부터 (ㄱ)년으로 하고, 퇴임 후 사망한 경우의 경호 기간은 퇴임일부터 기산(起算)하여 (ㄴ)년을 넘지 아니하는 범위에서 사망 후 (ㄷ)년으로 한다.

① ㄱ: 5, ㄴ: 5, ㄷ: 5
② ㄱ: 5, ㄴ: 10, ㄷ: 5
③ ㄱ: 10, ㄴ: 5, ㄷ: 10
④ ㄱ: 10, ㄴ: 10, ㄷ: 10

해설 정답 ②. ( )의 들어갈 순서는 5, 10, 5

12 3중 경호의 원칙에 해당하지 않는 구역은?

① 안전구역
② 경비구역
③ 경계구역
④ 방호구역

해설 정답 ④. 3중경호의 원칙은 안전, 경비, 경계 구역이 3중경호 원칙에 해당한다.

13 대통령 등의 경호에 관한 법률상 대통령경호처의 경호대상이 아닌 자는?(단, 단서 조항은 고려하지 않음)

① 대통령 당선인의 아들
② 대통령권한대행의 배우자
③ 대통령 퇴임 후 5년이 지난 전직 대통령
④ 대통령경호처 차장이 필요하다고 인정하는 국외 요인(要人)

해설 정답 ④. 대통령 등의 경호에 관한 법률(제4조)에 의거 경호처장이 필요하다고 인전하는 국내외 요인이 경호대상이다.

14 다음 4명의 경호원 중 경호작용에 관하여 옳게 판단하고 있는 자는?

① A경호원-경호자원의 효율적인 이용을 위한 분석 자료를 토대로 사전에 경호계획을 수립한다.

② B경호원-경호임무는 사전에 신중하게 계획되어야 하며 융통성은 배제되어야 효과적이다.

③ C경호원-모든 경호임무는 예기치 않은 변화 가능성을 내포하고 있으므로 사전대응보다 신속한 사후대응이 더 중요하다.

④ D경호원-경호임무는 명확하게 부여하되 임무형태에 대한 책임은 경호책임자에게 국한되어야 한다.

해설 정답 ①. 사전에 수립되는 경호계획은 경호자원을 사전 자원을 토대로 한다.

15 경호임무 수행절차에 관한 설명으로 옳지 않은 것은?

① 계획단계는 경호임무 수령 후부터 선발대가 행사장에 도착하기 전까지의 경호활동이다.

② 행사단계는 경호대상자가 집무실을 출발해서 행사장에 도착하여 행사가 진행된 이후 복귀 시까지의 경호활동이다.

③ 평가단계에서는 경호 실시결과를 분석하고 평가하여 이를 보완한다.

④ 경호임무의 단계별 절차는 준비단계 - 계획단계 - 행사단계 - 평가단계이다.

해설 정답 ④. 경호업무의 단계별 절차는 계획단계 - 준비단계 - 행사단계 - 평가단계가 맞는다.

16 사전예방경호에 관한 설명으로 옳지 않은 것은?

① 내부근무자는 출입자의 비표를 확인하고, 행사 진행 중 계획에 없는 움직임을 통제한다.

② 원활한 행사 준비를 위해 경호정보·보안·안전대책 업무 수행을 지원한다.

③ 경호대상자가 도착하기 전에 현장답사를 실시하여 효과적인 경호를 준비한다.

④ 지휘체계는 외곽근무자와 내부근무자를 별도로 관리하는 것이 효율적이다.

해설 정답 ④. 경호지휘단일성의 원칙에서 외곽근무자와 내부근무를 별도로 하는 것은 비효율적이다.

17 선발경호업무 시 출입통제에 관한 설명으로 옳지 않은 것은?

① 경호능력에 부합한 비상대응계획을 수립한다.
② 위해요소를 사전에 발견 및 제거하여 위해요소의 침투 가능성을 차단한다.
③ 통제의 범위는 촉수거리의 원칙을 적용하여 구역별 특성에 맞게 결정한다.
④ 행사와 무관한 사람들의 행사장 출입을 통제 또는 제한하는 구역을 설치·운영해야 한다.

해설 정답 ③. 선발경호는 경호대를 사전에 행사 전에 파견하는 경호안전활동이고 촉수거리의 원칙은 우발상황발생시 경호원이 촉수거리에 있는 위해 기도자를 대적한다는 원칙이다.

18 근접경호 방법에 관한 설명으로 옳지 않은 것은?

① 신체에 의한 방호벽을 형성하되 경호대상자 행동의 성향을 고려해야 한다.
② 근접경호원의 신체조건을 충분히 활용하여 경호대상자의 시야를 제한하고 공격선을 차단한다.
③ 경호대상자를 따라 이동하여 변화하는 경호상황에 능동적으로 대처해야 한다.
④ 위해기도자의 추적을 회피하는 기만전술을 구사하여 경호 효과를 높일 수 있다.

해설 정답 ②. 근접경호원의 신체조건을 활용하여 위해기도자의 시야를 제한하고 차단한다.

19 **다음은 근접경호를 의뢰받아 임무를 수행하고 있는 상황이다. 다음에서 나타나지 않는 근접경호의 특성은?**

> 위드 코로나 시대를 맞아 다채로운 행사가 열렸다. A경호업체는 연예인 B양에 대한 경호의뢰를 받아 행사장에 근접경호를 하고 있었다. 운집된 팬들 사이에서 갑자기 위해기도자로 보이는 한 남성이 B양을 공격하려 하자 근접경호를 맡고 있던 P경호원은 자신의 몸으로 위해기도자를 막고 B양을 행사장 뒤로 신속히 이동시켰다.

① 노출성　　② 방벽성
③ 대피성　　④ 기만성

해설 정답 ④. 문제에서의 근접경호는 노출성, 방벽성, 대피성에 해당한다.

20 **차량경호에 관한 설명으로 옳은 것은?**

① 운전요원은 경호대상자의 위험지역 하차 후 즉시 그 지역을 신속히 벗어나야 한다.
② 같은 방향으로 2대의 경호차량이 교차로에 진입 시 방호차원에서 우측 경호차량이 우선 통과해야 한다.
③ 공격받을 위험성은 정차하고 있는 차량보다 주행하고 있는 차량이 더 높다.
④ 근접도보경호에 비해 차량경호는 위해자가 범행을 가할 수 있는 기회가 더욱 많다.

해설 정답 ②. 운전요원은 경호대상자가 하차 후 안전지역에 이동까지 차안에서 대기한다.

21 근접경호원의 기본요건 및 임무에 관한 설명으로 옳은 것은?

① 도보이동 간 근접경호에서 단거리 직선통로를 이용하는 것은 이동시 위험에 노출되는 정도를 최소화하기 위함이다.

② 계획에 없던 지역으로 이동하기 전 이동로, 경호대형, 특이사항은 경호대상자에게도 비밀로 해야 한다.

③ 경호원은 주변 모든 사람들이 위험한 무기를 소지할 수 있다는 가정 하에 표정을 주의깊게 관찰해야 한다.

④ 경호원은 위해발생 시 경호대상자의 방호보다 위해기도자의 제압을 우선해야 한다.

해설 정답 ①. 도보 이동간의 위험을 최소화하기 위해 단거리 이동통로를 이용한다.

22 행사장내 경호대상자를 근접경호할 때 도보대형 형성에 관해 고려해야 할 사항으로 옳지 않은 것은?

① 행사의 형태와 종류
② 경찰관서의 수와 위치
③ 경호대상자의 노출시간
④ 인적 취약요소와의 갭(gap)

해설 정답 ②. 근접경호시 도보대형 형성은 경찰관서의 수와 위치는 고려대상이 아니다.

23 비표 운용에 관한 설명으로 옳지 않은 것은?

① 비표는 혼잡방지를 위해 시간과 장소에 관계없이 미리 배포할수록 좋다.
② 구역별 다른 색상으로 구분하여 비표를 운용하면 통제가 용이하다.
③ 비표 운용은 대상과 용도에 맞게 운영해야 한다.
④ 비표는 쉽게 구별되고, 위조 또는 복제는 불가능하도록 한다.

해설 정답 ①. 비표는 인적위해요소를 배제하기 위한 것임으로 행사당일 출입구에서 배포하는 것이 기본이다.

24 **행사경호 시 차량통제에 관한 설명으로 옳지 않은 것은?**

① 입장계획과 연계하여 운영되어야 한다.
② 주차장별로 승차입장카드를 구분한다.
③ 금속탐지기를 이용하여 탑승한 출입자를 차내에서 검측한다.
④ 행사장 주변 주차장이 충분하지 않을 경우 중간집결지를 운영한다.

해설 정답 ③. 탑승한 출입자를 검측하는 경우에는 차량에서 하차시켜 검측 절차를 이행한다.

25 **출입통제 담당자의 업무로 옳지 않은 것은?**

① 참석대상의 입장계획을 세운다.
② 비상계획 및 일반예비대를 운용한다.
③ 출입구의 원활한 소통을 위해 출입통로를 지정한다.
④ 위해기도자와 위험물품 확인을 위한 검문검색을 한다.

해설 정답 ②. 비상계획 및 일반예비대 운용은 안전대책 담당자의 업무이다.

26 **경호 우발상황에 관한 설명으로 옳지 않은 것은?**

① 우발상황이 예상되는 경호구역에 사주경계를 실시한다.
② 경호원 자신보다는 경호대상자의 안전을 우선으로 한다.
③ 사전예측이 대부분 가능하기 때문에 신속한 대처가 가능하다.
④ 불가항력적 상황에서도 경호원은 경호의 책임과 의무가 있다.

해설 정답 ③. 우발상황은 불확실하고 사전예측이 어려운 상태임으로 사전 예측이 어려운 특성을 갖는다.

27 경호 우발상황의 대응기법에 관한 내용이다. 다음에서 설명하는 것은?

> 우발상황 발생 시 위해상황을 처음 인지한 경호원이 경호대상자 주변의 근접경호원과 동시에 신속히 경호대상자를 보호하기 위하여 방벽을 형성한다.

① 경고 ② 방호
③ 대피 ④ 대적

해설 정답 ②. 문제의 내용은 우발발생시 대응기법임으로 방호에 해당하는 설명이다.

28 검측활동에 관한 설명으로 옳지 않은 것은?

① 위해물질의 존재 여부를 검사하거나 시설물의 안전점검에 사용되는 도구를 검측장비라고 한다.
② 검측인원의 책임구역을 명확하게 하여 중복되지 않게 계획적으로 검측한다.
③ 시설물의 불안전요소를 제거하는 것은 검측활동에 해당된다.
④ 검측활동은 행사장과 경호대상자의 이동로를 중심으로 구역을 나눠 실시한다.

해설 정답 ②. 검측인원의 책임구역을 명확하게 하고 점복점검을 해야 한다.

29 검측장비에 해당하지 않는 것은?

① X-ray 검색기 ② 전자충격기
③ 금속탐지기 ④ 폭발물탐지기

해설 정답 ②. 전자충격기는 호신장비에 해당 한다.

30 **입국하는 국빈, 장관급 이상의 관료 등에 대한 경호를 목적으로 총포를 소지하고 입국하려는 사람이 총포의 일시 반출입 및 일시 소지 허가를 신청할 경우 경찰청장에게 신고하여야 할 내용이 아닌 것은?**

① 입국자의 국적 및 여권번호

② 입국이나 출국의 일시, 이용 항공 등 교통편명

③ 총포의 종류, 제품명, 일련번호

④ 총포의 이력추적관리 내역

해설 정답 ④. 총포·도검·화약류의 등의 안전관리에 관한법률 시행령 제4조의3 제1항 참고

31 **경호장비에 관한 설명으로 옳지 않은 것은?**

① 호신장비는 자신의 생명과 신체가 위험한 상태에 놓였을 때 스스로 보호하는데 사용하는 도구이다.

② 방호장비는 경호대상자가 사용하는 시설물을 보호하기 위한 장치를 말한다.

③ 검측장비는 위해기도자의 침입이나 범죄행위를 감시하고, 거동수상자의 동태를 추적하는 장비를 말한다.

④ 기동장비는 경호대상자의 경호를 위하여 사용하는 기동수단을 말한다.

해설 정답 ③. 경호장비 기능 중 감시 장비의 하나다.

32 **경호원의 복장에 관한 설명으로 옳은 것은?**

① 경호원은 행사의 성격에 따라 주변 환경과 어울리는 복장을 착용한다.

② 경호원으로서의 신분이 노출되지 않도록 화려한 복장을 착용한다.

③ 잠재적 위해기도자의 범행동기를 사전에 제거하기 위해 장신구를 착용한다.

④ 행사의 성격과 관계없이 경호대상자 품위를 높이기 위해 검정색 계통의 정장을 착용한다.

해설 정답 ①. 경호원은 행사의 성격, 주변 환경과 조화되는 복장을 착용해야 한다.

33 경호원의 응급처치 사항으로 옳지 않은 것은?

① 가슴 및 복부 손상 시 지혈을 하고 음료를 마시지 않게 한다.
② 심한 출혈 시 출혈 부위를 심장보다 높게 하여 안정한 상태를 유지한다.
③ 맥박과 호흡이 없을 경우 빠른 시간에 보조호흡을 실시한다.
④ 환자의 생사판정을 하지 않는 것을 원칙으로 한다.

해설 정답 ③. 맥박과 호흡이 없을 경우 심폐소생술을 실시하는 것이 원칙이다.

34 경호의전과 예절에 관한 설명으로 옳지 않은 것은?

① 비행기를 타고 내릴 때에는 상급자가 최우선하여 타고 내린다.
② 기차에서 두 사람이 나란히 앉는 좌석에서는 창가 쪽이 상석이다.
③ 여성과 남성이 승용차에 동승할 때에는 여성이 먼저 탄다.
④ 승강기를 타고 내릴 때에는 상급자가 나중에 타고, 먼저 내린다.

해설 정답 ①. 비행기를 타고 내릴 때 상급자는 나중에 타고 먼저 내린다.

35 경호원의 자격과 윤리에 관한 설명으로 옳지 않은 것은?

① 성희롱 예방교육의 철저한 관리로 경호원의 직업윤리 강화 풍토를 조성한다.
② 경호위해요소에 대한 인지능력 향상 훈련으로 사전예방활동의 중요성을 부각시킨다.
③ 경호원 간 상하 지휘체계 확립을 위하여 권위주의적, 상호보완적 동료의식을 강조한다.
④ 워라밸 근무환경 조성을 위한 경비인력의 탄력적 운영으로 정부시책 사업에 능동적으로 참여한다.

해설 정답 ③. 경호원 간 상하지휘체계 확립을 위해서 지위. 역할체계의 통일적 기능이 이루어지고 경호원의 책임과 업무수행을 위한 직업윤리 교육도 강조되어야 한다.

36 **검식활동에 관한 설명으로 옳지 않은 것은?**

① 조리가 완료된 후에도 검식활동은 지속되어야 한다.
② 검식활동은 식재료의 조리 단계부터 시작된다.
③ 행사장의 위생상태 점검, 전염병 및 식중독의 예방대책 등을 포함한다.
④ 경호대상자에게 제공하는 음식물에 대하여 구매, 운반, 저장, 조리 및 제공되는 일련의 과정을 포함한다.

해설 정답 ②. 경호대상자에게 제공되는 음식물의 안전성은 식재료의 구입단계부터 검측 되어야 한다.

37 **국가대테러활동지침상 대테러특공대의 임무를 수행한 자를 모두 고른 것은?**

A: 테러사건에 대해 무력진압작전을 수행하였다.
B: 요인경호행사 및 국가중요행사의 안전활동에 대한 지원을 하였다.
C: 테러사건과 관련한 폭발물을 탐색하고 처리하였다.

① A ② A, C
③ B, C ④ A, B, C

해설 정답 (모두 정답). 경비지도사 시험의 경우, 시험 시행일 현재를 기준하여 출제되어야 하나 폐지된 국가대테러 활동지침을 근거한 것은 출제 오류인 바 모두 정답으로 처리되었다.

38 **우리나라 경호의 환경요인에 관한 설명으로 옳지 않은 것은 ?**

① 경제와 과학기술의 발전으로 경호의 첨단화가 가속화 되고 있다.
② 사회와 국민의식 구조의 변화로 인한 시대적 요구사항을 반영하여 경호의 수단과 방법이 변화되고 있다.
③ 사이버범죄 증가에 따라 경호방법 다변화의 일환으로 「개인정보보호법」은 적용하지 않는다.
④ 드론 사용 범죄 등과 같은 신종위해가 증가하고 있다.

해설 정답 ③. 정보통신망 이용촉진 및 정보보호 등에 관한 법, 개인정보보호법 등이 적용되고 있다.

39 뉴테러리즘에 관한 설명으로 옳지 않은 것은?

① '외로운 늑대(lone wolf)'와 같은 자생 테러가 증가하고 있다.
② 과학화 및 정보화의 특성으로 조직이 네트워크화 되고 있다.
③ 공격대상이 특정화되어 있고, 언론매체의 활용으로 공포확산이 빠르다.
④ 전통적 테러에 비해 피해규모가 큰 양상을 띤다.

해설 정답 ③. 뉴테러리즘은 불특정 다수에 대한 공격을 특징으로 한다.

40 국가대테러활동지침상 다음은 테러경보의 어느 단계인가?

테러취약요소에 대한 경비 등 예방활동의 강화, 테러취약시설에 대한 출입통제의 강화, 대테러 담당공무원의 비상근무 등의 조치를 한다.

① 관심단계　　② 주의단계
③ 경계단계　　④ 심각단계

해설 정답 (모두 정답). 2016. 6. 20 폐지된 국가대테러활동지침을 근거하여 출제한 것은 출제 오류이다. 모두 정답으로 처리되었다.

정답

01.④ 02.① 03.② 04.① 05.① 06.③ 07.③ 08.② 09.② 10.①
11.② 12.④ 13.④ 14.① 15.④ 16.④ 17.③ 18.② 19.④ 20.②
21.① 22.② 23.① 24.③ 25.② 26.③ 27.② 28.② 29.② 30.④
31.③ 32.① 33.③ 34.① 35.③ 36.② 37. 모두 정답 38.③ 39.③
40. 모두 정답

제22회 기출문제

01 대통령 등의 경호에 관한 법률상 (　　)에 들어갈 용어로 옳은 것은?

"경호"란 (ㄱ)의 생명과 재산을 보호하기 위하여 신체에 가하여지는 (ㄴ)을 방지하고, (ㄷ)을 경계 · 순찰 및 방비하는 등의 모든 (ㄹ) 활동을 말한다.

① ㄱ : 경호원　② ㄴ : 안전　③ ㄷ : 특정 지역　④ ㄹ : 특수

해설 대통령 등의 경호에 관한 법률 제2조(정의)에 의거,
ㄱ : 경호대상자　ㄴ : 위해　ㄷ : 특정 지역　ㄹ : 안전

02 경호의 법원(法源)에 관한 설명으로 옳지 않은 것은?

① '대통령경호안전대책위원회규정'은 '경찰관 직무집행법' 제16조에 따른 대통령 경호안전대책위원회 구성 및 운영에 관하여 필요한 사항을 규정한다.
② '대통령 등의 경호에 관한 법률'은 대통령 등에 대한 경호를 효율적으로 수행하기 위하여 경호의 조직 · 직무의 범위와 그 밖에 필요한 사항을 규정한다.
③ '전직대통령 예우에 관한 법률'은 전직대통령의 예우에 관한 사항을 규정한다.
④ '대통령경호처와 그 소속기관 직제'는 대통령경호처와 그 소속기관의 조직과 직무범위, 그 밖에 필요한 사항을 규정한다.

해설 지문의 ①은 대통령경호안전대책위원회규정 제1조(목적)에 명시된 내용임.

03 경호 · 경비의 분류에 관한 설명으로 옳지 않은 것은?

① 경호의 대상에 따라 갑(A)호, 을(B)호, 병(C)호 등으로 구분할 수 있다.
② 경호행사의 장소에 의한 분류에 따라 행사장경호, 숙소경호, 연도경호, 등으로 구분 할 수 있다.
③ 치안경비는 공공의 안녕과 질서를 문란하게 하는 경비사태에 대한 예방 · 경계 · 진압하는 작용이다.
④ 경호수준에 따른 분류에 해당하는 비공식경호는 출 · 퇴근 시 일상적으로 실시하는 경호이다.

해설 지문의 ④는 성격에 따른 분류로서 공식경호, 비공식경호, 약식경호로 구분되며, 출 · 퇴근 시 일상적으로 실시하는 경호는 약식경호임.

04 경호업무의 수행절차에 관한 설명이다. (　　)에 들어갈 내용으로 옳은 것은?

> 정보활동은 (ㄱ)단계, 안전활동은 (ㄴ)단계, 경호활동은 (ㄷ)단계, 학습활동은 학습단계에 해당된다고 할 수 있다.

① ㄱ : 예방, ㄴ : 대비, ㄷ : 대응
② ㄱ : 예방, ㄴ : 대응, ㄷ : 대비
③ ㄱ : 대비, ㄴ : 예방, ㄷ : 대응
④ ㄱ : 대비, ㄴ : 대응, ㄷ : 예방

해설 설문의 내용은 ①과 같음.

05 3중경호에 관한 설명으로 옳은 것은?

① 1선은 경비구역으로 소구경 곡사화기의 유효사거리를 고려한 개념이다.
② 2선은 경계구역으로 권총 등의 유효사거리를 고려한 건물 내부구역으로 설정한다.
③ 경호대상자가 위치한 지역에서 경호를 취하는 순서로 근접경호 - 중간경호 - 외곽경호로 나눈다.
④ 위해자가 위치한 곳으로부터 내부 - 내곽 - 외곽으로 구분한다.

해설 지문의 ①은 2선을, ②는 1선을, ④는 경호대상자가 위치한 곳을 기준으로 함.

06 경호조직의 특성에 관한 설명으로 옳은 것은?

① 기구 및 인원의 측면에서 소규모화되고 있다.
② 전체 구조가 통일적인 피라미드형을 구성하면서 그 속에 서로 상하의 계층을 이루고 지휘·감독 등의 방법에 의해 경호목적을 통일적으로 실현한다.
③ 경호조직의 공개, 경호기법 노출 등 개방성을 가진다.
④ 테러행위의 비점문성, 위해수법의 고도화에 따라 경호조직은 비전문성이 요구된다.

해설 경호조직의 특성은 대규모성, 기동성, 전문성, 폐쇄성, 통합성과 계층성을 띠고 있음

07 대한민국의 경호 관련 법제도에 관한 설명으로 옳지 않은 것은?

① 대통령경호처장은 대통령이 임명한다.
② 대통령경호처에 기획관리실·경호본부·경비안전본부 및 경호지원단을 둔다.
③ 대통령경호안전대책활동에 관하여는 위원회 구성원 전원과 그 구성원이 속하는 기관의 장이 공동으로 책임을 진다.
④ 전직대통령이 벌금 이상의 형이 확정된 경우 '필요한 기간의 경호 및 경비'의 예우를 하지 아니한다.

해설 전직대통령 예우에 관한 법률 제7조(권리의 정지 및 제외 등)에 의거.
다음의 경우 필요한 경호·경비를 제외하고는 전직대통령으로서의 예우를 하지 아니한다.
- 재직 중 탄핵을 받아 퇴임한 경우
- 금고 이상의 형이 확정된 경우
- 형사처분을 회피할 목적으로 외국정부에 도피처 또는 보호를 요청한 경우
- 대한민국의 국적을 상실한 경우

08 경호지휘단일성의 원칙에 관한 설명으로 옳지 않은 것은?

① 다수의 경호원이 있어도 지휘는 단일해야 한다.
② 하나의 기관에는 한 사람의 지휘자만 있어야 한다.

③ 경호조직은 지위와 역할의 체계가 통일되어야 한다.
④ 경호업무가 긴급성을 요한다는 점에서도 필요하다.

해설 지문의 ③은 경호조직의 구성 원칙 중 경호체계통일성의 원칙을 설명한 것임.

09 대통령경호안전대책위원회규정상 다음의 분장책임을 지는 구성원은?

o 입수된 경호 관련 첩보 및 정보의 신속한 전파 · 보고 o 방한 국빈의 국내 행사 지원 o 대통령과 그 가족 및 당선인과 그 가족 등의 외국방문 행사 지원

① 국토교통부 항공안전정책관
② 외교부 의전기획관
③ 국가정보원 테러정보통합센터장
④ 해양경찰청 경비국장

해설 대통령경호안전대책위원회규정 제2조(구성)에 의거, 설문의 내용은 외교부 의전기획관의 업무임.

10 대통령 등의 경호에 관한 법률상 경호의 주체와 객체에 관한 설명으로 옳지 않은 것은?

① 대통령 당선인의 직계존비속은 대통령경호처의 경호대상이다.
② 대한민국을 방문하는 외국 행정수반의 배우자는 대통령경호처의 경호대상이다.
③ 대통령경호처에 파견된 경찰공무원은 이 법에 규정된 임무 외의 경찰공무원의 직무를 수행할 수 없다.
④ 소속공무원이 직무상 알게 된 비밀을 누설한 경우 7년 이하의 징역이나 금고 또는 5천만 원 이하의 벌금에 처한다.

해설 대통령 등의 경호에 관한 법률 제 9조(비밀의 엄수)에 의거, 지문의 ④는 5년 이하의 징역이나 금고 또는 1천만 원 이하의 벌금에 처한다.

11 다음이 설명하는 경호조직의 원칙은?

o 경호업무의 성격상 개인적 작용으로 이루어지지 않는다. o 하급자를 관리하기 위한 지휘권, 장비, 보급지원체제를 갖추고 있어야 한다.

① 경호협력성의 원칙 ② 경호기관단위작용의 원칙
③ 경호체계통일성의 원칙 ④ 조정의 원칙

해설 설문은 경호조직의 구성 원칙 중 경호기관단위작용의 원칙의 내용임.

12 근접경호에 관한 설명으로 옳지 않은 것은?

① 완벽한 경호방패막은 근접경호원들이 형성하는 인적방벽인 경호대형으로 완성된다.
② 위급상황 시 위해자와 경호대상자 사이를 차단하고, 경호대상자를 안전지대로 대피시켜야 한다.
③ 위급상황 시 경호대상자를 방호하여 공격방향으로 신속하게 현장을 이탈시켜야 한다.
④ 경호대형 형성에 허점이 생기지 않도록 인접근무자의 움직임과 상호 연결되어 있어야 한다.

해설 지문의 ③은 위급상황 시 경호대상자를 방호하여 공격의 반대방향으로 신속하게 현장을 이탈시켜야 함.

13 근접경호의 특성 중 방벽성에 관한 설명으로 옳은 것은?

① 경호대상자와 경호행위에 대한 일거수일투족은 외부에 노출될 수밖에 없다.
② 경호대상자를 따라 항상 이동하거나 움직이면서 변화하는 경호상황에 능동적으로 대처해야 한다.
③ 위해기도자에게 허위정보 제공이나 허위상황 연출 등 기만전술을 구사하여 경호의 효과성을 높인다.

④ 경호원은 자신의 신체를 이용하여 외부의 공격으로부터 경호대상자를 근접 에 서 보호한다.

해설 설문의 내용은 ④번이 정답임.
지문의 ①은 노출성, ②는 기동 및 유동성, ③은 기만성

14 사주경계에 관한 설명으로 옳은 것은 모두 몇 개인가?

- o 행사장이나 주변의 시설물과 물체가 경계대상이다.
- o 위해기도자가 은폐하기 좋은 장소나 공격하기 용이한 장소가 경계대상이다.
- o 경호대상자 주변의 모든 인원 중 행사상황에 어울리지 않는 행동을 하는 사람들이 중점감시대상이다.
- o 경호행사 시 영향을 미칠 수 있는 간접적 위해요인도 경계대상이다.

① 1개 ② 2개 ③ 3개 ④ 4개

해설 설문의 내용은 지문에서 제시된 전체가 정답임.

15 근접경호대형에 관한 설명으로 옳지 않은 것은?

① 경호대상자의 성격이나 성향에 따라 경호 대형이 결정될 수 있다.
② 도보대형은 장소나 상화에 따라 융통성 있게 변화시킨다.
③ 도보경호는 이동속도가 빠르기 때문에 외부노출시간이 짧아 위해자가 위해를 가할 기회가 줄어들게 된다.
④ 경호대상자 주위에 경호방패막을 형성하여 동선을 따라 이동하는 선(線) 개념이다.

해설 지문의 ③은 도보경호는 이동속도가 느리기 때문에 외부노출시간이 많아 위해자가 위해를 가할 기회가 많아지게 됨.

16 근접경호원의 자세에 관한 설명으로 옳은 것은?

ㄱ. 순간적으로 경호상황을 정확히 판단하고 대응하기 위한 명석한 판단력을 갖춰야 한다.
ㄴ. 행사의 성격 및 상황을 직시하여 그에 맞는 적절한 자세를 견지한다.
ㄷ. 급박한 상황 외에는 경호대상자의 활동에 방해를 해서는 안 된다.
ㄹ. 경호대상자와 경호환경에 어울리지 않는 복장을 착용한다.

① ㄱ, ㄴ, ㄷ ② ㄱ, ㄴ, ㄹ ③ ㄱ, ㄷ, ㄹ ④ ㄴ, ㄷ, ㄹ

해설 지문의 ㄹ은 근접경호원의 복장은 은밀경호를 위해 보호색의 원리로 주변과 어울리는 일반인과 같은 복장을 착용하여 신분의 노출을 감추어야 한다.

17 차량경호에 관한 설명으로 옳지 않은 것은?

① 경호 차량으로 방호대형을 형성하여 경호대상자 차량을 보호하기 위한 경호활동이다.
② 기동 간 경호대상자 차량과 경호 차량 사이에 다른 차량이 끼어들지 못하도록 차량간격을 유지한다.
③ 교차로, 곡각지 등을 기동할 때와 같이 속도를 줄여야 하는 상황은 경호원이 방어하기 가장 좋은 여건을 제공하게 된다.
④ 경호대상자 차량의 문은 급하게 열지 않도록 하고, 경호원이 정위치 상태에서 주변에 위험요소가 없는 것이 확인되고 난 후에 개방한다.

해설 지문의 ③은 교차로, 곡각지 등을 기동할 때와 같이 속도를 줄여야 하는 상황은 경호원이 방어하기 어려운 여건을 제공하게 됨.

18 출입자 통제에 관한 설명으로 옳은 것은?

① 행사장의 허가되지 않은 출입요소를 발견하여 통제·관리하는 사전예방차원의 경호방법이다.
② 지연참석자에 대해서는 검색 후 출입을 허용하지 않는다.

③ 금속탐지기 검색을 통하여 위해요소의 침투를 차단하고, 비표를 운용하여 인가자의 출입을 통제한다.
④ 행사와 무관한 사람들의 행사장 출입을 통제하고 그 효과를 극대화하기 위해서 다양한 통로를 통해 출입자를 확인한다.

해설 ② 지연참석자에 대해서는 검색 후 출입의 여부를 경호지휘소의 지시에 따른다.
③ 금속탐지기 검색을 통하여 위해요소의 침투를 차단하고, 비표를 운용하여 비인가자의 출입을 통제한다.
④ 행사와 무관한 사람들의 행사장 출입을 통제하고 그 효과를 극대화하기 위해서 단일통로를 통해 출입자를 확인한다.

19 출입자 통제업무 수행에 관한 설명으로 옳은 것은?

① 3중경호에 의거한 경호구역의 설정에 따라 각 구역별 통제의 범위를 결정한다.
② 안전구역은 행사참석자를 비롯한 모든 출입요소의 1차 통제지점이 된다.
③ 대규모 행사 시 참석대상과 좌석을 구분하지 않고 시차입장계획을 수립한다.
④ 행사장 및 규모에 따라 참석 대상별 주차지역을 구분·운용하지 않는다.

해설 ② 안전구역은 행사참석자를 비롯한 모든 출입요소의 마지막 통제지점이 된다.
③ 대규모 행사 시 참석대상과 좌석을 구분하여 시차입장계획을 수립한다.
④ 행사장 및 규모에 따라 참석 대상별 주차지역을 구분·운용한다.

20 출입자 통제대책에 관한 설명으로 옳지 않은 것은?

① 출입자 통제업무 시 지정된 토로를 사용하고 기타 통로는 폐쇄한다.
② 주차계획은 입장계획과 연계하여 주차동선과 입장동선에 혼잡상황이 발생하지 않도록 한다.
③ 참석자 통제에 따른 취약요소를 판단함에 있어 경호 기관의 입장에서 행사장의 혼잡을 방지할 수 있는 방안을 강구한다.
④ 비표 운용 시 명찰이나 리본은 모든 구역의 색상을 단일화하여 식별이 용이하도록 하면 효과적이다.

해설 ④ 행사참석자를 위한 비표는 구역별로 그 색상을 달리하면 식별 및 통제가 용이하다.

21 자연방벽효과의 원리에 관한 내용이다. ( )에 공통으로 들어갈 내용으로 옳은 것은?

o 위해기도자가 고층건물 등에서 공격을 시도할 경우 경호원의 신장 차이가 ( ) 방벽 효과에 큰 영향을 미친다. o 경호원이 경호대상자에 대한 ( ) 방벽효과를 극대화하기 위해서는 항상 바른 자세로 똑바로 서서 몸을 움츠리거나 은폐시켜서는 안 된다.

① 공격적 ② 수직적 ③ 회피적 ④ 함몰적

해설 지문의 ②번이 정답임.

22 경호임무 활동에 관한 설명으로 옳은 것은?

① 연례적이고 반복적인 행사장의 사전답사는 생략할 수 있다.
② 안전대책작용에는 행사장 내외부에 산재한 인적·물적·지리적 취약요소에 대한 안전대책을 포함한다.
③ 경호정보작용은 경호작용의 원천적 사전 지식을 생산, 제공하는 것으로 경호 대상자의 신변안전을 위한 근접경호 임무이다.
④ 경호보안작용은 위해기도자의 인원, 문서, 시설, 지역, 자재, 통신 등의 정보를 정확하게 생산하는 활동이다.

해설 ① 연례적이고 반복적인 행사장라도 사전답사는 생략할 수 없다.
③ 경호정보작용은 경호작용의 원천적 사전 지식을 생산, 제공하는 것으로 경호 대상자의 신변안전을 위한 예방경호를 수행하는 것이다.
④ 경호보안작용은 위해기도자의 인원, 문서, 시설, 지역, 자재, 통신 등의 정보를 정확하게 보호하는 활동이다.

23 경호작용에 관한 설명으로 옳지 않은 것은?

① 모든 형태의 경호임무는 사전에 신중하게 계획되어야 하며 융통성은 배제되어야 한다.
② 경호대상자에 대한 완벽한 경호를 보장하기 위해서는 각각의 임무가 명확하게 부여되어야 한다.
③ 자원의 효율적인 이용을 위해서 사전에 위해분석 자료를 토대로 자원동원체계를 구축하도록 한다.
④ 경호와 관련된 정보는 비 인가된 자에게 제공해서는 안 된다.

해설 ① 모든 형태의 경호임무는 사전에 신중하며 융통성 있는 계획을 수립하여야 한다.

24 안전대책작용에 관한 내용이다. (   )에 들어갈 용어로 옳은 것은?

경호행사 시 경호대상자에게 위해를 줄 수 있는 위해물질을 안전하게 관리하는 것을 (ㄱ)(이)라 하고, 경호대상자에게 위해를 가할 소지가 있는 사람의 접근을 차단하는 것을 (ㄴ)이라 하며, 경호대상자에게 위해여건을 제공할 수 있는 자연 및 인공물에 대하여 위해를 가할 수 없는 상태로 전환시키는 작용을 (ㄷ)(이)라 한다.

① ㄱ : 안전점검, ㄴ : 물적취약요소 배제작용, ㄷ : 안전조치
② ㄱ : 안전조치, ㄴ : 물적취약요소 배제작용, ㄷ : 안전검측
③ ㄱ : 안점점검, ㄴ : 인적위해요소 배제작용, ㄷ : 안전조치
④ ㄱ : 안전조치, ㄴ : 인적위해요소 배제작용, ㄷ : 안전검측

해설 지문의 ④번이 정답임.

25 경호활동에 관한 설명으로 옳지 않은 것은?

① 3중경호는 위해기도 시 시간 및 공간적으로 지연시키거나 피해의 범위를 최소화하기 위한 방어전략이다.

② 선발 및 근접경호의 구분 운용은 효과적으로 위해기도를 봉쇄하려는 예방경호와 방어경호의 작용이다.
③ 경호원은 위해발생 시 경호대상자의 방호 및 대피보다는 위해기도자의 제압이 우선이다.
④ 경호임무의 단계별 절차는 계획단계 - 준비단계 - 행사단계 - 평가단계이다.

해설 지문의 ③ 경호원은 위해발생 시 경호대상자의 방호 및 대피가 위해기도자의 제압보다 우선 실행되어야 한다.

26 선발경호의 특성에 관한 설명으로 옳지 않은 것은?

① 예방성 : 선발경호의 임무로 위해요소를 사전에 발견하여 제거하고 거부함으로써 경호행사의 안전을 확보하는 것이다.
② 통합성 : 경호임무에 동원된 모든 부서는 각자의 기능을 완벽하게 발휘하면서, 하나의 지휘체계 아래에 통합되어 상호 보완적 임무를 수행한다.
③ 안전성 : 확보한 행사의 안전상태가 행사 종료 시까지 지속될 수 있도록 임무를 수행한다.
④ 예비성 : 경호임무는 최상의 상황을 염두에 두고 수행한다.

해설 지문의 ④ 예비성은 경호임무는 최악의 상황을 염두에 두고 수행한다.

27 우발상황 대응기법에 관한 설명으로 옳은 것을 모두 고른 것은?

> ㄱ. 경호원의 주의력효과 면에서는 경호원과 군중의 거리가 가까울수록 유리하다.
> ㄴ. 위험을 가장 먼저 인지한 경호원은 동료들에게 신속히 전파하여 공조체제를 유지하도록 한다.
> ㄷ. 수류탄 혹은 폭발물과 같은 폭발성 화기에 의한 공격에는 방어적 원형대형을 유지한다.

① ㄱ, ㄴ ② ㄱ, ㄷ ③ ㄴ, ㄷ ④ ㄱ, ㄴ, ㄷ

해설 지문의 ㄷ은 수류탄 혹은 폭발물과 같은 폭발성 화기에 의한 공격에는 함몰형 대형을 유지한다.

28 우발상황에 관한 내용으로 옳지 않은 것은?

① 우연히 또는 계획적으로 발생하여 경호행사를 방해하는 사태
② 상황이 직접적으로 발생하기 전까지는 위해기도가 발생되는 시간, 장소, 방법에 대한 사전예측이 불가능
③ 방법과 규모에 따라 차이가 생길 수 있으나 심리적인 공포와 불안의 조성에 따른 혼란의 야기와 무질서
④ 경호대상자의 방호 및 대피보다 경호원의 자기보호본능에 충실

해설 지문의 ④는 경호대상자의 방호 및 대피를 위해 경호원은 자기희생의 원칙에 의해 근무하여야 함.

29 선발경호원의 기본임무에 관한 설명으로 옳지 않은 것은?

① 행사장의 보안상태 조사를 위해 내외부의 경호여건을 점검한다.
② 책임구역에 따라 사주경계를 실시하고 우발상황 발생 시 인적방벽을 형성하여 경호대상자를 보호한다.
③ 경계구역은 행사장 주변의 취약요소를 봉쇄, 감시할 수 있는 위치를 선정하고 기동순찰조를 운용한다.
④ 출입자 통제관리를 위하여 초청장발급, 출입증착용 여부를 확인한다.

해설 지문의 ②는 경호실시 단계에서의 활동으로 설문의 내용은 아님.

30 안전검측활동의 요령에 관한 설명으로 옳지 않은 것은?

① 검측은 책임구역을 명확하게 구분하여 계속적으로 반복 실시한다.
② 인간의 싫어하는 습성을 감안하여 사각지점이 없도록 철저한 검측을 실시한다.

③ 통로에서는 양 측면을 중점 검측하고, 높은 곳보다 아래를 중점적으로 실시한다.
④ 확인이 불가능한 물품은 원거리에 격리시킨다.

해설 지문의 ③은 통로는 양 측면, 낮은 곳보다 높은 곳을 중점적으로 실시하여야 함.

31 검식활동에 관한 설명으로 옳지 않은 것은?

① 경호대상자에게 제공되는 음식물의 이상유무를 검사하고 확인하는 과정이다.
② 행사장의 위생상태 점검 및 수질검사, 전염병 및 식중독의 예방대책을 포함한다.
③ 검식활동은 근접경호의 임무이다.
④ 경호대상자에게 제공되는 음식물에 대하여 구매, 운반, 저장, 조리 및 제공되는 과정을 포함한다.

해설 지문 ③의 검식활동은 사전예방경호작용임.

32 경호장비에 관한 설명으로 옳지 않은 것은?

① 호신장비란 자신의 생명과 신체가 위험한 상태에 놓였을 때 스스로 보호하는데 사용하는 도구를 말한다.
② 검측장비는 가스분사기, 전기방벽, 금속탐지기, CCTV 등이다.
③ 대통령경호처장은 직무를 수행하기 위하여 필요하다고 인정할 때에는 소속 공무원에게 무기를 휴대하게 할 수 있다.
④ 경비업법상 경비원이 휴대할 수 있는 장비의 종류는 경적 · 단봉 · 분사기 등으로, 근무 중에만 이를 휴대할 수 있다.

해설 지문 ②의 가스분사기는 호신장비, 전기방벽은 방호장비, CCTV는 방범장비임.

33 경호복장에 관한 설명으로 옳은 것은?

① 경호복장은 기능적이고 튼튼한 것이어야 한다.
② 위해기도자에게 주도면밀함과 자신감을 과시하기 위해 장신구의 착용을 지향한다.
③ 경호대상자 보호를 위해 경호대상자보다 튀는 복장을 선택하여 주위의 시선을 빼앗는다.
④ 대통령경호처에서 근무하는 경찰공무원의 복제에 관하여 필요한 사항은 경찰청장이 정한다.

해설 지문의 ④는 대통령경호처에서 근무하는 경찰공무원의 복제에 관하여 필요한 사항은 대통령 등의 경호에 관한 법률 시행령 제34조(복제) 제2항에 따른다.
*직원의 복제에 관하여 필요한 사항은 처장이 정한다.

34 경호원의 자격과 윤리에 관한 내용으로 옳은 것은?

① 경호환경 조성 및 탄력적 경호 운영을 위한 정치적 활동 지향
② 경호대상자의 생명과 재산을 지키기 위한 올바른 가치관 함양
③ 경호원의 권위주의 강화를 위한 일방적 주입식 교육의 확립
④ 경호원의 직업윤리 강화를 위한 성희롱 예방교육 배제

해설 지문의 ②번이 정답임.
① 경호환경 조성 및 탄력적 경호 운영을 위한 정치적 활동을 지양하여야 하며,
③ 경호원의 권위주의를 배제하고 일반대중과 친화를 도모하여야 하며,
④ 경호원의 직업윤리 강화를 위한 성희롱 예방교육을 철저히 하여야 한다.

35 의전에 관한 내용으로 옳지 않은 것은?

① 의전의 원칙상 행사 주최자의 경우 손님에게 상석인 오른쪽을 양보한다.
② 차량용 국기 게양 시 차량의 본네트 앞에 서서 차량을 정면으로 바라볼 때 본네트 왼쪽이나 왼쪽 유리창문에 단다.
③ 국기의 게양 위치는 옥외 게양 시 단독주택의 경우 집 밖에서 보아 대문의 오른쪽에 게양한다.

④ 실내에서는 출입문 쪽을 아랫자리로 하고 그 정반대 쪽을 윗자리로 한다.

해설 지문의 ③은 대한민국국기법 시행령 제18조(국기의 게양위치)에 의거, 단독주택의 대문과 공동주택 각 세대의 난간에는 중앙이나 앞에서 바라보아 왼쪽에 국기를 게양한다.

36 **응급처치의 기본 요소에 해당하지 않는 것은?**

① 기도확보 ② 지혈 ③ 상처보호 ④ 전문치료

해설 응급처치의 3대 요소는 기도확보, 지혈, 쇼크방지 및 처치이며, 4대 요소는 기도확보, 지혈, 쇼크방지 및 처치, 상처보호임.

37 **국민보호와 공공안전을 위한 테러방지법상 외국인테러전투원에 대한 규제에 관한 내용이다. ( )에 들어갈 숫자로 옳은 것은?**

> ① 관계기관의 장은 외국인테러전투원으로 출국하려 한다고 의심할 만한 상당한 이유가 있는 내국인·외국인에 대하여 일시 출국금지를 법무부장관에게 요청할 수 있다.
> ② 제1항에 따른 일시 출국금지 기간은 ( )일로 한다.
> 다만, 출국금지를 계속할 필요가 있다고 판단할 상당한 이유가 있는 경우에 관계기관의 장은 그 사유를 명시하여 연장을 요청할 수 있다.

① 15 ② 30 ③ 60 ④ 90

해설 국민보호와 공공안전을 위한 테러방지법 제13조(외국인테러전투원에 대한 규제)에 의거, 지문의 ④가 정답임.

38 국민보호와 공공안전을 위한 테러방지법상 목적에 관한 내용이다. (　　)에 들어갈 용어로 옳은 것은?

> 테러의 (ㄱ) 및 (ㄴ) 활동 등에 관하여 필요한 사항과 테러로 인한 (ㄷ) 등을 규정함으로써 테러로부터 국민의 생명과 재산을 보호하고 국가 및 공공의 안전을 확보하는 것을 목적으로 한다.

① ㄱ : 예방, ㄴ : 대비, ㄷ : 피해보전
② ㄱ : 대비, ㄴ : 대응, ㄷ : 피해보상
③ ㄱ : 예방, ㄴ : 대응, ㄷ : 피해보전
④ ㄱ : 대응, ㄴ : 수습, ㄷ : 피해보상

해설 설문은 지문의 ③이 정답임.

39 국민보호와 공공안전을 위한 테러방지법상 국가테러대책위원회 구성원인 자는?

① 관세청장　　② 검찰총장
③ 질병관리청장　　④ 합동참모의장

해설 설문은 국민보호와 공공안전을 위한 테러방지법 시행령 제3조(국가테러대책위원회 구성)에 의거, 기획재정부장관, 외교부장관, 통일부장관, 법무부장관, 국방부장관, 행정안전부장관, 산업통상자원부장관, 보건복지부장관, 환경부장관, 국토교통부장관, 해양수산부장관, 국가정보원장, 국무조정실장, 금융위원회 위원장, 원자력안전위원회 위원장, 대통령경호처장, 관세청장, 경찰청장, 소방청장 및 해양경찰청장.

40 국민보호와 공공안전을 위한 테러방지법상 대테러활동에 해당하는 것으로 옳은 것은 모두 몇 개인가?

o 테러위험인물의 관리	o 인원·시설·장비의 보호
o 국제행사의 안전확보	o 테러위험에의 대응 및 무력진압

① 1개 ② 2개 ③ 3개 ④ 4개

해설 국민보호와 공공안전을 위한 테러방지법 제2조(정의) 6항에 의거, "대테러활동"이란 테러 관련 정보의 수집, 테러위험인물의 관리, 테러에 이용될 수 있는 위험물질 등 테러수단의 안전관리, 인원·시설·장비의 보호, 국제행사의 안전확보, 테러위협에의 대응 및 무력진압 등 테러 예방과 대응에 관한 제반 활동을 말한다.

정답

01.③	02.①	03.④	04.①	05.③	06.②	07.④	08.③	09.②	10.④
11.②	12.③	13.④	14.④	15.③	16.①	17.③	18.①	19.①	20.④
21.②	22.②	23.①	24.④	25.③	26.④	27.①	28.④	29.②	30.③
31.③	32.②	33.①	34.②	35.③	36.④	37.④	38.③	39.①	40.④

제21회 기출문제

01 경호조직의 운영에 관한 설명으로 옳은 것은?

① 위해수법의 고도화에 따라 현대의 경호조직은 경호의 전문성이 요구된다.
② 다수의 경호원이 운용될 경우에는 다수의 지휘체계를 운영해야 한다.
③ 현대의 경호조직은 과거에 비해 규모가 축소되고 있다.
④ 완벽한 방어 및 대응체계를 구축하기 위해서는 개인단위 작용으로 이루어져야 한다.

해설 지문의 ②는 지휘단일성의 원칙 ③은 대규모성 ④는 기관단위작용의 원칙에 위배되는 내용임.

02 경호의 객체(A)와 주체(B)는?

퇴임한 지 8년 된 대한민국 전직대통령, 배우자 및 그 자녀가 생활하는 공간에서 경찰관과 대통령 경호원이 함께 경호임무를 수행하고 있다.

① A : 전직대통령, 배우자 B : 경찰관
② A : 전직대통령, 배우자, 자녀 B : 대통령 경호원
③ A : 전직대통령, 배우자 B : 경찰관, 대통령 경호원
④ A : 전직대통령, 배우자, 자녀 B : 경찰관, 대통령 경호원

해설 경호의 객체는 경호대상자에 따른 분류로서 전직대통령과 배우자가 되며, 주체는 경호기관에 따른 분류이므로 경찰관과 대통령 경호원이 됨.
대통령의 자녀는 대통령 등의 경호에 관한 법률에서 제외됨.

03 국가 - 경호기관 - 경호대상자의 연결이 옳지 않은 것은?

① 대한민국 - 대통령경호처 - 대통령과 국무총리 및 그 가족
② 미국 - 비밀경호국 - 대통령과 부통령 및 그 가족
③ 영국 - 수도경찰청 - 왕과 수상
④ 독일 - 연방범죄수사국 - 대통령과 수상

해설 지문의 ①은 대통령 등의 경호에 관한 법률에서 국무총리는 대상이 아님.

04 다음을 경호로 분류할 때 해당하지 않는 것은?

> 대한민국을 방문한 K국 대통령의 시장 방문 시 경호 관계기관에서는 주변에 알리지 않고 경호를 하였다. 이 때 시장에서 쇼핑 중 위해자에 의한 피습사건이 발생하여 B경호원은 몸을 날려 위해행위를 차단하였고, 동료 경호관들이 대통령을 안전한 곳으로 대피시켰다.

① A급 경호 ② 비공식 경호
③ 직접 경호 ④ 약식 경호

해설 지문 ④의 약식경호는일정한 규칙적인 방식에 의하지 않는 출, 퇴근 시 행하는 일상적인 경호임.

05 다음 경호활동에 나타나지 않는 원칙은?

> 평소 경호대상자는 어떠한 상황에서도 절대적으로 보호되어야 한다는 생각으로 근무하고 있는 K경호원은 경호대상자가 은행에 갈 때 차량과 이동로를 노출시키지 않고 근접경호를 하였다. 마침 은행 강도사건이 은행에서 발생하여 경호대상자를 우선 안전한 곳으로 대피시키고 강도사건을 관할 경찰서에 알려 조속히 사건을 마무리할 수 있었다.

① 은밀경호의 원칙 ② 중첩경호의 원칙
③ 목표물보존의 원칙 ④ 방어경호의 원칙

해설 지문 ②의 중첩경호의 원칙은 3중 경호의 원칙으로서 상기 경호활동에는 나타나지 않음.

06 대한민국 정부수립 이후 경호기관에 관한 설명으로 옳지 않은 것은?

① 경무대경찰서 : 1953년 경찰서 직제를 개정하여 관할구역을 경무대 구내로 제한하여 경호임무 담당

② 청와대경찰관파견대 : 1960년 3차 개헌을 통해 내각책임제에서 대통령중심제로 바뀌면서 대통령의 경호와 경비 담당

③ 국가재건최고회의의장경호대 : 1961년 중앙정보부 경호대로 정식 발족하여 최고회의의장 등의 신변보호 임무 수행

④ 대통령경호실 : 1963년 설립되어 대통령과 그 가족, 대통령으로 당선이 확정된 자 및 경호실장이 필요하다고 인정하는 요인에 대한 경호 담당

해설 지문 ②의 1960년 6월 15일에 실시된 제3차 개헌. 내각책임제(의원내각제)를 골자로 하고 있으며, 형식상 개헌이지만 실질적으로는 제헌이라고 할 수 있을 만큼 광범한 개정이 이루어졌다.

07 경호의 원칙에 관한 설명으로 옳은 것을 모두 고른 것은?

ㄱ. 경호행사장을 안전구역, 경비구역, 경계구역으로 설정한다.
ㄴ. 고도의 순간 판단력과 치밀한 사전계획이 중요하다.
ㄷ. 위해가능성이 있는 것으로부터 경호대상자를 격리시킨다.
ㄹ. 위해행위 발생 시 방호 및 대피 보다 위해자를 공격하여 무력화시키는 것이 우선이다.

① ㄱ, ㄹ　　② ㄱ, ㄴ, ㄷ
③ ㄴ, ㄷ, ㄹ　　④ ㄱ, ㄴ, ㄷ, ㄹ

해설 지문의 ②가 정답임.
ㄱ : 3중 경호의 원칙, ㄴ : 두뇌경호의 원칙, ㄷ : 목표물보존의 원칙

08 경호의 정의와 개념을 잘못 말한 자는?

> A경호원 : 경호란 경호대상자의 생명과 재산을 보호하기 위하여 신체에 가하여지는 위해를 방지하거나 제거하고, 특정 지역을 경계·순찰 및 방비하는 등의 모든 안전활동을 말해.
> B경호원 : 맞는데, 경호는 보안이 강조되므로 자신의 몸을 최대한 은폐, 엄폐하여 근무하는 습관이 필요해.
> C경호원 : 경호는 경호대상자와 위해행위자 사이의 완충벽이라 볼 수 있어.

① A ② B ③ A, C ④ B, C

해설 B경호원의 행동은 자기희생의 원칙에 위배되는 내용임.

09 대통령 등의 경호에 관한 법률상 ( )에 들어갈 내용은?

> 소속공무원과 관계기관의 공무원으로서 경호업무를 지원하는 사람은 경호 목적상 불가피하다고 인정되는 상당한 이유가 있는 경우에만 ( )에서 질서유지, 교통관리, 검문·검색, 출입통제, 위험물 탐지 및 안전조치 등 위해 방지에 필요한 안전활동을 할 수 있다.

① 안전구역 ② 경계구역
③ 통제구역 ④ 경호구역

해설 지문의 ②는 대통령 등의 경호에 관한 법률 제5조(경호구역의 지정 등)에 의거한 경호구역을 설명한 것임.

10 다음이 설명하는 자는?

> 대한민국에서 개최되는 자자간 정상회의에 참석하는 외국의 국가원수 또는 행정수반과 국제기구 대표의 신변보호 및 행사장의 안전관리 등을 효율적으로 수행하기 위하여 대통령 소속으로 설치하는 경호·안전대책기구의 장

① 국무총리 ② 경찰청장
③ 국가정보원장 ④ 대통령경호처장

해설 지문은 대통령 등의 경호에 관한 법률 제5조의 2(다자간 정상회의의 경호 및 안전관리)에 의거 경호·안전 대책기구의 장은 대통령경호처장이 됨.

11 경호조직의 특성과 원칙에 관한 설명으로 옳은 것은?

① 경호조직은 기구단위, 권한과 책임 등이 경호업무의 목적 달성을 위해 통합되어야 한다.
② 경호조직은 계층성, 개방성, 기동성의 특징을 가진다.
③ 경호업무는 지휘권, 장비, 보급지원체계 등이 갖춰진 기관단위의 작용으로 이루어진다.
④ 경호업무의 모순, 중복, 혼란 등을 방지하여 신뢰성을 높이기 위해 복합 지휘체제를 구성하여야 한다.

해설 지문 ③의 경호기관단위 작용의 원칙임.

12 다음이 설명하는 것은?

> 문자메시지(SMS)와 피싱(phishing)의 합성어로, 인터넷 접속이 가능한 스마트폰의 문자메시지를 이용한 해킹 범죄

① APT ② 메신저피싱 ③ 스미싱 ④ 보이스피싱

해설 • 지문 ①의 APT(Advanced Persistent Threat)
해커가 다양한 보안 위협을 만들어 특정 기업이나 조직의 네트워크에 지속적으로 가하는 공격을 뜻한다. 지능형 지속 공격이라 한다. 특정 조직 내부 직원의 PC를 장악한 뒤 그 PC를 통해 내부 서버나 데이터베이스에 접근한 뒤 기밀정보 등을 빼오거나 파괴하는 것.
• 지문 ②의 메신저 피싱(Messenger Phishing)
메신저를 이용한 피싱. 타인의 메신저 아이디를 도용하여 로그인한 뒤 등록된 지인에게 메시지를 보내 금전을 요구하는 행위 등을 의미한다.
• 지문 ④의 보이스 피싱(Voice Phishing)
전화를 통하여 신용카드 번호 등의 개인정보를 알아낸 뒤 이를 범죄에 이용하는 전화금융사기 수법

13 선발경호의 특성이 아닌 것은?

① 예방성 ② 통합성 ③ 안전성 ④ 유동성

해설 지문 ④의 유동성은 근접경호의 특성 중 기동성 및 유동성을 말함.

14 경호업무 시 우발상황에 관한 설명으로 옳은 것은?

① 위험 요소가 어디서 발생할 지 예측하기 어렵다.
② 위험 요소가 언제 발생할 지 예측할 수 있다.
③ 위험 요소의 피해 정도를 파악할 수 있다.
④ 위험 요소가 어떤 방법으로 발생할 지 파악할 수 있다.

해설 우발상황의 특징으로는,
1. 사전예측의 불가능 2. 혼란과 무질서의 발생 3. 자기보호본능의 발동 4. 즉각조치의 요구

15 선발경호 업무가 아닌 것은?

① 행사장 사전답사 ② 도보 및 차량 대형 형성
③ 위해 가능자 동향 파악 ④ 출입증 확인 및 물품 검색

해설 지문의 ②는 경호실시단계의 업무임.

16 폭발물 처리장비가 아닌 것은?

① 금속탐지기
② 물포(water cannon)
③ 폭발물처리키트
④ X-Ray 촬영기

해설 지문의 ①은 금속탐지장비임.

17 근접경호 도보대형을 형성할 때 고려 사항이 아닌 것은?

① 경호대상자의 성향
② 행사장의 취약요인
③ 비상 시 최기병원 위치
④ 공식, 비공식행사 등 행사 성격

해설 지문의 ③은 경호세부계획수립단계의 업무로서 도보대형 형성 시 고려사항은 아님.

18 근접경호에서 사주경계에 관한 설명으로 옳지 않은 것은?

① 시각, 청각 등 오감과 육감을 활용한다.
② 위험 감지에 대한 단계와 구조를 이해해야 한다.
③ 인적경계대상은 위해 가능한 인원으로 제한하며 사회적 권위와 지위를 고려한다.
④ 경호대상자를 기준으로 360도 전 방향을 감시해야 한다.

해설 지문의 ③은 모든 사람이 경계의 대상이며, 사회적 권위와 지위는 고려사항이 아님.

19 **우발상황 조치에 관한 내용이다. 다음 (   )에 들어갈 내용을 순서대로 옳게 나열한 것은?**

> 우발상황이 발생하였을 경우 경호대상자를 위험으로부터 보호하기 위한 일련의 순간적인 경호조치를 말하며, (   )의 결과에 따라 경호대상자를 살릴 수도 있고 죽일 수도 있다. 우발상황이 발생하면 최초에 정확하게 대응해야 한다는데 핵심이 있다.
> 위험한 것을 (   ) 것으로 판단하면 자칫 (   )를 잃을 수도 있고, 위험하지 않은 것을 (   ) 것으로 판단하면 행사장을 혼란에 빠뜨리거나 행사를 망칠 수도 있다.

① 즉각조치, 위험한, 행사참석자, 위험하지 않은
② 즉각조치, 위험하지 않은, 경호대상자, 위험한
③ 통제조치, 위험하지 않은, 경호대상자, 위험한
④ 통제조치, 위험한, 행사참석자, 위험하지 않은

해설 지문의 ②가 정답임.

20 **선발경호업무 시 출입통제에 관한 설명으로 옳지 않은 것은?**

① 출입통제 효과를 극대화하기 위해 출입구를 다양화 한다.
② 안전구역은 행사와 무관한 사람들의 행사장 출입을 통제 또는 제한해야 한다.
③ 경호구역 설정에 따라 각 통제의 범위를 결정한다.
④ 2선 경비구역은 모든 출입요소에 대한 실질적인 1차 통제점이 된다.

해설 지문의 ①은 경호의 특별원칙 중 하나의 통제된 지점을 통한 접근의 원칙에 의거, 모든 인원의 출입을 통제하기 위하여 출입구를 단일화한다.

21 **선도차량 – VIP차량 – 후미경호차량으로 구성된 차량대형에서 선도경호 차량의 역할이 아닌 것은?**

① 전방 교통 및 도로 상황을 전파한다.
② 행차코스 개척 및 차량대형을 선도한다.
③ 선도경호차량이 기동 간 이동지휘소 역할을 한다.
④ 계획된 시간에 목적지에 도착할 수 있도록 속도를 조절한다.

해설 지문 ③은 후미경호차량에서 지휘·통제, 예비, 장비탑재 등의 역할을 함.

22 **선발경호의 특성으로 옳지 않은 것은?**

① 경호팀의 능력에 부합하는 비상대응계획을 수립한다.
② 3중 경호 원리에 입각해 구역별 특성에 맞는 경호조치를 한다.
③ 경호임무에 동원된 부서는 각각의 지휘체계 하에 상호보완적으로 임무를 수행한다.
④ 위해요소를 사전에 발견해서 제거하고 위해요소의 침투가능성을 거부한다.

해설 지문의 ③은 경호조직의 구성 원칙 중 경호지휘단일성의 원칙에 위배됨.

23 **즉각조치에 관한 설명으로 옳지 않은 것은?**

① 경고 : 공격받고 있다는 상황을 알려주고 대응행동을 하라는 신호이며, 일반인들에게는 위험상황을 알려주는 것이다.
② 방호 : 자신의 몸으로 방호벽을 형성하여 경호대상자를 엄폐시키는 행동에 우선순위를 두어야 한다.
③ 대피 : 방호와 동시에 위험지역을 이탈하기 위해 방호대형을 형성하여 공격방향으로 신속히 이동하여야 한다.
④ 대적 : 경호대상자를 등지고 위험발생지역으로 향한 후 몸을 최대한 확장하여 방호범위를 확대한다.

해설 지문의 ③은 적의 공격반대방향으로 신속히 대피하여야 함.

24 출입자 통제 방법에 관한 설명으로 옳지 않은 것은?

① 출입증은 참가자에게 운용함을 원칙으로 한다.
② 모든 출입요소는 지정된 출입통로를 사용하며 기타 통로는 폐쇄한다.
③ 대규모 행사 시 참석대상과 좌석을 구분하지 않고 시차입장계획을 수립한다.
④ 행사장 내 출입요소에 대해서는 인가된 인원 및 인가차량 여부를 확인한다.

해설 지문의 ③은 참석대상자별 좌석을 구분하여 시차입장계획을 수립한다.

25 안전검측의 원리에 관한 설명으로 옳지 않은 것은?

① 점검은 아래에서 위로, 좌에서 우로 일정한 방향으로 체계적으로 점검이 이루어져야 한다.
② 주변의 흩어져 있는 물건은 그대로 두고, 확인 불가능한 것은 먼 거리로 이격 제거한다.
③ 점검인원의 책임구역을 명확히 하며, 중복적 점검이 이루어져야 한다.
④ 범인의 입장에서 설치 장소를 의심하며 추적한다.

해설 지문의 ②는 주변에 흩어져 있는 물건은 정리하고 확인 불가능 한 것은 원거리 이격 조치한다.

26 근접경호의 특성으로 옳지 않은 것은?

① 위해기도자의 추적을 회피하는 기만전술을 적절히 구사하여 경호의 효과성을 높인다.
② 근접경호원의 신체로 방벽을 형성하여 경호대상자의 시야를 제한하고 공격선을 차단한다.
③ 근접경호원은 대적보다는 경호대상자의 안전한 방호 및 대피에 중점을 둔다.
④ 경호대상자를 따라 이동하거나 변화하는 경호상황에 능동적으로 대처해야 한다.

해설 지문의 ②는 경호대상자의 시야를 가리지 않도록 하여야 한다.

27 **경호업무 수행절차에 관한 설명으로 옳은 것은?**

① 예방단계인 정보활동단계에서는 정 · 첩보를 수집하고 분석하여 경호위협을 평가한다.
② 학습단계인 안전활동단계에서는 행사장 취약요소에 대한 안전대책을 강구한다.
③ 대비단계인 경호활동단계에서는 경호인력을 배치하여 지속적인 경계활동을 실시한다.
④ 대응단계에서는 경호 실시결과를 분석하고 평가하여 보완한다.

해설 지문의 ①이 정답임. ② : 예방단계, ③ : 대응단계, ④ : 평가단계

28 **경호 현장답사 시 고려사항이 아닌 것은?**

① 행사장의 기상, 특성, 시설 등에 대한 취약여건 판단
② 행사장 출입, 통제범위 및 경호인력 규모 판단
③ 행사장의 직시고지와 직시건물 등에 대한 경호환경 판단
④ 개인별 사전임무 및 비상상황 시 개인별 임무

해설 경호현장답사는 개인별 임무보다는 경호와 관련된 전반적인 계획을 검토하는 단계임.

29 **비상대책의 내용으로 옳지 않은 것은?**

① 행사장에는 비상대피소를 준비한다.
② 상황에 따른 대피계획은 사전에 결정한다.
③ 비상통로의 출구에는 예비차량을 대기시켜 놓는다.
④ 비상대피계획은 위험상황 발생 시 원인을 제거하기 위한 계획이다.

해설 지문의 ④는 비상대피계획은 위험상황을 예측하여 사전에 대비하는 업무임.

30 경호차량에 관한 설명으로 옳지 않은 것은?

① 경호차량은 시선을 집중시키는 차종이나 색상은 지양한다.
② 경호차는 경호대상자 차량의 성능에 필적할 만한 차량을 선정해야 한다.
③ 승하차가 용이하며, 튼튼한 차체와 높은 가속력을 갖춘 차량을 선정한다.
④ 기만효과를 달성하기 위해 경호대상자 차량과 다른 차종을 선정한다.

해설 지문 ④의 경호차량은 경호대상자차량과 동일한 차량을 이용함으로서 위해자를 기만할 수 있음.

31 폭발과 총기공격 발생 시 우발상황 대처에 적용되지 않는 원칙은?

① SCE 원칙 ② 체위확장의 원칙
③ 촉수거리의 원칙 ④ 예방경호의 원칙

해설 지문의 ④는 우발적인 상황이 발생하지 않도록 사전에 예방하여야 함.
- SCE원칙 : S(Sound off, 경고), C(Cover, 방호), E(Evacuate, 대피)
- 체위화장의 원칙 : 경호원의 체위를 최대한 확장시켜 방벽을 형성하며 적의 공격과 시야를 가림으로써 경호대상자를 안전하게 보호할 수 있다.
- 촉수거리의 원칙 : 무기와 범인을 제압할 시에는 위해를 가하려는 범인으로부터 제일 가까이 있는 경호원이 대적해야 된다는 원칙

32 경호활동의 기본원칙으로 옳지 않은 것은?

① 경호대상자가 참석할 장소와 지역에 대한 정보를 분석하여 위험요인을 사전에 제거한다.
② 경호대상자의 이동시간, 이동경로, 이용차량 등에 변화를 주어 위해기도자가 다음 행동을 예측할 수 없도록 한다.
③ 경호대상자를 제외한 모든 사람이 검색대상이며 모든 인적·물적·지리적 위해요소에 대해 경호조치가 이루어져야 한다.
④ 일반인의 불편을 최소화하면서 경호대상자와 국민의 접촉을 차단하여 완벽한 임무를 수행한다.

해설 지문의 ④는 국민의 접촉을 차단하기보다는 군중과 경호대상자의 친화를 해치는 일이 발생하지 않도록 주의하여야 함.

33 민간경비원별 휴대 가능한 무기(장비)의 연결이 옳지 않은 것은?

① 호송경비원 - 권총, 경적, 단봉, 분사기
② 특수경비원 - 권총, 소총, 경적, 단봉, 분사기
③ 기계경비원 - 경적, 단봉, 출동차량, 분사기
④ 시설경비원 - 경적, 단봉, 분사기

해설 경비업법에서 규정된 경비원 중 특수경비원만 무기를 휴대할 수 있음.

34 경호임무 수행 시 발생한 환자유형별 응급처치 방법으로 옳지 않은 것은?

① 얼굴이 붉은 인사불성환자의 경우 머리와 어깨를 낮게 하여 안정시킨다.
② 두부손상환자는 귀나 코를 통해 혈액과 함께 흘러나오는 액체를 막지 말고 그냥 흐르게 한다.
③ 화상환자는 화상부위를 심장보다 높게 올리도록 한다.
④ 골절환자의 경우 찬물 찜질을 하고 부상부위를 높여 준다.

해설 지문 ①은 머리와 어깨를 높게 하여 안정시킨다.

35 범죄발생에 따른 초동조치와 현장보존방법에 관한 설명으로 옳지 않은 것은?

① 범행현장에서 현행범으로 판단될 경우 경찰뿐 아니라 민간경호원 등 누구나 영장 없이 체포할 수 있다.
② 범행현장에서 가스누출 발생 시 즉시 선풍기나 배기팬을 작동시켜 환기시킨다.
③ 범죄현장의 범위를 최초에는 광범위한 지역으로 설정한 후 점차 축소해 간다.
④ 범죄발생 건물 소유자 등 관리권을 가진 자라도 범죄현장에 대해 경찰관의 출입통제에 따라야 한다.

해설 지문 ②의 가스누출 시에 선풍기나 배기팬을 작동시키면 가스폭발의 위험이 있음.

36 경호행사 시 주의력효과와 대응효과에 관한 설명으로 옳지 않은 것은?

① 주의력은 위해자를 사전에 색출하기 위한 노력으로 예리한 사주경계가 요구된다.
② 주의력을 높이기 위해서는 경계대상과 거리를 좁히는 것이 효과적이다.
③ 대응력은 경호대상자를 보호하고 대피시켜 신변을 보호하는 능력으로 경호대상자와의 거리를 넓히는 것이 효과적이다.
④ 주의력효과와 대응효과는 서로 상반된 개념으로 위치 선정에 유의해야 한다.

해설 지문 ③은 대응력면에서는 군중과의 거리(2.14m 이상)가 멀수록 유리하다.

37 탑승예절에 관한 설명으로 옳지 않은 것은?

① 승용차 탑승 시 운전기사가 있을 경우 좌석의 가장 상석은 조수석 뒷좌석, 다음이 운전석 뒷좌석, 마지막이 뒷좌석의 가운데이다.
② 기차 탑승 시 네 사람이 마주 앉을 경우 가장 상석은 진행방향의 창가 좌석, 다음이 맞은편 좌석, 다음은 가장 상석의 옆좌석, 그리고 그 앞좌석이 말석이 된다.
③ 비행기 탑승 시 객석 창문 쪽이 상석이고, 통로 쪽이 차석, 상석과 차석의 사이가 하석이다.
④ 선박 탑승 시 일반선박의 경우 상급자가 먼저 타고, 하선할 때에는 나중에 내리며, 함정일 경우에는 상급자가 나중에 타고 먼저 내린다.

해설 지문의 ④는 선박일 경우에는 경호대상자가 나중에 타고 먼저 내리며, 함정일 경우에는 먼저 타고 먼저 내린다.

38 특수경비원의 무기관리 수칙으로 옳지 않은 것은?

① 무기관리실태를 매월 파악하여 다음 달 3일까지 관할경찰서장에게 통보하여야 한다.
② 무기고 및 탄약고는 단층으로 설치하고 환기, 방습, 방화 등의 시설을 한다.

③ 탄약의 출납은 소총은 1정당 7발 이내, 권총은 1정당 15발 이내로 한다.
④ 무기를 지급받은 경비원으로 하여금 매주 1회 이상 손질하게 한다.

해설 지문의 ③은 경비업법 제18조(무기의 관리수칙 등) 3항 2에 의거, 탄약의 출납은 소총에 있어서는 1정당 15발 이내, 권총에 있어서는 1정당 7발 이내로 하되, 생산된 후 오래된 탄약을 우선적으로 출납할 것

39 경호행사 시 쇼크환자의 일반적인 증상이 아닌 것은?

① 호흡이 얕고 빨라진다.
② 맥박이 강하고 때로는 늦어진다.
③ 메스꺼움이나 구토를 호소한다.
④ 지속적으로 혈압 하강이 나타난다.

해설 지문의 ②는 약하고 때로는 빠른 맥박을 보인다.

40 경호복장 선택과 착용에 관한 설명으로 옳지 않은 것은?

① 주변의 시선을 끌만한 색상이나 디자인은 지양한다.
② 행사의 성격과 장소와 무관하게 기능적이고 튼튼해야 한다.
③ 신발은 장시간 서 있는 근무상황을 고려해서 선택해야 한다.
④ 기상조건을 극복하기에 적절한 복장을 착용한다.

해설 지문 ②는 경호원의 복장은 은밀경호를 위해 보호색의 원리로 주변과 어울리는 자연적인 복장을 착용하여 신분의 노출을 감추어야 함.

정답

01.①	02.③	03.①	04.④	05.②	06.②	07.②	08.②	09.④	10.④
11.③	12.③	13.④	14.①	15.②	16.①	17.③	18.③	19.②	20.①
21.③	22.③	23.③	24.③	25.②	26.②	27.①	28.④	29.④	30.④
31.④	32.④	33.①	34.①	35.②	36.③	37.④	38.③	39.②	40.②

부 록

대통령 등의 경호에 관한 법률
대통령 등의 경호에 관한 법률 시행령
전직대통령 예우에 관한 법률
전직대통령 예우에 관한 법률 시행령
대통령경호안전대책위원회 규정
국민보호와 공공안전을 위한 테러방지법
국민보호와 공공안전을 위한 테러방지법 시행령
국민보호와 공공안전을 위한 테러방지법 시행규칙

대통령 등의 경호에 관한 법률(약칭: 대통령경호법)

[시행 2017.7.26] [법률 제14839호, 2017.7.26, 타법개정]

제1조(목적) 이 법은 대통령 등에 대한 경호를 효율적으로 수행하기 위하여 경호의 조직·직무범위와 그 밖에 필요한 사항을 규정함을 목적으로 한다. 〈개정 2008.2.29.〉

[전문개정 2005.3.10.]

제2조(정의) 이 법에서 사용하는 용어의 뜻은 다음과 같다. 〈개정 2012. 2. 2., 2013. 3. 23., 2017. 7. 26.〉

1. "경호"란 경호 대상자의 생명과 재산을 보호하기 위하여 신체에 가하여지는 위해(危害)를 방지하거나 제거하고, 특정 지역을 경계·순찰 및 방비하는 등의 모든 안전 활동을 말한다.
2. "경호구역"이란 소속공무원과 관계기관의 공무원으로서 경호업무를 지원하는 사람이 경호활동을 할 수 있는 구역을 말한다.
3. "소속공무원"이란 대통령경호처(이하 "경호처"이라 한다) 직원과 경호처에 파견된 사람을 말한다.
4. "관계기관"이란 경호처가 경호업무를 수행함에 있어 필요한 지원과 협조를 요청하는 국가기관, 지방자치단체 등을 말한다.

[전문개정 2011.4.28.]

제3조(대통령경호처장 등) ① 대통령경호처장(이하 "처장"이라 한다)은 대통령이 임명하고, 경호처의 업무를 총괄하며 소속공무원을 지휘·감독한다. 〈개정 2017. 7. 26.〉

② 경호처에 차장 1명을 둔다. 〈개정 2017. 7. 26.〉

③ 차장은 1급 경호공무원 또는 고위공무원단에 속하는 별정직 국가공무원으로 보하며, 처장을 보좌한다. 〈개정 2017. 7. 26.〉

[전문개정 2013.3.23.]

제4조(경호대상) ① 경호처의 경호대상은 다음과 같다. 〈개정 2013. 3. 23., 2013. 8. 13., 2017. 7. 26.〉

1. 대통령과 그 가족
2. 대통령 당선인과 그 가족
3. 본인의 의사에 반하지 아니하는 경우에 한정하여 퇴임 후 10년 이내의 전직 대통령과 그 배우자. 다만, 대통령이 임기 만료 전에 퇴임한 경우와 재직 중 사망한 경우의 경호 기간은 그로부터 5년으로 하고, 퇴임 후 사망한 경우의 경호 기간은 퇴임일부터 기산(起算)하여

10년을 넘지 아니하는 범위에서 사망 후 5년으로 한다.
4. 대통령권한대행과 그 배우자
5. 대한민국을 방문하는 외국의 국가원수 또는 행정수반(行政首班)과 그 배우자
6. 그 밖에 처장이 경호가 필요하다고 인정하는 국내외 요인(要人)

② 제1항제1호 또는 제2호에 따른 가족의 범위는 대통령령으로 정한다.

③ 제1항제3호에도 불구하고 전직 대통령 또는 그 배우자의 요청에 따라 처장이 고령 등의 사유로 필요하다고 인정하는 경우에는 5년의 범위에서 같은 호에 규정된 기간을 넘어 경호할 수 있다. 〈신설 2013. 8. 13., 2017. 7. 26.〉

[전문개정 2011.4.28.]

제5조(경호구역의 지정 등) ① 처장은 경호업무의 수행에 필요하다고 판단되는 경우 경호구역을 지정할 수 있다. 〈개정 2012. 2. 2., 2013. 3. 23., 2017. 7. 26.〉

② 제1항에 따른 경호구역의 지정은 경호 목적 달성을 위한 최소한의 범위로 한정되어야 한다.

③ 소속공무원과 관계기관의 공무원으로서 경호업무를 지원하는 사람은 경호 목적상 불가피하다고 인정되는 상당한 이유가 있는 경우에만 경호구역에서 질서유지, 교통관리, 검문·검색, 출입통제, 위험물 탐지 및 안전조치 등 위해 방지에 필요한 안전 활동을 할 수 있다. 〈개정 2012.2.2.〉

④ 삭제 〈2013.3.23.〉

[전문개정 2011.4.28.]

제5조의2(다자간 정상회의의 경호 및 안전관리) ① 대한민국에서 개최되는 다자간 정상회의에 참석하는 외국의 국가원수 또는 행정수반과 국제기구 대표의 신변(身邊)보호 및 행사장의 안전관리 등을 효율적으로 수행하기 위하여 대통령 소속으로 경호·안전 대책기구를 둘 수 있다.

② 경호·안전 대책기구의 장은 처장이 된다. 〈개정 2013. 3. 23., 2017. 7. 26.〉

터③ 경호·안전 대책기구는 소속공무원 및 관계기관의 공무원으로 구성한다.

④ 제1항에 따른 경호·안전 대책기구의 구성시기, 구성 및 운영 절차, 그 밖에 필요한 사항은 대통령령으로 정한다.

⑤ 경호·안전 대책기구의 장은 다자간 정상회의의 경호 및 안전관리를 위하여 필요하면 관계기관의 장과 협의하여 「통합방위법」 제2조제13호에 따른 국가중요시설과 불특정 다수인이 이용하는 시설에 대한 안전관리를 위하여 필요한 인력을 배치하고 장비를 운용할 수 있다.

[본조신설 2012.2.2.]

제6조(직원) ① 경호처에 특정직 국가공무원인 1급부터 9급까지의 경호공무원과 일반직 국가공무원을 둔다. 다만, 필요하다고 인정할 때에는 경호공무원의

정원 중 일부를 일반직 국가공무원 또는 별정직 국가공무원으로 보할 수 있다. 〈개정 2012. 12. 11., 2013. 3. 23., 2017. 7. 26.〉
② 경호공무원 각 계급의 직무의 종류별 명칭은 대통령령으로 정한다.
[전문개정 2011.4.28.]

제7조(임용권자) ① 5급 이상 경호공무원과 5급 상당 이상 별정직 국가공무원은 처장의 제청으로 대통령이 임용한다. 다만, 전보·휴직·겸임·파견·직위해제·정직(停職) 및 복직에 관한 사항은 처장이 행한다. 〈개정 2013. 3. 23., 2017. 7. 26.〉
② 처장은 경호공무원 및 별정직 국가공무원에 대하여 제1항 외의 모든 임용권을 가진다. 〈개정 2017. 7. 26.〉
③ 삭제 〈2013.3.23.〉
④ 고위공무원단에 속하는 별정직공무원의 신규채용에 관하여는 「국가공무원법」 제28조의6제3항을 준용한다.
[전문개정 2011.4.28.]

제8조(직원의 임용 자격 및 결격사유) ① 경호처 직원은 신체 건강하고 사상이 건전하며 품행이 바른 사람 중에서 임용한다. 〈개정 2013. 3. 23., 2017. 7. 26.〉
② 다음 각 호의 어느 하나에 해당하는 사람은 직원으로 임용될 수 없다.
1. 대한민국의 국적을 가지지 아니한 사람
2. 「국가공무원법」 제33조 각 호의 어느 하나에 해당하는 사람

③ 제2항 각 호(「국가공무원법」 제33조 제5호는 제외한다)의 어느 하나에 해당하는 직원은 당연히 퇴직한다.
[전문개정 2011.4.28.]

제9조(비밀의 엄수) ① 소속공무원[퇴직한 사람과 원(原) 소속 기관에 복귀한 사람을 포함한다. 이하 이 조에서 같다]은 직무상 알게 된 비밀을 누설하여서는 아니 된다.
② 소속공무원은 경호처의 직무와 관련된 사항을 발간하거나 그 밖의 방법으로 공표하려면 미리 처장의 허가를 받아야 한다. 〈개정 2013. 3. 23., 2017. 7. 26.〉
[전문개정 2011.4.28.]

제10조(직권면직) ① 임용권자는 직원(별정직 국가공무원은 제외한다. 이하 이 조에서 같다)이 다음 각 호의 어느 하나에 해당하면 직권으로 면직할 수 있다.
1. 신체적·정신적 이상으로 6개월 이상 직무를 수행하지 못할 만한 지장이 있을 때
2. 직무 수행 능력이 현저하게 부족하거나 근무태도가 극히 불량하여 직원으로서 부적합하다고 인정될 때
3. 직제와 정원의 개폐(改廢) 또는 예

산의 감소 등에 의하여 폐직(廢職) 또는 과원(過員)이 된 때
4. 휴직 기간이 끝나거나 휴직 사유가 소멸된 후에도 정당한 이유 없이 직무에 복귀하지 아니하거나 직무를 수행할 수 없을 때
5. 직무 수행 능력이 부족하거나 근무성적이 극히 불량하여 대통령령으로 정하는 바에 따라 대기 명령을 받은 사람이 그 기간 중 능력 또는 근무성적의 향상을 기대하기 어렵다고 인정될 때
6. 해당 직급에서 직무를 수행하는데에 필요한 자격증의 효력이 상실되거나 면허가 취소되어 담당 직무를 수행할 수 없게 되었을 때

② 제1항제2호·제5호에 해당하여 면직하는 경우에는 대통령령으로 정하는 바에 따라 고등징계위원회의 동의를 받아야 한다.
③ 제1항제3호에 해당하여 면직하는 경우에는 임용 형태, 업무실적, 직무 수행능력, 징계처분 사실 등을 고려하여 면직 기준을 정하여야 한다. 이 경우 면직된 직원은 결원이 생기면 우선하여 재임용할 수 있다.
④ 제3항의 면직 기준을 정하거나 제1항제3호에 따라 면직 대상자를 결정할 때에는 대통령령으로 정하는 바에 따라 인사위원회의 심의·의결을 거쳐야 한다.
[전문개정 2011.4.28.]

제11조(정년) ① 경호공무원의 정년은 다음의 구분에 따른다. 〈개정 2013.8.13.〉
1. 연령정년
가. 5급 이상: 58세
나. 6급 이하: 55세
2. 계급정년
가. 2급: 4년
나. 3급: 7년
다. 4급: 12년
라. 5급: 16년

② 경호공무원이 강임(降任)된 경우에는 제1항제2호에 따른 계급정년의 경력을 산정할 때에 강임되기 전의 상위계급으로 근무한 경력은 강임된 계급으로 근무한 경력에 포함한다.
③ 경호공무원은 그 정년이 된 날이 1월부터 6월 사이에 있는 경우에는 6월 30일에, 7월부터 12월 사이에 있는 경우에는 12월 31일에 각각 당연히 퇴직한다.
④ 삭제 〈2013.8.13.〉
⑤ 삭제 〈2013.8.13.〉
[전문개정 2011.4.28.]

제12조(징계) ① 직원의 징계에 관한 사항을 심사·의결하기 위하여 경호처에 고등징계위원회와 보통징계위원회를 둔다. 〈개정 2013. 3. 23., 2017. 7. 26.〉
② 각 징계위원회는 위원장 1명과 4명 이상 6명 이하의 위원으로 구성한다.
③ 직원의 징계는 징계위원회의 의결을 거쳐 처장이 한다. 다만, 5급 이상 직원의 파면 및 해임은 고등징계위원회의

의결을 거쳐 처장의 제청으로 대통령이 한다.

④ 징계위원회의 구성 및 운영 등에 필요한 사항은 대통령령으로 정한다.

[전문개정 2011.4.28.]

제13조(보상) 직원으로서 제4조제1항 각 호의 경호대상에 대한 경호업무 수행 또는 그와 관련하여 상이(傷痍)를 입고 퇴직한 사람과 그 가족 및 사망(상이로 인하여 사망한 경우를 포함한다)한 사람의 유족에 대하여는 대통령령으로 정하는 바에 따라 「국가유공자 등 예우 및 지원에 관한 법률」 또는 「보훈보상대상자 지원에 관한 법률」에 따른 보상을 한다. 〈개정 2011.9.15.〉

[전문개정 2011.4.28.]

제14조(「국가공무원법」과의 관계 등) ① 직원의 신규채용, 시험의 실시, 승진, 근무성적평정, 보수 및 교육훈련에 관한 사항은 대통령령으로 정한다.

② 직원에 대하여는 이 법에 특별한 규정이 있는 경우를 제외하고는 「국가공무원법」을 준용한다.

③ 직원에 대하여는 「국가공무원법」 제17조 및 제18조를 적용하지 아니한다.

[전문개정 2011.4.28.]

제15조(국가기관 등에 대한 협조 요청) 처장은 직무상 필요하다고 인정할 때에는 국가기관, 지방자치단체, 그 밖의 공공단체의 장에게 그 공무원 또는 직원의 파견이나 그 밖에 필요한 협조를 요청할 수 있다. 〈개정 2012. 2. 2., 2013. 3. 23., 2017. 7. 26.〉

[전문개정 2011.4.28.]

제16조(대통령경호안전대책위원회) ① 제4조제1항 각 호의 경호대상에 대한 경호업무를 수행할 때에는 관계기관의 책임을 명확하게 하고, 협조를 원활하게 하기 위하여 경호처에 대통령경호안전대책위원회(이하 "위원회"라 한다)를 둔다. 〈개정 2012. 2. 2., 2013. 3. 23., 2017. 7. 26.〉

② 위원회는 위원장과 부위원장 각 1명을 포함한 20명 이내의 위원으로 구성한다.

③ 위원장은 처장이 되고, 부위원장은 차장이 되며, 위원은 대통령령으로 정하는 관계기관의 공무원이 된다. 〈개정 2012. 2. 2., 2013. 3. 23., 2017. 7. 26.〉

④ 위원회는 다음 각 호의 사항을 관장한다.

1. 대통령 경호에 필요한 안전대책과 관련된 업무의 협의
2. 대통령 경호와 관련된 첩보·정보의 교환 및 분석
3. 그 밖에 제4조제1항 각 호의 경호대상에 대한 경호에 필요하다고 인정되는 업무

⑤ 위원회의 구성 및 운영에 필요한 사항은 대통령령으로 정한다.

[전문개정 2011.4.28.]

제17조(경호공무원의 사법경찰권) ① 경호공무원(처장의 제청으로 서울중앙지방검찰청 검사장이 지명한 경호공무원을 말한다. 이하 이 조에서 같다)은 제4조제1항 각 호의 경호대상에 대한 경호업무 수행 중 인지한 그 소관에 속하는 범죄에 대하여 직무상 또는 수사상 긴급을 요하는 한도 내에서 사법경찰관리(司法警察官吏)의 직무를 수행할 수 있다. 〈개정 2013. 3. 23., 2017. 7. 26.〉

② 제1항의 경우 7급 이상 경호공무원은 사법경찰관의 직무를 수행하고, 8급 이하 경호공무원은 사법경찰리(司法警察吏)의 직무를 수행한다.

[전문개정 2011.4.28.]

제18조(직권 남용 금지 등) ① 소속공무원은 직권을 남용하여서는 아니 된다.

② 경호처에 파견된 경찰공무원은 이 법에 규정된 임무 외의 경찰공무원의 직무를 수행할 수 없다. 〈개정 2013. 3. 23., 2017. 7. 26.〉

[전문개정 2011.4.28.]

제19조(무기의 휴대 및 사용) ① 처장은 직무를 수행하기 위하여 필요하다고 인정할 때에는 소속공무원에게 무기를 휴대하게 할 수 있다. 〈개정 2013. 3. 23., 2017. 7. 26.〉

② 제1항에 따라 무기를 휴대하는 사람은 그 직무를 수행할 때 필요하다고 인정하는 상당한 이유가 있을 경우 그 사태에 대응하여 부득이하다고 판단되는 한도 내에서 무기를 사용할 수 있다. 다만, 다음 각 호의 어느 하나에 해당할 때를 제외하고는 사람에게 위해를 끼쳐서는 아니 된다.

1. 「형법」 제21조 및 제22조에 따른 정당방위와 긴급피난에 해당할 때
2. 제4조제1항 각 호의 경호대상에 대한 경호업무 수행 중 인지한 그 소관에 속하는 범죄로 사형, 무기 또는 장기 3년 이상의 징역 또는 금고에 해당하는 죄를 범하거나 범하였다고 의심할 만한 충분한 이유가 있는 사람이 소속공무원의 직무집행에 대하여 항거하거나 도피하려고 할 때 또는 제3자가 그를 도피시키려고 소속공무원에게 항거할 때에 이를 방지하거나 체포하기 위하여 무기를 사용하지 아니하고는 다른 수단이 없다고 인정되는 상당한 이유가 있을 때
3. 야간이나 집단을 이루거나 흉기나 그 밖의 위험한 물건을 휴대하여 경호업무를 방해하기 위하여 소속공무원에게 항거할 경우에 이를 방지하거나 체포하기 위하여 무기를 사용하지 아니하고는 다른 수단이 없다고 인정되는 상당한 이유가 있을 때

[전문개정 2011.4.28.]

제20조 삭제 〈2011.4.28.〉

제21조(벌칙) ① 제9조제1항, 제18조 또는

제19조제2항을 위반한 사람은 5년 이하의 징역이나 금고 또는 1천만원 이하의 벌금에 처한다.
② 제9조제2항을 위반한 사람은 2년 이하의 징역·금고 또는 500만원 이하의 벌금에 처한다.
[전문개정 2011.4.28.]

부칙 〈법률 제14839호, 2017. 7. 26.〉
(정부조직법)

제1조(시행일) 이 법은 공포한 날부터 시행한다.

제2조부터 **제4조**까지 생략

제5조(다른 법률의 개정) ①부터 〈302〉까지 생략
〈303〉 대통령 등의 경호에 관한 법률 일부를 다음과 같이 개정한다.
제2조제3호 중 "대통령경호실(이하 "경호실"이라 한다)"을 "대통령경호처(이하 "경호처"라 한다)"로 한다.
제2조제3호, 제3조제1항·제2항, 제4조제1항 각 호 외의 부분, 제6조제1항 본문, 제8조제1항, 제9조제2항, 제12조제1항, 제16조제1항 및 제18조제2항 중 "경호실"을 각각 "경호처"로 한다.
제2조제4호 중 "경호실이"를 "경호처가"로 한다.
제3조의 제목 "(대통령경호실장 등)"을 "(대통령경호처장 등)"으로 한다.
제3조제1항 중 "대통령경호실장(이하 "실장"이라 한다)"을 "대통령경호처장(이하 "처장"이라 한다)"으로 한다.
제3조제3항 중 "정무직·1급 경호공무원"을 "1급 경호공무원"으로 한다.
제3조제3항, 제4조제1항제6호, 같은 조 제3항, 제5조제1항, 제5조의2제2항, 제7조제1항 본문·단서, 같은 조 제2항, 제9조제2항, 제12조제3항 본문·단서, 제15조, 제16조제3항, 제17조제1항 및 제19조제1항 중 "실장"을 각각 "처장"으로 한다.
〈304〉부터 〈382〉까지 생략

제6조 생략

대통령 등의 경호에 관한 법률 시행령(약칭: 대통령경호법 시행령)

[시행 2022. 5. 9.] [대통령령 제32633호, 2022. 5. 9., 일부개정]

제1조(목적) 이 영은 「대통령 등의 경호에 관한 법률」에서 위임된 사항과 그 시행에 필요한 사항을 규정함을 목적으로 한다.
[전문개정 2013.3.23.]

제2조(가족의 범위) 「대통령 등의 경호에 관한 법률」(이하 "법"이라 한다) 제4조제1항제1호 및 제2호에 따른 가족은 대통령 및 대통령당선인의 배우자와 직계존비속으로 한다.
[전문개정 2013.8.20.]

제3조(전직대통령 등의 경호) 법 제4조제1항제3호에 따라 전직대통령과 그 배우자의 경호에는 다음 각호의 조치를 포함한다. 〈개정 2012. 5. 1., 2013. 3. 23., 2013. 8. 20., 2017. 7. 26.〉

1. 경호안전상 별도주거지 제공(별도주거지는 본인이 마련할 수 있다)
2. 현거주지 및 별도주거지에 경호를 위한 인원의 배치, 필요한 경호의 담당
3. 요청이 있는 경우 대통령전용기, 헬리콥터 및 차량 등 기동수단의 지원
4. 그 밖에 대통령경호처장(이하 "처장"이라 한다)이 관계기관과 협의하여 정한 사항

[본조신설 1984.2.7.]
[제2조의2에서 이동, 종전 제3조는 제4조로 이동 〈2005.6.30.〉]
[제목개정 2005.6.30.]

제3조의2(경호등급) ① 처장은 법 제4조제1항제5호 및 제6호에 따른 경호대상자의 경호임무를 수행하기 위하여 해당 경호대상자의 지위와 경호위해요소, 해당 국가의 정치상황, 국제적 상징성, 상호주의 측면, 적대국가 유무 등 국제적 관계를 고려하여 경호등급을 구분하여 운영할 수 있다. 〈개정 2013. 3. 23., 2017. 7. 26.〉
② 제1항에 따라 경호등급을 구분하여 운영하는 경우에는 외교부장관, 국가정보원장 및 경찰청장과 미리 협의하여야 한다. 〈개정 2013.3.23.〉
③ 제1항의 경호등급과 관련하여 필요한 사항은 처장이 따로 정한다. 〈개정 2013. 3. 23., 2017. 7. 26.〉
[본조신설 2008.2.29.]

제3조의3(경호업무 수행 관련 관계기관 간의 협조 등) ① 처장은 법 제4조에 규정된 경호대상에 대한 경호를 위하여 필요한 경우 대통령비서실, 국가안보실

및 경호·안전관리 업무를 지원하는 관계기관에 근무할 예정인 사람에게 신원진술서 및 「가족관계의 등록 등에 관한 법률」에서 정하는 증명서와 그 밖에 필요한 자료의 제출을 요구할 수 있다. 이 경우 처장은 제출된 자료의 내용을 확인하기 위하여 관계기관에 조회 또는 그 밖에 필요한 협조를 요청할 수 있다. 〈개정 2017. 7. 26.〉

② 처장은 법 제5조제3항에 따른 안전 활동 등 경호업무를 효율적으로 수행하기 위하여 필요한 경우에는 관계기관에 대하여 경호구역에 출입하려는 사람의 범죄경력 조회 또는 사실 증명 등 필요한 협조를 요청할 수 있다. 〈개정 2017. 7. 26.〉

[본조신설 2014.12.8.]

제4조(경호구역의 지정) ① 법 제5조제1항에 따라 경호구역을 지정할 때에는 경호업무 수행에 대한 위해 요소와 구역이나 시설의 지리적·물리적 특성 등을 고려해 지정한다.

제4조의2(경호·안전 대책기구의 구성시기 및 운영기간) ① 법 제5조의2제1항에 따른 경호·안전 대책기구(이하 "경호·안전 대책기구"라 한다)의 구성시기 및 운영기간은 다자간 정상회의의 규모·성격, 경호 환경 등을 고려하여 처장이 정한다. 〈개정 2013. 3. 23., 2017. 7. 26.〉

② 경호·안전 대책기구의 운영기간은 다자간 정상회의별로 1년 6개월을 초과할 수 없다.

[본조신설 2012.2.2.]

제4조의3(경호·안전 대책기구의 구성 및 운영 등) ① 경호·안전 대책기구의 장은 다자간 정상회의의 경호 및 안전관리 활동에 관한 업무를 총괄한다.

② 경호·안전 대책기구는 소속공무원과 관계기관에서 파견된 공무원으로 구성한다.

③ 제1항 및 제2항에서 규정한 사항 외에 경호·안전 대책기구의 구성 및 운영에 필요한 사항은 경호·안전 대책기구의 장이 관계기관의 장과 협의하여 정한다.

[본조신설 2012.2.2.]

제4조의4(국가중요시설 등에 대한 인력 배치 등) ① 법 제5조의2제5항에 따른 인력 배치 및 장비 운용은 같은 항에 따른 협의를 거친 후 경호구역 내에서는 경호·안전 대책기구의 장이, 경호구역 외의 지역에서는 해당 국가중요시설 또는 불특정 다수인이 이용하는 시설의 안전관리를 담당하는 관계기관의 장이 각각 주관하여 실시한다.

② 법 제5조의2제5항에 따른 인력 배치 및 장비 운용 기간은 다자간 정상회의별로 6개월을 초과할 수 없다.

[본조신설 2012.2.2.]

제5조(직급) 경호공무원의 계급별 직급의

명칭은 별표 1과 같다.

[본조신설 1999.12.31.]

[제4조의2에서 이동, 종전 제5조는 제6조로 이동 〈2005.6.30.〉]

제6조 삭제 〈2008.2.29.〉

제6조의2 삭제 〈2008.2.29.〉

제7조(인사위원회의 설치) ① 대통령경호처(이하 "경호처"라 한다) 직원의 인사에 관한 정책 및 그 운용에 관한 중요사항을 심의하기 위하여 인사위원회 및 인사실무위원회를 둔다. 〈개정 2008. 2. 29., 2013. 3. 23., 2017. 7. 26.〉

② 인사위원회는 위원장 1인과 5인 이상 7인 이하의 위원으로 구성하며, 위원장은 2급 이상 직원중에서, 위원은 3급 이상 직원중에서 각각 처장이 임명한다. 〈개정 2005. 6. 30., 2008. 2. 29., 2013. 3. 23., 2017. 7. 26.〉

③ 인사실무위원회는 위원장 1인과 5인 이상 7인 이하의 위원으로 구성하며, 위원장은 3급 이상 직원중에서, 위원은 4급 이상 직원중에서 각각 처장이 임명한다. 〈개정 2005. 6. 30., 2008. 2. 29., 2013. 3. 23., 2017. 7. 26.〉

④ 인사위원회 및 인사실무위원회의 회의 기타 운영에 관하여 필요한 사항은 처장이 정한다. 〈개정 2017. 7. 26.〉

[전문개정 1999.12.31.]

[제6조에서 이동, 종전 제7조는 제9조로 이동〈2005.6.30.〉]

제8조(인사위원회의 직무 등) 인사위원회는 인사에 관하여 인사실무위원회와 관계부서에서 제안한 인사정책 및 그 운용에 관한 사항 등을 심의하여 처장에게 건의한다. 〈개정 2017. 7. 26.〉

[본조신설 1999.12.31.]

[제6조의2에서 이동, 종전 제8조는 삭제〈2005.6.30.〉]

제9조(임용) 경호처 직원의 임용은 학력·자격·경력을 기초로 하며, 시험성적·근무성적, 그 밖의 능력의 실증에 의하여 행한다. 〈개정 1999. 12. 31., 2013. 11. 20., 2014. 12. 8., 2017. 7. 26.〉

[제7조에서 이동, 종전 제9조는 제20조로 이동 〈2005.6.30.〉]

제9조의2(임용 직원의 임용 자격 확인 등) ① 처장은 법 제8조제1항에 따라 직원을 임용할 때에는 임용 대상자의 건강상태, 사상의 건전성, 품행 및 제9조의 학력·자격·경력을 확인하기 위하여 임용 대상자에게 신원진술서, 학력증명서, 경력증명서, 건강진단서, 「가족관계의 등록 등에 관한 법률」에서 정하는 증명서와 그 밖에 필요한 자료의 제출을 요구할 수 있다. 〈개정 2017. 7. 26.〉

② 처장은 제1항의 자료의 내용을 확인하기 위하여 관계기관에 조회 또는 그 밖에 필요한 협조를 요청할 수 있다.

〈개정 2017. 7. 26.〉
③ 제1항 및 제2항에서 규정한 사항 외에 임용 직원의 임용 자격 확인 등에 필요한 사항은 처장이 정한다. 〈개정 2017. 7. 26.〉
[본조신설 2014.12.8.]

제10조(신규채용) ① 경호공무원 및 일반직공무원의 신규채용은 공개경쟁채용시험으로 한다. 〈개정 2013. 11. 20., 2018. 12. 18.〉
② 제1항에도 불구하고 다음 각 호의 어느 하나에 해당하는 경우에는 경력 등 응시요건을 정하여 같은 사유에 해당하는 다수인을 대상으로 경쟁하는 방법으로 채용하는 시험으로 경호공무원 및 일반직공무원을 신규채용할 수 있다. 다만, 제2호, 제3호 또는 제5호의 어느 하나에 해당하는 경우로서 다수인을 대상으로 시험을 실시하는 것이 적당하지 아니한 경우에는 다수인을 대상으로 하지 아니한 시험으로 경호공무원 및 일반직공무원을 신규채용할 수 있다. 〈개정 2003. 6. 30., 2005. 6. 30., 2012. 5. 1., 2018. 12. 18.〉
1. 공개경쟁채용시험에 의한 채용이 곤란한 임용예정직에 관련된 자격증 소지자를 임용하는 경우
2. 임용예정직에 상응하는 근무실적 또는 연구실적이 3년 이상인 자를 임용하는 경우
3. 임용예정직에 상응하는 전문지식·경험·기술이 있는 자를 1급 또는 2급의 경호공무원으로 임용하는 경우
4. 외국어에 능통하고 국제적 소양과 전문지식을 지닌 자를 임용하는 경우
5. 법 제10조제1항제3호의 사유로 퇴직하거나 「국가공무원법」 제71조제1항제1호의 휴직기간만료로 인하여 퇴직한 경호공무원 또는 일반직공무원을 퇴직한 날부터 3년 이내에 퇴직시에 재직한 직급의 직원으로 재임용하는 경우

③ 별정직공무원의 신규채용은 비서·공보·의무·운전·사범·교관·사진 등의 특수분야를 대상으로 한다. 〈신설 2005.6.30.〉
[본조신설 1999.12.31.]
[제7조의2에서 이동, 종전 제10조는 제21조로 이동 〈2005.6.30.〉]

제11조(시보임용) ① 5급 이하 경호공무원 또는 일반직공무원을 신규채용하는 경우에는 1년 이내의 기간동안 시보로 임용하고 그 기간중에 근무성적과 교육훈련성적이 양호한 경우에 정규직원으로 임용한다. 〈개정 2013.11.20.〉
② 휴직기간, 직위해제기간 및 징계에 의하여 정직처분을 받은 기간은 제1항의 규정에 의한 시보임용기간에 산입하지 아니한다.
[본조신설 1999.12.31.]
[제7조의3에서 이동, 종전 제11조는 제25조로 이동 〈2005.6.30.〉]

제12조(시험) ① 직원의 임용을 위한 시험은 이를 직급별로 실시한다.
② 시험은 공개경쟁채용시험, 제10조제2항 각 호 외의 부분 본문 및 단서에 따른 시험(이하 "경력경쟁채용시험등"이라 한다) 및 승진시험으로 구분하여 처장이 실시하며, 경호공무원의 필기시험과목은 별표 2와 같다. 〈개정 2012. 5. 1., 2017. 7. 26., 2018. 12. 18.〉
③ 별정직·일반직공무원에 대하여는 신규채용의 경우를 제외하고는 시험을 과하지 아니한다. 〈개정 2013.11.20.〉
④ 처장은 시험에 관한 출제·채점·면접시험·실기시험 및 기타 시험에 필요한 사항을 담당하게 하기 위하여 시험위원을 임명 또는 위촉할 수 있다. 〈개정 2017. 7. 26.〉
⑤ 필기시험의 출제 및 채점에 있어서는 과목당 2인 이상의 시험위원이 임명 또는 위촉되어야 하며, 면접시험에 있어서는 3인 이상의 시험위원이 임명 또는 위촉되어야 한다.
⑥ 이 영에 규정된 사항외에 시험에 관하여 필요한 사항은 처장이 정한다. 〈개정 2017. 7. 26.〉
[본조신설 1999.12.31.]
[제7조의4에서 이동, 종전 제12조는 제27조로 이동 〈2005.6.30.〉]

제13조(공개경쟁채용시험) ① 공개경쟁채용시험은 필기시험·면접시험·신체검사 및 체력검정으로 실시한다. 다만, 처장이 필요하다고 인정하는 경우에는 실기시험·지능검사·인성검사 및 적성검사의 전부 또는 일부를 병행하여 실시할 수 있다. 〈개정 2005. 6. 30., 2017. 7. 26., 2018. 12. 18.〉
② 경호공무원의 공개경쟁채용시험의 대상이 되는 계급은 5급·7급 및 9급으로 하고, 일반직공무원의 공개경쟁채용시험의 대상이 되는 계급은 9급으로 한다. 〈신설 2005.6.30., 2007.11.30., 2011.7.4., 2013.11.20.〉
[본조신설 1999.12.31.]
[제7조의5에서 이동, 종전 제13조는 제33조로 이동 〈2005.6.30.〉]

제14조(경력경쟁채용시험) ① 경력경쟁채용시험등은 필기시험·면접시험 및 신체검사로 실시하며, 실기시험·체력검정·지능검사·인성검사 및 적성검사의 전부 또는 일부를 병행하여 실시할 수 있다. 〈개정 2012. 5. 1., 2018. 12. 18.〉
② 제1항의 시험에 있어 처장이 필요하다고 인정하는 자에 대하여는 필기시험의 전부 또는 일부를 면제할 수 있다. 〈개정 2017. 7. 26.〉
[본조신설 1999.12.31.]
[제목개정 2012.5.1.]
[제7조의6에서 이동, 종전 제14조는 제36조로 이동 〈2005.6.30.〉]

제15조(승진시험) ① 6급 경호공무원을 5급 경호공무원으로 승진임용하려는 경

우에는 승진시험을 병행할 수 있다. 〈개정 2018. 12. 18.〉

② 제1항에 따른 승진시험은 필기시험으로 실시하되, 실기시험을 병행할 수 있다. 〈개정 2018. 12. 18.〉

[본조신설 1999.12.31.]

[제7조의7에서 이동 〈2005.6.30.〉]

제16조(근무성적평정 및 경력평정의 실시) 직원의 복무능률의 증진과 인사관리의 적정을 기하기 위하여 근무성적평정과 경력평정을 한다. 다만, 별정직공무원에 대하여는 경력평정을 하지 아니한다.

[본조신설 1999.12.31.]

[제7조의8에서 이동 〈2005.6.30.〉]

제17조(평정기준) ① 근무성적평정은 일정한 기간중 당해 직원의 직무수행의 성과·능력·태도, 청렴도 및 직무에의 적합성 기타 직무수행에 필요한 사항에 관하여 행한다.

② 경력평정은 당해 직원의 경력이 직급별로 그 담당직무수행과 관련되는 정도를 기준으로 행하여야 한다.

[본조신설 1999.12.31.]

[제7조의9에서 이동 〈2005.6.23.〉]

제18조(근무성적평정) ① 근무성적평정은 3급 이하의 직원을 대상으로 하여 정기평정과 수시평정으로 나누어 실시하되, 정기평정은 연 1회 실시한다. 〈개정 2005.6.30.〉

② 근무성적평정의 방법·시기·절차 등에 관하여 필요한 사항은 처장이 정한다. 〈개정 2017. 7. 26.〉

[본조신설 1999.12.31.]

[제7조의10에서 이동 〈2005.6.30.〉]

제19조(경력평정) ① 제21조제1항의 승진소요최저연수에 도달한 5급 이하 경호공무원과 일반직공무원에 대하여는 그 경력을 평정하여 승진임용에 반영하여야 한다. 〈개정 2005.6.30., 2013.11.20.〉

② 경력평정은 해당 직급, 하위직급 및 차하위직급의 재직기간을 평정기간으로 한다.

③ 경력평정대상기간에는 휴직기간 및 정직기간은 이를 산입하지 아니한다. 다만, 법률의 규정에 의한 의무수행을 위하여 휴직한 자의 휴직기간과 공무로 인한 질병 또는 부상에 의한 휴직기간은 이를 산입한다.

④ 경력평정의 시기·방법·절차 등에 관하여 필요한 사항은 처장이 정한다. 〈개정 2017. 7. 26.〉

[본조신설 1999.12.31.]

[제7조의11에서 이동 〈2005.6.30.〉]

제20조(승진임용 방법) ① 경호공무원 및 일반직공무원의 승진은 근무성적 및 경력평정 기타 능력의 실증에 의하여 행한다. 〈개정 2013.11.20.〉

② 처장은 승진임용에 필요한 요건을 구비한 5급 이하 경호공무원 및 일반직공무원에 대하여 근무성적평정 5할, 경력평정 1.5할, 교육훈련성적 3할, 상훈

및 신체검사 0.5할의 비율에 따라 승진심사자명부를 작성하여야 한다. 〈개정 2013. 11. 20., 2014. 12. 8., 2017. 7. 26
③ 제2항의 승진심사자명부에 등재하는 대상은 승진심사일이 속하는 달의 다음 달 말일까지 승진소요최저연수를 충족하는 자를 포함한다. 〈신설 2005.6.30.〉
④ 승진심사는 승진심사자명부에 등재되어 있는 자를 대상으로 하고, 승진이 결정된 자는 승진일에 승진소요최저연수를 충족하여야 한다. 〈신설 2005.6.30.〉
⑤ 이 영에 규정된 사항외에 승진임용에 관하여 필요한 사항은 처장이 정한다. 〈개정 2017. 7. 26.〉
[전문개정 1999.12.31.]
[제9조에서 이동 〈2005.6.30.〉]

제20조의2(승진선발위원회 등) ① 처장은 승진대상자의 추천, 심사 및 선발을 위하여 다음 각 호의 위원회를 각각 구성·운영할 수 있다. 〈개정 2017. 7. 26.〉
1. 2개 이상의 승진후보추천위원회
2. 승진선발위원회
② 제1항제1호에 따른 2개 이상의 승진후보추천위원회는 상호 차단된 상태의 동일한 심사조건에서 동시에 심사한다.
③ 승진선발위원회는 승진후보추천위원회가 추천한 후보자 중에서 승진대상자를 선발한다.
④ 제1항 각 호의 위원회의 구성에 관하여는 「공무원임용령」 제34조의3제2항 및 제3항을 준용한다.
⑤ 제1항부터 제4항까지에서 규정한 사항 외에 승진후보추천위원회 및 승진선발위원회의 구성 및 운영에 필요한 사항은 처장이 정한다. 〈개정 2017. 7. 26.〉
[본조신설 2014.12.8.]

제21조(승진소요최저연수) ① 경호공무원이 승진하려면 다음 각 호의 기간 동안 해당 계급에 재직하여야 한다. 〈개정 2013.11.20.〉
1. 3급: 2년 이상
2. 4급: 4년 이상
3. 5급: 5년 이상
4. 6급: 4년 이상
5. 7급 및 8급: 3년 이상
6. 9급: 2년 이상
② 삭제 〈2014.12.8.〉
[전문개정 1999.12.31.]
[제10조에서 이동 〈2005.6.30.〉]

제22조(특별승진) ① 경호공무원 및 일반직공무원이 다음 각 호의 어느 하나에 해당하는 때에는 제20조 및 제21조의 규정에 불구하고 특별승진 임용할 수 있다. 다만, 제1호 내지 제3호는 3급 이하 경호공무원 및 일반직공무원에게만 적용한다. 〈개정 2003.6.30., 2005.6.30., 2007.6.28., 2013.11.20.〉
1. 경호위해요소를 사전에 발견·제거하여 경호안전에 특별한 공을 세운 자
2. 경호위급사태 발생시 경호대상자의 생명을 구하는데 공이 현저한 자

3. 헌신적인 직무수행으로 업무발전에 기여한 공이 현저하여 모든 직원의 귀감이 되는 자
4. 재직중 공적이 특히 현저한 자가 제26조의 규정에 의하여 공로퇴직하는 때
5. 재직중 공적이 특히 현저한 자가 공무로 인하여 사망한 때

② 제1항의 규정에 의하여 특별승진임용하는 경우에는 공무원임용령 제32조제1항의 규정에 의한 승진임용의 제한을 받지 아니한다. 〈개정 2003.6.30.〉

③ 제1항제1호 내지 제3호의 규정에 의하여 특별승진임용하는 경우에는 제21조의 규정에 의한 승진소요최저연수를 1년 단축할 수 있고, 동항제4호의 규정에 의하여 특별승진임용하는 경우에는 공로퇴직일 전일까지 당해 계급에서 1년 이상 재직하여야 하며, 동항제5호의 규정에 의하여 특별승진임용하는 경우에는 승진소요최저연수의 적용을 받지 아니한다. 〈개정 2005.6.30.〉

④ 직원을 특별승진임용하고자 하는 때에는 인사위원회의 심의를 거쳐야 한다.

[본조신설 1999.12.31.]

[제10조의2에서 이동 〈2005.6.30.〉]

제23조(별정직국가공무원의 근무상한연령) 별정직국가공무원의 근무상한연령은 경호공무원의 정년과 균형을 유지하는 범위안에서 처장이 정한다. 〈개정 2017. 7. 26.〉

[본조신설 1999.12.31.]

[제10조의3에서 이동 〈2005.6.30.〉]

제24조(교육훈련 등) ① 처장은 직원에 대하여 직무의 능률증진을 위한 교육훈련을 실시한다. 〈개정 2017. 7. 26.〉

② 처장은 필요하다고 인정하는 때에는 직원을 국내외의 교육기관 또는 연구기관에 위탁하여 교육훈련을 받게 할 수 있다. 〈개정 2017. 7. 26.〉

③ 처장은 교육훈련의 성과측정을 위하여 정기 또는 수시로 평가를 실시하고 그 결과를 인사관리에 반영하여야 한다. 〈개정 2017. 7. 26.〉

④ 제2항의 규정에 의하여 6월 이상 국외에서 교육훈련을 받은 직원에 대하여는 6년의 범위안에서 교육훈련기간의 2배에 상당하는 기간, 6월 이상 국내에서 교육훈련을 받은 직원에 대하여는 6년의 범위안에서 교육훈련기간과 동일한 기간(일과후에만 실시하는 국내훈련의 경우에는 훈련기간의 5할에 해당하는 기간)을 복무하도록 하여야 한다. 다만, 복무의무를 부과하기 곤란하거나 복무의무를 부과한 후 이를 이행할 수 없는 특별한 사유가 있어 처장이 복무의무를 면제한 경우에는 그러하지 아니하다. 〈개정 2017. 7. 26.〉

⑤ 제4항의 규정에 의한 의무복무를 이행하지 아니한 자는 교육훈련을 위하여 소요된 경비의 전액 또는 일부를 반납하여야 한다.

⑥ 처장은 경호공무원으로 20년 이상 근무한 후 퇴직하고자 하는 자에 대하여 퇴직후 사회적응능력의 배양을 위하여 1년 이내의 범위에서 연수를 실시할 수 있다. 이 경우 처장은 연수기간중 당해 연수자의 직급에 해당하는 정원이 따로 있는 것으로 보고 결원을 보충할 수 있다. 〈신설 2003. 6. 30., 2017. 7. 26.〉

[본조신설 1999.12.31.]

[제10조의4에서 이동 〈2005.6.30.〉]

[제목개정 2003.6.30.]

제25조(보수) ① 처장의 보수는 「공무원보수규정」에 따른 차관의 보수와 같은 금액으로 한다. 〈개정 2008. 2. 29., 2013. 3. 23., 2017. 7. 26.〉

② 기타 직원의 보수에 관하여는「공무원보수규정」에 따른다. 〈개정 1981.3.2., 1999.12.31., 2005.6.30.〉

[전문개정 1979.12.27.]

[제11조에서 이동 〈2005.6.30.〉]

제26조(공로퇴직) ① 경호공무원으로 10년 이상 성실하게 근무한 후 퇴직하는 자에 대하여는 예산의 범위안에서 공로퇴직수당(이하 "수당"이라 한다)을 지급할 수 있다. 〈개정 1999.12.31.〉

② 제1항의 수당지급액은 다음의 산식에 의하여 산출한 금액의 범위안으로 한다.

퇴직당시 봉급월액×{36+(33－근속연수)×2/3}

③ 수당의 지급절차 기타 수당지급에 관하여 필요한 사항은 기획재정부장관 및 인사혁신처장과 협의하여 처장이 정한다. 〈개정 1999. 5. 24., 2007. 6. 28., 2008. 2. 29., 2013. 3. 23., 2014. 11. 19., 2017. 7. 26.〉

[본조신설 1995.12.30.]

[제11조의2에서 이동 〈2005.6.30.〉]

제27조(직권면직) ① 임용권자는 법 제10조제1항제2호・제5호 및 같은 조 제2항에 따라 직권면직에 대한 동의를 받아야 하는 경우에는 법 제12조제1항에 따른 고등징계위원회(이하 "고등징계위원회"라 한다)에 직권면직 동의 요구서로 동의를 요구해야 한다.

② 처장은 법 제10조제1항제5호에 따라 직무 수행 능력이 부족하거나 근무성적이 극히 불량하여 「국가공무원법」 제73조의3제1항제2호에 따라 직위해제된 사람에게 3개월의 범위에서 대기를 명해야 한다.

③ 처장은 제2항에 따라 대기 명령을 받은 사람에게 능력 회복이나 근무성적의 향상을 위한 교육훈련 또는 특별한 연구과제 부여 등 필요한 조치를 해야 한다.

[전문개정 2019. 10. 22.]

제27조의2 삭제 〈2013.8.20.〉

제27조의3 삭제 〈2013.8.20.〉

제28조(징계의결의 요구) ① 처장은 소속 직원에게 징계사유가 있다고 인정되는 때에는 관할징계위원회에 징계의결을 요구하여야 한다. 〈개정 2013. 3. 23., 2017. 7. 26.〉

② 처장은 경호처에 파견되어 근무중인 직원에 대하여 징계사유가 있다고 인정되는 때에는 파견직원의 원소속기관의 장에게 그 사유를 통보하여야 한다. 〈개정 2008.2.29., 2013.3.23.〉

③ 제1항의 규정에 의하여 징계의결을 요구하는 때에는 미리 당해 직원의 징계사유에 대하여 충분히 조사하고 입증자료를 첨부하여 징계의결요구서에 의하여 이를 행하여야 한다.

[본조신설 1999.12.31.]

[제12조의2에서 이동 〈2005.6.30.〉]

제29조(징계위원회의 구성) ① 고등징계위원회의 위원장은 차장이 되고, 위원은 3급 이상의 직원(고위공무원단에 속하는 직원을 포함한다)과 다음 각 호의 어느 하나에 해당하는 사람 중에서 성별을 고려하여 처장이 임명 또는 위촉한다. 〈개정 2019. 10. 22.〉

1. 법관·검사 또는 변호사로 10년 이상 근무한 사람
2. 「고등교육법」 제2조에 따른 학교 또는 그 밖의 다른 법률에 따라 설립된 이에 준하는 교육기관(이하 "대학등"이라 한다)에서 법률학·행정학 또는 경호 관련 학문을 담당하는 부교수 이상으로 재직 중인 사람
3. 3급 이상의 경호공무원으로 근무하고 퇴직한 사람(퇴직일부터 3년이 지난 사람으로 한정한다)

② 법 제12조제1항에 따른 보통징계위원회(이하 "보통징계위원회"라 한다)의 위원장은 경호지원단장이 되고, 위원은 4급 이상의 직원(고위공무원단에 속하는 직원을 포함한다)과 다음 각 호의 어느 하나에 해당하는 사람 중에서 성별을 고려하여 처장이 임명 또는 위촉한다.

1. 법관·검사 또는 변호사로 5년 이상 근무한 사람
2. 대학등에서 법률학·행정학 또는 경호 관련 학문을 담당하는 조교수 이상으로 재직 중인 사람
3. 경호공무원으로 20년 이상 근무하고 퇴직한 사람(퇴직일부터 3년이 지난 사람으로 한정한다)

③ 제1항 및 제2항에 따라 위촉되는 위원의 수는 위원장을 제외한 위원 수의 각각 2분의 1 이상이어야 한다.

④ 제1항 및 제2항에 따라 위촉되는 위원의 임기는 3년으로 하며, 한 차례만 연임할 수 있다.

⑤ 처장은 제1항 및 제2항에 따라 위촉되는 위원이 다음 각 호의 어느 하나에

해당하는 경우에는 해당 위원을 해촉(解囑)할 수 있다. 다만, 제4호에 해당하는 경우에는 해촉하여야 한다.

1. 심신장애로 인하여 직무를 수행할 수 없게 된 경우
2. 직무와 관련된 비위사실이 있는 경우
3. 직무태만, 품위손상이나 그 밖의 사유로 인하여 위원으로 적합하지 아니하다고 인정되는 경우
4. 「공무원 징계령」 제15조제1항에 해당하는 데에도 불구하고 회피하지 아니한 경우
5. 위원 스스로 직무를 수행하는 것이 곤란하다고 의사를 밝히는 경우

[전문개정 2018. 12. 18.]
[시행일 : 2019. 6. 19.] 제29조

제30조(징계위원회의 관할·운영 등) ① 고등징계위원회는 1급 내지 5급 직원에 대한 징계사건 및 6급 이하 직원에 대한 중징계 사건을 심사·의결한다. 〈개정 2013.11.20.〉
② 보통징계위원회는 6급 이하 직원에 대한 경징계 사건을 심사·의결한다. 〈개정 2013.11.20.〉
③ 징계위원회의 관할이 다른 상하직위자가 관련된 징계사건은 제1항 및 제2항의 규정에 불구하고 고등징계위원회에서 심사·의결한다. 다만, 하위직위자에 대한 징계를 분리하여 심사·의결하는 것이 타당하다고 인정되는 때에는 고등징계위원회의 의결로써 하위직위자에 대한 징계사건을 보통징계위원회에 이송할 수 있다.
[본조신설 1999.12.31.]
[제12조의4에서 이동 〈2005.6.30.〉]

제31조(「공무원 징계령」의 준용) 직원의 징계에 관하여 이 영에 특별한 규정이 있는 경우를 제외하고는 「공무원 징계령」 제9조 내지 제15조, 제17조 내지 제25조를 준용한다.
[본조신설 1999.12.31.]
[제12조의5에서 이동 〈2005.6.30.〉]
[제목개정 2009.3.18.]

제32조(보상) ① 법 제13조에 따른 상이(傷痍)를 입고 퇴직한 사람과 그 가족은 「국가유공자 등 예우 및 지원에 관한 법률」 제6조의4 또는 「보훈보상대상자 지원에 관한 법률」 제6조에 따른 상이등급에 해당하는 신체의 상이를 입고 퇴직한 사람과 그 가족으로 한다.
② 법 제13조에 따른 사망(상이로 인하여 사망한 경우를 포함한다)한 사람의 유족은 직원의 사망 당시 「국가유공자 등 예우 및 지원에 관한 법률」 제5조 또는 「보훈보상대상자 지원에 관한 법률」 제3조에 해당하는 사람으로 한다.
③ 제1항에 해당하는 사람은 「국가유공자 등 예우 및 지원에 관한 법률」 제4조제1항제4호·제6호 또는 「보훈보상대상자 지원에 관한 법률」 제2조제1항제2

호에 따른 전상군경(戰傷軍警), 공상군경(公傷軍警) 또는 재해부상군경과 그 가족으로 보고, 제2항에 해당하는 사람은 「국가유공자 등 예우 및 지원에 관한 법률」 제4조제1항제3호 · 제5호 또는 「보훈보상대상자 지원에 관한 법률」 제2조제1항제1호에 따른 전몰군경(戰歿軍警), 순직군경(殉職軍警) 또는 재해사망군경의 유족으로 보아 「국가유공자 등 예우 및 지원에 관한 법률」 또는 「보훈보상대상자 지원에 관한 법률」에 따른 보상을 실시한다.

④ 제3항에 따른 보상을 받으려는 사람은 「국가유공자 등 예우 및 지원에 관한 법률」 제6조 또는 「보훈보상대상자 지원에 관한 법률」 제4조에 따라 국가보훈처장에게 등록을 신청하여야 한다. 이 경우 등록신청서에는 처장이 발급한 상이확인증명서 또는 사망확인증명서를 첨부하여야 한다. 〈개정 2017. 7. 26.〉

⑤ 처장은 「국가유공자 등 예우 및 지원에 관한 법률 시행령」 제9조제2항 또는 「보훈보상대상자 지원에 관한 법률 시행령」 제6조제2항에 따라 국가보훈처장으로부터 국가유공자 또는 보훈보상대상자 요건과 관련된 사실의 확인에 대한 요청을 받으면 그 요건과 관련된 사실을 확인하여 국가보훈처장에게 통보하여야 한다. 〈개정 2017. 7. 26.〉

[전문개정 2014.12.8.]

제33조 삭제 〈2008.2.29.〉

제34조(복제) ① 처장은 필요하다고 인정하는 경우 직원에게 제복을 지급할 수 있다. 〈개정 1999. 12. 31., 2012. 5. 1., 2013. 3. 23., 2017. 7. 26.〉

② 직원의 복제에 관하여 필요한 사항은 처장이 정한다. 〈개정 1999. 5. 24., 1999. 12. 31., 2007. 6. 28., 2012. 5. 1., 2013. 3. 23., 2017. 7. 26.〉

[본조신설 1995.12.30.]

[제13조의2에서 이동 〈2005.6.30.〉]

제35조(준용) 경호처의 직원에 관하여 이 영에 특별한 규정이 있는 경우를 제외하고는 「공무원임용령」 및 「국가공무원 복무규정」을 준용한다. 〈개정 2008. 2. 29., 2013. 3. 23., 2017. 7. 26.〉

[본조신설 1999.12.31.]

[제13조의3에서 이동 〈2005.6.30.〉]

제35조의2(민감정보 및 고유식별정보의 처리) ① 처장은 다음 각 호의 업무를 수행하기 위하여 불가피한 경우 「개인정보 보호법 시행령」 제18조제2호에 따른 범죄경력자료에 해당하는 정보, 같은 조 제3호에 따른 특정 개인을 알아볼 목적으로 일정한 기술적 수단을 통해 생성한 정보(제1호의 업무를 수행하는 경우로 한정한다)나 같은 영 제19조에 따른 주민등록번호, 여권번호, 운전면허의 면허번호 또는 외국인등록번호가 포함된 자료를 처리할 수 있다.

1. 법 및 이 영에 따른 경호업무

2. 법 제8조 및 이 영 제9조·제9조의 2에 따른 임용 직원의 임용 자격 확인 등에 관한 업무

② 다음 각 호의 조회 또는 협조 요청을 받은 관계기관의 장은 그 조회 또는 협조 업무를 수행하기 위하여 불가피한 경우 「개인정보 보호법 시행령」 제18조 제2호에 따른 범죄경력자료에 해당하는 정보, 같은 조 제3호에 따른 특정 개인을 알아볼 목적으로 일정한 기술적 수단을 통해 생성한 정보(제1호의 업무를 수행하는 경우로 한정한다)나 같은 영 제19조에 따른 주민등록번호, 여권번호, 운전면허의 면허번호 또는 외국인등록번호가 포함된 자료를 처리할 수 있다.

1. 제3조의3에 따른 경호업무 수행과 관련한 조회 또는 협조
2. 제9조의2에 따른 임용 직원의 임용 자격 확인 등과 관련한 조회 또는 협조

[본조신설 2014.12.8.]

제36조(위임사항) 이 영의 시행에 관하여 필요한 사항은 처장이 정한다. 〈개정 2006. 11. 15., 2017. 7. 26.〉

[제14조에서 이동 〈2005.6.30.〉]

부칙 〈제32633호, 2022. 5. 9.〉

이 영은 공포한 날부터 시행한다.

[별표 1] 〈개정 2019. 10. 22.〉

경호공무원의 계급별 직급의 명칭(제5조 관련)

계급	직급의 명칭
1급	관리관
2급	이사관
3급	부이사관
4급	경호서기관
5급	경호사무관
6급	경호주사
7급	경호주사보
8급	경호서기
9급	경호서기보

[별표 2] 〈개정 2018. 12. 18.〉

경호공무원의 필기시험과목표(제12조제2항 관련)

<table>
<tr><th>계급</th><th colspan="3">채용구분</th><th>시험과목</th></tr>
<tr><td rowspan="6">5급 이상</td><td rowspan="3">공채</td><td>제1차 (객관식)</td><td>필수</td><td>헌법, 한국사 , 영어</td></tr>
<tr><td rowspan="2">제2차 (주관식)</td><td>필수</td><td>경호경비학, 행정학, 행정법</td></tr>
<tr><td>선택</td><td>형법, 형사소송법, 국제법, 경영학, 정치학, 경제학, 재정학, 사회학, 심리학, 정보학, 체육학, 통신공학, 전자공학, 정보공학, 제2외국어(일어, 불어, 독어, 중국어, 노어, 스페인어, 아랍어)중 2과목</td></tr>
<tr><td rowspan="3">경채 · 승진</td><td>제1차 (객관식)</td><td>필수</td><td>영어</td></tr>
<tr><td rowspan="2">제2차 (주관식)</td><td>필수</td><td>경호경비학</td></tr>
<tr><td>선택</td><td>행정법, 행정학, 형법, 형사소송법, 국제법, 경영학, 정치학, 경제학, 재정학, 사회학, 심리학, 정보학, 체육학, 통신공학, 전자공학, 정보공학, 제2외국어(일어, 불어, 독어, 중국어, 노어, 스페인어, 아랍어)중 1과목</td></tr>
<tr><td>6 · 7급</td><td colspan="2">공채 · 경채</td><td>필수</td><td>언어논리영역, 자료해석영역, 상황판단영역, 영어, 한국사</td></tr>
<tr><td>8 · 9급</td><td colspan="2">공채 · 경채</td><td>필수</td><td>일반상식, 영어</td></tr>
</table>

비고

1. "공채"란 공개경쟁채용시험을 말한다.
2. "경채"란 경력경쟁채용시험등을 말한다.
3. "승진"이란 승진시험을 말한다.
4. 6 · 7급의 시험과목란 중 언어논리영역, 자료해석영역 및 상황판단영역의 평가는 다음과 같다.
   가. 언어논리영역은 글의 이해, 표현, 추론, 비판과 논리적 사고 등의 능력을 검정한다.
   나. 자료해석영역은 수치자료의 정리와 이해, 처리와 응용계산, 분석과 정보추출 등의 능력을 검정한다.
   다. 상황판단영역은 상황의 이해, 추론과 분석, 문제 해결, 판단과 의사결정 등의 능력을 검정한다.

전직대통령 예우에 관한 법률(약칭: 전직대통령법)

[시행 2017. 9. 22.] [법률 제14618호, 2017. 3. 21., 일부개정]

제1조(목적) 이 법은 전직대통령(前職大統領)의 예우에 관한 사항을 규정함을 목적으로 한다.
[전문개정 2011. 5. 30.]

제2조(정의) 이 법에서 "전직대통령"이란 헌법에서 정하는 바에 따라 대통령으로 선출되어 재직하였던 사람을 말한다.
[전문개정 2011. 5. 30.]

제3조(적용 범위) 이 법은 전직대통령 또는 그 유족에 대하여 적용한다.
[전문개정 2011. 5. 30.]

제3조의2 삭제 〈1995. 12. 29.〉

제4조(연금) ① 전직대통령에게는 연금을 지급한다.
② 제1항에 따른 연금 지급액은 지급 당시의 대통령 보수연액(報酬年額)의 100분의 95에 상당하는 금액으로 한다.
[전문개정 2011. 5. 30.]

제5조(유족에 대한 연금) ① 전직대통령의 유족 중 배우자에게는 유족연금을 지급하며, 그 연금액은 지급 당시의 대통령 보수연액의 100분의 70에 상당하는 금액으로 한다.
② 전직대통령의 유족 중 배우자가 없거나 제1항에 따라 유족연금을 받던 배우자가 사망한 경우에는 그 연금을 전직대통령의 30세 미만인 유자녀(遺子女)와 30세 이상인 유자녀로서 생계능력이 없는 사람에게 지급하되, 지급 대상자가 여러 명인 경우에는 그 연금을 균등하게 나누어 지급한다.
[전문개정 2011. 5. 30.]

제5조의2(기념사업의 지원) 민간단체 등이 전직대통령을 위한 기념사업을 추진하는 경우에는 관계 법령에서 정하는 바에 따라 필요한 지원을 할 수 있다.
[전문개정 2011. 5. 30.]

제5조의3(묘지관리의 지원) 전직대통령이 사망하여 국립묘지에 안장되지 아니한 경우에는 대통령령으로 정하는 바에 따라 묘지관리에 드는 인력 및 비용을 지원할 수 있다.
[본조신설 2017. 3. 21.]

제6조(그 밖의 예우) ① 전직대통령은 비

서관 3명과 운전기사 1명을 둘 수 있고, 전직대통령이 서거한 경우 그 배우자는 비서관 1명과 운전기사 1명을 둘 수 있다.
② 제1항에 따라 전직대통령이 둘 수 있는 비서관과 운전기사는 전직대통령이 추천하는 사람 중에서 임명하며, 비서관은 고위공무원단에 속하는 별정직공무원으로 하고, 운전기사는 별정직공무원으로 한다.
③ 제1항에 따라 전직대통령이 서거한 경우 그 배우자가 둘 수 있는 비서관과 운전기사는 전직대통령의 배우자가 추천하는 사람 중에서 임명하며, 비서관과 운전기사의 신분은 대통령령으로 정한다.
④ 전직대통령 또는 그 유족에게는 관계 법령에서 정하는 바에 따라 다음 각 호의 예우를 할 수 있다.

1. 필요한 기간의 경호 및 경비(警備)
2. 교통·통신 및 사무실 제공 등의 지원
3. 본인 및 그 가족에 대한 치료
4. 그 밖에 전직대통령으로서 필요한 예우

[전문개정 2011. 5. 30.]

제7조(권리의 정지 및 제외 등) ① 이 법의 적용 대상자가 공무원에 취임한 경우에는 그 기간 동안 제4조 및 제5조에 따른 연금의 지급을 정지한다.
② 전직대통령이 다음 각 호의 어느 하나에 해당하는 경우에는 제6조제4항제1호에 따른 예우를 제외하고는 이 법에 따른 전직대통령으로서의 예우를 하지 아니한다.

1. 재직 중 탄핵결정을 받아 퇴임한 경우
2. 금고 이상의 형이 확정된 경우
3. 형사처분을 회피할 목적으로 외국정부에 도피처 또는 보호를 요청한 경우
4. 대한민국의 국적을 상실한 경우

[전문개정 2011. 5. 30.]

제8조(연금의 중복 지급 금지) 이 법에 따라 연금을 지급받는 사람에게는 다른 법률에 따른 연금을 지급하지 아니한다.
[전문개정 2011. 5. 30.]

제9조(연금의 지급방법 및 지급절차) 이 법에 따른 연금의 지급방법 및 지급절차와 그 밖에 이 법의 시행에 필요한 사항은 대통령령으로 정한다.
[전문개정 2011. 5. 30.]

부　　칙 〈법률 제14618호, 2017. 3. 21.〉
이 법은 공포 후 6개월이 경과한 날부터 시행한다.

전직대통령 예우에 관한 법률 시행령(약칭: 전직대통령법 시행령)

[시행 2021. 1. 5.] [대통령령 제31380호, 2021. 1. 5, 타법개정]

제1조(목적) 이 영은 「전직대통령 예우에 관한 법률」에서 위임된 사항과 그 시행에 필요한 사항을 규정함을 목적으로 한다. 〈개정 2010. 2. 4.〉

제2조(용어의 정의) ① 「전직대통령 예우에 관한 법률」(이하 "법"이라 한다) 제4조제2항 및 제5조제1항에서 "지급당시의 대통령보수연액"이라 함은 연금의 지급일이 속하는 월의 대통령연봉월액의 8.85배에 상당하는 금액을 말한다. 〈개정 1988. 3. 18., 2000. 1. 8., 2010. 2. 4.〉

② 법 제5조제2항에서 "30세이상의 유자녀로서 생계능력이 없는 자"라 함은 유자녀와 그 가족의 소득·재산 및 부양가족등을 고려하여 사회통념상 전직대통령의 유자녀로서의 품위를 유지하기 어렵다고 인정되는 자를 말한다. 〈신설 1981. 4. 8.〉

제3조(연금증서) ① 유족연금수급권자로 된 자는 유족연금수급권자임을 입증하는데 필요한 관계서류를 첨부하여 연금증서의 교부를 행정안전부장관에게 신청하여야 한다. 〈개정 2000. 1. 8., 2008. 2. 29., 2013. 3. 23., 2014. 11. 19., 2017. 7. 26.〉

② 행정안전부장관은 전직대통령과 유족연금수급권자에 대하여 별지 서식에 의한 연금증서를 교부한다. 이 경우 행정안전부장관이 연금증서를 교부함에 있어서 필요한 때에는 당해 연금수급권자에게 증빙서류등의 제출을 요구할 수 있다. 〈개정 2000. 1. 8., 2008. 2. 29., 2013. 3. 23., 2014. 11. 19., 2017. 7. 26.〉

③ 법 제5조제2항의 유족연금수급권자가 수인인 경우에는 하나의 연금증서에 유족연금수급권자 전원의 성명 등을 기재하여 이를 교부할 수 있다.

[전문개정 1981. 4. 8.]

제4조(연금의 지급기간) 연금은 그 사유가 발생한 날이 속하는 월의 익월부터 그 사유가 소멸된 날이 속하는 월까지 지급한다.

제5조(연금지급일) 연금은 12월로 분급(分給)하되, 매월 20일에 지급한다.

제6조(연금지급의 정지) 법 제7조에 의하여 연금의 지급을 정지할 사유가 발생한 때에는 그 사유가 발생한 날이 속하는 월의 익월부터 그 사유가 소멸된 날이 속하는 월까지 지급을 정지한다.

제6조의2(기념사업의 지원) ① 법 제5조의2에 따라 지원하는 기념사업은 다음 각 호와 같다. 〈신설 2011. 9. 6., 2013. 3. 23., 2014. 11. 19., 2017. 7. 26.〉

1. 전직대통령 기념관 및 기념 도서관 건립 사업
2. 기록물, 유품 등 전직대통령 관련 사료를 수집·정리하는 사업
3. 전직대통령의 업적 등을 연구·편찬하는 사업
4. 제2호 및 제3호에 해당하는 사료 및 자료 등의 전시 및 열람 사업
5. 전직대통령 관련 학술세미나 개최 또는 강좌 등의 운영 사업
6. 전직대통령 관련 국제 학술회의 개최 등의 대외협력 사업
7. 그 밖에 제1호부터 제6호까지에 준하는 사업으로서 행정안전부장관이 정하는 사업

② 제1항의 기념사업에 대한 지원 내용은 다음 각 호와 같다. 〈개정 2011. 9. 6.〉

1. 문서·도화등 전시물의 대여
2. 사업경비의 일부보조
3. 기타 사업추진을 위하여 필요하다고 인정되는 지원

③ 제1항 및 제2항에 따른 지원의 대상과 규모는 국무회의의 심의를 거쳐 결정한다. 〈개정 2011. 9. 6.〉

[본조신설 1988. 3. 18.]

제6조의3(묘지관리의 지원) ① 법 제5조의3에 따라 지원할 수 있는 묘지관리에 드는 인력은 묘지의 경비 인력 및 관리 인력으로 한다. 이 경우 묘지관리의 효율성 등을 고려하여 해당 인력의 운용 비용으로 지급할 수 있다.

② 법 제5조의3에 따라 지원할 수 있는 묘지관리에 드는 비용은 묘지의 시설 유지 등 관리 비용으로 한다.

③ 제1항 후단 및 제2항에 따른 비용은 묘지관리를 하는 유족에게 지급하되, 유족의 동의를 얻어 묘지관리를 하는 단체가 있는 경우 해당 단체에 그 비용을 지급할 수 있다. 다만, 묘지관리를 하는 유족이나 단체가 없는 경우에는 행정안전부장관이 묘지관리를 위하여 지원할 필요가 있다고 인정하는 자에게 그 비용을 지급할 수 있다.

④ 제1항 및 제2항에 따른 지원을 받으려는 자는 묘지관리에 드는 인력 및 비용 등 필요한 사항을 포함한 신청서류를 행정안전부장관에게 제출하여야 한다.

⑤ 제1항부터 제3항까지의 규정에 따른 구체적인 지원 대상, 규모 및 방법 등은 행정안전부장관이 따로 정한다.

[본조신설 2017. 9. 19.]

제7조(비서관 등의 임명 등) ① 전직대통령의 비서관은 행정안전부장관의 제청으로 국무총리를 거쳐 대통령이 임명하고, 운전기사는 행정안전부장관이 임명한다. 〈개정 2013. 3. 23., 2014. 11. 19., 2017. 7. 26.〉

② 서거한 전직대통령의 배우자의 비서

관은 행정안전부장관의 제청으로 국무총리를 거쳐 대통령이 임명하고, 운전기사는 행정안전부장관이 임명하되, 비서관은 고위공무원단에 속하는 별정직공무원으로 하고, 운전기사는 별정직공무원으로 한다. 〈개정 2013. 3. 23., 2014. 11. 19., 2017. 7. 26.〉

③ 삭제 〈2011. 9. 6.〉

[전문개정 2010. 2. 4.]

제7조의2(무상진료) 전직대통령 및 그 배우자의 국·공립병원(「서울대학교병원 설치법」에 따른 서울대학교병원, 「서울대학교치과병원 설치법」에 따른 서울대학교치과병원, 「국립대학병원 설치법」에 따른 국립대학병원 및 「국립대학치과병원 설치법」에 따른 국립대학치과병원을 포함한다)에서의 진료는 무료로 하고, 민간의료기관에서의 진료에 소요된 비용은 국가가 이를 부담한다. 〈개정 1988. 3. 18., 2000. 1. 8., 2010. 2. 4., 2011. 9. 6.〉

[본조신설 1981. 4. 8.]

제7조의3(사무실의 제공등) 법 제6조제4항제2호에 따른 지원의 내용은 다음과 같다. 〈개정 2010. 2. 4.〉

1. 사무실 및 차량의 제공과 기타 운영경비의 지급
2. 공무여행시 여비등의 지급

[본조신설 1988. 3. 18.]

제8조(예산조치) 전직대통령과 그 유족에 대한 연금예산은 행정안전부일반회계에 계상하여야 한다. 〈개정 1981. 4. 8., 2000. 1. 8., 2008. 2. 29., 2013. 3. 23., 2014. 11. 19., 2017. 7. 26.〉

제9조(민감정보 및 고유식별정보의 처리) 행정안전부장관은 다음 각 호의 사무를 수행하기 위하여 불가피한 경우 「개인정보 보호법」 제23조에 따른 건강에 관한 정보, 같은 법 시행령 제18조제2호에 따른 범죄경력자료에 해당하는 정보, 같은 영 제19조제1호·제2호 또는 제4호에 따른 주민등록번호, 여권번호 또는 외국인등록번호가 포함된 자료를 처리할 수 있다.

1. 법 제4조 및 제5조에 따른 연금의 지급에 관한 사무
2. 법 제5조의3에 따른 묘지관리의 지원에 관한 사무
3. 법 제6조제4항제2호 및 제3호에 따른 교통·통신 및 사무실 제공 등의 지원에 관한 사무와 본인 및 그 가족에 대한 치료에 관한 사무
4. 법 제7조제2항에 따른 전직대통령 예우 정지 및 제외에 관한 사무

[본조신설 2017. 9. 19.]

부 칙 〈대통령령 제31380호, 2021. 1. 5.〉

이 영은 공포한 날부터 시행한다. 〈단서 생략〉

대통령경호안전대책위원회규정

[시행 2022. 11. 1.] [대통령령 제32968호, 2022. 11. 1., 타법개정]

제1조(목적) 이 영은 「대통령 등의 경호에 관한 법률」 제16조에 따른 대통령경호안전대책위원회의 구성 및 운영에 관하여 필요한 사항을 규정함을 목적으로 한다. 〈개정 2008. 2. 29.〉

[전문개정 2007. 1. 18.]

제2조(구성) 대통령경호안전대책위원회(이하 "위원회"라 한다)의 위원은 국가정보원 테러정보통합센터장, 외교부 의전기획관, 법무부 출입국·외국인정책본부장, 과학기술정보통신부 통신정책관, 국토교통부 항공안전정책관, 식품의약품안전처 식품안전정책국장, 관세청 조사감시국장, 대검찰청 공공수사정책관, 경찰청 경비국장, 소방청 119구조구급국장, 해양경찰청 경비국장, 합동참모본부 작전본부 소속 장성급 장교 중 위원장이 지명하는 1명, 국군방첩사령부 소속 장성급 장교 또는 2급 이상의 군무원 중 위원장이 지명하는 1명, 수도방위사령부 참모장과 위원장이 임명 또는 위촉하는 자로 구성한다. 〈개정 2008. 2. 29., 2008. 10. 28., 2009. 5. 6., 2009. 12. 29., 2013. 3. 23., 2013. 12. 24., 2017. 7. 26., 2018. 9. 18., 2019. 8. 13., 2020. 4. 21.〉

[전문개정 2007. 1. 18.]

제3조 삭제 〈2007. 1. 18.〉

제4조(책임) ① 대통령경호안전대책활동(이하 "안전대책활동"이라 한다)에 관하여는 위원회 구성원 전원과 그 구성원이 속하는 기관의 장이 공동으로 책임을 지며, 각 구성원은 위원회의 결정사항 기타 안전대책활동을 위하여 부여된 임무에 관하여 상호간 최대한의 협조를 하여야 한다.

② 각 구성원의 분장책임은 다음과 같다. 〈개정 2004. 7. 24., 2007. 1. 18., 2008. 2. 29., 2008. 10. 28., 2009. 5. 6., 2009. 12. 29., 2013. 3. 23., 2013. 12. 24., 2017. 7. 26., 2018. 9. 18., 2019. 8. 13., 2020. 2. 4., 2020. 4. 21.〉

1. 대통령경호처장
   안전대책활동에 관한 전반적인 업무를 총괄하며 필요한 안전대책활동지침을 수립하여 관계부서에 부여한다.
2. 국가정보원 테러정보통합센터장
   가. 입수된 경호 관련 첩보 및 정보의 신속한 전파·보고
   나. 위해요인의 제거
   다. 정보 및 보안대상기관에 대한

조정
라. 행사참관 해외동포 입국자에 대한 동향파악 및 보안조치
마. 그 밖에 국내·외 경호행사의 지원
3. 외교부 의전기획관
가. 입수된 경호 관련 첩보 및 정보의 신속한 전파·보고
나. 방한 국빈의 국내 행사 지원
다. 대통령과 그 가족 및 대통령 당선인과 그 가족 등의 외국방문 행사 지원
라. 다자간 국제행사의 외교의전 시 경호와 관련된 협조
마. 그 밖에 국내·외 경호행사의 지원
4. 법무부 출입국·외국인정책본부장
가. 입수된 경호 관련 첩보 및 정보의 신속한 전파·보고
나. 위해용의자에 대한 출입국 및 체류관련 동향의 즉각적인 전파·보고
다. 그 밖에 국내·외 경호행사의 지원
5. 삭제 〈2020. 4. 21.〉
6. 삭제 〈2020. 4. 21.〉
7. 과학기술정보통신부 통신정책관
가. 입수된 경호 관련 첩보 및 정보의 신속한 전파·보고
나. 경호임무 수행을 위한 정보통신업무의 지원
다. 정보통신망을 이용한 경호관련 위해사항의 확인
라. 그 밖에 국내·외 경호행사의 지원
8. 국토교통부 항공안전정책관
가. 입수된 경호 관련 첩보 및 정보의 신속한 전파·보고
나. 민간항공기의 행사장 상공비행 관련 업무 지원 및 협조
다. 육로 및 철로와 공중기동수단 관련 업무 지원 및 협조
라. 그 밖에 국내·외 경호행사의 지원
8의2. 식품의약품안전처 식품안전정책국장
가. 식품의약품 안전 관련 입수된 첩보 및 정보의 신속한 전파·보고
나. 경호임무에 필요한 식음료 위생 및 안전관리 지원
다. 식음료 관련 영업장 종사자에 대한 위생교육
라. 식품의약품 안전검사 및 그 밖에 필요한 자료의 지원
마. 그 밖에 국내외 경호행사의 지원
9. 관세청 조사감시국장
가. 입수된 경호 관련 첩보 및 정보의 신속한 전파·보고
나. 출입국자에 대한 검색 및 검사
다. 휴대품·소포·화물에 대한 검색
라. 그 밖에 국내·외 경호행사의

지원

10. 대검찰청 공공수사정책관
   가. 입수된 경호 관련 첩보 및 정보의 신속한 전파・보고
   나. 위해음모 발견시 수사지휘 총괄
   다. 위해가능인물의 관리 및 자료수집
   라. 국제테러범죄 조직과 연계된 위해사범의 방해책동 사전차단
   마. 그 밖에 국내・외 경호행사의 지원
11. 경찰청 경비국장
   가. 입수된 경호 관련 첩보 및 정보의 신속한 전파・보고
   나. 위해가능인물에 대한 동향파악
   다. 행사참석자 및 종사자의 신원조사
   라. 삭제 〈2020. 4. 21.〉
   마. 행사장・이동로 주변 집회 및 시위관련 정보제공과 비상상황 방지대책의 수립
   바. 우범지대 및 취약지역에 대한 안전조치
   사. 행사장 및 이동로 주변에 있는 물적 취약요소에 대한 안전조치
   아. 삭제 〈2020. 4. 21.〉
   자. 총포・화약류의 영치관리와 봉인 등 안전관리
   차. 불법무기류의 단속 및 분실무기의 수사
   카. 그 밖에 국내・외 경호행사의 지원
12. 해양경찰청 경비국장
   가. 입수된 경호 관련 첩보 및 정보의 신속한 전파・보고
   나. 해상에서의 경호・테러예방 및 안전조치
   다. 그 밖에 국내・외 경호행사의 지원
13. 소방청 119구조구급국장
   가. 입수된 경호 관련 첩보 및 정보의 신속한 전파・보고
   나. 경호임무 수행을 위한 소방방재업무 지원
   다. 그 밖에 국내외 경호행사의 지원
14. 합동참모본부 작전본부 소속 장성급 장교 중 위원장이 지명하는 1명
   가. 입수된 경호 관련 첩보 및 정보의 신속한 전파・보고
   나. 안전대책활동에 대한 육・해・공군업무의 총괄 및 협조
   다. 삭제 〈2007. 1. 18.〉
   라. 그 밖에 국내・외 경호행사의 지원
15. 국군방첩사령부 소속 장성급 장교 또는 2급 이상의 군무원 중 위원장이 지명하는 1명
   가. 입수된 경호 관련 첩보 및 정보의 신속한 전파・보고
   나. 군내 행사장에 대한 안전활동
   다. 군내 위해가능인물에 대한 안

전조치
라. 행사참석자 및 종사자의 신원조사
마. 경호구역 인근 군부대의 특이사항 확인·전파 및 보고
바. 이동로 주변 군시설물에 대한 안전조치
사. 취약지에 대한 안전조치
아. 경호유관시설에 대한 보안지원활동
자. 그 밖에 국내·외 경호행사의 지원

16. 수도방위사령부 참모장
가. 입수된 경호 관련 첩보 및 정보의 신속한 전파·보고
나. 수도방위사령부 관할지역 내 진입로 및 취약지에 대한 안전조치
다. 수도방위사령부 관할지역의 경호구역 및 그 외곽지역 수색·경계 등 경호활동 지원
라. 그 밖에 국내·외 경호행사의 지원

제5조(소집) ① 위원장은 위원회의 회의를 소집하고, 그 의장이 된다.
② 위원장은 필요하다고 인정할 때에는 부위원장으로 하여금 위원장의 직무를 대행하게 할 수 있다.
[전문개정 1995. 12. 14.]

제6조(간사) ① 위원회의 사무를 처리하기 위하여 위원회에 간사 1인을 둔다.
② 간사는 대통령경호처 직원중에서 위원장이 임명한다. 〈개정 2008. 2. 29., 2013. 3. 23., 2017. 7. 26.〉
[본조신설 1995. 12. 14.]
[종전 제6조는 제8조로 이동 〈1995. 12. 14.〉]

제7조(실무위원회) ① 위원회의 소관사항을 예비심의하거나 위원회로부터 위임받은 사항의 처리를 위하여 위원회에 실무위원회를 둘 수 있다.
② 실무위원회의 구성·운영등에 관하여 필요한 사항은 위원장이 정한다.
[본조신설 1995. 12. 14.]

제8조(운영세칙) 이 영의 시행에 관하여 필요한 사항은 위원장이 정한다. 〈개정 1995. 12. 14.〉
[제6조에서 이동 〈1995. 12. 14.〉]

부 칙 〈제32968호, 2022. 11. 1.〉
(국군방첩사령부령)

제1조(시행일) 이 영은 공포한 날부터 시행한다.

제2조(다른 법령의 개정) ①부터 ⑤까지 생략
⑥ 대통령경호안전대책위원회규정 일부를 다음과 같이 개정한다.
제2조 중 “군사안보지원사령부”를 “국군

방첩사령부"로 한다.
제4조제2항제15호 각 목 외의 부분 중 "군사안보지원사령부"를 "국군방첩사령부"로 한다.
⑦부터 ⑩까지 생략

제3조 생략

국민보호와 공공안전을 위한 테러방지법(약칭 : 테러방지법)

[시행 2021. 7. 20.] [법률 제18321호, 2021. 7. 20., 일부개정]

제1조(목적) 이 법은 테러의 예방 및 대응 활동 등에 관하여 필요한 사항과 테러로 인한 피해보전 등을 규정함으로써 테러로부터 국민의 생명과 재산을 보호하고 국가 및 공공의 안전을 확보하는 것을 목적으로 한다.

제2조(정의) 이 법에서 사용하는 용어의 뜻은 다음과 같다. 〈개정 2020. 6. 9.〉

1. "테러"란 국가·지방자치단체 또는 외국 정부(외국 지방자치단체와 조약 또는 그 밖의 국제적인 협약에 따라 설립된 국제기구를 포함한다)의 권한행사를 방해하거나 의무 없는 일을 하게 할 목적 또는 공중을 협박할 목적으로 하는 다음 각 목의 행위를 말한다.
   가. 사람을 살해하거나 사람의 신체를 상해하여 생명에 대한 위험을 발생하게 하는 행위 또는 사람을 체포·감금·약취·유인하거나 인질로 삼는 행위
   나. 항공기(「항공안전법」 제2조제1호의 항공기를 말한다. 이하 이 목에서 같다)와 관련된 다음 각각의 어느 하나에 해당하는 행위
      1) 운항 중(「항공보안법」 제2조제1호 같다)인 항공기를 추락시키거나 전복·파괴하는 행위, 그 밖에 운항중인 항공기의 안전을 해칠 만한 손괴를 가하는 행위
      2) 폭행이나 협박, 그 밖의 방법으로 운항중인 항공기를 강탈하거나 항공기의 운항을 강제하는 행위
      3) 항공기의 운항과 관련된 항공시설을 손괴하거나 조작을 방해하여 항공기의 안전운항에 위해를 가하는 행위
   다. 선박(「선박 및 해상구조물에 대한 위해행위의 처벌 등에 관한 법률」 제2조제1호 본문의 선박을 말한다. 이하 이 목에서 같다) 또는 해상구조물(같은 법 제2조제5호의 해상구조물을 말한다. 이하 이 목에서 같다)과 관련된 다음 각각의 어느 하나에 해당하는 행위
      1) 운항(같은 법 제2조제2호의 운항을 말한다. 이하 이 목에서 같다) 중인 선박 또는 해상구조물을 파괴하거나, 그 안전을 위태

롭게 할 만한 정도의 손상을 가하는 행위(운항 중인 선박이나 해상구조물에 실려 있는 화물에 손상을 가하는 행위를 포함한다)

2) 폭행이나 협박, 그 밖의 방법으로 운항 중인 선박 또는 해상구조물을 강탈하거나 선박의 운항을 강제하는 행위

3) 운항 중인 선박의 안전을 위태롭게 하기 위하여 그 선박 운항과 관련된 기기·시설을 파괴하거나 중대한 손상을 가하거나 기능장애 상태를 일으키는 행위

라. 사망·중상해 또는 중대한 물적 손상을 유발하도록 제작되거나 그러한 위력을 가진 생화학·폭발성·소이성(燒夷性) 무기나 장치를 다음 각각의 어느 하나에 해당하는 차량 또는 시설에 배치하거나 폭발시키거나 그 밖의 방법으로 이를 사용하는 행위

1) 기차·전차·자동차 등 사람 또는 물건의 운송에 이용되는 차량으로서 공중이 이용하는 차량

2) 1)에 해당하는 차량의 운행을 위하여 이용되는 시설 또는 도로, 공원, 역, 그 밖에 공중이 이용하는 시설

3) 전기나 가스를 공급하기 위한 시설, 공중이 먹는 물을 공급하는 수도, 전기통신을 이용하기 위한 시설 및 그 밖의 시설로서 공용으로 제공되거나 공중이 이용하는 시설

4) 석유, 가연성 가스, 석탄, 그 밖의 연료 등의 원료가 되는 물질을 제조 또는 정제하거나 연료로 만들기 위하여 처리·수송 또는 저장하는 시설

5) 공중이 출입할 수 있는 건조물·항공기·선박으로서 1)부터 4)까지에 해당하는 것을 제외한 시설

마. 핵물질(「원자력시설 등의 방호 및 방사능 방재 대책법」 제2조제1호의 핵물질을 말한다. 이하 이 목에서 같다), 방사성물질(「원자력안전법」 제2조제5호의 방사성물질을 말한다. 이하 이 목에서 같다) 또는 원자력시설(「원자력시설 등의 방호 및 방사능 방재 대책법」 제2조제2호의 원자력시설을 말한다. 이하 이 목에서 같다)과 관련된 다음 각각의 어느 하나에 해당하는 행위

1) 원자로를 파괴하여 사람의 생명·신체 또는 재산을 해하거나 그 밖에 공공의 안전을 위태롭게 하는 행위

2) 방사성물질 등과 원자로 및 관계 시설, 핵연료주기시설 또는 방사선발생장치를 부당하게 조

작하여 사람의 생명이나 신체에 위험을 가하는 행위

3) 핵물질을 수수(授受)·소지·소유·보관·사용·운반·개조·처분 또는 분산하는 행위

4) 핵물질이나 원자력시설을 파괴·손상 또는 그 원인을 제공하거나 원자력시설의 정상적인 운전을 방해하여 방사성물질을 배출하거나 방사선을 노출하는 행위

2. "테러단체"란 국제연합(UN)이 지정한 테러단체를 말한다.
3. "테러위험인물"이란 테러단체의 조직원이거나 테러단체 선전, 테러자금 모금·기부, 그 밖에 테러 예비·음모·선전·선동을 하였거나 하였다고 의심할 상당한 이유가 있는 사람을 말한다.
4. "외국인테러전투원"이란 테러를 실행·계획·준비하거나 테러에 참가할 목적으로 국적국이 아닌 국가의 테러단체에 가입하거나 가입하기 위하여 이동 또는 이동을 시도하는 내국인·외국인을 말한다.
5. "테러자금"이란 「공중 등 협박목적 및 대량살상무기확산을 위한 자금조달행위의 금지에 관한 법률」 제2조제1호에 따른 공중 등 협박목적을 위한 자금을 말한다.
6. "대테러활동"이란 제1호의 테러 관련 정보의 수집, 테러위험인물의 관리, 테러에 이용될 수 있는 위험물질 등 테러수단의 안전관리, 인원·시설·장비의 보호, 국제행사의 안전확보, 테러위협에의 대응 및 무력진압 등 테러 예방과 대응에 관한 제반 활동을 말한다.
7. "관계기관"이란 대테러활동을 수행하는 국가기관, 지방자치단체, 그 밖에 대통령령으로 정하는 기관을 말한다.
8. "대테러조사"란 대테러활동에 필요한 정보나 자료를 수집하기 위하여 현장조사·문서열람·시료채취 등을 하거나 조사대상자에게 자료제출 및 진술을 요구하는 활동을 말한다.

제3조(국가 및 지방자치단체의 책무) ① 국가 및 지방자치단체는 테러로부터 국민의 생명·신체 및 재산을 보호하기 위하여 테러의 예방과 대응에 필요한 제도와 여건을 조성하고 대책을 수립하여 이를 시행하여야 한다.

② 국가 및 지방자치단체는 제1항의 대책을 강구할 때 국민의 기본적 인권이 침해당하지 아니하도록 최선의 노력을 하여야 한다. 〈개정 2020. 6. 9.〉

③ 이 법을 집행하는 공무원은 헌법상 기본권을 존중하여 이 법을 집행하여야 하며 헌법과 법률에서 정한 적법절차를 준수할 의무가 있다.

제4조(다른 법률과의 관계) 이 법은 대테러활동에 관하여 다른 법률에 우선하여 적용한다.

제5조(국가테러대책위원회) ① 대테러활동에 관한 정책의 중요사항을 심의·의결하기 위하여 국가테러대책위원회(이하 "대책위원회"라 한다)를 둔다.

② 대책위원회는 국무총리 및 관계기관의 장 중 대통령령으로 정하는 사람으로 구성하고 위원장은 국무총리로 한다.

③ 대책위원회는 다음 각 호의 사항을 심의·의결한다.

1. 대테러활동에 관한 국가의 정책 수립 및 평가
2. 국가 대테러 기본계획 등 중요 중장기 대책 추진사항
3. 관계기관의 대테러활동 역할 분담·조정이 필요한 사항
4. 그 밖에 위원장 또는 위원이 대책위원회에서 심의·의결할 필요가 있다고 제의하는 사항

④ 그 밖에 대책위원회의 구성·운영 등에 필요한 사항은 대통령령으로 정한다.

제6조(대테러센터) ① 대테러활동과 관련하여 다음 각 호의 사항을 수행하기 위하여 국무총리 소속으로 관계기관 공무원으로 구성되는 대테러센터를 둔다.

1. 국가 대테러활동 관련 임무분담 및 협조사항 실무 조정
2. 장단기 국가대테러활동 지침 작성·배포
3. 테러경보 발령
4. 국가 중요행사 대테러안전대책 수립
5. 대책위원회의 회의 및 운영에 필요한 사무의 처리
6. 그 밖에 대책위원회에서 심의·의결한 사항

② 대테러센터의 조직·정원 및 운영에 관한 사항은 대통령령으로 정한다.

③ 대테러센터 소속 직원의 인적사항은 공개하지 아니할 수 있다.

제7조(대테러 인권보호관) ① 관계기관의 대테러활동으로 인한 국민의 기본권 침해 방지를 위하여 대책위원회 소속으로 대테러 인권보호관(이하 "인권보호관"이라 한다) 1명을 둔다.

② 인권보호관의 자격, 임기 등 운영에 관한 사항은 대통령령으로 정한다.

제8조(전담조직의 설치) ① 관계기관의 장은 테러 예방 및 대응을 위하여 필요한 전담조직을 둘 수 있다.

② 관계기관의 전담조직의 구성 및 운영과 효율적 테러대응을 위하여 필요한 사항은 대통령령으로 정한다.

제9조(테러위험인물에 대한 정보 수집 등) ① 국가정보원장은 테러위험인물에 대하여 출입국·금융거래 및 통신이용 등 관련 정보를 수집할 수 있다. 이 경우 출입국·금융거래 및 통신이용 등 관련 정보의 수집은 「출입국관리법」, 「관세법」, 「특정 금융거래정보의 보

고 및 이용 등에 관한 법률」, 「통신비밀보호법」의 절차에 따른다. 〈개정 2020. 6. 9.〉

② 국가정보원장은 제1항에 따른 정보 수집 및 분석의 결과 테러에 이용되었거나 이용될 가능성이 있는 금융거래에 대하여 지급정지 등의 조치를 취하도록 금융위원회 위원장에게 요청할 수 있다.

③ 국가정보원장은 테러위험인물에 대한 개인정보(「개인정보 보호법」상 민감정보를 포함한다)와 위치정보를 「개인정보 보호법」 제2조의 개인정보처리자와 「위치정보의 보호 및 이용 등에 관한 법률」 제5조제7항에 따른 개인위치정보사업자 및 같은 법 제5조의2제3항에 따른 사물위치정보사업자에게 요구할 수 있다. 〈개정 2018. 4. 17.〉

④ 국가정보원장은 대테러활동에 필요한 정보나 자료를 수집하기 위하여 대테러조사 및 테러위험인물에 대한 추적을 할 수 있다. 이 경우 사전 또는 사후에 대책위원회 위원장에게 보고하여야 한다.

제10조(테러예방을 위한 안전관리대책의 수립) ① 관계기관의 장은 대통령령으로 정하는 국가중요시설과 많은 사람이 이용하는 시설 및 장비(이하 "테러대상시설"이라 한다)에 대한 테러예방대책과 테러의 수단으로 이용될 수 있는 폭발물・총기류・화생방물질(이하 "테러이용수단"이라 한다), 국가 중요행사에 대한 안전관리대책을 수립하여야 한다.

② 제1항에 따른 안전관리대책의 수립・시행에 필요한 사항은 대통령령으로 정한다.

제11조(테러취약요인 사전제거) ① 테러대상시설 및 테러이용수단의 소유자 또는 관리자는 보안장비를 설치하는 등 테러취약요인 제거를 위하여 노력하여야 한다.

② 국가는 제1항의 테러대상시설 및 테러이용수단의 소유자 또는 관리자에게 필요한 경우 그 비용의 전부 또는 일부를 지원할 수 있다.

③ 제2항에 따른 비용의 지원 대상・기준・방법 및 절차 등에 필요한 사항은 대통령령으로 정한다.

제12조(테러선동・선전물 긴급 삭제 등 요청) ① 관계기관의 장은 테러를 선동・선전하는 글 또는 그림, 상징적 표현물, 테러에 이용될 수 있는 폭발물 등 위험물 제조법 등이 인터넷이나 방송・신문, 게시판 등을 통해 유포될 경우 해당 기관의 장에게 긴급 삭제 또는 중단, 감독 등의 협조를 요청할 수 있다.

② 제1항의 협조를 요청받은 해당 기관의 장은 필요한 조치를 취하고 그 결과를 관계기관의 장에게 통보하여야 한다.

제13조(외국인테러전투원에 대한 규제) ① 관계기관의 장은 외국인테러전투원으로 출국하려 한다고 의심할 만한 상

당한 이유가 있는 내국인·외국인에 대하여 일시 출국금지를 법무부장관에게 요청할 수 있다.

② 제1항에 따른 일시 출국금지 기간은 90일로 한다. 다만, 출국금지를 계속할 필요가 있다고 판단할 상당한 이유가 있는 경우에 관계기관의 장은 그 사유를 명시하여 연장을 요청할 수 있다.

③ 관계기관의 장은 외국인테러전투원으로 가담한 사람에 대하여 「여권법」 제13조에 따른 여권의 효력정지 및 같은 법 제12조제3항에 따른 재발급 거부를 외교부장관에게 요청할 수 있다.

제14조(신고자 보호 및 포상금) ① 국가는「특정범죄신고자 등 보호법」에 따라 테러에 관한 신고자, 범인검거를 위하여 제보하거나 검거활동을 한 사람 또는 그 친족 등을 보호하여야 한다.

② 관계기관의 장은 테러의 계획 또는 실행에 관한 사실을 관계기관에 신고하여 테러를 사전에 예방할 수 있게 하였거나, 테러에 가담 또는 지원한 사람을 신고하거나 체포한 사람에 대하여 대통령령으로 정하는 바에 따라 포상금을 지급할 수 있다.

제15조(테러피해의 지원) ① 테러로 인하여 신체 또는 재산의 피해를 입은 국민은 관계기관에 즉시 신고하여야 한다. 다만, 인질 등 부득이한 사유로 신고할 수 없을 때에는 법률관계 또는 계약관계에 의하여 보호의무가 있는 사람이 이를 알게 된 때에 즉시 신고하여야 한다.

② 국가 또는 지방자치단체는 제1항의 피해를 입은 사람에 대하여 대통령령으로 정하는 바에 따라 치료 및 복구에 필요한 비용의 전부 또는 일부를 지원할 수 있다. 다만, 「여권법」 제17조제1항 단서에 따른 외교부장관의 허가를 받지 아니하고 방문 및 체류가 금지된 국가 또는 지역을 방문·체류한 사람에 대해서는 그러하지 아니하다.

③ 제2항에 따른 비용의 지원 기준·절차·금액 및 방법 등에 관하여 필요한 사항은 대통령령으로 정한다.

제16조(특별위로금) ① 테러로 인하여 생명의 피해를 입은 사람의 유족 또는 신체상의 장애 및 장기치료가 필요한 피해를 입은 사람에 대해서는 그 피해의 정도에 따라 등급을 정하여 특별위로금을 지급할 수 있다. 다만, 「여권법」 제17조제1항 단서에 따른 외교부장관의 허가를 받지 아니하고 방문 및 체류가 금지된 국가 또는 지역을 방문·체류한 사람에 대해서는 그러하지 아니하다. 〈개정 2020. 6. 9.〉

② 제1항에 따른 특별위로금의 지급 기준·절차·금액 및 방법 등에 관하여 필요한 사항은 대통령령으로 정한다.

제17조(테러단체 구성죄 등) ① 테러단체를 구성하거나 구성원으로 가입한 사람

은 다음 각 호의 구분에 따라 처벌한다.

1. 수괴(首魁)는 사형·무기 또는 10년이상의 징역
2. 테러를 기획 또는 지휘하는 등 중요역할을 맡은 사람은 무기 또는 7년 이상의 징역
3. 타국의 외국인테러전투원으로 가입한 사람은 5년 이상의 징역
4. 그 밖의 사람은 3년 이상의 징역

② 테러자금임을 알면서도 자금을 조달·알선·보관하거나 그 취득 및 발생원인에 관한 사실을 가장하는 등 테러단체를 지원한 사람은 10년 이하의 징역 또는 1억원 이하의 벌금에 처한다.

③ 테러단체 가입을 지원하거나 타인에게 가입을 권유 또는 선동한 사람은 5년 이하의 징역에 처한다.

④ 제1항 및 제2항의 미수범은 처벌한다.

⑤ 제1항 및 제2항에서 정한 죄를 저지를 목적으로 예비 또는 음모한 사람은 3년 이하의 징역에 처한다. 〈개정 2020. 6. 9.〉

⑥「형법」등 국내법에 죄로 규정된 행위가 제2조의 테러에 해당하는 경우 해당 법률에서 정한 형에 따라 처벌한다.

제18조(무고, 날조) ① 타인으로 하여금 형사처분을 받게 할 목적으로 제17조의 죄에 대하여 무고 또는 위증을 하거나 증거를 날조·인멸·은닉한 사람은「형법」제152조부터 제157조까지에서 정한 형에 2분의 1을 가중하여 처벌한다.

② 범죄수사 또는 정보의 직무에 종사하는 공무원이나 이를 보조하는 사람 또는 이를 지휘하는 사람이 직권을 남용하여 제1항의 행위를 한 때에도 제1항의 형과 같다. 다만, 그 법정형의 최저가 2년 미만일 때에는 이를 2년으로 한다.

제19조(세계주의) 제17조의 죄는 대한민국 영역 밖에서 저지른 외국인에게도 국내법을 적용한다. 〈개정 2020. 6. 9.〉

부 칙 〈제18321호, 2021. 7. 20.〉

이 법은 공포한 날부터 시행한다.

국민보호와 공공안전을 위한 테러방지법 시행령

[시행 2022. 11. 1.] [대통령령 제32968호, 2022. 11. 1., 타법개정]

제1장 총칙 및 국가테러대책기구

제1조(목적) 이 영은 「국민보호와 공공안전을 위한 테러방지법」에서 위임된 사항과 그 시행에 필요한 사항을 규정함을 목적으로 한다.

제2조(관계기관의 범위) 「국민보호와 공공안전을 위한 테러방지법」(이하 "법"이라 한다) 제2조제7호에서 "대통령령으로 정하는 기관"이란 다음 각 호의 기관 또는 단체를 말한다.

1. 「공공기관의 운영에 관한 법률」 제4조에 따른 공공기관
2. 「지방공기업법」 제2조제1항제1호부터 제4호까지의 사업을 수행하는 지방직영기업, 지방공사 및 지방공단

제3조(국가테러대책위원회 구성) ① 법 제5조제2항에서 "대통령령으로 정하는 사람"이란 기획재정부장관, 외교부장관, 통일부장관, 법무부장관, 국방부장관, 행정안전부장관, 산업통상자원부장관, 환경부장관, 국토교통부장관, 해양수산부장관, 국가정보원장, 국무조정실장, 금융위원회 위원장, 원자력안전위원회 위원장, 대통령경호처장, 관세청장, 경찰청장, 소방청장, 질병관리청장 및 해양경찰청장을 말한다. 〈개정 2017. 7. 26., 2020. 12. 22.〉

② 법 제5조에 따른 국가테러대책위원회(이하 "대책위원회"라 한다)의 위원장(이하 "위원장"이라 한다)은 안건 심의에 필요한 경우에는 제1항에서 정한 위원 외에 관계기관의 장 또는 그 밖의 관계자에게 회의 참석을 요청할 수 있다.

③ 대책위원회의 사무를 처리하기 위하여 간사를 두되, 간사는 법 제6조에 따른 대테러센터(이하 "대테러센터"라 한다)의 장(이하 "대테러센터장"이라 한다)이 된다.

제4조(대책위원회의 운영) ① 대책위원회 회의는 위원장이 필요하다고 인정하거나 대책위원회 위원(이하 "위원"이라고 한다) 과반수의 요청이 있는 경우에 위원장이 소집한다.

② 대책위원회는 재적위원 과반수의 출석으로 개의(開議)하고, 출석위원 과반수의 찬성으로 의결한다.

③ 대책위원회의 회의는 공개하지 아니한다. 다만, 공개가 필요한 경우 대책위원회의 의결로 공개할 수 있다.

④ 제1항부터 제3항까지에서 규정한 사

항 외에 대책위원회 운영에 관한 사항은 대책위원회의 의결을 거쳐 위원장이 정한다.

제5조(테러대책 실무위원회의 구성 등) ① 대책위원회를 효율적으로 운영하고 대책위원회에 상정할 안건에 관한 전문적인 검토 및 사전 조정을 위하여 대책위원회에 테러대책 실무위원회(이하 "실무위원회"라 한다)를 둔다.

② 실무위원회에 위원장 1명을 두며, 실무위원회의 위원장은 대테러센터장이 된다.

③ 실무위원회 위원은 제3조제1항의 위원이 소속된 관계기관 및 그 소속기관의 고위공무원단에 속하는 일반직공무원(이에 상당하는 특정직·별정직 공무원을 포함한다) 중 관계기관의 장이 지명하는 사람으로 한다.

④ 제1항부터 제3항까지에서 규정한 사항 외에 실무위원회 운영에 관한 사항은 대책위원회의 의결을 거쳐 위원장이 정한다.

제6조(대테러센터) ① 대테러센터는 국가 대테러활동을 원활히 수행하기 위하여 필요한 사항과 대책위원회의 회의 및 운영에 필요한 사무 등을 처리한다.

② 대테러센터장은 관계기관의 장에게 직무 수행에 필요한 협조와 지원을 요청할 수 있다.

제2장 대테러 인권보호관

제7조(대테러 인권보호관의 자격 및 임기) ① 법 제7조제1항에 따른 대테러 인권보호관(이하 "인권보호관"이라 한다)은 다음 각 호의 어느 하나에 해당하는 대한민국 국민 중에서 위원장이 위촉한다.

1. 변호사 자격이 있는 사람으로서 10년 이상의 실무경력이 있는 사람
2. 인권 분야에 전문지식이 있고 「고등교육법」 제2조제1호에 따른 학교에서 부교수 이상으로 10년 이상 재직하고 있거나 재직하였던 사람
3. 국가기관 또는 지방자치단체에서 3급 상당 이상의 공무원으로 재직하였던 사람 중 인권 관련 업무 경험이 있는 사람
4. 인권분야 비영리 민간단체·법인·국제기구에서 근무하는 등 인권 관련 활동에 10년 이상 종사한 경력이 있는 사람

② 인권보호관의 임기는 2년으로 하고, 연임할 수 있다.

③ 인권보호관은 다음 각 호의 경우를 제외하고는 그 의사에 반하여 해촉되지 아니한다.

1. 「국가공무원법」 제33조 각 호의 결격사유에 해당하는 경우
2. 직무와 관련한 형사사건으로 기소된 경우

3. 직무상 알게 된 비밀을 누설한 경우
4. 그 밖에 장기간의 심신쇠약으로 인권보호관의 직무를 계속 수행할 수 없는 특별한 사유가 발생한 경우

제8조(인권보호관의 직무 등) ① 인권보호관은 다음 각 호의 직무를 수행한다.
1. 대책위원회에 상정되는 관계기관의 대테러정책·제도 관련 안건의 인권 보호에 관한 자문 및 개선 권고
2. 대테러활동에 따른 인권침해 관련 민원의 처리
3. 그 밖에 관계기관 대상 인권 교육 등 인권 보호를 위한 활동

② 인권보호관은 제1항제2호에 따른 민원을 접수한 날부터 2개월 내에 처리하여야 한다. 다만, 부득이한 사유로 정해진 기간 내에 처리하기 어려운 경우에는 그 사유와 처리 계획을 민원인에게 통지하여야 한다.
③ 위원장은 인권보호관이 직무를 효율적으로 수행할 수 있도록 필요한 행정적·재정적 지원을 할 수 있다.
④ 대책위원회는 인권보호관의 직무 수행을 지원하기 위하여 지원조직을 둘 수 있으며, 필요한 경우에는 관계 중앙행정기관 소속 공무원의 파견을 요청할 수 있다.

제9조(시정 권고) ① 인권보호관은 제8조 제1항에 따른 직무수행 중 인권침해 행위가 있다고 인정할 만한 상당한 이유가 있는 경우에는 위원장에게 보고한 후 관계기관의 장에게 시정을 권고할 수 있다.
② 제1항에 따른 권고를 받은 관계기관의 장은 그 처리 결과를 인권보호관에게 통지하여야 한다.

제10조(비밀의 엄수) ① 인권보호관은 재직 중 및 퇴직 후에 직무상 알게 된 비밀을 엄수하여야 한다.
② 인권보호관은 법령에 따른 증인, 참고인, 감정인 또는 사건 당사자로서 직무상의 비밀에 관한 사항을 증언하거나 진술하려는 경우에는 미리 위원장의 승인을 받아야 한다.

제3장 전담조직

제11조(전담조직) ① 법 제8조에 따른 전담조직(이하 "전담조직"이라 한다)은 제12조부터 제21조까지의 규정에 따라 테러 예방 및 대응을 위하여 관계기관 합동으로 구성하거나 관계기관의 장이 설치하는 다음 각 호의 전문조직(협의체를 포함한다)으로 한다.
1. 지역 테러대책협의회
2. 공항·항만 테러대책협의회
3. 테러사건대책본부
4. 현장지휘본부
5. 화생방테러대응지원본부
6. 테러복구지원본부

7. 대테러특공대
8. 테러대응구조대
9. 테러정보통합센터
10. 대테러합동조사팀

② 관계기관의 장은 제1항 각 호에 따른 전담조직 외에 테러 예방 및 대응을 위하여 필요한 경우에는 대테러업무를 수행하는 하부조직을 전담조직으로 지정·운영할 수 있다.

제12조(지역 테러대책협의회) ① 특별시·광역시·특별자치시·도·특별자치도(이하 "시·도"라 한다)에 해당 지역에 있는 관계기관 간 테러예방활동에 관한 협의를 위하여 지역 테러대책협의회를 둔다.

② 지역 테러대책협의회의 의장은 국가정보원의 해당 지역 관할지부의 장(특별시의 경우 대테러센터장을 말한다. 이하 같다)이 되며, 위원은 다음 각 호의 사람이 된다. 〈개정 2017. 7. 26., 2018. 8. 21.〉

1. 시·도에서 대테러업무를 담당하는 고위공무원단 나급 상당 공무원 또는 3급 상당 공무원 중 특별시장·광역시장·특별자치시장·도지사·특별자치도지사(이하 "시·도지사"라 한다)가 지명하는 사람
2. 법무부·환경부·국토교통부·해양수산부·국가정보원·식품의약품안전처·관세청·검찰청·경찰청 및 해양경찰청의 지역기관에서 대테러업무를 담당하는 고위공무원단 나급 상당 공무원 또는 3급 상당 공무원 중 해당 관계기관의 장이 지명하는 사람
3. 지역 관할 군부대 및 국군방첩부대의 장
4. 지역 테러대책협의회 의장이 필요하다고 인정하는 관계기관의 지역기관에서 대테러업무를 담당하는 공무원 중 해당 관계기관의 장이 지명하는 사람 및 국가중요시설의 관리자나 경비·보안 책임자

③ 지역 테러대책협의회는 다음 각 호의 사항을 심의·의결한다.

1. 대책위원회의 심의·의결 사항 시행방안
2. 해당 지역 테러사건의 사전예방 및 대응·사후처리 지원 대책
3. 해당 지역 대테러업무 수행 실태의 분석·평가 및 발전 방안
4. 해당 지역의 대테러 관련 훈련·점검 등 관계기관 간 협조에 관한 사항
5. 그 밖에 해당 지역 대테러활동에 필요한 사항

④ 관계기관의 장은 제3항의 심의·의결 사항에 대하여 그 이행 결과를 지역 테러대책협의회에 통보하고, 지역 테러대책협의회 의장은 그 결과를 종합하여 대책위원회에 보고하여야 한다.

⑤ 지역 테러대책협의회의 회의와 운영에 관한 세부사항은 지역 실정을 고려

하여 지역 테러대책협의회의 의결을 거쳐 의장이 정한다.

제13조(공항 · 항만 테러대책협의회) ① 공항 또는 항만(「항만법」 제3조제1항제1호에 따른 무역항을 말한다. 이하 같다) 내에서의 관계기관 간 대테러활동에 관한 사항을 협의하기 위하여 공항 · 항만별로 테러대책협의회를 둔다.

② 공항 · 항만 테러대책협의회의 의장은 해당 공항 · 항만에서 대테러업무를 담당하는 국가정보원 소속 공무원 중 국가정보원장이 지명하는 사람이 되며, 위원은 다음 각 호의 사람이 된다. 〈개정 2017. 7. 26., 2018. 8. 21., 2020. 12. 22.〉

1. 해당 공항 또는 항만에 상주하는 법무부 · 농림축산식품부 · 국토교통부 · 해양수산부 · 관세청 · 경찰청 · 소방청 · 질병관리청 · 해양경찰청 및 국군방첩사령부 소속기관의 장
2. 공항 또는 항만의 시설 소유자 및 경비 · 보안 책임자
3. 그 밖에 공항 · 항만 테러대책협의회의 의장이 필요하다고 인정하는 관계기관에 소속된 기관의 장

③ 공항 · 항만 테러대책협의회는 해당 공항 또는 항만 내의 대테러활동에 관하여 다음 각 호의 사항을 심의 · 의결한다.

1. 대책위원회의 심의 · 의결 사항 시행방안
2. 공항 또는 항만 내 시설 및 장비의 보호 대책
3. 항공기 · 선박의 테러예방을 위한 탑승자와 휴대화물 검사 대책
4. 테러 첩보의 입수 · 전파 및 긴급대응 체계 구축 방안
5. 공항 또는 항만 내 테러사건 발생 시 비상대응 및 사후처리 대책
6. 그 밖에 공항 또는 항만 내의 테러대책

④ 관계기관의 장은 제3항의 심의 · 의결 사항에 대하여 그 이행 결과를 공항 · 항만 테러대책협의회에 통보하고, 공항 · 항만 테러대책협의회 의장은 그 결과를 종합하여 대책위원회에 보고하여야 한다.

⑤ 공항 · 항만 테러대책협의회의 운영에 관한 세부사항은 공항 · 항만별로 테러대책협의회의 의결을 거쳐 의장이 정한다.

제14조(테러사건대책본부) ① 외교부장관, 국방부장관, 국토교통부장관, 경찰청장 및 해양경찰청장은 테러가 발생하거나 발생할 우려가 현저한 경우(국외테러의 경우는 대한민국 국민에게 중대한 피해가 발생하거나 발생할 우려가 있어 긴급한 조치가 필요한 경우에 한한다)에는 다음 각 호의 구분에 따라 테러사건대책본부(이하 "대책본부"라 한다)를 설치 · 운영하여야 한다. 〈개정 2017. 7. 26.〉

1. 외교부장관: 국외테러사건대책본부

2. 국방부장관: 군사시설테러사건대책본부
3. 국토교통부장관: 항공테러사건대책본부
4. 삭제 〈2017. 7. 26.〉
5. 경찰청장: 국내일반 테러사건대책본부
6. 해양경찰청장: 해양테러사건대책본부

② 제1항에 따라 대책본부를 설치한 관계기관의 장은 그 사실을 즉시 위원장에게 보고하여야 하며, 같은 사건에 2개 이상의 대책본부가 관련되는 경우에는 위원장이 테러사건의 성질·중요성 등을 고려하여 대책본부를 설치할 기관을 지정할 수 있다.

③ 대책본부의 장은 대책본부를 설치하는 관계기관의 장(군사시설테러사건대책본부의 경우에는 합동참모의장을 말한다. 이하 같다)이 되며, 제15조에 따른 현장지휘본부의 사건 대응 활동을 지휘·통제한다.

④ 대책본부의 편성·운영에 관한 세부사항은 대책본부의 장이 정한다.

제15조(현장지휘본부) ① 대책본부의 장은 테러사건이 발생한 경우 사건 현장의 대응 활동을 총괄하기 위하여 현장지휘본부를 설치할 수 있다.

② 현장지휘본부의 장은 대책본부의 장이 지명한다.

③ 현장지휘본부의 장은 테러의 양상·규모·현장상황 등을 고려하여 협상·진압·구조·구급·소방 등에 필요한 전문조직을 직접 구성하거나 관계기관의 장에게 지원을 요청할 수 있다. 이 경우 관계기관의 장은 특별한 사정이 없으면 현장지휘본부의 장이 요청한 사항을 지원하여야 한다.

④ 현장지휘본부의 장은 현장에 출동한 관계기관의 조직(대테러특공대, 테러대응구조대, 대화생방테러 특수임무대 및 대테러합동조사팀을 포함한다)을 지휘·통제한다.

⑤ 현장지휘본부의 장은 현장에 출동한 관계기관과 합동으로 통합상황실을 설치·운영할 수 있다.

제16조(화생방테러대응지원본부 등) ① 환경부장관, 원자력안전위원회 위원장 및 질병관리청장은 화생방테러사건 발생 시 대책본부를 지원하기 위하여 다음 각 호의 구분에 따른 분야별로 화생방테러대응지원본부를 설치·운영한다. 〈개정 2020. 12. 22.〉

1. 환경부장관: 화학테러 대응 분야
2. 원자력안전위원회 위원장: 방사능테러 대응 분야
3. 질병관리청장: 생물테러 대응 분야

② 화생방테러대응지원본부는 다음 각 호의 임무를 수행한다. 〈개정 2021. 1. 5.〉

1. 화생방테러 사건 발생 시 오염 확산 방지 및 독성제거(除毒) 방안 마련
2. 화생방 전문 인력 및 자원의 동원·배치
3. 그 밖에 화생방테러 대응 지원에 필요한 사항의 시행

③ 국방부장관은 관계기관의 화생방테

러 대응을 지원하기 위하여 대책위원회의 심의·의결을 거쳐 오염 확산 방지 및 독성제거 임무 등을 수행하는 대화생방테러 특수임무대를 설치하거나 지정할 수 있다. 〈개정 2021. 1. 5.〉

④ 화생방테러대응지원본부 및 대화생방테러 특수임무대의 설치·운영 등에 필요한 사항은 해당 관계기관의 장이 정한다.

第17조(테러복구지원본부) ① 행정안전부장관은 테러사건 발생 시 구조·구급·수습·복구활동 등에 관하여 대책본부를 지원하기 위하여 테러복구지원본부를 설치·운영할 수 있다. 〈개정 2017. 7. 26.〉

② 테러복구지원본부는 다음 각 호의 임무를 수행한다.

1. 테러사건 발생 시 수습·복구 등 지원을 위한 자원의 동원 및 배치 등에 관한 사항
2. 대책본부의 협조 요청에 따른 지원에 관한 사항
3. 그 밖에 테러복구 등 지원에 필요한 사항의 시행

第18조(대테러특공대 등) ① 국방부장관, 경찰청장 및 해양경찰청장은 테러사건에 신속히 대응하기 위하여 대테러특공대를 설치·운영한다. 〈개정 2017. 7. 26.〉

② 국방부장관, 경찰청장 및 해양경찰청장은 제1항에 따른 대테러특공대를 설치·운영하려는 경우에는 대책위원회의 심의·의결을 거쳐야 한다. 〈개정 2017. 7. 26.〉

③ 대테러특공대는 다음 각 호의 임무를 수행한다.

1. 대한민국 또는 국민과 관련된 국내외 테러사건 진압
2. 테러사건과 관련된 폭발물의 탐색 및 처리
3. 주요 요인 경호 및 국가 중요행사의 안전한 진행 지원
4. 그 밖에 테러사건의 예방 및 저지 활동

④ 국방부 소속 대테러특공대의 출동 및 진압작전은 군사시설 안에서 발생한 테러사건에 대하여 수행한다. 다만, 경찰력의 한계로 긴급한 지원이 필요하여 대책본부의 장이 요청하는 경우에는 군사시설 밖에서도 경찰의 대테러 작전을 지원할 수 있다.

⑤ 국방부장관은 군 대테러특공대의 신속한 대응이 제한되는 상황에 대비하기 위하여 군 대테러특수임무대를 지역 단위로 편성·운영할 수 있다. 이 경우 군 대테러특수임무대의 편성·운영·임무에 관하여는 제2항부터 제4항까지의 규정을 준용한다.

第19조(테러대응구조대) ① 소방청장과 시·도지사는 테러사건 발생 시 신속히 인명을 구조·구급하기 위하여 중앙 및 지방자치단체 소방본부에 테러대응구조대

를 설치·운영한다. 〈개정 2017. 7. 26.〉

② 테러대응구조대는 다음 각 호의 임무를 수행한다. 〈개정 2021. 1. 5.〉

1. 테러발생 시 초기단계에서의 조치 및 인명의 구조·구급
2. 화생방테러 발생 시 초기단계에서의 오염 확산 방지 및 독성제거
3. 국가 중요행사의 안전한 진행 지원
4. 테러취약요인의 사전 예방·점검 지원

제20조(테러정보통합센터) ① 국가정보원장은 테러 관련 정보를 통합관리하기 위하여 관계기관 공무원으로 구성되는 테러정보통합센터를 설치·운영한다.

② 테러정보통합센터는 다음 각 호의 임무를 수행한다.

1. 국내외 테러 관련 정보의 통합관리·분석 및 관계기관에의 배포
2. 24시간 테러 관련 상황 전파체계 유지
3. 테러 위험 징후 평가
4. 그 밖에 테러 관련 정보의 통합관리에 필요한 사항

③ 국가정보원장은 관계기관의 장에게 소속 공무원의 파견과 테러정보의 통합관리 등 업무 수행에 필요한 협조를 요청할 수 있다.

제21조(대테러합동조사팀) ① 국가정보원장은 국내외에서 테러사건이 발생하거나 발생할 우려가 현저할 때 또는 테러첩보가 입수되거나 테러 관련 신고가 접수되었을 때에는 예방조치, 사건 분석 및 사후처리방안 마련 등을 위하여 관계기관 합동으로 대테러합동조사팀(이하 "합동조사팀"이라 한다)을 편성·운영할 수 있다.

② 국가정보원장은 합동조사팀이 현장에 출동하여 조사한 경우 그 결과를 대테러센터장에게 통보하여야 한다.

③ 제1항에도 불구하고 군사시설에 대해서는 국방부장관이 자체 조사팀을 편성·운영할 수 있다. 이 경우 국방부장관은 자체 조사팀이 조사한 결과를 대테러센터장에게 통보하여야 한다.

제4장 테러 대응 절차

제22조(테러경보의 발령) ① 대테러센터장은 테러 위험 징후를 포착한 경우 테러경보 발령의 필요성, 발령 단계, 발령 범위 및 기간 등에 관하여 실무위원회의 심의를 거쳐 테러경보를 발령한다. 다만, 긴급한 경우 또는 제2항에 따른 주의 이하의 테러경보 발령 시에는 실무위원회의 심의 절차를 생략할 수 있다.

② 테러경보는 테러위협의 정도에 따라 관심·주의·경계·심각의 4단계로 구분한다.

③ 대테러센터장은 테러경보를 발령하였을 때에는 즉시 위원장에게 보고하고, 관계기관에 전파하여야 한다.

④ 제1항부터 제3항까지에서 규정한 사항 외에 테러경보 발령 및 테러경보에 따른 관계기관의 조치사항에 관하여는 대책위원회 의결을 거쳐 위원장이 정한다.

제23조(상황 전파 및 초동 조치) ① 관계기관의 장은 테러사건이 발생하거나 테러 위협 등 그 징후를 인지한 경우에는 관련 상황 및 조치사항을 관련기관의 장과 대테러센터장에게 즉시 통보하여야 한다.
② 관계기관의 장은 테러사건이 발생한 경우 사건의 확산 방지를 위하여 신속히 다음 각 호의 초동 조치를 하여야 한다.
1. 사건 현장의 통제·보존 및 경비 강화
2. 긴급대피 및 구조·구급
3. 관계기관에 대한 지원 요청
4. 그 밖에 사건 확산 방지를 위하여 필요한 사항

③ 국내 일반테러사건의 경우에는 대책본부가 설치되기 전까지 테러사건 발생 지역 관할 경찰관서의 장이 제2항에 따른 초동 조치를 지휘·통제한다.

제24조(테러사건 대응) ① 대책본부의 장은 테러사건에 대한 대응을 위하여 필요한 경우 현장지휘본부를 설치하여 상황 전파 및 대응 체계를 유지하고, 조치사항을 체계적으로 시행한다.
② 대책본부의 장은 테러사건에 신속히 대응하기 위하여 필요한 경우에 관계기관의 장에게 인력·장비 등의 지원을 요청할 수 있다. 이 경우 요청을 받은 관계기관의 장은 특별한 사유가 없으면 요청에 따라야 한다.
③ 외교부장관은 해외에서 테러가 발생하여 정부 차원의 현장 대응이 필요한 경우에는 관계기관 합동으로 정부 현지 대책반을 구성하여 파견할 수 있다.
④ 지방자치단체의 장은 테러사건 대응 활동을 지원하기 위한 물자 및 편의 제공과 지역주민의 긴급대피 방안 등을 마련하여야 한다.

제5장 테러예방을 위한 안전관리대책

제25조(테러대상시설 및 테러이용수단 안전대책 수립) ① 법 제10조제1항에서 "대통령령으로 정하는 국가중요시설과 많은 사람이 이용하는 시설 및 장비"(이하 "테러대상시설"이라 한다)란 다음 각 호의 시설을 말한다. 〈개정 2017. 3. 29.〉
1. 국가중요시설: 「통합방위법」 제21조제4항에 따라 지정된 국가중요시설 및 「보안업무규정」 제32조에 따른 국가보안시설
2. 많은 사람이 이용하는 시설 및 장비(이하 "다중이용시설"이라 한다): 다음 각 목의 시설과 장비 중 관계기관의 장이 소관업무와 관련하

여 대테러센터장과 협의하여 지정 하는 시설

가.「도시철도법」제2조제2호에 따른 도시철도

나.「선박안전법」제2조제10호에 따른 여객선

다.「재난 및 안전관리 기본법 시행령」제43조의8제1호 · 제2호에 따른 건축물 또는 시설

라.「철도산업발전기본법」제3조제4호에 따른 철도차량

마.「항공안전법」제2조제1호에 따른 항공기

② 관계기관의 장은 법 제10조제1항에 따른 테러대상시설에 대한 테러예방대책과 법 제10조제1항에 따른 테러이용수단(이하 "테러이용수단"이라 한다)의 제조 · 취급 · 저장 시설에 대한 안전관리대책 수립 시 다음 각 호의 사항을 포함하여야 한다.

1. 인원 · 차량에 대한 출입 통제 및 자체 방호계획
2. 테러 첩보의 입수 · 전파 및 긴급대응 체계 구축 방안
3. 테러사건 발생 시 비상대피 및 사후처리 대책

③ 관계기관의 장은 테러대상시설 및 테러이용수단의 제조 · 취급 · 저장 시설에 대하여 다음 각 호의 업무를 수행하여야 한다.

1. 테러예방대책 및 안전관리대책의 적정성 평가와 그 이행 실태 확인
2. 소관 분야 테러이용수단의 종류 지정 및 해당 테러이용수단의 생산 · 유통 · 판매에 관한 정보 통합관리

제26조(국가 중요행사 안전관리대책 수립) ① 법 제10조제1항에 따라 안전관리대책을 수립하여야 하는 국가 중요행사는 국내외에서 개최되는 행사 중 관계기관의 장이 소관 업무와 관련하여 주관기관, 개최근거, 중요도 등을 기준으로 대테러센터장과 협의하여 정한다.

② 관계기관의 장은 대테러센터장과 협의하여 국가 중요행사의 특성에 맞는 분야별 안전관리대책을 수립 · 시행하여야 한다.

③ 관계기관의 장은 국가 중요행사에 대한 안전관리대책을 협의 · 조정하기 위하여 필요한 경우에는 대책위원회의 심의 · 의결을 거쳐 관계기관 합동으로 대테러 · 안전대책기구를 편성 · 운영할 수 있다.

④ 제2항에 따른 안전관리대책의 수립 · 시행 및 제3항에 따른 대테러 · 안전대책기구의 편성 · 운영에 관한 사항 중 대통령과 국가원수에 준하는 국빈 등의 경호 및 안전관리에 관한 사항은 대통령경호처장이 정한다. 〈개정 2017. 7. 26.〉

제27조(테러취약요인의 사전제거 지원) ① 테러대상시설 및 테러이용수단의 소유자 또는 관리자(이하 "시설소유자등"

이라 한다)는 관계기관의 장을 거쳐 대테러센터장에게 테러예방 및 안전관리에 관하여 적정성 평가, 현장지도 등 지원을 요청할 수 있다.
② 대테러센터장은 제1항에 따른 요청을 받은 경우 관계기관과 합동으로 테러예방활동을 지원할 수 있다.

제28조(테러취약요인의 사전제거 비용 지원) ① 국가기관의 장은 법 제11조제2항에 따라 테러취약요인을 제거한 시설소유자등에 대하여 비용을 지원하려는 경우에는 다음 각 호의 사항을 종합적으로 고려하여 비용의 지원 여부 및 지원 금액을 결정할 수 있다.

1. 테러사건이 발생할 가능성
2. 해당 시설 및 주변 환경 등 지역 특성
3. 시설·장비의 설치·교체·정비에 필요한 비용의 정도 및 시설소유자등의 부담 능력
4. 제25조제3항제1호에 따른 적정성 평가와 그 이행 실태 확인 결과
5. 제27조제1항·제2항에 따른 적정성 평가, 현장지도 결과
6. 그 밖에 제1호부터 제5호까지의 사항에 준하는 것으로서 국가기관의 장이 대테러센터장과 협의하여 정하는 사항

② 제1항에 따라 지원되는 비용의 한도, 세부기준, 지급 방법 및 절차 등에 관하여 필요한 사항은 대책위원회의 심의·의결을 거쳐 국가기관의 장이 정한다.

제6장 포상금 및 테러피해의 지원

제29조(포상금의 지급) ① 법 제14조제2항에 따른 포상금(이하 "포상금"이라 한다)은 제30조에 따른 포상금심사위원회의 심의·의결을 거쳐 관계기관의 장이 지급할 수 있다.
② 법 제14조제2항에 따른 신고를 받거나 체포된 범인을 인도받은 관계기관의 장은 지체 없이 관할 지방검찰청 검사장이나 지청장 또는 국방부검찰단장이나 각 군 검찰단장에게 그 사실을 통보하여야 하며, 검사 또는 군검사는 신고를 한 사람이나 범인을 체포하여 관계기관의 장에게 인도한 사람(이하 "신고자등"이라 한다)에게 신고 또는 인도를 증명하는 서류를 발급하여야 한다.
③ 관계기관의 장은 테러예방에 기여하였다고 인정되는 신고자등을 포상금 지급 대상자로 추천할 수 있다. 이 경우 그 대상자에게 추천 사실을 통지하여야 한다.

제30조(포상금심사위원회의 구성 및 운영) ① 포상금의 지급에 관한 사항을 심의하기 위하여 대테러센터장 소속으로 포상금심사위원회(이하 "심사위원회"라 한다)를 둔다.

② 심사위원회는 위원장 1명과 위원 8명으로 구성한다.
③ 심사위원회의 위원장은 대테러센터 소속의 고위공무원단에 속하는 일반직공무원(이에 상당하는 특정직·별정직공무원을 포함한다)이 되며, 심사위원회 위원은 총리령으로 정하는 관계기관 소속 4급 상당 공무원 중 관계기관의 장이 지명하는 사람이 된다.
④ 심사위원회의 위원장은 포상금 지급에 관한 사항을 심의할 필요가 있을 때 회의를 소집한다.
⑤ 심사위원회는 다음 각 호의 사항을 심의·의결한다.

1. 포상금 지급 여부와 그 지급금액
2. 포상금 지급 취소 및 반환 여부
3. 그 밖에 포상금에 관한 사항

⑥ 심사위원회는 심의를 위하여 필요하다고 인정될 때에는 포상금 지급 대상자 또는 참고인의 출석을 요청하여 그 의견을 들을 수 있으며, 관계기관에 대하여 필요한 자료의 제출을 요청할 수 있다.
⑦ 제1항부터 제6항까지에서 규정한 사항 외에 심사위원회 운영에 관한 세부사항은 총리령으로 정한다.

제31조(포상금 지급기준) ① 법 제14조제2항에 따른 포상금은 다음 각 호의 사항을 고려하여 1억원의 범위에서 차등 지급한다.

1. 신고 내용의 정확성이나 증거자료의 신빙성
2. 신고자등이 테러 신고와 관련하여 불법행위를 하였는지 여부
3. 신고자등이 테러예방 등에 이바지한 정도
4. 신고자등이 관계기관 등에 신고·체포할 의무가 있는지 또는 직무와 관련하여 신고·체포를 하였는지 여부

② 포상금의 세부적인 지급기준은 대책위원회의 의결을 거쳐 위원장이 정한다.
③ 관계기관의 장은 하나의 테러사건에 대한 신고자등이 2명 이상인 경우에는 제2항에 따른 지급기준의 범위에서 그 공로를 고려하여 배분·지급한다.
④ 관계기관의 장은 제3항의 경우 포상금을 받을 사람이 배분방법에 관하여 미리 합의하여 포상금 지급을 신청하는 경우에는 그 합의한 내용에 따라 지급한다. 다만, 합의된 비율이 현저하게 부당한 경우에는 심사위원회의 심의·의결을 거쳐 관계기관의 장이 이를 변경할 수 있다.

제32조(포상금 신청 절차) ① 포상금은 그 사건이 공소제기·기소유예 또는 공소보류되거나 관계기관의 장이 제29조제3항에 따라 추천한 경우에 신청할 수 있다.
② 검사 또는 군검사는 법에 따른 포상금 지급대상이 되는 사건에 관하여 공소를 제기하거나 제기하지 아니하는 결

정을 하였을 때에는 지체 없이 신고자 등에게 서면으로 그 사실을 통지하여야 한다.

③ 포상금을 받으려는 사람은 총리령으로 정하는 신청서에 다음 각 호의 서류를 첨부하여 관계기관의 장에게 신청하여야 한다.

1. 제29조제2항에 따른 증명서
2. 제2항 또는 제29조제3항 후단에 따른 통지서
3. 공적 자술서

④ 제3항에 따른 신청은 제2항 또는 제29조제3항 후단에 따른 통지를 받은 날부터 60일 이내에 하여야 한다.

⑤ 포상금을 신청하려는 사람이 2명 이상인 경우에는 신청자 전원의 연서(連署)로써 청구하여야 한다.

제33조(포상금 지급 절차) ① 관계기관의 장은 심사위원회가 심의·의결한 사항을 기초로 포상금 지급 여부와 지급금액을 결정한다.

② 관계기관의 장은 포상금 지급대상자에게 결정 통지서를 보내고 포상금을 지급한다.

③ 제1항 및 제2항에서 규정한 사항 외에 포상금 지급 등에 관하여 필요한 사항은 총리령으로 정한다.

제34조(포상금 지급 취소 및 반환) ① 관계기관의 장은 포상금을 지급한 후 다음 각 호의 어느 하나에 해당하는 경우에는 심사위원회의 심의·의결을 거쳐 그 포상금 지급 결정을 취소한다.

1. 포상금 수령자가 신고자등이 아닌 경우
2. 포상금 수령자가 테러사건에 가담하는 등 불법행위를 한 사실이 사후에 밝혀진 경우
3. 그 밖에 포상금 지급을 취소할 사유가 발생한 경우

② 관계기관의 장은 제1항에 따라 포상금의 지급 결정을 취소하였을 때에는 해당 신고자 등에게 그 취소 사실과 포상금의 반환 기한, 반환하여야 하는 금액을 통지하여야 한다.

③ 제1항 및 제2항에서 규정한 사항 외에 포상금 반환에 관하여 필요한 사항은 총리령으로 정한다.

제35조(테러피해의 지원) ① 법 제15조제2항에 따라 국가 또는 지방자치단체가 지원할 수 있는 비용(이하 "피해지원금"이라 한다)은 신체 피해에 대한 치료비 및 재산 피해에 대한 복구비로 한다.

② 테러로 인한 신체 피해에 대한 치료비는 다음 각 호와 같고, 치료비 산정에 필요한 사항은 총리령으로 정한다.

1. 신체적 부상 및 후유증에 대한 치료비
2. 정신적·심리적 피해에 대한 치료비

③ 테러로 인한 재산 피해에 대한 복구비는 「재난 및 안전관리 기본법」 제66조에 따른 사회재난 피해 지원의 기

준과 금액을 고려하여 대책위원회가 정한다.

④ 제2항에 따른 치료비와 제3항에 따른 복구비는 대책위원회의 심의·의결을 거쳐 일시금으로 지급한다.

⑤ 제2항부터 제4항까지에서 규정한 사항 외에 피해지원금의 한도·세부기준과 지급 방법 및 절차 등에 관하여 필요한 사항은 대책위원회가 정한다.

제36조(특별위로금의 종류) ① 법 제16조제1항에 따른 특별위로금은 다음 각 호의 구분에 따라 지급한다.

1. 유족특별위로금: 테러로 인하여 사망한 경우
2. 장해특별위로금: 테러로 인하여 신체상의 장애를 입은 경우. 이 경우 신체상 장애의 기준은 「범죄피해자 보호법」 제3조제5호, 같은 법 시행령 제2조, 별표 1 및 별표 2에 따른 장해의 기준을 따른다.
3. 중상해특별위로금: 테러로 인하여 장기치료가 필요한 피해를 입은 경우. 이 경우 장기치료가 필요한 피해의 기준은 「범죄피해자 보호법」 제3조제6호 및 같은 법 시행령 제3조에서 정한 중상해의 기준을 따른다.

② 대책본부를 설치한 관계기관의 장은 제1항에 따른 특별위로금을 대책위원회의 심의·의결을 거쳐 일시금으로 지급한다.

③ 제1항제1호에 따른 유족특별위로금(이하 "유족특별위로금"이라 한다)은 피해자가 사망하였을 때 총리령으로 정하는 바에 따라 맨 앞 순위인 유족에게 지급한다. 다만, 순위가 같은 유족이 2명 이상이면 똑같이 나누어 지급한다.

④ 제1항제2호에 따른 장해특별위로금(이하 "장해특별위로금"이라 한다) 및 제1항제3호에 따른 중상해특별위로금(이하 "중상해특별위로금"이라 한다)은 해당 피해자에게 지급한다.

제37조(특별위로금의 지급기준) ① 유족특별위로금은 피해자의 사망 당시(신체에 손상을 입고 그로 인하여 사망한 경우에는 신체에 손상을 입은 당시를 말한다)의 월급액이나 월실수입액 또는 평균임금에 24개월 이상 48개월 이하의 범위에서 유족의 수와 연령 및 생계유지 상황 등을 고려하여 총리령으로 정하는 개월 수를 곱한 금액으로 한다.

② 장해특별위로금과 중상해특별위로금은 피해자가 신체에 손상을 입은 당시의 월급액이나 월실수입액 또는 평균임금에 2개월 이상 48개월 이하의 범위에서 피해자의 장해 또는 중상해의 정도와 부양가족의 수 및 생계유지 상황 등을 고려하여 총리령으로 정한 개월 수를 곱한 금액으로 한다.

③ 제1항 및 제2항에 따른 피해자의 월급액이나 월실수입액 또는 평균임금 등은 피해자의 주소지를 관할하는 세무서장, 시장·군수·구청장(자치구의 구청

장을 말한다) 또는 피해자의 근무기관의 장의 증명이나 그 밖에 총리령으로 정하는 공신력 있는 증명에 따른다.

④ 제1항 및 제2항에서 피해자의 월급액이나 월실수입액이 평균임금의 2배를 넘는 경우에는 평균임금의 2배에 해당하는 금액을 피해자의 월급액이나 월실수입액으로 본다.

⑤ 제1항부터 제4항까지에서 규정한 사항 외에 특별위로금의 세부기준·지급방법 및 절차 등에 관하여 필요한 사항은 대책위원회가 정한다.

제38조(특별위로금 지급에 대한 특례) ① 장해특별위로금을 받은 사람이 해당 테러행위로 인하여 사망한 경우에는 유족특별위로금을 지급하되, 그 금액은 제37조제1항에 따라 산정한 유족특별위로금에서 이미 지급한 장해특별위로금을 공제한 금액으로 한다.

② 중상해특별위로금을 받은 사람이 해당 테러행위로 인하여 사망하거나 신체상의 장애를 입은 경우에는 유족특별위로금 또는 장해특별위로금을 지급하되, 그 금액은 제37조제1항에 따라 산정한 유족특별위로금 또는 같은 조 제2항에 따라 산정한 장해특별위로금에서 이미 지급한 중상해특별위로금을 공제한 금액으로 한다.

제39조(피해지원금 및 특별위로금 지급신청) ① 법 제15조 또는 제16조에 따라 피해지원금 또는 특별위로금의 지급을 신청하려는 사람은 테러사건으로 피해를 입은 날부터 6개월 이내에 총리령으로 정하는 바에 따라 지급신청서에 관련 증명서류를 첨부하여 대책본부를 설치한 관계기관의 장에게 제출하여야 한다.

② 법 제15조 또는 제16조에 따른 피해지원금 또는 특별위로금의 지급을 신청하려는 사람이 둘 이상인 경우에는 다음 각 호의 구분에 따라 신청인 대표자를 선정할 수 있다. 이 경우 같은 순위의 사람이 둘 이상이면 같은 순위의 사람이 합의하여 신청인 대표자를 정하되, 합의가 이루어지지 아니하는 경우나 그 밖의 부득이한 사유가 있으면 신청인 대표자를 선정하지 아니할 수 있다.

1. 사망한 피해자에 대한 피해지원금 및 특별위로금: 총리령에서 정하는 바에 따라 맨 앞 순위인 유족 1명
2. 생존한 피해자에 대한 피해지원금 및 특별위로금: 생존한 피해자(생존한 피해자의 법정대리인을 포함한다)

③ 피해지원금 및 특별위로금의 지급신청, 지급 결정에 대한 동의, 지급 청구 또는 수령 등을 직접 하기 어려운 사정이 있으면 다른 사람을 대리인으로 선임할 수 있다.

④ 대책본부를 설치한 관계기관의 장은 제1항에 따라 피해지원금 또는 특별위로금의 지급신청을 받으면 그 관련 서

류 등을 검토하고 서류 등이 누락되거나 보완이 필요한 경우 기간을 정하여 신청인(제2항에 따른 신청인 대표자, 제3항에 따른 대리인을 포함한다. 이하 같다)에게 보완을 요청할 수 있다.

제40조(피해지원금 및 특별위로금 지급 결정) ① 대책본부를 설치한 관계기관의 장은 대책위원회의 심의·의결을 거쳐 피해지원금 및 특별위로금의 지급 신청을 받은 날부터 120일 이내에 그 지급 여부 및 금액을 결정하여 신청인에게 결정 통지서를 송부하여야 한다. 이 경우 해당 관계기관의 장은 대책위원회가 피해지원금 또는 특별위로금의 지급에 관하여 심의·의결한 날부터 30일 이내에 지급 여부 등을 결정하여야 한다.

② 제1항에 따른 결정에 관하여 이의가 있는 신청인은 결정 통지서를 받은 날부터 30일 이내에 총리령으로 정하는 바에 따라 이의 신청서에 그 사유를 증명할 수 있는 자료를 첨부하여 대책본부를 설치한 관계기관의 장에게 제출하여야 한다.

③ 제2항에 따른 이의 신청에 관하여는 제1항을 준용한다. 이 경우 제1항 중 "120일"은 "60일"로 본다.

제41조(피해지원금 및 특별위로금 지급 제한) 대책본부를 설치한 관계기관의 장은 테러사건으로 피해를 입은 사람에게 과실이 있다고 판단되는 경우 대책위원회의 심의·의결을 거쳐 그 과실의 정도에 따라 피해지원금 및 특별위로금을 지급하지 아니하거나 금액을 줄여 지급할 수 있다.

제42조(피해지원금 및 특별위로금 지급) ① 제40조제1항에 따라 결정 통지서를 받은 신청인이 피해지원금 또는 특별위로금을 받으려는 경우에는 다음 각 호의 서류를 첨부하여 총리령으로 정하는 바에 따라 대책본부를 설치한 관계기관의 장에게 지급을 신청하여야 한다.

1. 지급 결정에 대한 동의 및 신청서
2. 인감증명서(서명을 한 경우에는 본인서명사실확인서를 말한다)
3. 입금계좌 통장 사본

② 피해지원금 및 특별위로금은 대책본부를 설치한 관계기관의 장이 지급하되, 그 실무는 국고(국고대리점을 포함한다)에 위탁하여 처리하게 할 수 있다.

③ 대책본부를 설치한 관계기관의 장은 제1항에 따른 동의 및 신청서를 받은 날부터 90일 이내에 피해지원금 및 특별위로금을 지급하여야 한다. 다만, 90일 이내에 지급할 수 없는 특별한 사유가 있는 경우에는 지급 기간을 연장할 수 있으며, 그 사유를 신청인에게 통지하여야 한다.

제43조(피해지원금 및 특별위로금 환수) 대책본부를 설치한 관계기관의 장은 피

해지원금 및 특별위로금을 받은 사람이 다음 각 호의 어느 하나에 해당하는 경우에는 받은 금액의 전부 또는 일부를 환수하여야 한다.

1. 테러사건에 가담하는 등 불법행위를 한 사실이 사후에 밝혀진 경우
2. 거짓이나 그 밖의 부정한 방법으로 받은 경우
3. 잘못 지급된 경우

제44조(다른 법령에 따른 급여 등과의 관계) 테러로 인하여 신체 또는 재산의 피해를 입은 사람과 피해를 입은 사람의 유족 또는 신체상의 장애 및 장기치료가 필요한 피해를 입은 사람이 해당 테러 행위를 원인으로 하여 다른 법령에 따라 신체 또는 재산의 피해에 대한 치료비, 복구비, 특별위로금 또는 이에 상당하는 지원을 받을 수 있을 때에는 그 받을 금액의 범위에서 법 제15조제2항에 따른 치료비·복구비 또는 법 제16조제1항에 따른 특별위로금을 지급하지 아니한다.

제7장 보칙

제45조(고유식별정보의 처리) 관계기관의 장은 다음 각 호의 사무를 수행하기 위하여 불가피한 경우 「개인정보 보호법 시행령」 제19조에 따른 주민등록번호, 여권번호, 운전면허의 면허번호 또는 외국인등록번호가 포함된 자료를 처리할 수 있다.

1. 법 제9조에 따른 테러위험인물에 대한 정보 수집, 대테러조사 및 테러위험인물에 대한 추적 등에 관한 사무
2. 법 제12조에 따른 테러선동·선전물 긴급 삭제 등 요청에 관한 사무
3. 법 제13조에 따른 외국인테러전투원에 대한 규제 등에 관한 사무
4. 법 제14조에 따른 신고자 보호 및 포상금 지급 등에 관한 사무
5. 법 제15조에 따른 테러피해의 지원 등에 관한 사무
6. 법 제16조에 따른 특별위로금 지급 등에 관한 사무

부　칙 〈제32968호, 2022. 11. 1.〉
(국군방첩사령부령)

제1조(시행일) 이 영은 공포한 날부터 시행한다.

제2조(다른 법령의 개정) ① 국민보호와 공공안전을 위한 테러방지법 시행령 일부를 다음과 같이 개정한다.

제12조제2항제3호 중 "군사안보지원부대"를 "국군방첩부대"로 한다.

제13조제2항제1호 중 "군사안보지원사령부"를 "국군방첩사령부"로 한다.

②부터 ⑩까지 생략

제3조 생략

국민보호와 공공안전을 위한 테러방지법 시행규칙

[시행 2016. 6. 4.] [총리령 제1281호, 2016. 6. 1., 제정]

제1조(목적) 이 규칙은 「국민보호와 공공안전을 위한 테러방지법 시행령」에서 위임된 사항과 그 시행에 필요한 사항을 규정함을 목적으로 한다.

제2조(포상금심사위원회의 구성) 「국민보호와 공공안전을 위한 테러방지법 시행령」(이하 "영"이라 한다) 제30조제3항에서 "총리령으로 정하는 관계기관"이란 다음 각 호의 기관을 말한다.

1. 기획재정부, 법무부, 경찰청
2. 제1호 외에 해당 사건과 관련 있는 중앙행정기관
3. 국가정보원
4. 그 밖에 「국민보호와 공공안전을 위한 테러방지법」(이하 "법"이라 한다) 제6조에 따른 대테러센터(이하 "대테러센터"라 한다)의 장(이하 "대테러센터장"이라 한다)이 영 제30조제1항에 따른 포상금심사위원회(이하 "심사위원회"라 한다)에 참여할 필요가 있다고 인정하는 기관

제3조(포상금심사위원회의 운영) ① 심사위원회의 회의는 위원장을 포함한 재적위원 과반수의 출석으로 개의(開議)하고, 출석위원 과반수의 찬성으로 의결한다.

② 심사위원회의 위원장이 부득이한 사유로 그 직무를 수행하지 못할 때에는 위원장이 지명하는 위원이 그 직무를 대행한다.

③ 심사위원회의 위원이 부득이한 사유로 회의에 출석하지 못할 때에는 그 소속공무원으로 하여금 회의에 출석하여 그 권한을 대행하게 할 수 있다.

④ 심사위원회에 간사를 두되, 간사는 대테러센터 소속 공무원 중에서 대테러센터장이 지명한다.

⑤ 심사위원회의 위원장과 위원은 회의 안건과 관련하여 직접적인 이해관계가 있는 경우에는 참석하지 못한다.

제4조(포상금의 신청 절차) 법 제14조 제2항에 따른 포상금을 받으려는 사람은 별지 제1호서식의 포상금 지급 신청서에 영 제32조제3항 각 호의 서류를 첨부하여 관계기관의 장에게 제출하여야 한다.

제5조(포상금의 지급 결정 기간 등) ① 관계기관의 장은 특별한 사유가 없으면 포상금 신청일부터 90일 이내에 포상금의 지급 여부 및 지급 금액을 결정한다.

② 관계기관의 장은 제1항에 따른 기간에 결정할 수 없는 특별한 사유가 있는 경우 지급 결정 기간을 연장할 수 있으며, 그 사유를 신청인에게 통지한다.

제6조(포상금의 반환통지 등) ① 관계기관의 장은 영 제34조제1항에 따라 포상금의 지급 결정을 취소한 날부터 20일 이내에 포상금을 반환하여야 할 사람에게 별지 제2호서식의 포상금 반환통지서를 주어야 한다. 이 경우 그 통지서는 포상금을 반환하여야 할 사람에게 직접 주거나 배달증명등기우편 등의 방법으로 발송하여야 한다.

② 제1항에 따른 통지서를 받은 사람은 그 통지서를 받은 날부터 30일 이내에 반환하여야 하는 금액을 관계기관의 장이 지정한 예금계좌에 자신의 명의로 입금하여야 한다.

제7조(치료비 산정) ① 영 제35조제2항 각 호의 치료비(이하 "치료비"라 한다)는 피해자가 「의료법」 제3조에 따른 의료기관에서 5주 이상의 치료가 필요한 신체적·정신적 피해의 회복을 직접적인 목적으로 지출한 비용을 말한다. 다만, 간병을 목적으로 지출한 비용은 제외한다.

② 치료비는 「국민건강보험법 시행령」 제19조제2항에 따른 본인부담액을 기준으로 하며, 피해자가 「의료급여법」 제2조제1호에 따른 수급권자인 경우 같은 법 제10조에 따라 의료급여기금에서 부담한 급여비용을 고려하여 지급한다.

③ 치료비는 피해자 1명당 연 1천500만원, 총 5천만원의 한도에서 지원한다. 다만, 해당 테러사건의 발생일부터 5년이 지난 후 치료를 받은 경우에는 그 치료비를 지원하지 아니한다.

④ 제1항 본문 및 제3항 본문·단서에도 불구하고 테러피해의 경위, 정도 및 피해자의 경제적 사정 등을 고려하여 특별히 지원할 필요가 있다고 판단되는 경우에는 법 제5조에 따른 국가테러대책위원회의 심의·의결을 거쳐 다음 각 호의 비용을 추가로 지원할 수 있다.

1. 5주 미만의 치료를 요하는 신체적·정신적 피해에 대한 치료비
2. 연 1천500만원을 초과하는 치료비
3. 총 5천만원을 초과하는 치료비
4. 해당 테러사건 발생일부터 5년이 지난 후 치료를 받은 경우 그 치료비

제8조(유족의 범위 및 순위) ① 영 제36조제1항제1호에 따른 유족특별위로금(이하 "유족특별위로금"이라 한다)을 받을 수 있는 유족은 다음 각 호의 어느 하나에 해당하는 사람으로 한다.

1. 배우자(사실상 혼인관계에 있는 사람을 포함한다) 및 피해자의 사망 당시 피해자의 수입으로 생계를 유지하고 있던 피해자의 자녀
2. 피해자의 사망 당시 피해자의 수입으로 생계를 유지하고 있던 피

해자의 부모, 손자·손녀, 조부모 및 형제자매
3. 제1호 및 제2호에 해당하지 아니하는 피해자의 자녀, 부모, 손자·손녀, 조부모 및 형제자매

② 제1항에 따른 유족의 범위에서 태아는 피해자가 사망할 때 이미 출생한 것으로 본다.

③ 유족특별위로금을 받을 유족의 순위는 제1항 각 호에 열거한 순서로 하고, 같은 항 제2호 및 제3호에 열거한 사람 사이에서는 해당 각 호에 열거한 순서로 하며, 부모의 경우에는 양부모를 선순위로 하고 친부모를 후순위로 한다.

④ 다음 각 호의 어느 하나에 해당하는 유족은 유족특별위로금을 받을 수 있는 유족으로 보지 아니한다.

1. 피해자를 고의로 사망하게 한 경우
2. 피해자가 사망하기 전에 그가 사망하면 유족특별위로금을 받을 수 있는 선순위 또는 같은 순위의 유족이 될 사람을 고의로 사망하게 한 경우
3. 피해자가 사망한 후 유족특별위로금을 받을 수 있는 선순위 또는 같은 순위의 유족을 고의로 사망하게 한 경우

제9조(월급액 또는 월실수입액) ① 영 제37조에 따른 월급액 또는 월실수입액은 이를 산정하여야 할 사유가 발생한 날 이전 3개월 동안 해당 피해자에게 지급된 임금 또는 실수입액의 월평균액으로 한다. 다만, 해당 피해자가 취업한 후 3개월 미만인 경우에는 그 기간 동안의 월평균액으로 한다.

② 영 제37조에 따라 특별위로금액을 산정하는 경우에 월급액이나 월실수입액을 증명할 수 없거나 월급액이나 월실수입액이 제10조에 따른 평균임금에 미치지 못하는 경우에는 평균임금을 기준으로 특별위로금액을 정한다.

제10조(평균임금의 기준) ① 영 제37조에 따른 평균임금은 매년 6회 이상 주기적으로 임금통계를 공표하는 임금조사기관이 조사한 남자 또는 여자 보통 인부의 전국규모 통계에 의한 일용노동임금에 따른다. 다만, 전국규모 통계가 없을 때에는 서울특별시 지역 통계에 의한 일용노동임금에 따른다.

② 제1항의 임금은 먼저 공신력 있는 건설노임단가 통계에 따르고 공신력 있는 건설노임단가 통계가 없을 때에는 정부노임단가 통계에 따르며, 정부노임단가 통계도 없을 때에는 공신력 있는 방법으로 조사한 남자 또는 여자 보통 인부의 일용노동임금에 따른다.

제11조(유족특별위로금의 금액) ① 유족특별위로금의 산정에서 피해자의 월급액이나 월실수입액 또는 평균임금(이하 "월급액등"이라 한다)에 곱하는 "총리령으로 정한 개월 수"에 관하여는 다음

각 호의 구분에 따른 개월 수에 일정한 배수를 곱한 개월 수를 말하며, 다음 각 호의 구분에 따른 개월 수에 곱하는 일정한 배수에 관하여는 「범죄피해자 보호법 시행령」 별표 4를 준용한다. 이 경우 해당 별표 중 "제22조제1호"는 "제11조제1항제1호"로, "제22조제2호"는 "제11조제1항제2호"로, "제22조제3호"는 "제11조제1항제3호"로, "법 제18조제1항제3호"는 "제8조제1항제3호"로, "구조피해자"는 "피해자"로 각각 본다.

1. 제8조제1항제1호의 유족: 40개월
2. 제8조제1항제2호의 유족: 32개월
3. 제8조제1항제3호의 유족: 24개월

② 제1항에도 불구하고 유족특별위로금액은 평균임금의 48개월분을 초과할 수 없다.

제12조(장해특별위로금의 금액) ① 영 제37조제2항에 따른 장해특별위로금(이하 "장해특별위로금"이라 한다)의 산정에서 피해자의 월급액등에 곱하는 "총리령으로 정한 개월 수"란 다음 각 호의 구분에 따른 장해등급별 개월 수에 일정한 배수를 곱한 개월 수를 말하며, 다음 각 호의 구분에 따른 장해등급별 개월 수에 곱하는 일정한 배수에 관하여는 「범죄피해자 보호법 시행령」 별표 5를 준용한다. 이 경우 해당 별표 중 "범죄행위"는 "테러사건"으로, "구조피해자"는 "피해자"로 각각 본다.

1. 1급: 40개월
2. 2급: 36개월
3. 3급: 32개월
4. 4급: 28개월
5. 5급: 24개월
6. 6급: 20개월
7. 7급: 16개월
8. 8급: 12개월
9. 9급: 8개월
10. 10급: 4개월

② 제1항에도 불구하고 장해특별위로금액은 평균임금의 40개월분을 초과할 수 없다.

제13조(중상해특별위로금의 금액) ① 영 제37조제2항에 따른 중상해특별위로금(이하 "중상해특별위로금"이라 한다)의 산정에서 피해자의 월급액등에 곱하는 "총리령으로 정한 개월 수"란 「의료법」 제3조제2항제3호의 병원급 의료기관에 속하는 의사가 발행한 진단서 등에 의하여 해당 중상해의 치료에 필요하다고 인정되는 개월 수에 일정한 배수를 곱한 개월 수를 말하며, 해당 중상해의 치료에 필요하다고 인정되는 개월 수에 곱하는 일정한 배수에 관하여는 「범죄피해자 보호법 시행령」 별표 5를 준용한다. 이 경우 해당 별표 중 "범죄행위"는 "테러사건"으로, "구조피해자"는 "피해자"로 각각 본다.

② 제1항에도 불구하고 중상해특별위로금액은 평균임금의 40개월분을 초과할 수 없다.

③ 제1항의 진단서 등에 기재된 치료기간이 일(日) 단위인 경우 30일을 1개월로 환산한 비율로 개월 수를 정한다.
④ 제1항의 진단서 등에 기재된 치료기간이 주(週) 단위인 경우 일 단위로 환산한 후 제2항의 방법에 따른다.

제14조(피해지원금 및 특별위로금 지급신청) ① 영 제39조제1항에 따라 피해지원금 및 특별위로금의 지급을 신청하려는 사람은 별지 제3호 서식의 지급신청서에 다음 각 호의 서류를 첨부하여 대책본부를 설치한 관계기관의 장에게 제출하여야 한다.

1. 피해자의 가족관계 기록사항에 관한 증명서 또는 제적등본(가족관계 기록사항에 관한 증명서로 피해자와 신청인의 관계를 확인할 수 없는 경우로서 신청인이 유족인 경우만 해당한다)
2. 별지 제4호서식의 기지급치료비 지급명세서(의료기관이 발행한 계산서 및 영수증을 첨부한다) 또는 대책본부를 설치한 관계기관의 장이 지정한 의료기관이 발급한 의료비 청구서
3. 향후 치료비 또는 후유장해 등에 따른 장래의 소득 또는 수익의 상실이 예상되는 경우에는 대책본부를 설치한 관계기관의 장이 지정한 의료기관이 발급한 향후치료비 추정서 또는 후유장해진단서
4. 별지 제5호서식의 신청인 대표자 선정서(영 제39조제2항에 따라 신청인 대표자를 선임한 경우에만 제출한다)
5. 별지 제6호서식의 위임장(영 제39조제3항에 따라 대리인을 선임한 경우에만 제출한다)
6. 근로소득원천징수영수증, 급여명세서 등 근로소득을 객관적으로 증명할 수 있는 서류(근로소득자인 경우에만 제출한다)
7. 사업자등록증 또는 폐업사실증명원과 소득금액증명원 등 사업소득을 객관적으로 증명할 수 있는 서류(사업소득자인 경우에만 제출한다)
8. 별지 제7호서식의 재산피해명세서 및 테러사건으로 인한 재산피해의 내용을 증명할 수 있는 자료
9. 그 밖에 신청 사유를 소명할 수 있는 증거자료

② 영 제39조제2항제1호에 따라 사망한 피해자에 대한 피해지원금 및 특별위로금의 지급을 신청하려는 경우 신청인 대표자는 제8조제1항 각 호의 순서에 따라 선정한다.

제15조(지급 결정 통지서 등 서식) ① 영 제40조제1항에 따른 지급 결정 통지서는 별지 제8호서식과 같다.
② 영 제40조제2항에 따른 이의 신청서는 별지 제9호서식과 같다.
③ 영 제42조제1항제1호에 따른 지급

결정에 대한 동의 및 신청서는 별지 제 10호서식과 같다.

부칙 〈제1281호, 2016.6.1.〉

이 규칙은 2016년 6월 4일부터 시행한다.

편저자

사단법인 한국경비교육협회
지도교수위원회
경호학 전문 지도교수

이름	지도경력
장두현	신한대학교 평생교육원 교수
조달환	경기대학교 대학원 강사 경영학박사

최신 경호학

2011년 02월 18일 초판 발행
2023년 02월 27일 9판 발행
편 저 사단법인 한국경비교육협회

ISBN 978-89-6541-595-4 93350
정가 25,000원

발 행 도서출판 **진 영 사**
주 소 인천광역시 부평구 주부토로 236
인천테크노밸리 U1 지식산업센터 B동 1507호
전 화 032)505-4207